KB202597

나사렛 예수 이야기

신약성서 헬라어 원전 강해 시리즈 1 - 마태복음

나사렛 예수 이야기

2023년 5월 12일 처음 펴냄

지은이 | 진철
펴낸이 | 김영호
펴낸곳 | 도서출판 동연
주 소 | 서울시 마포구 월드컵로 163-3
전 화 | (02) 335-2630
팩 스 | (02) 335-2640
이메일 | yh4321@gmail.com
인스타그램 | dongyeon_press

ISBN 978-89-6447-894-3 04230
ISBN 978-89-6447-893-6 04230(신약성서 헬라어 원전 강해 시리즈)

신약성서 헬라어 원전 강해 시리즈
마태복음

나사렛 예수
이야기

진철 지음

M a t t h e w

1

동연

사랑하는 친구 영재와 현수에게

2023년 부활절 주간을 보내고 있습니다. 진철 목사의 마태복음 헬라어 원전 강해인 『나사렛 예수 이야기』가 출판된다는 소식입니다. 마태복음 원어 해설집이 출판되는 5월은 평소 그가 비춰주는 복음의 빛 안에서 친교를 나누는 사람들까지도 빛나게 하는 즐거운 달이 될 것입니다.

진철 목사를 처음 만난 것은 1980년입니다. 그 후 진 목사의 소식을 바람결에도 듣지 못하고 살다가 40년이 지난 어느 날 만났습니다. 40년의 세월의 간극이 깊고도 넓을 것인데도, 20대의 여전함이 어느 서랍에 담겨 있다가 열렸을까. 세월의 격의 없이 나에게 헬라어 원전을 공부하고 있다고 이야기하며 그 카톡방에 나를 초대하였습니다. 여성이라는, 성별로 인해 강제되는 벽과 블록을 느끼게 하지 않는 그룹이었습니다.

진철 목사의 마태복음 원전 해설을 통한 만남은 내 인생의 가장 고독한 시기에 말씀과 더불어 할 수 있는 고맙고 감사한 시간들이었습니다.

마종기 시인의 〈다행이다〉라는 시를 빌려 고백하자면,

제일 다행인 건 들은 듯한 곳으로 향하는 걸음,

그 길에서 가끔 들리는 따뜻한 음성의 위안,

누구는 그게 다 생각 나름이라고 하지만

그래도 기댈 곳이 늘 있으니 다행이다.

어둠 속에서 혼자일 때,

세상을 헤맬 때,

손 잡아 주는 동행이 있으니 천만다행이다.

헬라어 원전을 통해 친절함과 섬세함과 예민한 감수성을 가지고 나사렛 예수를 직접 만나게 하는 이 책은 말씀 자체가 절대적 권위를 가지고 있음을 증거하고 있습니다. 그의 글은 세속에 깊이 뿌리를 내린 자의 영혼에 균열을 일으키고 하늘의 거룩을 그리워하고 목마르게 하는 매력이 있습니다. 그의 간결한 문체는 그의 삶에 많은 고난이 있었음에도 불구하고 세속에 물들지 아니하고 꿋꿋하고 성실하게 살아온 목회자의 견결함이 투영되어 있습니다. 은둔자로 살아온 것 같지만 세상의 속성을 천착하고 있습니다.

그는 예수 그리스도와 하나님의 관계를 "아름다운 사랑 이야기"라고 표현합니다. 그렇습니다. 이 아름다운 사랑 이야기의 본질은 생명 살림입니다. 이 사랑이 우리를 살려 일으키고 영원을 향한 순례길에서 허탄한 것을 따르지 않게 합니다. 그것은 갈릴리에서부터 십자가 아래까지, 나사렛 예수의 무덤까지 따라가는 참사랑입니다.

진철 목사는 성경 속에 있는 여성들의 삶의 자리를 깊이 통찰합니다. 그는 하나님의 구속사에 나타난 여성들의 숭고한 역할들을 드러내며 남성들에게 권고합니다.

남자들은 여자를 통해 지혜를 가르쳐 주시는 하나님께 감사해야 한다.

이는 어떤 페미니스트의 연대 선언보다 더 미더운 발언입니다. 공포와 두려움을 이기고 사형장까지 따라간 여성들은 예수 그리스도의 수난과 죽음, 부활의 첫 번째 증인이 되었습니다. 그러나 첫 번째 증인인 여성들이 페이드아웃 되어가는 기독교 역사를 바라보는 그의 눈길은 따뜻하고 연민이 가득한 나사렛 예수가 생각나도록 안내합니다.

사도 바울은 그의 마지막 사역지인 로마로 가는 길에 많은 환란과 풍파를 당했지만, 자신을 맞으러 나오는 그리스도 안에서 형제된 사람들의 환대에 큰 위로를 받습니다.

하나님께 감사하며 담대한 마음을 얻으니라(행 28:15).

참 마음으로, 경이로운 "나사렛 예수"와의 만남도 나에게 큰 축복이었습니다.

『나사렛 예수 이야기』를 읽게 될 독자들에게도 하나님께 감사하고 담대함을 얻어서, 세상을 넉넉히 대하는 아가페 사랑의 역사가 여기저기서 일어나기를 기대합니다.

출판을 위해 수고하신 도서출판 동연 김영호 장로님께도 깊은 감사를 드립니다.

2023. 4. 11.

김은경

(익산중앙교회 목사, 한국기독교장로회 증경총회장)

진철 목사님은 오래전 저와 제 가족의 기억 속에 확실하게 한 부분을 차지하고 계신 분입니다. 수유리 4.19 묘지 부근 반지하 방에 살 때였으니 아마 1980년대 말이었던 것 같습니다. 남편 박재순의 선후배들이 종종 집을 방문하곤 했는데 그중에 후배였던 진철 목사님이 계셨습니다. 마르고 키가 커서 그런지 허리가 구부정해 보였는데, 별말이 없으셨습니다. 젊고 혈기 왕성한 목사님들이라 모이면 교회와 사회에 대한 비판적인 이야기들이 오가고 민중신학과 민중교회라는 새로운 교회 운동에 대한 기대와 희망을 함께 나누곤 했습니다.

오랜 군사독재는 막바지를 향해 가고 있었고, 모두 돈도 없고 내세울 만한 경력도 없었습니다. 그러나 그때 우리는 별로 미래를 두려워하거나 걱정하지 않았던 것 같고, 시대와 사회에 대한 도덕적 분노는 각자의 정신건강을 유지해주었습니다. 진철 목사님은 당시 개신교 진보적인 그룹에서도 모이면 자주 입에 올렸던 사회구성체 논쟁 같은 데 별 관심이 없어 보였고, 성서에 대한 유물론적 해석이라든가 신학에 사회과학적 방법론을 도입하는 새로운 사조에 대해서도 심드렁해하는 것 같았습니다. 그러나 가난하고 힘없는 사람들과 삶을 함께하겠다는 의지, 그들과 함께 목회를 하겠다는 의지는 확고해 보였습니다. 우리 부부는 진철 목사님의 소박함과 진실함을 좋아했고, 목사님이 가시는 길을 마음으로부터 응원했습니다.

그리고 언젠가부터 서로 연락이 끊겼고, 그런 채로 십 년, 이십 년, 삼십 년이 지났습니다. 우리 부부는 누가 먼저랄 것도 없이 가끔 진철 목사님은 어떻게 지내시나 물었고, 어쩌다 들려오는 소식은 사람들과 별 연락 없이 혼자 묵묵히 작은 교회를 섬기고 있다는 것이었습니다. 그답다고 생각했습니다. 얼굴을 보지 못해도 어디서든 고집스럽게 자기를 지키며 진실하게 살고 계실 것이라 생각했습니다. 그런데 재작년 추석 무렵 동기 목사님 몇 분과 함께 바람처럼 우리 집을 찾아오셨습니다. 파묻혀서 목회만 하시고, 그리스어 원문으로 성경 공부를 한다고 하셨습니다. 그리고 그 결과물을 책으로 낼 준비를 한다고 하셨습니다. 추천사를 써줄 수 있겠냐고 제게 물어오셨고, 저는 흔쾌히 쓰겠다고 했습니다.

엊그제 그 교정본을 파일로 받아 읽어보았습니다. 읽으면서 빙그레 웃음이 나왔습니다. 소설이나 시 말고 각주 없는 글을 아마 거의 백 년(?) 만에 읽는 셈이었기 때문입니다. 이상하게 저를 포함해서 각주가 주렁주렁 달린 학자들의 글을 읽다 보면 왠지 지적으로 주눅이 들었다는 느낌이 드는데, 하나님의 은혜에 대한 낙관으로 가득 찬 진철 목사님의 글에서는 짧게 이어지는 문장들을 통해 건강한 믿음의 힘이 강렬하게 전해져 왔습니다. 믿음, 은혜, 사랑 같은 오래된 기독교의 언어가 여전히 힘이 있다고 생각했습니다. 역사비판이나 수사학 비평, 사회학적 성서 해석 같은 것을 끌어들이지 않아도, 난삽한 분석을 하지 않아도, 성서의 말씀 자체에 대한 성실한 번역과 해석, 묵상만으로 깊은 울림을 줄 수 있다는 것을 확인했습니다. 진철 목사님은 살아 있는 믿음의 경험에 의지해서 성서 원문에다 대고 직접 묻고 있었고, 성서는 자상하게 답하고 있었습니다. 게다가 마태복음 그리스어 원문을 직접 사역하고 그리스어 시제나 태, 어감을 세밀하게 밝혀놓은 것을 보고 전공자로서 놀랐고, 고마운 마음이 들었습니다.

짐작대로 진철 목사님은 우리가 보지 못한 동안에도 성실하고 진실한 믿음의 삶을 사셨고, 이제 그 증거로 이 책을 우리에게 선물로 주셨습니다. 아마 이 책이 시작이지 않을까 싶습니다. 진심으로 이 책의 출간을 축하하고 앞으로도 계속될 진철 목사님의 공부에 마음 깊은 곳으로부터 경의를 표합니다. 고맙습니다.

2023. 3. 30.

박경미

(문학박사, 이화여대 신학대학원장)

머 리 말

1992년 2월 13일, 나에게 갑작스러운 회심이 있었습니다. 그 회심의 결과 성경은 살아계신 하나님의 완전한 진리의 말씀이라고 확신하게 되었습니다. 그 후 모든 관계를 끊고 두문불출 성경 읽기에 몰두했습니다. 그런 나에게 주님의 은혜가 임해서 여러 가지 언어를 배우게 되었습니다. 그중에서도 이상하게 헬라어와 가까워지게 되었습니다.

그래서 헬라어 성경을 열두 번 읽고, 세 번 쓰고, 한번은 번역을 하게 되었습니다. 그러나 시간이 갈수록 마음의 답답함은 더 심해지고 마침내 자포자기 상태에 빠지게 되었습니다. 그것은 성경이 증거하는 진리의 실체가 포착되지 않았기 때문입니다.

그러던 중 2020년 11월 7일, 갑자기 알 수 없는 어떤 강력한 충동이 일어나 글을 쓰기 시작했습니다. 처음에는 한 문장을 만드는 것도 쉽지 않더군요. 나는 그때 글쓰기가 어려운 일이라는 것을 알았습니다. 그것이 조금씩 발전하여 지금과 같이 책으로 묶을 정도로 성장하게 된 것입니다.

그 밀려오는 감동을 나누기 위해 50명 정도의 사람들에게 시도 때도 없이 열심히 글을 보냈었습니다. 그러던 어느 날 어떤 분으로부터 그만 보내라는 메시지를 받았습니다. 충격을 받은 나는 '내가 쓸데없이 사람들을 괴롭히고 있구나'라는 생각이 들어서 이제 그만두겠다고 선언했습니다. 그러자 몇몇 분과 친구들이 계속 글을 쓰라고 격려했습니다. 그중에 한신 선배이신 전병생 목사님과 2년 전 암으로 일찍 세상을 떠난 나의 사랑하는 친구 이영재 박사가 있습니다.

나는 그들의 응원에 큰 용기를 얻었습니다. 그리고 이 일에 호의적인 분들을 카톡방으로 모아서 계속 글을 올렸습니다. 그 카톡방 이름이 '사랑의 신학회'입니다.

이 책은 그동안 '사랑의 신학회'에 꾸준히 올렸던 글들을 모아 책으로 엮은 것입니다. 그 첫 번째 목적은 나의 한신 후배들에게 기증하여 그들에게 어떤 지적인 도움을 주려는 것입니다. 성경을 원전으로 읽어서 그 속에서 생수를 뽑아 올리는 것은 너무나 어려운 일입니다.

그래서 먼저 주님의 은혜를 받은 내가 그들에게 헬라어 성경의 분위기와 어감을 생생하게 전달하기 위해 가능한 한 원색적인 직역의 방법을 사용했습니다. 그러나 막상 번역을 하다 보니 완벽한 의미의 직역이란 불가능하다는 것을 깨달았습니다. 그것은 각 언어의 구조가 다르기 때문입니다.

핸드폰에는 헬라어 자판을 까는 앱이 있습니다. 매번 헬라어 원문을 치고 번역을 해놓고 나면 마치 거대한 바위 앞에 서 있는 것처럼 막막합니다. 도대체 무슨 말을 써야 할지 엄두가 나지 않기 때문입니다. 그런데 갑자기 어느 순간 바위가 터지고 샘물이 솟아 나오는 듯한 감동이 밀려옵니다. 그것을 글로 옮겨놓은 것이 이 책입니다.

그렇다고 내가 어떤 계시를 받았다는 것은 아닙니다. 주님의 은혜가 임했다는 것이지요. 그렇게 해서 이 책이 세상에 나오게 되었습니다. 책을 내겠다고 하자 출판후원금을 보내주신 분들이 있습니다. 그분들의 사랑으로 이 책이 탄생하게 되었습니다. 그분들께 감사의 마음을 드리며 여기에 이름을 올립니다.

이옥희 선교사, 이경남 목사, 엄강용 목사

2023. 4. 7.
진철

차 례

•

•

일러두기

1. 성경 구절은 <독일성서공회>(academic-bible.com)의 '헬라어 성경'에서 인용하였습니다.
2. 외래어 표기는 국립국어원 외래어표기법을 따르되, 일반적으로 통용되는 경우일 때는 그에 따랐습니다.

믿음의 세계관

마태복음 1:1-6

1:1

Βίβλος γενέσεως Ἰησοῦ Χριστοῦ υἱοῦ Δαυὶδ υἱοῦ Ἀβραάμ.

예수 그리스도의 기원의 책, 그는 다윗의 자손이며 아브라함의 자손이다.

1:2

Ἀβραὰμ ἐγέννησεν τὸν Ἰσαάκ, Ἰσαὰκ δὲ ἐγέννησεν τὸν Ἰακώβ, Ἰακ
ὼβ δὲ ἐγέννησεν τὸν Ἰούδαν καὶ τοὺς ἀδελφοὺς αὐτοῦ,

아브라함은 이삭을 낳았다. 그런데 이삭은 야곱을 낳았다. 그런데 야곱은
유다와 그의 형제들을 낳았다.

1:3

Ἰούδας δὲ ἐγέννησεν τὸν Φάρες καὶ τὸν Ζάρα ἐκ τῆς Θαμάρ, Φάρες
δὲ ἐγέννησεν τὸν Ἐσρώμ, Ἐσρὼμ δὲ ἐγέννησεν τὸν Ἀράμ,

그런데 유다는 베레스와 세라를 다말에게서 낳았다. 그런데 베레스는 헤
스론을 낳았다. 그런데 헤스론은 람을 낳았다.

1:4

Ἀρὰμ δὲ ἐγέννησεν τὸν Ἀμιναδάβ, Ἀμιναδὰβ δὲ ἐγέννησεν τὸν Ναα
σσών, Ναασσὼν δὲ ἐγέννησεν τὸν Σαλμών,

그런데 람은 아미나답을 낳았다. 그런데 아미나답은 나손을 낳았다. 그런
데 나손은 살몬을 낳았다.

1:5

Σαλμὼν δὲ ἐγέννησεν τὸν Βόες ἐκ τῆς Ῥαχάβ, Βόες δὲ ἐγέννησεν
τὸν Ἰωβὴδ ἐκ τῆς Ῥούθ, Ἰωβὴδ δὲ ἐγέννησεν τὸν Ἰεσσαί,

그런데 살몬은 보아스를 라합에게서 낳았다. 그런데 보아스는 오벳을 룻
에게서 낳았다. 그런데 오벳은 이새를 낳았다.

1:6

Ἰεσσαὶ δὲ ἐγέννησεν τὸν Δαυὶδ τὸν βασιλέα.
Δαυὶδ δὲ ἐγέννησεν τὸν Σολομῶνα ἐκ τῆς τοῦ Οὐρίου,

그런데 이새는 다윗 왕을 낳았다. 그런데 다윗은 솔로몬을 우리야의 여자
에게서 낳았다.

유다와 다말 사이에 태어난 베레스는 자신의 부모가 시아버지와
며느리 관계라는 것을 알게 되었을 때 무슨 생각을 했을까? 살몬과 라합
사이에 태어난 보아스는 자신의 어머니가 창녀 출신의 이방 여자였음
을 알았을 때 무슨 생각을 했을까? 보아스와 룻 사이에서 태어난 오벳은
자신의 어머니가 모압 출신의 과부였음을 알았을 때 무슨 생각을 했을

까? 다윗과 밧세바 사이에 태어난 솔로몬은 자기 부모의 불륜 사실을 알았을 때 무슨 생각을 했을까? 예수님은 자기 어머니가 요셉과 약혼한 상태에서 자신을 성령으로 잉태한 사실을 알고 어떤 생각을 했을까?

예수님 가문의 족보에 있는 여자들은 마리아를 제외하면 처녀가 없다. 며느리, 창녀, 과부, 유부녀. 그 누구도 율법의 의를 내세울 수 없는 사람들이다. 다말, 라합, 룻은 이방 여인들이다. 이 가문의 사람들은 이들이 가문의 조상들임을 칭송하고 기념하기 위해 족보에 자랑스럽게 올려놓고 있다. 정말 이상한 가문이다. 보통 사람들은 그것을 부끄럽게 생각하고 철저히 숨겼을 것이다. 어쩌면 아이를 밴 마리아도 자신의 처녀성을 주장했겠지만, 그것이 무슨 소용이 있었겠는가?

이 가문의 사람들이 이 족보에 대해 자부심을 갖는 것은 그들 나름의 신학적 관점이 있었기 때문일 것이다. 그 관점은 율법적 세계관이 아니다. 그것은 죄인을 의롭다 하시는 초월적 은혜의 세계관이다. 아마도 그들 가문의 가훈은 "오직 나의 의인은 믿음으로 살리라"였을 것이다.

하박국 선지자가 그 말을 하기 전에, 바울이 그 말을 자기 신학의 슬로건으로 내세우기 전에, 율법적 세계관이 지배하던 사회에서 오직 이 가문만이 믿음의 세계관을 소유하고 있었다. 그들이 만약 율법적 세계관에 머물러 있었다면 그들은 질식해 죽었을 것이다. 율법적 세계관으로는 그들은 입 다물고 있어야 한다. 율법적 세계관으로는 그들은 영원히 수치스럽고 죄 많은 더러운 가문이다. 율법적 세계관으로는 그들은 영원히 구석에 찌그러져 있어야 한다.

그러나 그들은 율법의 정죄와 저주를 믿음으로 부수고 나간다. 그리고 하나님의 은혜의 세계관을 대담하게 선포한다. 그들은 창조적이고 혁신적인 신학자들이다. 그들은 율법 시대에 신학의 혁명을 일으킨 사람들이다. 그들의 혁신적 신학 정신을 계승한 사람이 바울이다.

예수님의 족보에 등장하는 여인들의 공통점은 대담성과 뻔뻔스러움이다. 그들은 믿음으로 의롭다 함을 받은 믿음의 용사들이다. 그러므로 법이 지배하는 이 세상 위에는 분명히 초월적 은혜의 세계가 존재하는 것이다. 그들은 그것을 본 사람들이다. 그것을 볼 수 있는 눈은 믿음의 눈이요 영의 눈이다.

예수 그리스도께서 제사장의 가문이 아니라 이 가문의 혈통을 따라 오신 이유가 여기에 있다. 그는 인류의 해방자다. 우리가 육체로 사는 날 동안 우리는 법의 지배와 정죄에서 벗어날 수 없다. 그러나 영으로는 믿음으로 그것을 초월한 은혜의 세계로 나아갈 수 있다.

임마누엘 하나님

마태복음 1:7-25

1:7

Σολομὼν δὲ ἐγέννησεν τὸν Ῥοβοάμ, Ῥοβοὰμ δὲ ἐγέννησεν τὸν Ἀβι
ά, Ἀβιὰ δὲ ἐγέννησεν τὸν Ἀσάφ,

그런데 솔로몬은 르호보암을 낳았다. 그런데 르호보암은 아비야를 낳았
다. 그런데 아비야는 아삽을 낳았다.

1:8

Ἀσὰφ δὲ ἐγέννησεν τὸν Ἰωσαφάτ, Ἰωσαφὰτ δὲ ἐγέννησεν τὸν Ἰωρά
μ, Ἰωρὰμ δὲ ἐγέννησεν τὸν Ὀζίαν,

그런데 아삽은 여호사밧을 낳았다. 그런데 여호사밧은 요람을 낳았다.
그런데 요람은 웃시야를 낳았다.

1:9

Ὀζίας δὲ ἐγέννησεν τὸν Ἰωαθάμ, Ἰωαθὰμ δὲ ἐγέννησεν τὸν Ἀχάζ,
Ἀχὰζ δὲ ἐγέννησεν τὸν Ἐζεκίαν,

그런데 웃시야는 요담을 낳았다. 그런데 요담은 아하스를 낳았다. 그런데
아하스는 히스기야를 낳았다.

1:10

Ἐζεκίας —δὲ ἐγέννησεν τὸν Μανασσῆ, Μανασσῆς δὲ ἐγέννησεν τὸν Ἀμώς, Ἀμὼς δὲ ἐγέννησεν τὸν Ἰωσίαν,

그런데 히스기야는 므나세를 낳았다. 그런데 므나세는 아모스를 낳았다. 그런데 아모스는 요시야를 낳았다.

1:11

Ἰωσίας δὲ ἐγέννησεν τὸν Ἰεχονίαν καὶ τοὺς ἀδελφοὺς αὐτοῦ ἐπὶ τῆς μετοικεσίας Βαβυλῶνος.

그런데 요시야는 바벨론 이주 때 여고니야와 그의 형제들을 낳았다.

1:12

Μετὰ δὲ τὴν μετοικεσίαν Βαβυλῶνος Ἰεχονίας ἐγέννησεν τὸν Σαλα θιήλ, Σαλαθιὴλ δὲ ἐγέννησεν τὸν Ζοροβαβέλ,

그런데 바벨론 이주 후 여고니야는 스알디엘을 낳았다. 그런데 스알디엘은 스룹바벨을 낳았다.

1:13

Ζοροβαβὲλ δὲ ἐγέννησεν τὸν Ἀβιούδ, Ἀβιοὺδ δὲ ἐγέννησεν τὸν Ἐλι ακίμ, Ἐλιακὶμ δὲ ἐγέννησεν τὸν Ἀζώρ,

그런데 스룹바벨은 아비훗을 낳았다. 그런데 아비훗은 엘리아킴을 낳았다. 그런데 엘리아킴은 아소르를 낳았다.

1:14

Ἀζὼρ δὲ ἐγέννησεν τὸν Σαδώκ, Σαδὼκ δὲ ἐγέννησεν τὸν Ἀχίμ, Ἀχὶμ δὲ ἐγέννησεν τὸν Ἐλιούδ,

그런데 아소르는 사독을 낳았다. 그런데 사독은 아킴을 낳았다. 그런데 아킴은 엘리훗을 낳았다.

1:15

Ἐλιοὺδ δὲ ἐγέννησεν τὸν Ἐλεάζαρ, Ἐλεάζαρ δὲ ἐγέννησεν τὸν Ματθάν, Ματθὰν δὲ ἐγέννησεν τὸν Ἰακώβ,

그런데 엘리훗은 엘르아살을 낳았다. 그런데 엘르아살은 맛단을 낳았다. 그런데 맛단은 야곱을 낳았다.

1:16

Ἰακὼβ δὲ ἐγέννησεν τὸν Ἰωσὴφ τὸν ἄνδρα Μαρίας, ἐξ ἧς ἐγεννήθη Ἰησοῦς ὁ λεγόμενος Χριστός.

그런데 야곱은 마리아의 남편 요셉을 낳았는데, 그녀에게서 그리스도라 불리우는 예수가 태어났다.

1:17

Πᾶσαι οὖν αἱ γενεαὶ ἀπὸ Ἀβραὰμ ἕως Δαυὶδ γενεαὶ δεκατέσσαρες, καὶ ἀπὸ Δαυὶδ ἕως τῆς μετοικεσίας Βαβυλῶνος γενεαὶ δεκατέσσαρες, καὶ ἀπὸ τῆς μετοικεσίας Βαβυλῶνος ἕως τοῦ Χριστοῦ γενεαὶ δεκατέσσαρες.

그러므로 아브라함으로부터 다윗까지의 모든 세대가 14세대요, 다윗부

터 바벨론 이주까지가 14세대요, 바벨론 이주부터 그리스도까지가 14세
대다.

1:18

Τοῦ δὲ Ἰησοῦ Χριστοῦ ἡ γένεσις οὕτως ἦν. μνηστευθείσης τῆς μητρ
ὸς αὐτοῦ Μαρίας τῷ Ἰωσήφ, πρὶν ἢ συνελθεῖν αὐτοὺς εὑρέθη ἐν γαστρὶ
ἔχουσα ἐκ πνεύματος ἁγίου.

그런데 그리스도의 탄생은 이와 같았다. 그의 어머니 마리아가 요셉과
약혼했을 때, 그들이 함께 오기 전에 성령으로 배 속에 가진 것이 발견되
었다.

1:19

Ἰωσὴφ δὲ ὁ ἀνὴρ αὐτῆς, δίκαιος ὢν καὶ μὴ θέλων αὐτὴν δειγματίσα
ι, ἐβουλήθη λάθρᾳ ἀπολῦσαι αὐτήν.

그런데 그녀의 남편 요셉은, 의로운 사람이고 그녀를 망신주기를 원하지
않아서, 그녀를 은밀히 내버리려고 결심했다.

1:20

ταῦτα δὲ αὐτοῦ ἐνθυμηθέντος ἰδοὺ ἄγγελος κυρίου κατ᾽ ὄναρ ἐφάνη
αὐτῷ λέγων· Ἰωσὴφ υἱὸς Δαυίδ, μὴ φοβηθῇς παραλαβεῖν Μαρίαν τὴν
γυναῖκά σου· τὸ γὰρ ἐν αὐτῇ γεννηθὲν ἐκ πνεύματός ἐστιν ἁγίου.

그런데 그가 이것들을 생각하고 있을 때 보라! 주님의 천사가 꿈에 그에게
나타나 말했다. 다윗의 자손 요셉아, 마리아를 너의 아내로 맞아들이는
것을 무서워하지 말라. 그녀 안에 잉태된 것은 성령으로 된 것이기 때문

이다.

1:21

τέξεται δὲ υἱόν, καὶ καλέσεις τὸ ὄνομα αὐτοῦ Ἰησοῦν· αὐτὸς γὰρ σώσει τὸν λαὸν αὐτοῦ ἀπὸ τῶν ἁμαρτιῶν αὐτῶν.

그런데 그녀는 아들을 낳을 것이다. 그러면 너는 그의 이름을 예수라고 불러야 한다. 왜냐하면 그는 자기의 백성을 그들의 죄에서 구원할 것이기 때문이다.

1:22

τοῦτο δὲ ὅλον γέγονεν ἵνα πληρωθῇ τὸ ῥηθὲν ὑπὸ κυρίου διὰ τοῦ προφήτου λέγοντος·

그런데 이 모든 것은 선지자를 통하여 주님께서 말씀하신 것이 성취되기 위해 이루어진 것이다. 말씀하시기를,

1:23

ἰδοὺ ἡ παρθένος ἐν γαστρὶ ἕξει καὶ τέξεται υἱόν,
καὶ καλέσουσιν τὸ ὄνομα αὐτοῦ Ἐμμανουήλ,
ὅ ἐστιν μεθερμηνευόμενον μεθ’ ἡμῶν ὁ θεός.

보라! 처녀가 배 속에 가질 것이요 그녀가 아들을 낳을 것이다. 그리고 사람들이 그를 임마누엘이라 부를 것인데,
그것은 하나님이 우리와 함께 계시다 라고 번역된다.

1:24

ἐγερθεὶς δὲ ὁ Ἰωσὴφ ἀπὸ τοῦ ὕπνου ἐποίησεν ὡς προσέταξεν αὐτῷ
ὁ ἄγγελος κυρίου καὶ παρέλαβεν τὴν γυναῖκα αὐτοῦ,

그런데 요셉은 잠에서 깬 후에 주님의 천사가 자기에게 지시한 대로 행했
다. 그리고 자기의 아내를 맞아들였다.

1:25

καὶ οὐκ ἐγίνωσκεν αὐτὴν ἕως οὗ ἔτεκεν υἱόν· καὶ ἐκάλεσεν τὸ ὄνομ
α αὐτοῦ Ἰησοῦν.

그리고 그는 그녀가 아들을 낳을 때까지 그녀를 알지 못하고 있었다. 그리
고 그는 그의 이름을 예수라고 불렀다.

동정녀 마리아의 몸에서 태어난 예수의 이름은 임마누엘이다. 이
것으로 나사렛 예수의 실체가 신이라는 것이 계시되고 있다. 그는 장차
십자가 대속의 죽음을 통해 자기 백성들을 죄에서 구원할 것이다.

요셉 이야기

마태복음 1:18-19

1:18

μνηστευθείσης τῆς μητρὸς αὐτοῦ Μαρίας τῷ Ἰωσήφ, πρὶν ἢ συνελ-
θεῖν αὐτοὺς εὑρέθη ἐν γαστρὶ ἔχουσα ἐκ πνεύματος ἁγίου.

그의 어머니 마리아가 요셉과 약혼했을 때, 그들이 함께 오기 전에 그녀가
성령으로 배 속에 (아이를) 가지고 있는 것이 발견되었다.

1:19

Ἰωσὴφ δὲ ὁ ἀνὴρ αὐτῆς, δίκαιος ὢν καὶ μὴ θέλων αὐτὴν δειγματίσα
ι, ἐβουλήθη λάθρα ἀπολῦσαι αὐτήν.

그런데 그녀의 남편 요셉은 의로운 사람이었고 그녀를 망신주기를 원하지
않았기 때문에, 그녀를 은밀히 놓아주려고(끊어버리려고) 결심했다.

요셉과 마리아가 누구 앞에 온다는 뜻인가? 하나님인가, 아니면 유
대인의 회당인가? 여기서 함께 온다는 것은 결혼식을 가리키는 것으로
보인다. 요셉과 마리아는 약혼 상태였는데 그들이 결혼식을 하기 전에,
하나님 앞에서 부부로서 한 몸을 이루기 전에, 성령을 통한 마리아의

임신 사실이 드러났다. 과연 마리아의 남편 요셉은 어떤 태도를 취할까?

요셉은 성령의 능력으로 하나님의 아들을 임신하게 되었다는 자신의 약혼녀의 말을 믿지 않았다. 믿었다면 마리아를 끊어버리려고 하지 않았을 것이다. 요셉은 성령의 능력이나 약혼녀의 말 같은 것을 믿는 사람이 아니었다. 그는 오직 율법에 기록된 하나님 말씀만 믿는 사람이었다. 그 대신 자기 약혼녀의 명예는 지켜주지만, 파혼 후에 마리아에게 무슨 일이 일어나든지 말든지, 죽든지 말든지, 고생을 하든지 말든지 '그건 내가 알게 뭐냐'라는 생각을 가지고 있었다. 그런 점에서 요셉은 냉정한 사람이다. 대개 이런 사람은 조용하고 온순하지만 사실은 대단히 치밀하고 꼼꼼하고 엄격한 성격의 소유자다. 어떤 면에서는 피도 눈물도 없는 철저히 논리적이고 법률적인 사람이다.

결국 마리아는 하나님 때문에 자신의 약혼자에게까지 버림받게 될뿐 아니라 자신의 삶 전체가 파괴되는 위기에 봉착한다. 그녀는 파혼당한 후 사생아를 낳은 미혼모의 불명예와 함께 회중 앞에 끌려나가 돌에 맞아 죽는 일이 기다리고 있었다. 하나님께서 개입하시지 않았다면 마리아의 인생은 끔찍한 최후를 맞이하였을 것이다.

그러면 성경이 말씀하는 바 '요셉의 의로움'은 도대체 무슨 의미인가? 여기서 요셉의 의로움은 믿음으로 난 의가 아니다. 요셉의 의는 율법으로 난 의다. 반면에 마리아의 의는 율법의 한계를 뛰어넘는 믿음의 의다. 요셉은 천사를 통해 하나님이 개입하심으로 자신의 생각을 버리고 하나님의 말씀에 순종한다. 그런 점에서 요셉은 엄격한 율법적 세계관을 대표하고, 마리아는 성령 충만한 은혜의 세계관을 대표한다.

남성 우월주의가 지배하는 유대인 사회에서 마리아의 믿음이 그녀의 약혼자인 요셉보다 우월성을 드러낸 것은 혁명적이다. 이 혁명적 신학사상은 예수님의 족보에 이미 잘 나타나 있다.

1:25

καὶ οὐκ εγινωσκεν αυτήν ἕως οὗ ετεκεν υἱόν· καὶ εκαλεσεν το ὄνομα αυτού Ιησουν.

그리고 그는 그녀가 아들을 낳았을 때까지 그녀를 알지 못하고 있었다. 그리고 그의 이름을 예수라고 불렀다.

여기서 '알다'라는 말은 남녀가 성관계를 통해 서로를 인격적으로 알게 되는 경험적 지식이다. 이것은 논리적 인식을 통하여 대상을 객관화시키는 헬라적 인식론과 근본적으로 다르다. 인격적이고 경험적인 히브리적 인식은 하나님을 아는 신학적 인식론의 출발점이다. 이 미완료 동사를 통해 우리는 요셉의 인내와 순종의 노력을 본다. 주님의 말씀에 순종하여 마리아를 아내로 맞아들여 같은 공간에서 함께 살면서도 마리아의 몸에 손을 대지 않았다는 것은 그가 평범한 젊은이가 아니라는 것을 보여준다. 그런 점에서 그는 비범한 자기 절제력을 가진 훌륭한 젊은이였다.

요셉은 믿음은 마리아보다 부족했지만 하나님 말씀에 절대복종하는 엄격성과 철저함을 가진 완벽한 의미의 경건한 유대인의 전형을 보여준다. 어쩌면 요셉은 경건한 유대교 랍비였을지도(?) 이렇게 해서 요셉과 마리아라는 두 젊은 유대인의 믿음과 희생과 결단, 용기와 순종과 인내를 통하여 그리스도의 나라가 역사 속에 들어오게 되었다.

요셉의 고민

마태복음 1:18-25

1:19

εβουληθη λαθρα απολυσαι αυτήν

그는 그녀를 조용히 끊어버리려고 결심했다.

여기서 '결심했다'의 헬라어 동사는 'εβουληθη'인데 이것은 'βουλ
ο-μαι'(뜻을 세우다, 원하다)의 수동태 과거 디포동사다. 디포동사란 거꾸
로 표현하는 역설적 방식이다. 게다가 수동태 디포다. 수동태 디포란
멀쩡한 능동태 동사를 수동태로 만들어 표현하는 어떤 부자연스럽고
수동적인 상황을 묘사한다. 이런 걸 보면 고대 그리스인들이 얼마나
복잡한 사람들이었는지를 알 수 있다.

이 수동태 디포동사는 원래 디포동사를 또 수동태로 만들어 상황에
떠밀려 결정을 내릴 수밖에 없는 어쩔 수 없는 요셉의 곤혹스러운 상태
를 잘 묘사하고 있다. 이 단어에 요셉의 고뇌가 짙게 묻어 있다. 이 수동
태 디포동사는 인간 실존의 상태를 잘 표현하고 있다. 우리의 인생은
우리 맘대로 되는 것이 아니다. 우리의 인생은 내부에서 결정되는 것
같지만 실상은 외부의 조건에 대한 반응에 불과할 뿐이다.

1:20

ταύτα δε αυτού ενθυμηθεντος

그런데 그가 이것들을 생각하고 있을 때

요셉은 이것저것 생각이 복잡하다. 생각해야 할 것이 한두 가지가 아니다. 특히 여자와 관련된 일은 복잡하고 생각할 게 많다. 여자를 남자 다루듯이 단순하게 접근하다가는 큰 낭패를 당한다. 남자들은 여자를 착하고 예쁘고 똑똑한 인형으로 생각한다. 그러나 그것은 엄청난 착각이다. 그런 생각으로 여자를 대하면 돌아오는 것은 강력한 카운터 펀치뿐이다. 남자들은 여자를 통해 지혜를 가르쳐 주시는 하나님께 감사해야 한다.

ενθυμηθεντος (엔뒤메덴토스) = ενθυμεομαι (엔뒤메오마이)의 분사 현재 소유격 수동태 디포동사

여기서도 수동태 디포가 등장한다.

εν (엔, ~안에) + θυμος (뒤모스, 열정, 격노, 분노, 정신, 마음) = 숙고하다, 반성하다.

요셉의 내면 상태는 마리아의 일로 인해 분노와 번민으로 가득 차 있다. 요셉의 잠 못 이루는 밤들을 본다.

1:20

μη φοβηθης παραλαβειν Μαριαν την γυναίκα σου

마리아를 너의 아내(여자)로 맞아들이기를 무서워하지 말라.

φοβηθης (포베데스) = φοβεομαι (포베오, 무서워하다)의 명령형 수동태 디포넌트

여기서도 수동태 디포동사가 등장한다. 요셉은 마리아를 무서워하고 있다. 그것은 마리아가 자신의 생각의 영역 밖에 있는 낯선 존재이기 때문이다. 그건 모든 인간 존재의 정직하고 두려운 현실이다. 우리는 모두 어떤 의미에서는 각자가 하나님 앞에 서 있는 낯선 존재들이다. 우리는 상대방을 소유하려 하지만 그것은 애시당초 어리석고 불가능한 일이다.

요셉은 마리아를 자기의 여자로 소유하려고 할 때 크나큰 두려움에 사로잡힌다. 그 두려움은 소유할 수 없는 존재의 자유를 소유하려는 헛된 욕망을 품을 때 생긴다. 그리고 이 두려움은 인간의 모든 실패의 원인이다. 요셉은 마리아를 하나님 앞에 서 있는 의지적 결단의 주체로 인정하고 받아들여야 한다. 그리하여 상호존중의 인격적 사랑의 세계로 나가야 한다.

그것은 소유와 욕망의 두려움으로부터 존재와 사랑의 자유를 향한 해방의 과정이다. 요셉은 마리아를 자기의 여자로 παραλαβειν(파라라베인, 맞아들임, 영접함)해야 한다(1:20). 그리고 요셉은 주님의 명령에 순종하여 마리아를 자신의 여자(γυνη, 귀네, 아내)로 παραλαβεν(파라라벤, 맞아들였다)한다(1:25).

동방박사 이야기
마태복음 2:1-12

2:1

Τοῦ δὲ Ἰησοῦ γεννηθέντος ἐν Βηθλέεμ τῆς Ἰουδαίας ἐν ἡμέραις Ἡρῴδου τοῦ βασιλέως, ἰδοὺ μάγοι ἀπὸ ἀνατολῶν παρεγένοντο εἰς Ἱεροσόλυμα

그런데 예수가 헤롯 왕의 날들에 유대의 베들레헴에서 태어났을 때, 보라! 박사들(점성가들)이 해 뜨는 곳으로부터 예루살렘에 도착해서

2:2

λέγοντες· ποῦ ἐστιν ὁ τεχθεὶς βασιλεὺς τῶν Ἰουδαίων; εἴδομεν γὰρ αὐτοῦ τὸν ἀστέρα ἐν τῇ ἀνατολῇ καὶ ἤλθομεν προσκυνῆσαι αὐτῷ.

말했다. 유대인들의 왕으로 태어나신 분이 어디에 계시느냐? 왜냐하면 우리가 그분의 별을 해 뜨는 곳에서 보고 그분께 경배하기 위해 왔기 때문이다.

2:3

ἀκούσας δὲ ὁ βασιλεὺς Ἡρῴδης ἐταράχθη καὶ πᾶσα Ἱεροσόλυμα μετ᾽ αὐτοῦ,

그러자 헤롯 왕과 함께 온 예루살렘이 듣고 혼란에 빠졌다.

2:4

καὶ συναγαγὼν πάντας τοὺς ἀρχιερεῖς καὶ γραμματεῖς τοῦ λαοῦ
ἐπυνθάνετο παρ᾽ αὐτῶν ποῦ ὁ χριστὸς γεννᾶται

그리고 그는 백성의 모든 대제사장과 서기관들을 모은 후 그들에게 그리스
도가 어디서 태어나는가를 물었다.

2:5

οἱ δὲ εἶπαν αὐτῷ· ἐν Βηθλέεμ τῆς Ἰουδαίας· οὕτως γὰρ γέγραπται
διὰ τοῦ προφήτου·

그러자 그들은 그에게 유대의 베들레헴이라고 말했다. 왜냐하면 선지자
를 통하여 이와 같이 기록되었기 때문이다.

2:6

καὶ σὺ Βηθλέεμ, γῆ Ἰούδα,
οὐδαμῶς ἐλαχίστη εἶ ἐν τοῖς ἡγεμόσιν Ἰούδα·
ἐκ σοῦ γὰρ ἐξελεύσεται ἡγούμενος,
ὅστις ποιμανεῖ τὸν λαόν μου τὸν Ἰσραήλ.

그리고 너 유대 땅 베들레헴아 너는 유대의 통치자 중에서 가장 작지 않다.
왜냐하면 너에게서 통치자가 나올 것이기 때문이다. 그리고 그는 내 백성
이스라엘을 다스릴 것이다.

2:7

Τότε Ἡρῴδης λάθρα καλέσας τοὺς μάγους ἠκρίβωσεν παρ᾽ αὐτῶν
τὸν χρόνον τοῦ φαινομένου ἀστέρος,

그때 헤롯은 은밀히 박사들을 불러 그들에게서 별이 나타난 시간을 자세히 물어보았다.

2:8

καὶ πέμψας αὐτοὺς εἰς Βηθλέεμ εἶπεν· πορευθέντες ἐξετάσατε ἀκριβῶς περὶ τοῦ παιδίου· ἐπὰν δὲ εὕρητε, ἀπαγγείλατέ μοι, ὅπως κἀγὼ ἐλθὼν προσκυνήσω αὐτῷ.

그리고 그들을 베들레헴으로 보내면서 말했다. 가서 그 아이에 대해 자세히 조사해라. 그리고 발견하면 나에게 알려라 나도 가서 그에게 경배할 것이다.

2:9

Οἱ δὲ ἀκούσαντες τοῦ βασιλέως ἐπορεύθησαν καὶ ἰδοὺ ὁ ἀστήρ, ὃν εἶδον ἐν τῇ ἀνατολῇ, προῆγεν αὐτούς, ἕως ἐλθὼν ἐστάθη ἐπάνω οὗ ἦν τὸ παιδίον.

그런데 그들이 왕의 말을 듣고 보냄을 받았다. 그리고 보라! 그들이 해 뜨는 곳에서 보았던 그 별이 가서 그 아이가 있는 곳 위에 세워질 때까지 그들을 앞에서 이끌고 있었다.

2:10

ἰδόντες δὲ τὸν ἀστέρα ἐχάρησαν χαρὰν μεγάλην σφόδρα.

그런데 그들은 그 별을 보고 엄청나게 큰 기쁨으로 기뻐했다.

2:11

καὶ ἐλθόντες εἰς τὴν οἰκίαν εἶδον τὸ παιδίον μετὰ Μαρίας τῆς μητρ
ὸς αὐτοῦ, καὶ πεσόντες προσεκύνησαν αὐτῷ καὶ ἀνοίξαντες τοὺς θησα
υροὺς αὐτῶν προσήνεγκαν αὐτῷ δῶρα, χρυσὸν καὶ λίβανον καὶ σμύρν
αν

그리고 그들은 집으로 가서 그 아이가 자기의 어머니 마리아와 함께 있는
것을 보고 엎드려 그에게 경배하고 자기들의 보물상자를 열어 그에게 금과
유향과 몰약을 예물로 바쳤다.

2:12

Καὶ χρηματισθέντες κατ᾽ ὄναρ μὴ ἀνακάμψαι πρὸς Ἡρῴδην, δι᾽
ἄλλης ὁδοῦ ἀνεχώρησαν εἰς τὴν χώραν αὐτῶν.

그리고 그들은 꿈에 헤롯을 향하여 돌아가지 말라는 지시를 받고 다른
길을 통해 자기들의 땅으로 물러갔다.

박사들을 동방에서부터 데리고 왔던 별은 천사의 불빛이다. 이 이
야기의 초점은 메시아 탄생의 기쁜 소식을 이방인들에게는 계시하셨
고, 본 백성 이스라엘에게는 감추셨다는 것이다.

동방박사들이 갑자기 예루살렘에 나타나 유대인들의 왕의 탄생을
이야기했을 때 헤롯 왕과 온 예루살렘은 혼란에 빠졌다. 그들은 그리스
도의 탄생을 기다리고 있었지만, 그리스도께서 그런 식으로 오실 줄은
몰랐던 것이다. 하나님은 인간의 경험과 예측대로 움직이시는 분이 아
니다. 그분은 그분 자신의 방식으로 일하시고 홀로 영광을 받으신다.

헤롯 대왕은 그 시대의 유능한 정치가였고 지금도 유대인들에게 인기가 좋다. 헤롯 대왕은 동방박사들의 이야기를 듣고 즉시 메시아가 탄생했음을 알아차린 유일한 인물이다. 그는 신학자들을 소집해서 예수님의 탄생 장소를 알아낸다. 그리고 동방박사들을 통해 예수님의 탄생 시간을 알아낸다. 이것을 통해 우리는 헤롯이 얼마나 머리가 좋은 사람인지를 알 수 있다. 그는 처음부터 예수님을 죽이려는 의도를 가지고 그리스도의 탄생 장소와 시간을 알아내고자 했다. 그가 대제사장들과 서기관들을 모으고 그들에게 그리스도의 탄생 장소를 물어볼 때 사용된 단어가 재미있다.

헬라어에는 '질문하다'라는 뜻의 동사 'επερωταω'(에페로타오)라는 단어가 있는데, 그런데 여기서는 'πυνθανομαι'(퓐다노마이)라는 동사를 썼다. 'πυνθανομαι'는 'Πυθων'(퓌톤: 점치는 귀신)에서 나온 동사다. 이것으로 보아 헤롯은 대제사장들과 서기관들을 점쟁이 같은 수준의 인간들로 생각할 뿐 전혀 존경심을 품지 않고 있음을 알 수 있다. 아니면 그들을 점쟁이들로 바라보는 헤롯의 수준이 그렇든지.

헤롯이 예수님의 탄생 장소와 시간을 정확히 알아낸 것은 처음부터 예수님을 죽이려는 의도 때문이다. 그의 실수가 있다면 동방박사들을 순진하게 생각하고 너무 믿었다는 것이다. 그는 예루살렘 성전을 화려하고 웅장하게 건축함으로 유대인들의 자존심을 회복시켜 주었지만 동방박사들을 움직이시는 하나님의 손을 보지 못했던 것이다.

예수님의 탄생과 그분께 경배하는 일에 이방인들은 초청을 받았지만 본 백성 이스라엘은 소외되어 있다. 유대인들은 그리스도의 탄생 소식을 듣고서도 믿지 않았다. 예수님께 경배하기 위해 동방박사들을 따라서 베들레헴에 간 유대인은 한 사람도 없다.

쫓기는 아기 예수

마태복음 2:13-15

2:13

Αναχωρησαντων δε αυτών Ιδού άγγελος κυρίου φαίνεται κατ οναρ τω Ιωσήφ λέγων, Εγερθεις παραλαβε το παιδιον και την μητέρα αυτού και φευγε εις Αιγυπτον και ισθι εκεί έως αν ειπω σοι. μέλλει γαρ Ηρώδης ζητειν το παιδιον του απολεσαι αυτό.

그런데 그들이 떠났을 때, 보라! 주님의 천사가 꿈에 요셉에게 나타나 말한다. 일어나서 아이와 그의 어머니를 데리고 이집트로 피하라. 그리고 내가 너에게 말할 때까지 거기에 있어라. 왜냐하면 헤롯이 아이를 죽이려고 그를 찾고 있기 때문이다.

2:14

ὁ δε εγερθεις παρελαβεν το παιδιον και την μητέρα αυτού νυκτός και ανεχωρησεν εις Αιγυπτον,

그러자 그는 일어나 밤중에 아이와 그의 어머니를 데리고 이집트로 떠났다.

2:15

και ην εκεί έως της τελεστής Ήρωδου. ίνα πληρωθη τὸ ρηθεν ύπο κυρίου δια του προφήτου λέγοντος, Ἐξ Αἰγύπτου ἐκάλεσα τὸν υἱόν μου.

그리고 그는 헤롯이 죽을 때까지 거기에 있었다. 이것은 선지자를 통하여 주님에 의해, 이집트에서 내가 나의 아들을 불렀다, 라고 말씀되어진 것이 성취되기 위함이다.

아기 예수님은 헤롯의 칼날을 피해 이집트로 도망친다. 이것은 하나님의 아들이 세상의 왕에게 쫓기고 있는 거꾸로 뒤집혀진 우주의 진실을 보여준다. 세상은 하나님을 향한 반역의 장소다. 아기 예수님의 피신은 그의 삶 전체가 대속적 고난이 될 것을 예고하고 있다.

요셉은 예수님 때문에 엄청 고생하고 있다. 그는 한밤중에 천사의 지시를 받고 황급히 예수님과 마리아를 데리고 이집트로 도망친다. 그는 헤롯의 지명수배를 받고 두려움 속에 기약없는 도피생활을 시작한다. 그것은 피 말리는 고통의 시간이다. 이집트로 가는 길은 멀고도 험하다. 그는 시나이반도의 광야를 지나가야 했다. 그곳은 먼 옛날 그의 조상들이 이집트에서 탈출하여 지나왔던 무시무시한 곳이다.

그러나 요셉은 축복받은 사람이다. 하나님께서 자신의 아들을 그에게 맡기셨기 때문이다. 그는 하나님의 그릇으로 쓰임받은 의롭고 경건한 사람이었다. 그는 그리스도의 은인이다. 그는 그리스도를 위하여 고생한 인내와 순종의 사람이다. 그는 하늘의 큰 상급을 받을 사람이다.

어린이 학살
마태복음 2:16-18

2:16

Τότε Ἡρωδης ιδων ότι ενεπαιχθη ύπο των μάγων εθυμωθη λίαν, και
αποστειλας ανειλεν παντας τούς παιδας τούς εν Βηθλεέμ και εν πασι
τοις όριοις αυτής από διετούς και κατωτέρω, κατά τον χρόνον όν ηκριβω
σεν πάρα των μάγων.

그때 헤롯은 그가 박사들에게 희롱당한 것을 보고 엄청 화가 났다. 그래서
사람들을 보내어 박사들에게서 자세히 알아낸 시간을 따라 베들레헴과
그 모든 지역 안에 있는 두 살 아래의 모든 어린이를 죽였다.

2:17

τοτε επληρωθη τό ρηθεν δια Ιερεμιου του προφήτου λεγοντος,

그때 선지자 예레미야를 통하여 말씀되어진 것이 성취되었다. 그가 말
했다.

2:18

Φωνή εν Ῥαμὰ ηκουσθη,
κλαυθμος και οδυμος πολύς.

Ραχήλ κλαιουσα τα τέκνα αυτής,

και ουκ ηθελεν παρακληθηναι, ότι ουκ εισιν.

라마에서 소리가 들려왔다.

큰 울음과 통곡 소리가.

자기의 자식들을 위해 울고 있는 라헬은,

위로받기를 원치 않았다. 그것은 자식들이 없었기 때문이다.

헤롯은 박사들에게 뒤통수 맞은 것에 대한 분풀이로 죄 없는 어린이들을 학살한다. 그리하여 베들레헴 주변은 통곡의 골짜기로 변한다. 그것이 이 땅에서 벌어지고 있는 어처구니없는 욕망의 현실이다. 오늘날도 세상은 죄 없는 자들의 억울한 죽음으로 가득 차 있다.

베들레헴의 어린이들은 아기 예수 때문에 죽었다. 베들레헴의 어린이들은 자기들의 의지와 상관없이 예수 그리스도의 고난에 동참했다. 그들은 축복받은 영혼들이다. 이 세상에서 가장 행복한 사람은 예수 그리스도를 위하여 자기 목숨을 바치는 사람이기 때문이다. 나사렛 예수는 천국에 들어가기는 참으로 어려운 일이라고 말했다. 베들레헴의 어린이들은 죄 많은 세상의 험악한 꼴을 보지 않고 천국으로 직행했으니, 그들은 선택받은 순교자들이다.

예수의 귀환

마태복음 2:19-23

2:19

Τελευτήσαντος δὲ τοῦ Ἡρῴδου ἰδοὺ ἄγγελος κυρίου φαίνεται κατ᾽
ὄναρ τῷ Ἰωσὴφ ἐν Αἰγύπτῳ

그런데 헤롯이 죽은 후 보라, 주님의 천사가 꿈에 이집트에 있는 요셉에게
나타나,

2:20

λέγων· ἐγερθεὶς παράλαβε τὸ παιδίον καὶ τὴν μητέρα αὐτοῦ καὶ
πορεύου εἰς γῆν Ἰσραήλ· τεθνήκασιν γὰρ οἱ ζητοῦντες τὴν ψυχὴν τοῦ
παιδίου.

말한다. 일어나 아이와 그의 어머니를 데리고 이스라엘 땅으로 가라. 왜냐
하면 아이의 목숨을 찾는 자들이 죽었기 때문이다.

2:21

ὁ δὲ ἐγερθεὶς παρέλαβεν τὸ παιδίον καὶ τὴν μητέρα αὐτοῦ καὶ εἰσῆ
λθεν εἰς γῆν Ἰσραήλ.

그러자 그는 일어나 아이와 그의 어머니를 데리고 이스라엘 땅으로

들어갔다.

2:22

Ἀκούσας δὲ ὅτι Ἀρχέλαος βασιλεύει τῆς Ἰουδαίας ἀντὶ τοῦ πατρὸς αὐτοῦ Ἡρῴδου ἐφοβήθη ἐκεῖ ἀπελθεῖν· χρηματισθεὶς δὲ κατ᾽ ὄναρ ἀνεχώρησεν εἰς τὰ μέρη τῆς Γαλιλαίας,

그런데 아르켈라오스가 그의 아버지 헤롯을 대신하여 유대를 다스리고 있는 것을 알고 거기로 떠나기를 무서워했다. 그런데 꿈에 지시를 받고 갈릴리 지역으로 갔다.

2:23

καὶ ἐλθὼν κατῴκησεν εἰς πόλιν λεγομένην Ναζαρέτ· ὅπως πληρωθῇ τὸ ῥηθὲν διὰ τῶν προφητῶν ὅτι Ναζωραῖος κληθήσεται.

그리고 나사렛이라는 도시로 가서 거주했다. 그리하여 그는 나사렛 사람으로 불리워질 것이라고 선지자들을 통하여 말씀되어진 것이 성취되었다.

아기 예수의 목숨을 찾기 위해 혈안이 되었던 헤롯 왕이 죽는다. 그는 로마제국의 실력자들과 교분을 쌓으면서 줄타기 외교를 통해 자치 국가의 독립을 유지하고 있었던 재주꾼이었다. 그는 무려 34년 동안 이스라엘의 왕으로 있으면서 많은 업적을 남긴 유능한 정치가였다. 그는 많은 건축물을 지었는데, 그중에서도 예루살렘 성전이 대표적이다. 이것으로 그는 에돔 출신임에도 불구하고 유대인들로부터 많은 인기를 누렸다. 그러나 그는 또한 권력을 위해 아내와 장모와 자식들을 죽인 잔혹한 독재자였다. 그런 그에게 아기 예수를 찾기 위해 어린이들을 학살하는 것은 일도 아니었다. 영원할 것 같았던 그의 위세도 그의 죽음으로 끝난다. 그 역시 신이 아니라 한 육체였을 뿐이다.

그가 죽자 하나님께서는 이집트에서 예수님과 마리아를 모시고 숨어 살던 요셉에게 천사를 보내신다. 그리고 헤롯의 죽음을 알리고 이스라엘 귀환을 명령한다. 요셉은 즉시 순종하여 이스라엘 땅으로 돌아온다. 그러나 헤롯의 아들 아르켈라오스가 아버지의 뒤를 이어 유대의 왕이 된 것을 알고 유대 지역으로 가기를 두려워한다. 그는 다시 꿈에 천사의 지시를 받고 갈릴리 나사렛으로 간다. 그래서 예수는 나사렛 사람이 되었다.

요셉은 어디를 가든지 예수님과 마리아를 모시고 다닌다. 그것이 그에게 주어진 사명인데, 그것은 이 세상에서 영광스러운 사명이다. 그는 이 세상에 오신 하나님의 아들을 섬기는 놀라운 축복을 누렸던 것이다.

요셉은 언제나 하나님의 지시를 받고 행동한다. 그것은 하늘에 있는 천사들과 같다. 그에게도 자기의 생각과 판단이 있었지만, 그는 항상 하나님의 지시를 받은 후 말씀을 따라 움직인다. 그는 결코 자의적으로 움직이지 않는다. 그것은 철저히 아버지의 뜻과 명령에 순종한 나사렛 예수를 닮았다. 그런 점에서 그는 그리스도의 마음을 가진 그리스도의 참제자였다.

위대한 선지자
마태복음 3:1-12

3:1

Ἐν δὲ ταῖς ἡμέραις ἐκείναις παραγίνεται Ἰωάννης ὁ βαπτιστὴς κηρ
ύσσων ἐν τῇ ἐρήμῳ τῆς Ἰουδαίας

그런데 저 날들에 세례 요한이 유대 광야에 나타나 선포하며

3:2

Ϗ καὶ λέγων· μετανοεῖτε· ἤγγικεν γὰρ ἡ βασιλεία τῶν οὐρανῶν.

말했다. 회개하라. 왜냐하면 하늘들의 나라가 가까웠기 때문이다.

3:3

οὗτος γάρ ἐστιν ὁ ῥηθεὶς διὰ Ἠσαΐου τοῦ προφήτου λέγοντος·
φωνὴ βοῶντος ἐν τῇ ἐρήμῳ·
ἑτοιμάσατε τὴν ὁδὸν κυρίου,
εὐθείας ποιεῖτε τὰς τρίβους αὐτοῦ.

이 사람은 선지자 이사야를 통하여 말씀되어진 자인데 말하기를,
광야에서 외치는 자의 음성.
주님의 길을 예비하고,

그분의 길들을 곧게 하라.

3:4

αὐτὸς δὲ ὁ Ἰωάννης εἶχεν τὸ ἔνδυμα αὐτοῦ ἀπὸ τριχῶν καμήλου καὶ ζώνην δερματίνην περὶ τὴν ὀσφὺν αὐτοῦ, ἡ δὲ τροφὴ ἦν αὐτοῦ ἀκρίδες καὶ μέλι ἄγριον.

그런데 요한 자신은 낙타털로 된 자기의 옷을 가지고 있었고, 그의 허리에는 가죽으로 된 띠를 가지고 있었다. 그런데 그의 음식은 메뚜기들과 들꿀이었다.

3:5

Τότε ἐξεπορεύετο πρὸς αὐτὸν Ἱεροσόλυμα καὶ πᾶσα ἡ Ἰουδαία καὶ πᾶσα ἡ περίχωρος τοῦ Ἰορδάνου,

그때 예루살렘과 온 유대와 요단 주변 온 땅이 그를 향하여 나와서

3:6

καὶ ἐβαπτίζοντο ἐν τῷ Ἰορδάνῃ ποταμῷ ὑπ᾽ αὐτοῦ ἐξομολογούμενοι τὰς ἁμαρτίας αὐτῶν.

자기들의 죄들을 고백하면서 요단강에서 그에게 세례를 받고 있었다.

3:7

Ἰδὼν δὲ πολλοὺς τῶν Φαρισαίων καὶ Σαδδουκαίων ἐρχομένους ἐπὶ τὸ βάπτισμα αὐτοῦ εἶπεν αὐτοῖς· γεννήματα ἐχιδνῶν, τίς ὑπέδειξεν ὑμῖν φυγεῖν ἀπὸ τῆς μελλούσης ὀργῆς;

그런데 그는 바리새인과 사두개인 중 많은 사람이 자기에게 세례받으러 오는 것을 보고서 그들에게 말했다. 독사들의 새끼들아, 누가 너희들에게 다가올 진노로부터 도망치라고 알려주었느냐?

3:8

ποιήσατε οὖν καρπὸν ἄξιον τῆς μετανοίας

그러므로 회개에 합당한 열매를 맺으라.

3:9

καὶ μὴ δόξητε λέγειν ἐν ἑαυτοῖς· πατέρα ἔχομεν τὸν Ἀβραάμ. λέγω γὰρ ὑμῖν ὅτι δύναται ὁ θεὸς ἐκ τῶν λίθων τούτων ἐγεῖραι τέκνα τῷ Ἀβραάμ.

그리고 너희들 속으로 우리는 아브라함을 조상으로 가지고 있다고 말하려 고 생각하지 말라. 내가 너희들에게 말하건대 하나님께서는 이 돌들로부 터 아브라함에게 자녀들을 일으킬 수 있다.

3:10

ἤδη δὲ ἡ ἀξίνη πρὸς τὴν ῥίζαν τῶν δένδρων κεῖται· πᾶν οὖν δένδρον μὴ ποιοῦν καρπὸν καλὸν ἐκκόπτεται καὶ εἰς πῦρ βάλλεται.

그런데 이미 도끼가 나무들의 뿌리를 향하여 놓여져 있다. 그러므로 좋은 열매를 맺지 않는 모든 나무는 잘려서 불 속에 던져진다.

3:11

Ἐγὼ μὲν ὑμᾶς βαπτίζω ἐν ὕδατι εἰς μετάνοιαν, ὁ δὲ ὀπίσω μου ἐρχό

μενος ἰσχυρότερός μού ἐστιν, οὗ οὐκ εἰμὶ ἱκανὸς τὰ ὑποδήματα βαστά
σαι· αὐτὸς ὑμᾶς βαπτίσει ἐν πνεύματι ἁγίῳ καὶ πυρί·

나는 너희들에게 회개를 위하여 물로 세례를 준다. 그러나 내 뒤에 오시는
분은 나보다 강하시고, 나는 그분의 신발들을 들고 다닐 자격도 없다. 그분
은 너희들에게 성령과 불로 세례를 줄 것이다.

3:12
οὗ τὸ πτύον ἐν τῇ χειρὶ αὐτοῦ καὶ διακαθαριεῖ τὴν ἅλωνα αὐτοῦ
καὶ συνάξει τὸν σῖτον αὐτοῦ εἰς τὴν ἀποθήκην, τὸ δὲ ἄχυρον κατακαύσ
ει πυρὶ ἀσβέστῳ.

그분의 손에 키질하는 삽이 있으니, 그분이 자기의 타작마당을 깨끗하게
할 것이요, 알곡은 자기의 곡간에 모으고 쭉정이는 꺼지지 않는 불에 태워
버릴 것이다.

구약성경 마지막 선지자 말라기의 글에는,
주님께서 임재하시기 직전 엘리야가 나타나 주님의 길을 예비할
것이라고 예언하고 있다.

만군의 여호와가 이르노라 보라 내가 나의 사자를 보내리니 그가 내 앞에
서 길을 준비할 것이요 또 너희가 구하는 바 주가 갑자기 그의 성전에 임하
시리니 곧 너희가 사모하는 바 언약의 사자가 임하실 것이라(말라기 3:1).

보라 여호와의 크고 두려운 날이 이르기 전에 내가 선지자 엘리야를 너희

에게 보내리니(말라기 4:5).

구약성경 열왕기에는 엘리야의 외모를 묘사한 부분이 있다.

그는 털이 많은(털옷을 입은) 사람인데 허리에 가죽띠를 띠었나이다(열왕기하1:8).

신약성경 마태복음에는 예수께서 세례 요한을 오기로 약속된 엘리야라고 말씀하고 있다.

제자들이 물어 이르되 그러면 어찌하여 서기관들이 엘리야가 먼저 와야 하리라 하나이까
예수께서 대답하여 이르시되 엘리야가 과연 먼저 와서 모든 일을 회복하리라
내가 너희에게 말하노니 엘리야가 이미 왔으되 사람들이 알지 못하고 임의로 대우하였도다 인자도 이와 같이 그들에게 고난을 받으리라 하시니
그제서야 제자들이 예수께서 말씀하신 것이 세례 요한인 줄을 깨달으니라(마태복음 17:10~13).

마태복음의 다른 부분에서는 예수께서 세례 요한보다 위대한 인물이 없다고 증언한다.

내가 진실로 너희에게 말하노니 여자가 낳은 자 중에 세례 요한보다 큰 이가 일어남이 없도다(마태복음 11:11).

이러한 성경의 증언만으로도 세례 요한이 얼마나 위대한 인물인지 알 수 있다.

세례 요한은 광야에 살면서, 낙타 털옷을 입고, 가죽띠를 두르고, 메뚜기를 잡아먹고, 들꿀을 따 먹으며, 오직 그리스도의 길을 예비했다. 그가 광야에서 외치며 회개를 촉구할 때, 온 이스라엘이 그에게 나와 자기들의 죄를 고백하며 세례를 받는 대각성 회개운동이 일어났다. 그는 자기를 메시아로 생각하는 사람들을 향해 자기는 메시아가 아니며 메시아의 길을 닦으러 온 자라고 분명하게 선언했다. 그는 자신을 예수님의 신발을 들고 다닐 자격도 없는 사람이며, 예수님의 영광이 나타나기 위해 자기는 찌그러져야 할 존재임을 알았다. 그는 삶 전체로 주님을 섬겼던 위대한 하나님의 사람이었다.

예수의 실체
마태복음 3:13-17

3:13

Τότε παραγίνεται ὁ Ἰησοῦς ἀπὸ τῆς Γαλιλαίας ἐπὶ τὸν Ἰορδάνην πρὸς τὸν Ἰωάννην τοῦ βαπτισθῆναι ὑπ’ αὐτοῦ.

그때 예수께서 요한에게 세례받기 위해 갈릴리에서 요단으로 요한을 향하여 다가온다.

3:14

ὁ δὲ Ἰωάννης διεκώλυεν αὐτὸν λέγων· ἐγὼ χρείαν ἔχω ὑπὸ σοῦ βαπτισθῆναι, καὶ σὺ ἔρχῃ πρός με;

그러자 요한이 극구 그를 말리며 말했다. 내가 당신에게 세례받을 필요가 있는데, 당신이 나를 향하여 오십니까?

3:15

ἀποκριθεὶς δὲ ὁ Ἰησοῦς εἶπεν πρὸς αὐτόν· ἄφες ἄρτι, οὕτως γὰρ πρέπον ἐστὶν ἡμῖν πληρῶσαι πᾶσαν δικαιοσύνην. τότε ἀφίησιν αὐτόν.

그러자 예수께서 그에게 대답하며 말했다. 지금은 허락하라. 이렇게 모든 의를 완성하는 것이 우리에게 합당하다. 그때 그가 그를 허락했다.

3:16

βαπτισθεὶς δὲ ὁ Ἰησοῦς εὐθὺς ἀνέβη ἀπὸ τοῦ ὕδατος· καὶ ἰδοὺ ἠνεῴ χθησαν αὐτῷ οἱ οὐρανοί, καὶ εἶδεν τὸ πνεῦμα τοῦ θεοῦ καταβαῖνον ὡσεὶ περιστερὰν καὶ ἐρχόμενον ἐπ᾽ αὐτόν·

그런데 예수는 세례를 받고 즉시 물에서 올라왔다. 그리고 보라, 하늘들이 [그에게] 열렸다. 그리고 그는 하나님의 영이 비둘기처럼 자기 위에 내려오는 것을 보았다.

3:17

καὶ ἰδοὺ φωνὴ ἐκ τῶν οὐρανῶν λέγουσα· οὗτός ἐστιν ὁ υἱός μου ὁ ἀγαπητός, ἐν ᾧ εὐδόκησα.

그리고 보라, 하늘들로부터 음성이 말씀하시기를, 이는 나의 사랑하는 아들이다. 내가 그를 기뻐했다.

무명의 나사렛 예수는 세례 요한의 대각성 운동에 합류한다. 그는 요단강으로 요한을 찾아가 군중들 사이에서 조용히 세례를 받는다. 세례 요한은 나사렛 예수를 알아보고 말도 안 된다며 거절하지만, 나사렛 예수의 말에 순종하고 세례를 베푼다. 나사렛 예수가 물에서 올라왔을 때 갑자기 하늘이 열리고, 성령이 내려오시고, 보좌로부터 음성이 들려오는 장엄한 광경이 펼쳐진다. 그것은 나사렛 예수가 삼위일체 사랑의 교제 속에 계시는 성자 하나님이심을 계시하는 놀라운 사건이다.

하늘에 계시는 아버지께서는 아들의 인내와 겸손과 순종을 기뻐하시고, 아들을 영화롭게 하고 계신다. 또한 성령께서는 아들을 위로하시

기 위해 찾아오신다. 왜냐하면 그에게는 많은 고난이 기다리고 있기
때문이다.

빵이냐 말씀이냐

마태복음 4:1-4

4:1

Τότε ὁ Ἰησοῦς ἀνήχθη εἰς τὴν ἔρημον ὑπὸ τοῦ πνεύματος πειρασ-
θῆναι ὑπὸ τοῦ διαβόλου.

그때 예수는 성령에 의해 광야로 이끌려 갔는데 그것은 마귀에게 시험받기
위함이었다.

4:2

καὶ νηστεύσας ἡμέρας τεσσεράκοντα καὶ νύκτας τεσσεράκοντα,
ὕστερον ἐπείνασεν.

그리고 그는 40주야를 금식하고 나서 후에 굶주렸다.

4:3

καὶ προσελθὼν ὁ πειράζων εἶπεν αὐτῷ· εἰ υἱὸς εἶ τοῦ θεοῦ, εἰπὲ
ἵνα οἱ λίθοι οὗτοι ἄρτοι γένωνται.

그리고 시험하는 자가 나와서 그에게 말했다. 네가 하나님의 아들이면,
이 돌멩이들이 빵들이 되도록 말해라.

4:4

ὁ δὲ ἀποκριθεὶς εἶπεν· γέγραπται·

οὐκ ἐπ᾽ ἄρτῳ μόνῳ ζήσεται ὁ ἄνθρωπος,

ἀλλ᾽ ἐπὶ παντὶ ῥήματι ἐκπορευομένῳ διὰ στόματος θεοῦ.

그러자 그가 그에게 반박하며 말했다. 기록되기를,

빵으로만 사람이 살면 안 되고,

대신에 하나님의 입으로부터 나오는 모든 말씀으로 살아야 한다.

ζήσεται (제세타이) ζαω (자오, 살다)의 직설법 미래 중간태 3인칭 단수, 이 경우 미래형은 강력한 명령의 의미를 가진다.

마태복음에는 유난히 수동태 동사들이 자주 등장한다. 이 수동태 동사들은 하나님의 절대주권적 의지의 관철과 동시에 인간의 피동적 입장을 역설적으로 표현하고 있다.

예수는 성령에 의해 이끌려지며 마귀에게 시험을 받는 존재다. 예수가 40주야를 금식하고 나서 굶주렸다는 것은 능동태 동작이지만 그것은 하나님의 뜻 안에서의 주체적 능동형일 뿐이다. 시험하는 자는 모든 것을 예의주시하다가 예수가 40주야를 금식하고 나서 굶주린 상태에서 광야에 널려있는 돌멩이들이 빵덩어리들로 보일 때 치고 나와 예수의 육체적 약점을 공격한다.

마귀의 요구는 돌멩이들이 빵덩어리들이 되도록 말해서 하나님의 아들로서의 영광을 보여주라는 것이다. 여기에 마귀의 고단수 전략이 들어있다. 굶주림 때문에 빵에 굴복하라는 것이 아니라 하나님의 아들로서의 능력과 영광을 보여 달라는 것이다. 이것은 교묘한 속임수다. 그것은 굶주림과 빵에 대한 굴복을 하나님의 아들로서의 영광의 계시로 포장시켜 주고 있다. 여기에 인간들이 빠져들어 가기 쉬운 자기합리화의 덫이 깔려있다. 이것은 명분은 하나님의 아들로서의 능력의 계시이지만 목적은 빵에 굴복시키려는 마귀의 고단수 책략이다. 마귀의 책략은 대단히 논리적이고 예리하고 탐스럽다.

예수는 마귀의 계략을 간파한다. 예수는 마귀의 숨겨놓은 의도가 인간을 하나님의 말씀이 아니라 빵에 굴복시키려는 것임을 폭로한다. 예수의 논리는 단순하고 간결하고 담백하다. 예수에게는 yes와 no가 분명하다.

> 오직 너희 말은 옳다 옳다, 아니라 아니라 하라. 이에서 지나는 것은 악(혹
> 은 악한 자)으로부터 나느니라(마 5:37).
> Simply let your Yes be Yes, and your No, No; anything beyond
> this comes from the evil one. (NIV)

예수와 마귀의 대결 초점은 '빵이냐 아니면 하나님의 말씀이냐'이다. 사람은 빵으로만 살아서는 안 되고 대신에 하나님의 입에서 나오는 모든 말씀으로 살아야 한다. 인간은 물질에 의존하는 육체적 존재이지만, 그것이 인간의 전부는 아니다. 인간은 하나님의 말씀을 먹고 사는 영적인 존재다. 인간이 빵에 굴복할 때 인간은 짐승의 차원으로 전락한다.

인간을 물질로 구성되어 있으며, 운동하는 물질로 파악하는 유물론적 세계관의 악마성이 여기에 있다. 인간은 하나님의 형상을 따라

지음받은 존귀하고 영광스러운 피조물이며, 하나님의 말씀을 영혼의 양식으로 삼는 영적인 존재임을 선언함으로써 예수는 마귀의 유물론적 세계관을 붕괴시킨다.

마귀의 목표는 인간의 존엄성인 하나님의 형상을 파괴함으로써 하나님의 창조 질서를 교란시키는 데 있다. 예수는 마귀의 시험을 당하며 대결할 때 기록된 말씀으로서의 성경에 절대적 권위를 부여하고 있다. 신약성경에서 이 γεγραπται(게그라프타이, 기록된)는 강력한 의미를 품고 있는 단어다. 기록된 말씀은 절대적 권위를 가지고 있다. 그 기록된 말씀은 성경이다.

아들의 권세

마태복음 4:5-7

4:5

Τότε παραλαμβάνει αὐτὸν ὁ διάβολος εἰς τὴν ἁγίαν πόλιν καὶ ἔστη-σεν αὐτὸν ἐπὶ τὸ πτερύγιον τοῦ ἱεροῦ

그때 마귀는 그를 거룩한 도시로 데리고 간다. 그리고 그를 성전의 날개 위에 세웠다.

4:6

καὶ λέγει αὐτῷ· εἰ υἱὸς εἶ τοῦ θεοῦ, βάλε σεαυτὸν κάτω· γέγραπται γὰρ ὅτι

τοῖς ἀγγέλοις αὐτοῦ ἐντελεῖται περὶ σοῦ

καὶ ἐπὶ χειρῶν ἀροῦσίν σε,

μήποτε προσκόψῃς πρὸς λίθον τὸν πόδα σου.

그리고 그에게 말한다. 만약 네가 하나님의 아들이면, 너 자신을 아래로 던져라. 왜냐하면 다음과 같이 기록되어 있기 때문이다.

그가 그의 천사들에게 너에 대해 명령할 것이다. 그러면 그들이 손 위로 너를 취할 것이다. 그리하여 너는 너의 발을 돌에 부딪히지 않게 될 것이다.

4:7

ἔφη αὐτῷ ὁ Ἰησοῦς· πάλιν γέγραπται· οὐκ ἐκπειράσεις κύριον τὸν θεόν σου.

예수가 그에게 준엄하게 말했다. 다시 기록되어 있다. 주 너의 하나님을 시험하지 말라.

예수와 마귀는 인격적인 관계다. 마귀는 예수를 데리고(모시고) 다닌다. 마귀는 예수가 자기 자신을 위해 권세를 쓰지 않는 것을 이해하지 못한다. 마귀는 예수를 테스트하는 시험관 역할을 한다. 마귀는 매우 영리하고 민첩하다. 마귀는 속임수와 얕은 꾀를 지어내는 데 능하다. 마귀는 예수와 전혀 다른 세계관을 갖고 있다. 마귀는 자기와 다른 세계에 살고 있는 예수의 일을 방해하고 무너뜨리려고 노력한다.

마귀는 예수에게 하나님의 아들의 권세를 사용하라고 재촉한다. 돌을 떡으로 만드는 일은 하나님의 아들에게는 일도 아니다. 아들이면 성전 꼭대기에서 뛰어내려서 천사들이 달려와 손으로 받들어 모시게 하는 것은 일도 아니다. 아들에게는 그런 일들을 행할 수 있는 권세가 있다. 그 권세를 쓰라는 것이다. 아들이면 아들의 권세를 써서 아들의 영광을 드러내라는 것이다.

예수는 그것을 단호하게 거절한다. 첫 번째는 육신의 양식을 위하여 두 번째는 세상의 명예를 위하여. 여기에 굶주린 허기를 채우기 위해 팥죽 한 그릇에 장자의 권세를 팔아넘긴 에서의 모습이 어른거린다. 여기에 백성들 앞에서 자신의 위신과 체면을 세워달라고 선지자 사무엘의 옷자락을 붙잡고 늘어지는 사울의 모습이 어른거린다. 그들은 하나님 나라에서 실격 처리된 자들이다. 그들은 육신의 정욕과 세상의 권력을 따라간 우상숭배자들이었다.

예수는 아버지께서 주신 권세를 자기 자신을 위해 사용하지 않는다. 예수는 아버지의 뜻과 지시가 없는 한 그 권세를 사용하지 않는다. 예수에게는 취할 권세도 버릴 권세도 있다. 그러나 예수는 그 권세를 자기 자신을 위해서 사용하지 않는다.

마귀는 예수를 예루살렘 성전 꼭대기 높은 곳에 세워놓는다. 그리고 뛰어내려서 천사들로 하여금 달려와 그들의 손으로 받아 모시는 멋진 장면을 연출하라고 요구한다. 그리하여 예수가 하나님의 아들임을 만인 앞에서 실증하라고 한다. 그러면서 마귀는 성경을 인용하여 예수를 공격한다. 예수가 기록된 성경 말씀의 권위를 가지고 시험을 물리치자 마귀도 잽싸게 기록된 성경 말씀의 권위를 이용한다. 마귀는 교묘하게 성경 말씀을 비틀어서 예수를 유혹한다. 마귀는 인간의 가장 취약한 부분을 치고 들어간다. 마귀는 아들의 권세를 명예를 위하여 사용하라고 재촉한다. 권세를 사용하지 않는 아들은 아들이 아니라고 비웃는다. 마귀는 심리전의 고수다.

마귀는 예수의 공생애 기간 내내 심리전으로 예수를 괴롭힌다. 심지어 예수의 십자가 밑에까지 따라와 심리전 전술을 구사한다. "네가 진짜 그리스도가 맞으면 지금 당장 십자가에서 내려와 그것을 증명하라. 그러면 우리가 믿어주겠다"라고 조롱하며 속을 긁으며 열받게 한다.

우리는 이 이야기 속에서 하나님께서 예수 그리스도를 통해 주신 자녀의 권세를 어떻게 무엇을 위해 사용해야 하는지를 배운다. 예수께서 오직 아버지의 뜻과 영광을 위해 아들의 권세를 사용하신 것처럼 우리는 우리에게 주신 자녀의 권세를 오직 우리를 죄와 사망에서 건지신 예수 그리스도의 이름과 영광을 위해 써야 한다.

마귀의 실체

마태복음 4:8-11

4:8

Πάλιν παραλαμβάνει αὐτὸν ὁ διάβολος εἰς ὄρος ὑψηλὸν λίαν, καὶ
δείκνυσιν αὐτῷ πάσας τὰς βασιλείας τοῦ κόσμου καὶ τὴν δόξαν αὐτῶν

다시 마귀는 그를 굉장히 높은 산으로 데리고 간다. 그리고 그에게 세상의
모든 나라들과 그것들의 영광을 보여준다.

4:9

καὶ εἶπεν αὐτῷ· ταῦτά σοι πάντα δώσω, ἐὰν πεσὼν προσκυνήσῃς
μοι.

그리고 그에게 말했다. 이 모든 것을 너에게 주겠다, 만약 엎드려 나에게
경배하면.

4:10

τότε λέγει αὐτῷ ὁ Ἰησοῦς· ὕπαγε, Σατανᾶ· γέγραπται γάρ· κύριον
τὸν θεόν σου προσκυνήσεις καὶ αὐτῷ μόνῳ λατρεύσεις.

그때 예수는 그에게 말한다. 가라, 사탄아. 왜냐하면 기록되어 있기 때문이
다. 주 너의 하나님께 경배할 것이고, 오직 그를 섬길 것이다.

4:11

Τότε ἀφίησιν αὐτὸν ὁ διάβολος, καὶ ἰδοὺ ἄγγελοι προσῆλθον καὶ διηκόνουν αὐτῷ.

그때 마귀는 그를 떠난다. 그리고 보라 천사들이 나왔다. 그리고 그를 섬기고 있었다.

마귀는 교묘한 술책으로 예수를 두 번이나 속이려 했으나 실패한다. 마귀는 예수의 하나님 아들 됨을 인정할 수 없다는 듯이 말해서 예수의 자존심을 긁는다. 그리고 능력을 통해 하나님의 아들임을 입증하라고 요구한다. 그러나 그것은 하나의 명분일 뿐이다. 마귀가 원하는 것은 예수를 물질과 명예와 권력에 굴복시키는 것이다. 이것이 본질이다. 그러나 마귀는 본질적 의도와 목표를 그럴듯한 명분으로 포장하여 숨긴다.

여기에 마귀의 교묘한 술책과 속임수가 들어 있다. 마귀는 예수에게 하나님의 아들로서의 능력을 행사하고 아들의 영광을 계시하라고 요구한다. 그러나 마귀의 의도는 예수로 하여금 하나님의 말씀과 아버지의 뜻을 배반하고 자기 나라와 자기 영광을 추구하게 함으로써 아버지와 아들 사이를 갈라놓으려는 것이다.

예수는 기록된 성경 말씀으로 마귀의 공격을 방어한다. 그러자 마귀도 잽싸게 성경을 인용하여 공격하지만 실제로는 성경을 교묘하게 왜곡하고 있다. 속임수로 예수를 무너뜨리는 데 실패한 마귀는 드디어 자기의 정체를 드러낸다. 굉장히 높은 산꼭대기로 예수를 데리고 가서 세상의 모든 나라와 그 영광을 보여주고 나서 자기에게 무릎 꿇고 경배하면 그 모든 것을 주겠다고 말한다. 이것으로써 마귀의 실체는 드러난다. 마귀는 하나님의 자리를 빼앗고 그 자리를 차지해서 모든 피조물의 경배를 받는 신이 되고 싶은 것이다. 여기에서 마귀의 미친 생각이 드러난다. 우리도 가끔 미친 생각을 품고 미친 짓을 한다. 마귀는 자기를 지으신 하나님을 쫓아내고 절대주권자의 자리에 앉고자 한다. 그리고 심지어 상속자인 아들을 자기에게 무릎 꿇리고 경배받으려 하는 망령된 생각을 품는다.

마귀에게도 지혜와 능력이 있기는 하다. 그러나 그에게 없는 것이 하나 있으니 그것은 아가페(αγάπη) 사랑의 섬김이다. 예수는 마귀가 교묘한 술책으로 속임수를 쓸 때까지는 인격적으로 대하지만 마귀의 반역적 정체가 드러나는 순간 쫓아버린다. 그러나 마귀를 저주하거나 모욕하지는 않는다. 예수는 끝까지 αγάπη 사랑의 마음을 잃지 않는다. 그러자 마귀는 포기하고 40주야를 금식하여 기진해 있는 예수를 버려두고 아쉬운 마음을 품고 떠난다. 예수는 자기의 목숨과 명예와 권력을 위해 아버지의 뜻을 배반하지 않고 끝까지 아버지의 절대주권에 복종한다. 그러자 하나님께서는 자기의 천사들을 아들에게 보내셔서 기진맥진한 아들을 돌보게 하신다.

이것은 아버지와 아들의 아름다운 사랑 이야기다. 이 아름다운 사랑 이야기에 마귀는 자기모순과 도착 상태에 빠진 욕망의 화신으로 등장한다. 마귀는 하나님께서 주신 지혜와 능력을 망령된 욕망을 충족시키는 수단으로 전락시킴으로 하나님의 창조 질서를 교란시키는 훼방꾼이다. 그의 무기는 거짓과 속임수와 술책인데 이것은 욕망으로 변질된 하나님의 지혜다.

그에게는 자기의 것이 하나도 없다. 그는 전부 하나님께 받은 것을 가지고 희롱하는 사기꾼에 불과하다. 그는 심리전의 대가이며 끝까지 회개하지 않는 반역의 우두머리다.

그리스도의 길

마태복음 4:12-17

4:12

Ἀκούσας δὲ ὅτι Ἰωάννης παρεδόθη ἀνεχώρησεν εἰς τὴν Γαλιλαίαν.

그런데 그는 요한이 넘겨졌다는 것을 듣고서 갈릴리로 물러났다.

4:13

καὶ καταλιπὼν τὴν Ναζαρὰ ἐλθὼν κατῴκησεν εἰς Καφαρναοὺμ τὴν
παραθαλασσίαν ἐν ὁρίοις Ζαβουλὼν καὶ Νεφθαλίμ·

그리고 나사렛을 떠나 스불론과 납달리 지역 안에 있는 바닷가 가버나움에
가서 자리 잡았다.

4:14

ἵνα πληρωθῇ τὸ ῥηθὲν διὰ Ἡσαΐου τοῦ προφήτου λέγοντος·

이는 선지자 이사야를 통하여 말씀된 것이 성취되기 위함이었다. 말하기를

4:15

γῆ Ζαβουλὼν καὶ γῆ Νεφθαλίμ,

ὁδὸν θαλάσσης, πέραν τοῦ Ἰορδάνου,

Γαλιλαία τῶν ἐθνῶν

스불론 땅과 납달리 땅, 요단 건너 바닷길, 이방인들의 갈릴리

4:16

ὁ λαὸς ὁ καθήμενος ἐν σκότει

φῶς εἶδεν μέγα,

καὶ τοῖς καθημένοις ἐν χώρᾳ καὶ σκιᾷ θανάτου

φῶς ἀνέτειλεν αὐτοῖς.

어둠 속에 앉아있는 백성이 큰 빛을 보았다.

그리고 죽음의 땅과 그늘에 앉아있는 자들에게,

그들에게 빛이 솟아올랐다.

4:17

Ἀπὸ τότε ἤρξατο ὁ Ἰησοῦς κηρύσσειν καὶ λέγειν· μετανοεῖτε· ἤγγι-κεν γὰρ ἡ βασιλεία τῶν οὐρανῶν.

그때부터 예수는 선포하며 말하기를 시작했다. 회개하라. 왜냐하면 하늘(들의) 나라가 가까이 다가왔기 때문이다.

예수는 세례 요한의 정치적 사건에 말려들지 않는다. 이로써 하나님 앞에서 그리스도의 주체성과 사명(mission)을 지킨다. 그때까지 예수는 유대 광야에 머무르고 있었던 것으로 보인다. 우리도 주변에 휘둘리지 말고 하나님 앞에서 하나님께서 우리를 위해 정해 놓으신 '나의 길'(mission)을 가야 한다.

예수는 공생애를 시작할 때 고향 나사렛을 떠나 가버나움으로 거처를 옮겼다. 예수는 가버나움을 선교활동 거점으로 삼음으로써 과거의 삶과 단절하고 새로운 출발을 한다. 우리가 예수를 믿는다는 것은 과거의 세상 줄을 끊고 새 출발을 하는 것이다.

마태복음은 예수의 삶은 선지자들을 통해 예언된 말씀의 성취라는 것을 계속 강조하며 기록된 말씀인 성경에 대해 절대적 권위를 부여한다. 이것은 예수의 신적 자기 성실성을 나타내는 것이다. 예수는 태초부터 계시는 말씀인데 이 말씀은 영원히 진실되고 성실하다. 예수는 자기의 약속을 반드시 지키시며, 자기 백성을 찾아오신 성실하신 하나님이다.

어두움과 사망의 그늘에 앉아있는 백성들이 본 큰 빛은 예수님 자신이다. 그 큰 빛은 태양이나 달이나 별빛이나 인간들의 등불이 아니다. 절망 속에 있는 그들이 본 것은 인류의 희망인 그리스도다. 예수는 온 우주를 밝히는 하나님의 구원과 생명과 진리의 빛이다.

예수가 선포한 내용은 세상을 향한 종말론적 심판의 선언이다. 하늘(들의) 나라가 가까이 다가왔다는 것은 이 세상의 종말과 심판이 가까웠다는 것이다. 예수는 세상을 향한 종말론적 심판권을 가지고 온 우주적 왕권의 소유자다. 예수가 임하는 곳에는 항상 종말론적 사건이 일어난다. 믿음은 그 종말론적 심판이 인간 내부에서 실존적으로 일어나는 사건이다.

예수의 말씀들은 모두 예수 자신에 대한 자기 증언이다. 그것은 예수가 신이기 때문이다. 오직 신만이 자기 자신에 대해 증거할 자격이 있다. 신은 거룩하고 의로운 존재다. 이것은 예수의 신성을 간접적으로 증거하는 것이다. 성경은 전부 예수의 영원한 신성을 증거하는 책이다.

예수와 제자들

마태복음 4:18-22

4:18

Περιπατῶν δὲ παρὰ τὴν θάλασσαν τῆς Γαλιλαίας εἶδεν δύο ἀδελ-
φούς, Σίμωνα τὸν λεγόμενον Πέτρον καὶ Ἀνδρέαν τὸν ἀδελφὸν αὐτοῦ,
βάλλοντας ἀμφίβληστρον εἰς τὴν θάλασσαν· ἦσαν γὰρ ἁλιεῖς.

그런데 갈릴리 바닷가를 이리저리 다니다가 두 형제를 보았는데, 그들은
베드로라 불리는 시몬과 그의 형제 안드레였는데, 그들은 바다에 그물을
던지고 있었다. 왜냐하면 그들은 어부들이었기 때문이다.

4:19

καὶ λέγει αὐτοῖς· δεῦτε ὀπίσω μου, καὶ ποιήσω ὑμᾶς ἁλιεῖς ἀνθρώ-
πων.

그리고 그들에게 말한다. 나의 뒤로 오라, 그러면 너희를 사람들을 사로잡
는 어부들로 만들 것이다.

4:20

οἱ δὲ εὐθέως ἀφέντες τὰ δίκτυα ἠκολούθησαν αὐτῷ.

그러자 그들은 즉시 그물들을 버리고 그를 따라갔다.

4:21

καὶ προβὰς ἐκεῖθεν εἶδεν ἄλλους δύο ἀδελφούς, Ἰάκωβον τὸν τοῦ
Ζεβεδαίου καὶ Ἰωάννην τὸν ἀδελφὸν αὐτοῦ, ἐν τῷ πλοίῳ μετὰ Ζεβε-
δαίου τοῦ πατρὸς αὐτῶν καταρτίζοντας τὰ δίκτυα αὐτῶν, καὶ ἐκάλεσεν
αὐτούς.

그리고 거기서 앞으로 나아가 다른 두 형제를 보았는데, 그들은 세베데의
아들인 야고보와 그의 형제 요한이었는데, 그들은 배 안에서 자기들의
아버지인 세베대와 함께 그물들을 수리하고 있었다. 그리고 그들을 불렀다.

4:22

οἱ δὲ εὐθέως ἀφέντες τὸ πλοῖον καὶ τὸν πατέρα αὐτῶν ἠκολούθη-
σαν αὐτῷ

그러자 그들은 즉시 배와 자기들의 아버지를 버리고 그를 따라갔다.

예수는 갈릴리에 나타난 크고 찬란한 빛이다. 예수의 모든 행동에
는 목적의식과 사명의식이 있다. περιπατων(페리파톤, 두루 다니다가, περι+
πατεω의 분사)는 여기저기 주변을 돌아다니는 모습인데 이것은 무엇인
가를 찾는 동작이다. ειδεν(에이돈, 보았다)는 그냥 우연히 무엇을 생각
없이 본 것이 아니라 열심히 찾아다니던 것을 발견했다는 뜻이다.

예수는 드디어 자기 마음에 드는 사람들을 발견한다. 예수는 그 평
범한 어부들 속에서 진리를 향한 보석 같은 사랑의 빛을 발견한다. 예수
는 어로작업을 하고 있는 그들을 향하여 자기의 제자가 되라고 초청한
다. 그러자 그들은 즉시 모든 것을 버리고 그를 따라나선다. 그들이 그

런 행동을 한 것은 그들 속에 어떤 인식작용과 가치판단이 일어났기 때문이다. 그들은 나사렛 예수라는 역사적 실체 속에서 크고 찬란한 빛을 본 것이다.

어부들은 그 빛이 이 세상 무엇과도 바꿀 수 없는 보배라는 가치판단을 내린다. 그 결과 그들은 즉시 세상 줄 끊어버리고 그의 제자가 된다. 이 이야기 속에는 제자를 찾아다니는 예수의 목적의식과 사명의식, 그리고 나사렛 예수 안에서 영원한 영광의 빛을 발견한 어부들의 인식작용과 가치판단이 상호 작용하고 있다. 그리하여 그 옛날 갈릴리 바닷가에서 하나님의 부르심과 그 부르심에 응답하는 인간의 믿음과 결단의 사건이 일어났고, 그 결과 그들은 하나님 나라의 기초석이 되는 영원한 영광을 누리게 되었다.

그 나라의 기쁜 소식

마태복음 4:23-25

4:23

Καὶ περιῆγεν ἐν ὅλῃ τῇ Γαλιλαίᾳ διδάσκων ἐν ταῖς συναγωγαῖς αὐτῶν καὶ κηρύσσων τὸ εὐαγγέλιον τῆς βασιλείας καὶ θεραπεύων πᾶσαν νόσον καὶ πᾶσαν μαλακίαν ἐν τῷ λαῷ.

그리고 그는 온 갈릴리 안에서 두루 다녔다. 그들의 회당들에서 가르치고, 그 나라의 기쁜 소식을 선포하고, 모든 병과 모든 약한 것을 백성 중에서 고치면서.

4:24

Καὶ ἀπῆλθεν ἡ ἀκοὴ αὐτοῦ εἰς ὅλην τὴν Συρίαν· καὶ προσήνεγκαν αὐτῷ πάντας τοὺς κακῶς ἔχοντας ποικίλαις νόσοις καὶ βασάνοις συνεχομένους καὶ δαιμονιζομένους καὶ σεληνιαζομένους καὶ παραλυ- τικούς, καὶ ἐθεράπευσεν αὐτούς.

그리고 그에 대한 소문이 온 시리아에 퍼졌다. 그리고 (사람들이) 여러 가지 질병과 고통으로 시달리며 모든 나쁜 것을 가지고 있는 사람들과 귀신 들린 사람들과 간질병 걸린 사람들과 중풍 걸린 사람들을 그에게 데려왔다. 그리고 그는 그들을 고쳤다.

4:25

καὶ ἠκολούθησαν αὐτῷ ὄχλοι πολλοὶ ἀπὸ τῆς Γαλιλαίας καὶ Δεκα-
πόλεως καὶ Ἱεροσολύμων καὶ Ἰουδαίας καὶ πέραν τοῦ Ἰορδάνου.

그리고 많은 무리들이 갈릴리와 데카폴리스와 예루살렘과 유대와 요단
건너편으로부터 그를 따랐다.

이 본문에서 핵심이 되는 부분은 'το ευαγγελιον της βασιλειας'(그
나라의 기쁜 소식)이다. 예수 그리스도의 미션은 '그 나라'를 선포하는 것[κ
ηρυσσων]이다. 이것을 증거하는 것이 둘 있는데 하나는 예언되고 기록
된 말씀인 성경과 성령의 현재적 임재다. 그래서 그리스도께서는 회당
에서 가르치고[διδασκων], 병들고 약한 사람들을 치료하신 것[θερα-πευω
ν]이다.

23절에는 세 개의 분사가 나온다. διδασκων(디다스콘), κηρυσσων(케
뤼쏜), θεραπευων(데라퓨온) 이 셋 중에 그리스도의 사역의 중심이 되는
일은 κηρυσσων(선포하는 것)이다. 그리스도께서 세상에 오신 목적은
그 나라를 선포하고, 그 나라를 보여주고, 그 나라를 세우는 것이다. 그
것을 뒷받침해 주는 것이 성경 말씀과 성령의 증거다. 그리스도께서는
그것을 위해 회당마다 다니시면서 성경을 가르치셨고 성령의 능력으
로 병든 사람들을 고쳐주신 것이다.

그러자 예수에 대한 소문이 사방에 퍼지게 되었고 사방에서 병든
사람들이 몰려왔다. 그리고 가난하고 병들고 소외된 사람들이 거대한
군중을 이루어 그리스도를 따라다니게 되었다. 이렇게 갈릴리에서 하
나님 나라 운동이 일어나고 있었다.

그러나 그것은 그 당시 유대인들이 기다리고 있던 정치적 메시아의 나라는 아니었다. 하나님 나라는 인간들이 기대하고 예측했던 것과는 다른 형태로 나타났다. 그것은 주류 유대인들에게는 실망스러운 것이었다. 그것은 그들이 원하고 기다렸던 메시아의 나라는 아니었다. 그래서 그 하나님 나라 운동은 처음부터 가난하고 소외된 자들의 비주류 운동으로서 정통파 유대인들에게는 혐오스러운 것이었다. 그리고 이것은 장차 그리스도께서 정통파 유대인들에게 버림받고 십자가에 못박히게 되는 근본 원인이 된다.

이 본문은 하나님 나라의 비밀스러움과 초월성을 계시하고 있다. 그 나라는 인간의 욕구를 충족시켜 주는 나라가 아니라 하나님의 절대 주권적 의지를 통해 연약한 자들에게 임하는 은혜로서의 구원을 몰고 오는 초월적인 나라다. 그 나라는 이 세상에 깊이 뿌리를 내린 힘세고 지혜로운 자들을 걸려 넘어지게 하는 나라다. 그리고 그 나라의 신비로움은 그리스도의 십자가로 계시되는데, 그것은 세상이 이해할 수도 없고 감당할 수도 없는 것이다.

산상수훈: 교육 신학의 기초

마태복음 5:1-2

5:1

Ἰδὼν δὲ τοὺς ὄχλους ἀνέβη εἰς τὸ ὄρος, καὶ καθίσαντος αὐτοῦ προσῆλθαν αὐτῷ οἱ μαθηταὶ αὐτοῦ·

그런데 그는 군중을 보고 산으로 올라갔다. 그리고 그가 앉았을 때에 그의 제자들이 그에게 나아왔다.

5:2

καὶ ἀνοίξας τὸ στόμα αὐτοῦ ἐδίδασκεν αὐτοὺς λέγων·

그리고 자기의 입을 열어 그들을 가르치고 있었다. 말하기를,

ὄχλος(오클로스, 무리, 군중)라는 단어의 복수 형태(οχλους)를 쓴 것으로 보아 예수님 주변에는 엄청난 인파가 몰려와 있었음을 알 수 있다. 파도처럼 끝없이 밀려오는 군중을 보시고 주님께서는 제자들을 데리고 산속으로 피신한다. 군중은 평지에 남겨두고 예수님과 제자들은 높은 곳으로 올라간다.

이것은 상징성을 가지고 있다. 군중이 머물러 있는 장소는 세상이

고, 예수님과 제자들이 올라간 장소는 하늘이다. 그리고 주님께서 앉으셨다는 것은 보좌에 앉으신 것이다. 그것이 쓰러진 나무든지, 혹은 바위든지, 아니면 커다란 돌이든지 예수님이 앉으신 곳은 하늘의 보좌가 된다.

예수님께서 앉으시자 제자들이 예수님을 향하여 나오는 장면은 장엄한 하늘의 광경이다. 그것은 요한계시록 4장에 펼쳐지는 하늘의 보좌와 24장로들의 모습과 흡사하다. 제자들이 예수님을 향하여 나아간 것은 주님께 경배하며 말씀을 받기 위함이다. 요한계시록에서는 보좌로부터 번개들과 음성들과 천둥소리들이 나온다. 이것은 전능자의 범접할 수 없는 위엄의 표현이다.

산 위에 앉아계시는 예수님에게도 똑같은 위엄이 있다. 예수님께서 입을 열어 제자들을 가르치실 때 예수님의 입에서 나오는 것은 하나님 말씀이다. 그 거룩하고 의로운 분의 입에서 나오는 말씀은 진실하고 성실하다. 그리고 제자들은 그 거룩한 말씀을 받는다. 이것이 하나님 나라 교육의 출발점이다. 그러므로 기독교 교육의 출발점은 예수님의 입에서 나온 Διδαχη(디다케: 교훈, 가르침), 곧 산상수훈이다. 그러므로 산상수훈은 교육신학의 성경적 근거가 된다.

예수님과 제자들은 산 위에서 머무르다가 다시 군중이 기다리고 있는 땅으로 내려온다. 그 땅은 곧 세상이다. 예수님과 제자들이 머무르고 있던 곳은 천상의 세계였던 것이다. 그것은 모세가 시내산 꼭대기에 올라가 여호와 앞에서 40일 동안 금식한 후에 말씀을 받는 것과 같은 것이다. 모세가 여호와 하나님께로부터 율법을 받음으로 유대교가 시작되었듯이, 제자들이 산에서 예수님의 말씀을 받음으로 기독교는 시작된다. 그러므로 산상수훈은 초기 기독교 공동체의 교육의 근본이 되며 표준이 되는 기초자료다.

　여기서 우리는 기독교 교육의 원형을 본다. 모든 기독교 교육의 원천은 기록되어 우리에게 전달된 예수님의 $\Delta\iota\delta\alpha\chi\eta$(디다케: 가르침)인 산상수훈이다. 우리는 산상수훈이 얼마나 거룩하고 위엄있는 말씀인지를 알고, 그것을 기독교 신앙의 표준으로 삼아 절대복종해야 한다.

행복한 사람들: 그리스도의 마음

마태복음 5:3-12

5:3

Μακάριοι οἱ πτωχοὶ τῷ πνεύματι,

ὅτι αὐτῶν ἐστιν ἡ βασιλεία τῶν οὐρανῶν.

심령이 가난한 사람들은 행복하다. 왜냐하면 하늘 나라가 그들의 것이기 때문이다.

5:4

μακάριοι οἱ πενθοῦντες,

ὅτι αὐτοὶ παρακληθήσονται.

애통하는 사람들은 행복하다. 왜냐하면 그들이 위로를 받을 것이기 때문이다.

5:5

μακάριοι οἱ πραεῖς,

ὅτι αὐτοὶ κληρονομήσουσιν τὴν γῆν.

온유한 사람들은 행복하다. 왜냐하면 그들이 땅을 상속받을 것이기 때문이다.

5:6

μακάριοι οἱ πεινῶντες καὶ διψῶντες τὴν δικαιοσύνην,

ὅτι αὐτοὶ χορτασθήσονται.

의에 굶주리고 목마른 사람들은 행복하다. 왜냐하면 그들이 만족할 것이기 때문이다.

5:7

μακάριοι οἱ ἐλεήμονες,

ὅτι αὐτοὶ ἐλεηθήσονται.

긍휼을 베푸는 사람은 행복하다. 왜냐하면 그들이 긍휼히 여김을 받을 것이기 때문이다.

5:8

μακάριοι οἱ καθαροὶ τῇ καρδίᾳ,

ὅτι αὐτοὶ τὸν θεὸν ὄψονται.

마음이 깨끗한 사람들은 행복하다. 왜냐하면 그들이 하나님을 볼 것이기 때문이다.

5:9

μακάριοι οἱ εἰρηνοποιοί,

ὅτι αὐτοὶ υἱοὶ θεοῦ κληθήσονται.

평화를 만드는 사람들은 행복하다. 왜냐하면 그들이 하나님의 아들들이라고 불릴 것이기 때문이다.

5:10

μακάριοι οἱ δεδιωγμένοι ἕνεκεν δικαιοσύνης,

ὅτι αὐτῶν ἐστιν ἡ βασιλεία τῶν οὐρανῶν.

의를 위하여 박해를 받은 사람들은 행복하다. 왜냐하면 하늘 나라가 그들의 것이기 때문이다.

5:11

μακάριοί ἐστε

ὅταν ὀνειδίσωσιν ὑμᾶς καὶ διώξωσιν καὶ εἴπωσιν πᾶν πονηρὸν καθ᾽ ὑμῶν ψευδόμενοὶ ἕνεκεν ἐμοῦ.

나 때문에 너희들을 대적하여 너희들을 욕하고 박해하고 모든 악한 것을 말할 때 너희들은 행복하다.

5:12

χαίρετε καὶ ἀγαλλιᾶσθε, ὅτι ὁ μισθὸς ὑμῶν πολὺς ἐν τοῖς οὐρανοῖς· οὕτως γὰρ ἐδίωξαν τοὺς προφήτας τοὺς πρὸ ὑμῶν.

기뻐하고 즐거워하라. 왜냐하면 너희들의 상급이 하늘에 많기 때문이다. 이와 같이 그들은 너희들 앞에 있던 선지자들을 박해했다.

예수님은 제자들에게 행복한 사람들에 대해 말씀하신다.

심령이 가난한 사람들

애통하는 사람들

온유한 사람들

의에 주리고 목마른 사람들

긍휼히 여기는 사람들

마음이 깨끗한 사람들

평화를 만드는 사람들

의를 위하여 박해를 받은 사람들

이들은 바로 예수님의 제자들이다. 이들은 예수님을 본받는 자들이고, 예수님의 마음을 품은 사람들이다. 이들은 예수님의 진액을 공급받아 예수님의 열매를 맺는 사람들이다. 이들이 행복한 것은 예수님과 연합되어 있기 때문이다. 이는 어떤 보편적인 윤리 도덕을 이야기하는 것이 아니라 예수님과의 관계성을 뜻한다. 예수님은 생명의 근원이시기 때문에 예수님과의 관계가 끊어진 사람은 이미 죽은 사람이다.

영존하시는 하나님의 관점에서는 행복의 기준은 오직 하나 하나님과의 인격적 사랑의 관계뿐이다. 그러므로 산상수훈의 행복한 사람들은 예수님과 연합되어 예수님의 마음을 품고 있는 사람들이다. 이들의 행복의 근원은 예수님이다.

소금과 빛: 예수님의 자기 증거

마태복음 5:13-16

5:13

Ὑμεῖς ἐστε τὸ ἅλας τῆς γῆς· ἐὰν δὲ τὸ ἅλας μωρανθῇ, ἐν τίνι ἁλισ-
θήσεται; εἰς οὐδὲν ἰσχύει ἔτι εἰ μὴ βληθὲν ἔξω καταπατεῖσθαι ὑπὸ
τῶν ἀνθρώπων.

너희들은 땅의 소금이다. 그런데 만약 소금이 멍청해지면 무엇으로 간을
맞추겠느냐? 다만 밖에 던져져 사람들에 의해 짓밟히는 것 외에는 아무것
에도 쓸모가 없다.

5:14

Ὑμεῖς ἐστε τὸ φῶς τοῦ κόσμου. οὐ δύναται πόλις κρυβῆναι ἐπάνω
ὄρους κειμένη·

너희들은 세상의 빛이다. 산 위에 놓인 도시는 숨겨질 수 없다.

5:15

οὐδὲ καίουσιν λύχνον καὶ τιθέασιν αὐτὸν ὑπὸ τὸν μόδιον ἀλλ᾿ ἐπὶ
τὴν λυχνίαν, καὶ λάμπει πᾶσιν τοῖς ἐν τῇ οἰκίᾳ.

어떤 사람도 등불을 켜서 그것을 말 아래 놓아두지 않는다. 대신에 등잔대

위에 놓는다. 그러면 그것은 집 안에 있는 모든 사람을 비춘다.

5:16

οὕτως λαμψάτω τὸ φῶς ὑμῶν ἔμπροσθεν τῶν ἀνθρώπων, ὅπως ἴδω-
σιν ὑμῶν τὰ καλὰ ἔργα καὶ δοξάσωσιν τὸν πατέρα ὑμῶν τὸν ἐν τοῖς
οὐρανοῖς.

이와 같이 너희들의 빛이 사람들 앞에 비추게 하라. 그리하여 그들이 너희
들의 선한 행실을 보고 하늘에 계시는 너희들의 아버지를 찬양하게 하라.

산 위에 놓여진 도시(πόλις ἐπάνω ὄρους κείμενη)와 등잔대(λυχνία)는
교회(εκκλησία)다. 교회가 세상의 소금과 빛이 되는 것은 예수 그리스도
를 주님으로 모시고 있기 때문이다. 예수 그리스도는 세상의 소금과
빛으로 오신 분이다.

소금과 빛 이야기는 산상수훈의 일부분이다. 흔히 산상수훈을 천
국 윤리 혹은 절대 윤리라고 한다. 그러나 산상수훈을 인간의 윤리로
보면 그것은 실행 불가능한 요구다. 우리는 세상에서 태어나 세상 속에
살아가고 있는 세상의 일부분이다. 우리는 세상 그 자체라고 할 수 있다.
그런데 어떻게 세상의 소금과 빛이 될 수 있는가? 세상의 소금과 세상의
빛은 세상 안에서 저절로 생기는 것이 아니다. 만약 그렇다면 내재적
자연신학이 될 것이다. 그것은 세상 밖에서 세상 속으로 들어오는 어떤
것이다. 세상의 소금과 빛은 세상 밖에서 세상 속으로 들어오는 하늘의
지혜요 하늘의 빛이다.

우리는 그 하늘의 지혜와 빛인 예수님을 주님으로 모신 자들이다.

그리고 성령을 통해 그 하늘의 지혜와 빛은 자기의 실체를 드러낸다. 우리는 그 지혜와 빛 자체가 아니라 그 지혜와 빛을 받아 전달하는 반사체다. 이 말씀은 세상의 소금과 빛으로 오신 예수님의 자기 증언의 말씀이다.

예수님은 아버지에 대해, 자기 자신에 대해, 성령에 대해, 세상에 대해 증거하셨다. 예수님은 신이시기 때문에 자기 자신에 대해 증거하시는 분이다. "여기에 요나보다 더 큰 자가 있다." "여기에 솔로몬보다 더 큰 자가 있다." "나는 하늘에서 내려온 떡이다." "나는 길이요, 진리요, 생명이다." "나는 양들의 문이다." "나는 세상의 빛이다." "나를 본 사람은 아버지를 보았다." "나는 아버지께로부터 와서 아버지께로 돌아간다."

등불과 등경 이야기도 세상의 빛으로 오신 예수님 자신에 대한 자기 증언의 말씀이다. 세상의 등불로 오신 예수님을 모시는 등잔대는 믿음이다. 등잔대에 올려진 등불은 온 방 안을 밝게 비춘다. 그 방은 사람의 마음과 인격일 수도 있고, 가정일 수도 있고, 국가와 민족도 될 수 있고 세상일 수도 있다. 그러나 계속 어둠 속에 있기를 원하는 사람은 등불을 커다란 함지박으로 덮어버린다. 희미한 빛 속에 살며 어두움의 일을 즐기고 싶어 하는 사람은 등불을 침대 밑에 놓아둔다.

하지만 등불이 등경 위에 놓이게 되면 방 안에 있는 모든 것의 실체가 드러난다. 숨을 곳이 없다. 현재적 심판이 이루어지는 것이다. 그것은 종말론적 심판이 미리 앞당겨진 것이다. 언덕 위에 건설되어 흰색으로 칠해진 마을은 사람들의 눈에 숨길 수 없다. 그 반짝반짝 빛나는 마을은 교회다. 그 하늘나라 마을에 대해 세상은 관심이 많다. 그 마을은 세상 밖에 속해 있고 자기들과 다르기 때문이다. 여기에 교회의 지혜가 필요하다. 특히 한국에는 오래된 수준 높은 윤리 철학과 신비종교가 깊이 뿌리내린 땅이다. 교회가 조금 부흥했다고 기고만장하면 언제든지 역습당할 수 있다.

예수님은 이 세상에 오신 하늘의 지혜요, 하늘의 빛 그 자체이시다. 우리가 택함 받고 부름 받고 세워진 목적은 이 세상에 오신 하늘의 지혜요, 빛이신 예수님을 담는 그릇이 되는 것이다. 그래서 우리를 통해 예수님의 영광을 드러내는 것이다. 팔복도 마찬가지다. 심령이 가난한 자, 애통하는 자, 온유한 자, 의에 주리고 목마른 자, 긍휼히 여기는 자, 마음이 깨끗한 자, 화평케 하는 자, 의를 위하여 박해를 받은 자. 이런 사람이 되려고 억지로 노력한다고 해서 될 일이 아니다. 그러므로 산상수훈은 어떤 윤리 도덕 지침이 아니다. 그것은 지극히 복되신 예수님의 마음에 대한 예수님의 자기 증언이다. 산상수훈은 의지적 실천이 아닌 포도나무와 가지처럼 예수님 안에 있을 때 저절로 이루어진다.

예수님의 영이신 성령이 우리 안에 거할 때, 우리는 예수님의 지복의 세계로 들어간다. 이것은 사람의 노력으로 되는 것이 아니라 우리 안에 거하시는 성령께서 예수님의 마음을 계시하시는 것이다. 그렇게 해서 예수님의 마음을 배우는 것이다. 그러므로 예수님의 참 제자가될 때 세상의 소금과 빛이 될 수 있다.

율법의 완성

마태복음 5:17-20

5:17

Μὴ νομίσητε ὅτι ἦλθον καταλῦσαι τὸν νόμον ἢ τοὺς προφήτας· οὐκ ἦλθον καταλῦσαι ἀλλὰ πληρῶσαι.

너희들은 내가 율법이나 선지자들을 무너뜨리려고 왔다고 생각하지 말라. 나는 무너뜨리기 위해서가 아니라 완성하러 왔다.

5:18

ἀμὴν γὰρ λέγω ὑμῖν· ἕως ἂν παρέλθῃ ὁ οὐρανὸς καὶ ἡ γῆ, ἰῶτα ἓν ἢ μία κεραία οὐ μὴ παρέλθῃ ἀπὸ τοῦ νόμου, ἕως ἂν πάντα γένηται.

진실로 너희에게 말하건대, 하늘과 땅이 사라질 때까지 율법으로부터 점 하나나 뿔 하나도 그것들이 다 이루어질 때까지 사라지지 않을 것이다.

5:19

ὃς ἐὰν οὖν λύσῃ μίαν τῶν ἐντολῶν τούτων τῶν ἐλαχίστων καὶ διδάξῃ οὕτως τοὺς ἀνθρώπους, ἐλάχιστος κληθήσεται ἐν τῇ βασιλείᾳ τῶν οὐρα-νῶν· ὃς δ᾽ ἂν ποιήσῃ καὶ διδάξῃ, οὗτος μέγας κληθήσεται ἐν τῇ βασιλεί α τῶν οὐρανῶν.

만약 어떤 사람이 이 지극히 작은 계명 중의 하나를 무너뜨리고 그렇게 사람들을 가르치면 그는 하늘의 나라에서 지극히 작은 자로 불릴 것이다. 그러나 어떤 사람이 (그것을) 행하고 가르치면 이 사람은 하늘의 나라에서 큰 자로 불릴 것이다.

5:20

Λέγω γὰρ ὑμῖν ὅτι ἐὰν μὴ περισσεύσῃ ὑμῶν ἡ δικαιοσύνη πλεῖον τῶν γραμματέων καὶ Φαρισαίων, οὐ μὴ εἰσέλθητε εἰς τὴν βασιλείαν τῶν οὐρανῶν.

그러나 내가 진실로 너희에게 말하건대, 너희들의 의가 서기관들과 바리새인들보다 더 낫지 않으면 결단코 하늘 나라에 들어가지 못할 것이다.

예수 그리스도가 율법의 완성이라는 것은 예수 그리스도의 자기 성실성에 대한 증언이다. 예수 그리스도는 하나님의 νόμος(법)이며, 하나님의 λόγος(말씀)이다. 예수 그리스도의 자기 성실성을 마태복음에서는 율법의 완성으로, 요한복음에서는 성육신으로 표현하고 있다.

마태복음
ουκ ήλθον καταλυσαι αλλά πληρωσαι
오우크 엘돈 카타뤼사이 알라 플레로사이
나는 무너뜨리려고 온 것이 아니라 완성하기 위해 왔다.

요한복음 1:14

ὁ λόγος σαρξ εγένετο

호 로고스 사르크스 에게네토

말씀이 육체가 되었다.

살인에 관하여

마태복음 5:21-26

5:21

Ἠκούσατε ὅτι ἐρρέθη τοῖς ἀρχαίοις· οὐ φονεύσεις· ὃς δ᾽ ἂν φονεύσ
η, ἔνοχος ἔσται τῇ κρίσει.

너희들은 옛사람들에게 살인하지 말라, 누구든지 살인하는 자는 심판에
처할 것이라고 말하여진 것을 들었다.

5:22

ἐγὼ δὲ λέγω ὑμῖν ὅτι πᾶς ὁ ὀργιζόμενος τῷ ἀδελφῷ αὐτοῦ ἔνοχος
ἔσται τῇ κρίσει· ὃς δ᾽ ἂν εἴπῃ τῷ ἀδελφῷ αὐτοῦ· ῥακά, ἔνοχος ἔσται
τῷ συνεδρίῳ· ὃς δ᾽ ἂν εἴπῃ· μωρέ, ἔνοχος ἔσται εἰς τὴν γέενναν τοῦ
πυρός.

그러나 나는 너희들에게 말한다. 자기의 형제에게 화를 내는 모든 사람은
심판을 받을 것이다. 그런데 자기의 형제에게 바보라고 말하는 사람은
공회에 회복될 것이다. 그리고 멍청이라고 말하는 사람은 불의 계곡에
던져질 것이다.

5:23

Ἐὰν οὖν προσφέρῃς τὸ δῶρόν σου ἐπὶ τὸ θυσιαστήριον κἀκεῖ μνησ-
θῇς ὅτι ὁ ἀδελφός σου ἔχει τι κατὰ σοῦ,

그러므로 만약 네가 제단 위에 너의 예물을 드리다가 거기서 너의 형제가
너에 대하여 서운한 어떤 것을 가지고 있다는 것이 기억나거든,

5:24

ἄφες ἐκεῖ τὸ δῶρόν σου ἔμπροσθεν τοῦ θυσιαστηρίου καὶ ὕπαγε
πρῶτον διαλλάγηθι τῷ ἀδελφῷ σου, καὶ τότε ἐλθὼν πρόσφερε τὸ δῶρόν
σου.

거기서 너의 예물을 제단 앞에 버려두고 가서 먼저 너의 형제와 화해하라.
그리고 그때 와서 너의 예물을 드려라.

5:25

Ἴσθι εὐνοῶν τῷ ἀντιδίκῳ σου ταχύ, ἕως ὅτου εἶ μετ' αὐτοῦ ἐν τῇ
ὁδῷ, μήποτέ σε παραδῷ ὁ ἀντίδικος τῷ κριτῇ καὶ ὁ κριτὴς τῷ ὑπηρέτῃ
καὶ εἰς φυλακὴν βληθήσῃ·

아직 너의 원수와 함께 길에 있을 때 속히 그와 화해하라. 원수가 너를 재판
장에게 넘기고, 재판장은 하속에게 넘기고 네가 감옥에 던져지지 않도록.

5:26

ἀμὴν λέγω σοι, οὐ μὴ ἐξέλθῃς ἐκεῖθεν, ἕως ἂν ἀποδῷς τὸν ἔσχατον
κοδράντην.

내가 진실로 너에게 말하건대 네가 마지막 동전을 갚을 때까지 너는 거기서

나오지 못할 것이다.

여기서 원수는 율법을, 판사는 하나님을, 교도관은 천사를 가리킨다. 우리는 율법과 함께 길을 가고 있는 존재, 곧 율법의 정죄 아래 있는 존재다. 우리가 율법과 화해하는 유일한 길은 율법의 완성이신 예수 그리스도의 은혜다. 예수 그리스도의 피로 구속받지 못한 자는 하나님의 심판대 앞에 서게 되고 그 형벌은 하나님의 천사들에 의해 집행된다. 살인의 뿌리는 자기 존재의 근본인 피조물의 위치를 떠나 하나님의 심판권을 도둑질한 것에 있다. 우리에게 주어진 유일한 의무와 권리는 아가페 사랑이다.

간음에 대하여

마태복음 5:27-30

5:27

Ἠκούσατε ὅτι ἐρρέθη· οὐ μοιχεύσεις.

너희들은 간음하지 말라고 말씀되어진 것을 들었다.

5:28

ἐγὼ δὲ λέγω ὑμῖν ὅτι πᾶς ὁ βλέπων γυναῖκα πρὸς τὸ ἐπιθυμῆσαι αὐτὴν ἤδη ἐμοίχευσεν αὐτὴν ἐν τῇ καρδίᾳ αὐτοῦ.

그러나 나는 너희에게 말한다. 갈망하는 목적으로 여자를 보는 모든 사람은 이미 자기의 마음속에서 그 여자와 간음한 것이다.

5:29

Εἰ δὲ ὁ ὀφθαλμός σου ὁ δεξιὸς σκανδαλίζει σε, ἔξελε αὐτὸν καὶ βάλε ἀπὸ σοῦ· συμφέρει γάρ σοι ἵνα ἀπόληται ἓν τῶν μελῶν σου καὶ μὴ ὅλον τὸ σῶμά σου βληθῇ εἰς γέενναν.

그런데 만약 너의 오른쪽 눈이 너를 걸려 넘어지게 하면 그것을 빼어서 너에게서 던져라. 왜냐하면 너의 지체들 중 하나를 잃고 너의 온몸이 지옥에 던져지지 않는 것이 너에게 유익하기 때문이다.

5:30

καὶ εἰ ἡ δεξιά σου χείρ σκανδαλίζει σε, ἔκκοψον αὐτὴν καὶ βάλε
ἀπὸ σοῦ· συμφέρει γάρ σοι ἵνα ἀπόληται ἓν τῶν μελῶν σου καὶ μὴ
ὅλον τὸ σῶμά σου εἰς γέενναν ἀπέλθῃ.

그리고 만약 너의 오른쪽 손이 너를 걸려 넘어지게 하면 그것을 끊어서
너에게서 던져라. 왜냐하면 너의 지체들 중의 하나를 잃고 너의 온몸이
지옥으로 떠나가지 않는 것이 너에게 유익하기 때문이다.

한 인간을 하나님의 형상을 따라 지음 받은 존귀하고 영광스러운
피조물이 아닌 성적 욕망의 대상으로 바라보는 것은 우리 육체 안에
죄와 사망의 법이 작동하고 있기 때문이다. 그러므로 모든 육체는 살아
있는 날 동안 죄의 지배(법)에서 벗어날 수 없다.

죄짓는 지체들을 하나씩 잘라내기 시작하면 남게 될 지체는 하나도
없다. 손도 발도 눈도 귀도 입도 심지어 마음까지도 전부 죄로 물들어
있기 때문이다. 예수 그리스도 안에 있는 성결의 법, 사랑의 법, 성령의
법에 의해 해방되는 것만이 죄와 죽음의 육체의 법으로부터 구원받는
유일한 길이다.

이혼에 대하여

마태복음 5:31-32

5:31

Ἐρρέθη δέ· ὃς ἂν ἀπολύσῃ τὴν γυναῖκα αὐτοῦ, δότω αὐτῇ ἀποστάσιον.

그런데 자기의 아내를 내버리려는 사람은 그녀에게 이혼장을 주라고 말하여졌다.

5:32

ἐγὼ δὲ λέγω ὑμῖν ὅτι πᾶς ὁ ἀπολύων τὴν γυναῖκα αὐτοῦ παρεκτὸς λόγου πορνείας ποιεῖ αὐτὴν μοιχευθῆναι, καὶ ὃς ἐὰν ἀπολελυμένην γαμήσῃ, μοιχᾶται.

그러나 나는 너희들에게 말한다. 음행의 이유 외에 자기의 아내를 버리는 모든 사람은 그 여자를 간음하게 만드는 것이다. 그리고 이혼당한 여자와 결혼하는 사람은 간음하는 것이다.

자기 아내를 맘에 들지 않는다는 이유로 이혼장을 써서 내쫓는 잔인한 인간에 대한 주님의 분노의 숨소리가 들려온다. 그렇게 해서 쫓겨난 여인은 다른 남자와 부적절한 관계를 갖거나 성매매의 길로 들어설 가능성이 많다. 이 말씀 속에는 여성의 성적 권리와 인격적 주체성에 대한 주님의 자비와 긍휼의 마음이 들어있다. 예수 그리스도는 인간을 인격적 사랑의 대상이 아닌 물건처럼 취급하는 악마적 세계관을 무너뜨리고 아가페 사랑의 세계관을 세우기 위해 오신 분이다. 그러므로 신학이란 세계관의 대결이다.

헛맹세

마태복음 5:33-37

5:33

Πάλιν ἠκούσατε ὅτι ἐρρέθη τοῖς ἀρχαίοις· οὐκ ἐπιορκήσεις, ἀποδώ-
σεις δὲ τῷ κυρίῳ τοὺς ὅρκους σου.

다시 너희들은 "옛사람들에게, 헛맹세를 하지 말라. 주님께 너의 맹세들을
갚으라"라고 말하여진 것을 들었다.

5:34

ἐγὼ δὲ λέγω ὑμῖν μὴ ὀμόσαι ὅλως· μήτε ἐν τῷ οὐρανῷ, ὅτι θρόνος
ἐστὶν τοῦ θεοῦ,

그러나 나는 너희들에게 말한다. 너희들은 도무지 맹세하지 말라. 하늘로
도 하지 말라. 왜냐하면 그것은 하나님의 보좌이기 때문이다.

5:35

μήτε ἐν τῇ γῇ, ὅτι ὑποπόδιόν ἐστιν τῶν ποδῶν αὐτοῦ, μήτε εἰς Ἱεροσ
όλυμα, ὅτι πόλις ἐστὶν τοῦ μεγάλου βασιλέως,

또한 땅으로도 하지 말라. 왜냐하면 그것은 그분의 발판이기 때문이다.
예루살렘으로도 하지 말라. 왜냐하면 그것은 위대한 왕의 도시이기 때문

이다.

5:36

μήτε ἐν τῇ κεφαλῇ σου ὀμόσῃς, ὅτι οὐ δύνασαι μίαν τρίχα λευκὴν ποιῆσαι ἢ μέλαιναν.

너의 머리로도 맹세하지 말라. 왜냐하면 너는 머리카락 하나도 희게 하거나 검게 만들 수 없기 때문이다.

5:37

ἔστω δὲ ὁ λόγος ὑμῶν ναὶ ναί, οὒ οὔ· τὸ δὲ περισσὸν τούτων ἐκ τοῦ πονηροῦ ἐστιν.

그런데 너의 말이 예, 예, 아니오, 아니오가 되게 하라. 그런데 이것들에서 넘치는 것은 악한 자에게서 나오는 것이다.

인간은 자기 자신을 대단한 존재로 생각하며 큰소리치고 허풍 떨고 싶은 어리석음으로 가득 차 있다. 이 교만함과 망령된 생각을 어디선가 광패(ὑπερηφανια, 휘페레파니아)라고 했다.

예수님 시대의 유대인들은 하늘을 향하여, 땅을 향하여, 예루살렘을 향하여, 자기 머리를 걸고 맹세했던 것 같다. 그것은 과장되고 우스꽝스러운 짓이다. 그것은 자기 존재의 위치와 한계를 알지 못하는 어리석은 짓이다. 하늘은 하나님의 보좌이며, 땅은 하나님의 발판이다. 하늘과 땅 전체에 하나님의 거룩하심과 의로움, 존귀와 영광, 지혜와 능력으로 가득 차 있는데 인간이 무엇이건대 하늘과 땅을 두고 맹세한다는 말인가. 자기가 하늘과 땅을 좌지우지할 수 있다는 것인가. 자기가 하늘과 땅보다 더 크고 위대하다는 것인가. 그것을 어디선가 망자존대(妄自尊大)라고 표현했다.

맹세는 반드시 지켜져야 한다. 그렇지 않으면 사람들에게 웃음거리가 된다. 인간은 환경의 지배를 받는 연약한 피조물이다. 인간은 자기 자신의 생각과 능력을 의지할 것이 아니라 만물의 창조자이시며 통치자이신 하나님을 의지해야 한다. 우리에게 필요한 것은 그분의 은혜와 그분의 평화다.

인간이 호기롭게 맹세하는 것은 영웅적이고 멋있어 보이지만 실상은 허풍에 불과하다. 과거의 일들은 역사적 계시의 자료로 우리에게 교훈으로 주어졌으나, 미래는 하나님의 영역이다. 미래의 영광은 자기 확신으로 가득 찬 인간의 허언으로 성취되는 것이 아니라, 하나님을 사랑하고 경외하는 사람에게 주어지는 은혜와 축복의 세계다.

예루살렘은 위대한 왕의 도시(πολις μεγάλου βασιλέως, 폴리스 메갈로우 바실레오스)다. 그 위대한 왕은 바로 예수님 자신이다. 우리가 예수님의 이름으로 맹세하는 것은 믿음이 좋은 것처럼 보인다. 그러나 그것은 헛맹세로 끝날 가능성이 99.9%다. 우리의 맹세가 꽝으로 끝나게 되면 우리는 웃음거리가 되고 예수님의 이름도 망신을 당하게 된다. 그러니 아예 (όλως, 홀로스) 맹세하지 않는 것이 지혜다. 설사 맹세를 지켰다 한들 그 영광은 자기 자신이 차지하게 될 것이고 결국 저 잘났다는 꼴이 될 것이다.

나 잘난 사람은 천국에서 하나님과 함께 살 수 없다. 예루살렘은 예수님이 십자가의 고난을 당하시고 부활하신 계시의 현장이다. 예수님의 고난과 부활은 자기 자신을 과시하기 위한 맹세의 수단이 아니다.

그것은 믿음의 대상이며, 구원과 영생의 길이다.

　사람들은 자기의 머리(κεφαλή, 케팔레)를 걸고 맹세했다. 그 맹세는 자기의 지적 능력에 대한 과신이다. 예수님은 자기 머리카락 하나도 자기 마음대로 할 수 없는 주제에 무슨 자기 머리통을 두고 맹세를 하느냐고 책망하신다. 세상에는 자기의 머리를 믿고 사는 사람들이 많다. 그러면서 그 머릿속에 들어있는 지혜와 지식의 근본이신 하나님은 알려고 하지 않는다. 여기에 인간의 어리석음이 있다.

딴 세상 사람

마태복음 5:38-48

5:38

Ἠκούσατε ὅτι ἐρρέθη· ὀφθαλμὸν ἀντὶ ὀφθαλμοῦ καὶ ὀδόντα ἀντὶ ὀδόντος.

너희들은 눈에는 눈, 이에는 이라고 말하여진 것을 들었다.

5:39

ἐγὼ δὲ λέγω ὑμῖν μὴ ἀντιστῆναι τῷ πονηρῷ· ἀλλ᾽ ὅστις σε ῥαπίζει εἰς τὴν δεξιὰν σιαγόνα σοῦ, στρέψον αὐτῷ καὶ τὴν ἄλλην·

그러나 나는 너희들에게 악한 자에게 대적하지 말 것을 말한다. 대신에 어떤 사람이 너의 오른쪽 뺨을 때리면 그 사람에게 다른 쪽도 돌려주어라.

5:40

καὶ τῷ θέλοντί σοι κριθῆναι καὶ τὸν χιτῶνά σου λαβεῖν, ἄφες αὐτῷ καὶ τὸ ἱμάτιον·

그리고 너에게 재판을 받아서 너의 속옷을 빼앗으려 하는 그 사람에게 겉옷도 허락하라.

5:41

καὶ ὅστις σε ἀγγαρεύσει μίλιον ἕν, ὕπαγε μετ᾽ αὐτοῦ δύο.

그리고 누가 너를 억지로 1마일을 강요하면, 그와 함께 2마일을 가라.

5:42

τῷ αἰτοῦντί σε δός, καὶ τὸν θέλοντα ἀπὸ σοῦ δανίσασθαι μὴ ἀπο-
στραφῇς.

너에게 요구하는 자에게 주라. 그리고 너에게서 빌리기를 원하는 자를
거절하지 말라.

5:43

Ἠκούσατε ὅτι ἐρρέθη· ἀγαπήσεις τὸν πλησίον σου καὶ μισήσεις
τὸν ἐχθρόν σου.

너희들은 너희 이웃을 사랑하고 너의 원수를 미워할 것이다라고 말하여진
것을 들었다.

5:44

ἐγὼ δὲ λέγω ὑμῖν· ἀγαπᾶτε τοὺς ἐχθροὺς ὑμῶν καὶ προσεύχεσθε
ὑπὲρ τῶν διωκόντων ὑμᾶς,

그러나 나는 너희들에게 말한다. 너희들의 원수들을 사랑하고 너희들을
박해하는 자들을 위해 기도하라

5:45

ὅπως γένησθε υἱοὶ τοῦ πατρὸς ὑμῶν τοῦ ἐν οὐρανοῖς, ὅτι τὸν ἥλιον αὐτοῦ ἀνατέλλει ἐπὶ πονηροὺς καὶ ἀγαθοὺς καὶ βρέχει ἐπὶ δικαίους

καὶ ἀδίκους.

그리하면 너희들은 하늘에 계시는 너희들의 아버지의 아들들이 될 것이

다. 왜냐하면 그분은 자기의 태양을 악한 자들과 선한 자들 위에 떠오르게

하시고, 의로운 자들과 불의한 자들 위에 비를 내리시기 때문이다.

5:46

ἐὰν γὰρ ἀγαπήσητε τοὺς ἀγαπῶντας ὑμᾶς, τίνα μισθὸν ἔχετε; οὐχὶ

καὶ οἱ τελῶναι τὸ αὐτὸ ποιοῦσιν;

그러므로 만약 너희들이 너희들을 사랑하는 사람들을 사랑한다면 무슨

상을 받겠느냐? 세리들도 똑같은 것을 행하고 있지 않느냐?

5:47

καὶ ἐὰν ἀσπάσησθε τοὺς ἀδελφοὺς ὑμῶν μόνον, τί περισσὸν ποιεῖτ

ε; οὐχὶ καὶ οἱ ἐθνικοὶ τὸ αὐτὸ ποιοῦσιν;

그리고 만약 너희들이 오직 너희들의 형제들에게만 인사를 한다면 너희들

은 무슨 더 나은 일을 하는 것이냐? 이방인들도 똑같은 것을 행하고 있지

않느냐?

5:48

ἔσεσθε οὖν ὑμεῖς τέλειοι ὡς ὁ πατὴρ ὑμῶν ὁ οὐράνιος τέλειός ἐστιν.

그러므로 너희들은 하늘에 계시는 너희들의 아버지께서 온전하신 것처럼

온전하라.

오른뺨을 때리면 왼뺨도 돌려대고,

속옷을 빼앗으려 하면 겉옷까지도 벗어주고,

오리를 강요하면 십리를 가주고 ,

원수들을 사랑하고,

핍박하는 자들을 위해 기도하고

예수님의 말씀은 우리에게 딴 세상 사람이 되라는 것이다. 그는 부활의 세계, 빛의 세계, 하나님의 세계에 속한 사람이다. 이것은 사람의 힘으로는 불가능하다. 오직 천국의 능력으로만 가능하다.

그러한 사람은 더 이상 이 세상 사람이 아니다. 저 세상 사람이다. 그는 하나님의 미래를 앞당겨 사는 자다. 세상을 바람처럼 사는 자다. 전적으로 새로운 피조물(κτίσις καινή, 크티시스 카이네)이다. 세상을 초월한 자다. 세상을 향하여 죽은 자다. 하늘에 속한 자다. 하늘을 사는 자다. 자유한 자다. 신령한 자다. 하나님과 동행하는 자다. 세상이 감당하지 못하는 자다. 이미 세상을 이긴 자다. 완전한 자다.

지금 예수님은 자기 자신에 대해 말씀하고 있다. 예수님은 자기를 보고 배우라고 말씀하신다. 예수님은 자기의 제자가 되라고 말씀하신다. 그래서 산상수훈은 제자들을 향한 Διδαχη(디다케, 교훈)이다. 그리고 이 주님의 Διδαχη(디다케, 교훈) 위에 우주적 권세를 가진 교회가 세워진다. 교회의 권세, 교회의 능력, 교회의 아름다움, 교회의 매력은 이 Διδαχη(디다케, 교훈)에 뿌리를 두고 있다. 교회가 이 Διδαχη(디다케, 교훈)에서 벗어날 때 교회는 더 이상 세상의 소금도 빛도 아니다.

Διδαχη(디다케)는 예수님의 가르침, 예수님의 잔소리, 예수님의 훈계, 예수님의 유훈, 단 한 마디도 흘려 들어서는 안 되는 예수님의 유언이다.

예수의 자기 증거: 산상수훈

마태복음 5장-7장

산상수훈을 해석하는 데 있어 가장 중요한 것은 '그 말씀 전체를 어떤 관점에서 볼 것인가'이다. 산상수훈은 제자들에게 주신 교훈(διδαχη, 디다케)이다. 예수의 모든 말씀은 신으로서의 자기 자신에 대한 증거다. 이 관점이 가장 중요한 부분이다. 요한복음은 이러한 해석의 관점을 명확하게 제시해 준다.

요한복음 8:12-14(개역개정)

예수께서 또 말씀하여 이르시되 나는 세상의 빛이니 나를 따르는 자는 어둠에 다니지 아니하고 생명의 빛을 얻으리라.

바리새인들이 이르되 네가 너를 위하여 증언하니 네 증언은 참되지 아니하도다.

예수께서 대답하여 이르시되 내가 나를 위하여 증언하여도 내 증언이 참되니 나는 내가 어디서 오며 어디로 가는 것을 알거니와 너희는 내가 어디서 오며 어디로 가는 것을 알지 못하느니라.

너희는 육체를 따라 판단하나 나는 아무도 판단하지 아니하노라.

만일 내가 판단하여도 내 판단이 참되니 이는 내가 혼자 있는 것이 아니요 나를 보내신 이가 나와 함께 계심이라.

너희 율법에도 두 사람의 증언이 참되다 기록되었으니

내가 나를 위하여 증언하는 자가 되고 나를 보내신 아버지도 나를 위하여

증언하시느니라.

이에 그들이 묻되 네 아버지가 어디 있느냐 예수께서 대답하시되 너희는

나를 알지 못하고 내 아버지도 알지 못하는도다 나를 알았더라면 내 아버

지도 알았으리라.

삼위일체 신학적 관점을 잃어버리면 산상수훈은 또 하나의 율법이

나 윤리 도덕이 된다. 우리는 산상수훈을 통해 예수의 마음을 본다. 산

상수훈은 예수의 마음속 깊은 곳에 숨겨진 그의 본질을 드러낸다. 그런

점에서 산상수훈은 다른 형태의 성령론이다. 우리는 산상수훈을 통해

성령의 음성을 듣는다. 성령은 하나님의 가장 깊은 곳에 감추어진 하나

님의 본질이다. 하나님의 본질은 사랑이다.

Ὁ θεός εστιν αγάπη

하나님은 사랑이시다.

(요한1서 4:16)

그러므로 산상수훈은 사랑의 법, 성령의 법, 하나님의 법이다. 그것

은 인간의 노력과 수양으로 성취되는 것이 아니다. 그것은 예수와 견고

하게 연합되어 있을 때만 성취되는 은혜의 법이다.

요한복음 15:5

ἐγώ εἰμι ἡ ἄμπελος, ὑμεῖς τὰ κλήματα. ὁ μένων ἐν ἐμοὶ κἀγὼ ἐν αὐτῷ οὗτος φέρει καρπὸν πολύν, ὅτι χωρὶς ἐμοῦ οὐ δύνασθε ποιεῖν οὐδέν.

나는 포도나무요 너희는 가지들이다. 그가 내 안에 그리고 내가 그 안에 머무르는 이 사람은 많은 열매를 맺는다. 왜냐하면 나를 떠나서는 너희가 아무것도 할 수 없기 때문이다.

산상수훈은 예수가 자신의 제자들에게 주신 제자도에 관한 말씀이다. 예수의 제자들은 세상을 버리고 예수에게 모든 것을 바친 자들이다. 그들은 예수와 함께 운명을 같이 하기로 결단한 자들이다. 그들은 예수와 연합된 자들이고 예수의 영을 공급받는 자들이다. 그러므로 그들의 열매는 예수의 열매가 된다.

구제에 관하여

마태복음 6:1-4

6:1

Προσέχετε δὲ τὴν δικαιοσύνην ὑμῶν μὴ ποιεῖν ἔμπροσθεν τῶν ἀνθρ
ώπων πρὸς τὸ θεαθῆναι αὐτοῖς· εἰ δὲ μή γε, μισθὸν οὐκ ἔχετε παρὰ
τῷ πατρὶ ὑμῶν τῷ ἐν τοῖς οὐρανοῖς.

(그런데) 사람들에게 보이기 위한 목적으로 사람들 앞에서 너희의 의를
행하지 않도록 조심해라(명심해라).
그렇지 않으면 하늘들에 계시는 너희의 아버지에게서 상을 받지 못한다.

6:2

Ὅταν οὖν ποιῇς ἐλεημοσύνην, μὴ σαλπίσῃς ἔμπροσθέν σου, ὥσπερ
οἱ ὑποκριταὶ ποιοῦσιν ἐν ταῖς συναγωγαῖς καὶ ἐν ταῖς ῥύμαις, ὅπως
δοξασθῶσιν ὑπὸ τῶν ἀνθρώπων· ἀμὴν λέγω ὑμῖν, ἀπέχουσιν τὸν μισθὸ
ν αὐτῶν.

그러므로 네가 구제를 행할 때, 위선자들이 사람들에 의해 영광을 받기
위해 회당들과 길거리들에서 하듯이 네 앞에서 나팔을 불지 말라. 진실로
내가 너희에게 말하건대 그들은 자기들의 상을 다 받고 있다.

6:3

σοῦ δὲ ποιοῦντος ἐλεημοσύνην μὴ γνώτω ἡ ἀριστερά σου τί ποιεῖ
ἡ δεξιά σου,

그런데 구제를 행할 때 너의 오른손이 무엇을 하고 있는지 너의 왼손이
알지 못하게 하라.

6:4

ὅπως ᾖ σου ἡ ἐλεημοσύνη ἐν τῷ κρυπτῷ· καὶ ὁ πατήρ σου ὁ βλέπων
ἐν τῷ κρυπτῷ ἀποδώσει σοι.

그러므로 너의 구제가 감추어진 것 속에 있게 하라. 그러면 감추어진 것
속에서 보고 계시는 너의 아버지께서 너에게 갚을 것이다.

1절에서 중요한 부분은 '사람들에게 보이기 위한 목적으로'이다.
이 말씀 속에 하나님은 소외되고 있다. 하나님을 무시하고 인간들에게
잘 보이려고 애쓰며, 뜬구름 같은 세상의 인기를 따라가는 어리석은
인간을 고발하고 있다.

2절에서 중요한 부분은 '네 앞에서 나팔을 불지 말라'이다. 이 사람
은 자기를 높이고 과시하는 데 열을 올리고 있다. 이 사람은 자아도취에
빠져 있다. 이 사람에게 하나님에 대한 지식은 없다. 이 사람은 숭배의
대상이 자기 자신이다. 이 말씀은 자아도취와 자기 숭배에 빠져있는
인간의 어리석음에 대한 고발이다.

3절에서 중요한 부분은 '너의 오른손이 무엇을 하고 있는지를 너의
왼손이 알지 못하게 하라'이다. 이것은 지혜자의 행동을 배우라는 것인

데, 여기서 지혜자는 예수님 자신이다.

4절에서 중요한 부분은 '감추어진 것 속에서 보고 계시는 너의 아버지'다. 하나님은 만물 안에 숨어 계시면서 모든 것을 보고 계시고, 모든 것을 알고 계신다. 그 전지전능한 존재자를 아는 것이 지혜의 근본이다.

주기도문 I

마태복음 6:5-8

6:5

Καὶ ὅταν προσεύχησθε, οὐκ ἔσεσθε ὡς οἱ ὑποκριταί, ὅτι φιλοῦσιν ἐν ταῖς συναγωγαῖς καὶ ἐν ταῖς γωνίαις τῶν πλατειῶν ἑστῶτες προσεύχεσθαι, ὅπως φανῶσιν τοῖς ἀνθρώποις· ἀμὴν λέγω ὑμῖν, ἀπέχουσιν τὸν μισθὸν αὐτῶν.

그리고 너희가 기도할 때, 위선자들처럼 되지 말라. 왜냐하면 그들은 사람들에게 보이기 위해 회당들에서 그리고 광장의 모퉁이들에 서서 기도하는 것을 좋아하기 때문이다. 진실로 내가 너희에게 말하건대, 그들은 자기들의 상을 받고 있다.

6:6

σὺ δὲ ὅταν προσεύχῃ, εἴσελθε εἰς τὸ ταμεῖόν σου καὶ κλείσας τὴν θύραν σου πρόσευξαι τῷ πατρί σου τῷ ἐν τῷ κρυπτῷ· καὶ ὁ πατήρ σου ὁ βλέπων ἐν τῷ κρυπτῷ ἀποδώσει σοι.

그러나 너는 기도할 때 너의 골방으로 들어가라. 그리고 너의 문을 닫고 숨겨진 곳에서 너의 아버지께 기도하라. 그러면 숨겨진 곳에서 보고 계시는 너의 아버지가 너에게 갚아 줄 것이다.

6:7

Προσευχόμενοι δὲ μὴ βατταλογήσητε ὥσπερ οἱ ἐθνικοί, δοκοῦσιν γὰρ ὅτι ἐν τῇ πολυλογίᾳ αὐτῶν εἰσακουσθήσονται.

그런데 너희는 기도할 때 이방인들처럼 중얼거리지 말라. 왜냐하면 그들은 자기들의 많은 말 속에서 들으심을 받는다고 생각하기 때문이다.

6:8

μὴ οὖν ὁμοιωθῆτε αὐτοῖς· οἶδεν γὰρ ὁ πατὴρ ὑμῶν ὧν χρείαν ἔχετε πρὸ τοῦ ὑμᾶς αἰτῆσαι αὐτόν.

그러므로 너희는 그들과 같이 되지 말라. 왜냐하면 너희의 아버지께서는 너희가 그분께 구하기 전에 너희가 무엇을 필요로 하는지 이미 알고 계시기 때문이다.

5절의 중요한 부분은 '사람들에게 보이기 위하여'이다. 여기서 하나님은 소외되고 무시당하고 있다.

6절의 중요한 부분은 '숨어서 보고 계시는 너의 아버지'이다. 이 말씀은 하나님의 은밀성, 사랑의 은밀성, 지혜의 은밀성을 계시하고 있다. 지혜로운 사람은 하나님과 은밀한 사랑의 관계 속에 있다.

7절의 중요한 부분은 '중얼거리지 말라'이다. 중얼거린다는 것은 생각 없이 떠드는 것으로 사랑의 진실성이 없는 거짓된 행동이다. 하나님은 우리와 깊은 인격적 사랑의 교제를 갖기 원하신다.

8절의 중요한 부분은 '하나님께서 미리 알고 계신다'이다. 이 말씀은 하나님의 전지성, 예지성에 대한 언급이다. 우리의 믿음과 사랑의 대상이신 하나님은 위대하시고 전지전능하시다.

이 말씀은 지혜에 대한 교훈이다. 참된 지혜는 전지전능하신 하나님과의 은밀한 사랑의 관계 속에서 솟아난다.

주기도문 II

마태복음 6:9-13

6:9

Οὕτως οὖν προσεύχεσθε ὑμεῖς·

Πάτερ ἡμῶν ὁ ἐν τοῖς οὐρανοῖς·

ἁγιασθήτω τὸ ὄνομά σου·

그러므로 너희는 이렇게 기도해라.

하늘들에 계시는 우리의 아버지,

당신의 이름이 거룩하게 되게 하소서.

6:10

ἐλθέτω ἡ βασιλεία σου·

γενηθήτω τὸ θέλημά σου,

ὡς ἐν οὐρανῷ καὶ ἐπὶ γῆς·

당신의 나라가 오게 하소서.

당신의 뜻이 이루어지게 하소서,

하늘에서와 같이 땅에서도.

6:11

τὸν ἄρτον ἡμῶν τὸν ἐπιούσιον δὸς ἡμῖν σήμερον·

내일을 위한 우리의 빵을 오늘 우리에게 주소서.

6:12

καὶ ἄφες ἡμῖν τὰ ὀφειλήματα ἡμῶν,

ὡς καὶ ἡμεῖς ἀφήκαμεν τοῖς ὀφειλέταις ἡμῶν·

그리고 우리에게 우리의 빚들을 탕감해 주소서,

우리도 우리의 채무자들에게 탕감해 주었듯이.

6:13

καὶ μὴ εἰσενέγκῃς ἡμᾶς εἰς πειρασμόν,

ἀλλὰ ῥῦσαι ἡμᾶς ἀπὸ τοῦ πονηροῦ.

그리고 우리를 시험 속으로 끌어들이지 마소서.

대신에 우리를 악한 자로부터 건져 주소서.

‘하늘들에 계시는 우리의 아버지’는 하나님의 우주적 보편성을 상
징한다. ‘당신의 이름이 거룩하게 되게 하소서’는 하나님의 명예가 드
러나야 함을 의미한다. ‘당신의 나라가 오게 하소서’는 이 세계에 올
하나님 나라와 심판을 요청한다. ‘당신의 뜻이 이루어지게 하소서’는
하나님의 절대주권과 의의 통치를 기대한다.
　‘하늘에서와 같이 땅에서도’는 하나님의 뜻에 대한 땅의 반역을 전
제한다.

'내일을 위한 우리의 빵을 오늘 우리에게 주소서'는 세계의 물질성과 은혜의 필요성을 뜻한다. '그리고 우리에게 우리의 빚들을 탕감해 주소서'는 모든 인간이 하나님께 빚진 자들이라는 사실을 알려준다. '우리도 우리의 채무자들에게 탕감해 주었듯이'는 하나님의 은혜를 얻는 조건을 보여준다. '그리고 우리를 시험 속으로 끌어들이지 마소서'는 인간이 자신의 힘으로는 악마를 이길 수 없다는 사실을 주지시킨다. '대신에 우리를 악한 자로부터 건져 주소서'는 인간은 오직 하나님의 은혜로 구원을 얻는 진리를 말해준다.

사랑과 은혜: 주기도문

마태복음 6:9-13

주기도문 속에는 두 가지가 압축되어 있다. 첫째는 아버지에 대한 사랑이고, 둘째는 아버지의 은혜를 구하는 기도다.

《아버지에 대한 사랑》

1. 아버지의 위대하심을 찬양함.
2. 아버지의 이름을 높임.
3. 아버지의 나라가 속히 오기를 사모함.
4. 아버지의 뜻에 대한 복종.

《아버지의 은혜를 구함》

1. 생존에 필요한 물질.
2. 죄의 용서.
3. 인생의 연약함과 한계에 대한 자비와 긍휼.
4. 악한 자로부터의 구원.

그러므로 주기도문은 은혜와 사랑의 신학이다.

서로에게 빚진 자들

마태복음 6:14-15

6:14

Ἐὰν γὰρ ἀφῆτε τοῖς ἀνθρώποις τὰ παραπτώματα αὐτῶν, ἀφήσει καὶ ὑμῖν ὁ πατὴρ ὑμῶν ὁ οὐράνιος·

그러므로 만약 너희가 사람들에게 그들의 허물을 용서하면, 하늘에 계시는 너희의 아버지께서도 너희에게 용서하실 것이다.

6:15

ἐὰν δὲ μὴ ἀφῆτε τοῖς ἀνθρώποις, οὐδὲ ὁ πατὴρ ὑμῶν ἀφήσει τὰ παραπτώματα ὑμῶν.

그런데 만약 너희가 사람들에게 용서하지 않으면, 너희의 아버지께서도 너희의 허물을 용서하지 않을 것이다.

우리 인간은 서로에게 빚을 지고 있는 자들이다. 그것은 또한 하나님께도 빚이 된다. 우리가 우리에게 빚진 사람을 탕감해 주지 않고, 하나님께 우리의 빚을 탕감해 달라는 것은 논리적 모순이다. 우리가 우리에게 빚진 사람을 탕감해 주는 것이 곧 하나님을 향한 우리의 빚이 탕감되는 길이다.

하나님과의 관계는 인간관계 속에 그 비밀이 숨어있다. 하나님께 대한 사랑의 비밀은 이웃 사랑 속에 숨어있다. 이웃의 소중함을 모르는 사람은 하나님을 모르는 사람이다. 이웃을 괴롭히는 사람은 하나님을 괴롭히는 사람이다. 이웃을 귀하게 여기는 사람은 하나님을 귀하게 여기는 사람이다. 이웃을 사랑하는 사람은 하나님을 사랑하는 사람이다.

인생의 축복과 저주는 멀리 있는 것이 아니다. 그것은 이웃과의 관계 속에 숨어 있다. 그 이유는 하나님은 숨어 계시는 분이시기 때문이다.

금식에 대하여

마태복음 6:16-18

6:16

Ὅταν δὲ νηστεύητε, μὴ γίνεσθε ὡς οἱ ὑποκριταὶ σκυθρωποί, ἀφαν ί-ζουσιν γὰρ τὰ πρόσωπα αὐτῶν ὅπως φανῶσιν τοῖς ἀνθρώποις νηστεύ ον-τες· ἀμὴν λέγω ὑμῖν, ἀπέχουσιν τὸν μισθὸν αὐτῶν.

그런데 너희가 금식할 때, 위선자들처럼 슬픈 기색을 보이지 말라. 왜냐하면 그들은 금식할 때 사람들에게 보이려고 자기들의 얼굴을 흉하게 하기 때문이다. 진실로 내가 너희에게 말하건대, 그들은 자기들의 상을 받고 있다.

6:17

σὺ δὲ νηστεύων ἄλειψαί σου τὴν κεφαλὴν καὶ τὸ πρόσωπόν σου νίψαι,

그러나 너는 금식할 때 너의 머리에 기름을 바르라. 그리고 너의 얼굴을 씻으라.

6:18

ὅπως μὴ φανῇς τοῖς ἀνθρώποις νηστεύων ἀλλὰ τῷ πατρί σου τῷ

ἐν τῷ κρυφαίῳ· καὶ ὁ πατήρ σου ὁ βλέπων ἐν τῷ κρυφαίῳ ἀποδώσει σοι.

그리하여 금식할 때 사람들에게 보이려고 하지 말고 대신에 감추어진 데 계시는 너의 아버지께 보여라. 그러면 감추어진 데서 보고 계시는 너의 아버지께서 너에게 갚아주실 것이다.

예수님은 금식할 때 티를 내며 사람들에게 인정받으려고 애쓰는 위선자들을 본받지 말라고 말씀하신다. 인간은 언제 변덕을 부릴지, 언제 배신할지, 언제 죽을지 모르는 불완전하고 거짓된 존재다. 그런 인간에게 잘 보이려고 하는 것은 어리석은 짓이다. 지혜로운 자는 감추어진 것 속에서 모든 것을 보고 계시는 하나님 앞에 서 있는 자다. 그는 하나님께로부터 상급을 받게 되는데, 그 상급은 영원한 것이다.

예수님은 제자들에게 지혜의 길을 가르치고 있다. 산상수훈 전체가 지혜의 말씀이다. 제자들이 예수님께 나아가는 것은 지혜의 말씀 앞에 나가는 것이다. 제자들은 그 지혜의 말씀을 받고, 그 지혜의 말씀 안에 머물러 있을 때 지혜의 제자가 된다. 우리가 예수를 믿는다는 것은 제자들처럼 예수님 앞에 나아가 지혜의 말씀을 받는 것이다. 이 지혜의 말씀이 기독교 교육의 출발점이다.

교육이란 지혜의 말씀을 통해 인간의 무지와 어리석음을 몰아내는 것이다. 세상의 교육은 세상의 경험적 지혜를 가르친다. 그러나 교회의 교육은 하늘의 지혜를 가르친다. 예수님은 하늘에서 오신 지혜의 말씀이시다. 예수님은 교육의 주체이시며 동시에 교육의 내용이다. 예수님은 자기 자신을 지혜자로 계시하고 있다.

마음의 등불

마태복음 6:19-24

6:19

Μὴ θησαυρίζετε ὑμῖν θησαυροὺς ἐπὶ τῆς γῆς, ὅπου σὴς καὶ βρῶσις ἀφανίζει καὶ ὅπου κλέπται διορύσσουσιν καὶ κλέπτουσιν·

너희에게(너희를 위해) 땅 위에 보물들을 비축하지 말라. 거기에는 좀벌레와 녹이 파괴한다. 그리고 거기에는 도둑들이 마구 파헤치고 훔쳐간다.

6:20

θησαυρίζετε δὲ ὑμῖν θησαυροὺς ἐν οὐρανῷ, ὅπου οὔτε σὴς οὔτε βρῶσις ἀφανίζει καὶ ὅπου κλέπται οὐ διορύσσουσιν οὐδὲ κλέπτουσιν·

그런데 너희에게 하늘에 보물들을 비축하라. 거기에는 좀벌레나 녹이 파괴하지 않는다. 그리고 거기에는 도둑들이 마구 파헤치거나 훔쳐가지 않는다.

6:21

ὅπου γάρ ἐστιν ὁ θησαυρός σου, ἐκεῖ ἔσται καὶ ἡ καρδία σου.

왜냐하면 너의 보물이 있는 그곳에 너의 마음도 있을 것이기 때문이다.

6:22

Ὁ λύχνος τοῦ σώματός ἐστιν ὁ ὀφθαλμός. ἐὰν οὖν ᾖ ὁ ὀφθαλμός σου ἁπλοῦς, ὅλον τὸ σῶμά σου φωτεινὸν ἔσται·

몸의 등불은 눈이다. 그러므로 만약 너의 눈이 순수하면, 너의 온몸은 밝을 것이다.

6:23

ἐὰν δὲ ὁ ὀφθαλμός σου πονηρὸς ᾖ, ὅλον τὸ σῶμά σου σκοτεινὸν ἔσται. εἰ οὖν τὸ φῶς τὸ ἐν σοὶ σκότος ἐστίν, τὸ σκότος πόσον.

그런데 너의 눈이 악하면, 너의 온몸은 어두울 것이다. 그러므로 네 안에 있는 빛이 어두움이면, 그 어두움이 어떠하겠는가.

6:24

Οὐδεὶς δύναται δυσὶ κυρίοις δουλεύειν· ἢ γὰρ τὸν ἕνα μισήσει καὶ τὸν ἕτερον ἀγαπήσει, ἢ ἑνὸς ἀνθέξεται καὶ τοῦ ἑτέρου καταφρονήσει. οὐ δύνασθε θεῷ δουλεύειν καὶ μαμωνᾷ.

그 누구도 두 주인에게 종노릇할 수 없다. 왜냐하면 혹은 하나를 미워하거나 다른 사람을 사랑할 것이다. 혹은 하나를 붙들고 다른 것을 멸시할 것이다. 너희는 하나님과 재물에게 (함께) 종노릇할 수 없다.

산상수훈은 예수님의 교훈(Διδαχη, 디다케)이다. 이는 예수님의 제자 교육의 내용이다. 교육의 목적은 지혜와 지식의 빛을 공급하며 사람의 마음속에 있는 어리석음과 무지의 어두움을 쫓아내는 것이다.

사람은 각자가 마음속에 보물을 쌓아두고 있다. 마음속에 쌓아놓고 사랑하는 것이 보물이다. 헬라어로 보물은 'θησαυρός'(데사우로스)이다.

이 단어는 'τίθημι'(티데미, 놓다, 두다)에서 파생된 것이다(τίθημι 티데미의 어근 = θε 데). 헬라어에는 'σαροω'(사로오, 쓸다)라는 동사가 있다. 이것이 'σαυρος'(사우로스)와 관련이 있는 것인지는 확인할 수 없다. 그러나 보물(θησαυρός, 데사우로스)은 우리 마음속에 쌓아놓고 매일 쓸고 닦아 귀중히 모시는 어떤 신적 숭배의 대상이다.

보물이란 가치판단의 문제이기에 각자에게 보물은 다르다. 어떤 사람은 땅 위에 있는 보물을 섬기고, 어떤 사람은 하늘에 있는 보물을 섬긴다. 땅에 있는 보물은 재물이고, 하늘에 있는 보물은 예수님이다. 예수님이 사람의 마음을 채우면, 그 사람은 하나님의 지혜와 지식의 빛으로 가득 차게 된다. 그의 눈은 밝아지고 순수해져서 인간 본래의 은혜의 세계관이 회복된다. 그의 온몸이 건강해지고, 그의 삶 전체가 밝아진다. 그것은 그의 마음속에 하나님의 지혜와 지식의 빛이신 예수님이 그의 삶 전체를 밝게 비추시기 때문이다. 그는 정신과 육체와 물질의 모든 영역에서 어둠의 세력이 쫓겨난 빛의 자녀가 된다. 그러나 땅 위에 있는 재물이 사람의 마음을 채우면 그의 마음은 어리석음과 무지로 가득 차게 되고, 그의 눈은 어두워지고, 그의 삶은 욕심과 근심과 의심으로 인하여 병들고 약해진다.

예수님은 하나님께서 우리를 위하여 하늘에 쌓아둔 보물인 지혜의 말씀이다. 예수님이 마음속의 보물인 사람은 하나님의 지혜와 지식의 빛으로 충만하여 온전하고 순수한 눈을 소유하게 되고 삶 전체가 밝아진다. 이것이 바로 은혜의 세계관, 신학적 세계관이다. 그러나 예수님이 없는 사람은 어둠 속에 계속 머물러 있다. 그는 어두움의 눈으로 세상을 보게 되고, 그의 삶 전체가 어두워지고 병들게 된다.

σης (세스) = 좀벌레

βρωσις (브로시스) = 음식, 먹을 것이라는 뜻인데 여기서는 쇠를 먹어치우는 녹으로 사용되었음

διορυσσω (디오륏소) δια (디아, 여기저기, 두루) + ορυσσω (오륏소, 파다, 파내다) = 마구 파헤치다

이 단어는 도굴꾼들이 보물을 훔치기 위해 왕의 무덤을 마구 파헤치는 모습을 연상시킨다. 좀벌레는 옷을, 녹은 쇠를, 도둑들은 왕의 무덤을 파괴한다. 이 세상 물질은 결국은 그 무언가에 의해 파괴되어 못쓰게 된다. 그 허무한 것을 사랑하는 사람은 그가 사랑했던 그 허무한 것과 함께 멸망으로 간다. 그러나 영원한 지혜와 지식의 빛이신 예수님을 사랑하는 자는 그가 사랑하는 그분과 함께 영원한 빛 속으로 들어가리라. 그러므로 예수님의 산상수훈은 어리석은 우리 인생들에게 지혜의 길을 가르쳐주는 지혜신학이다.

은혜의 세계관

마태복음 6:25-34

6:25

Διὰ τοῦτο λέγω ὑμῖν· μὴ μεριμνᾶτε τῇ ψυχῇ ὑμῶν τί φάγητε ἢ τί πίητε, μηδὲ τῷ σώματι ὑμῶν τί ἐνδύσησθε. οὐχὶ ἡ ψυχὴ πλεῖόν ἐστιν τῆς τροφῆς καὶ τὸ σῶμα τοῦ ἐνδύματος;

이 때문에 내가 너희들에게 말한다. 너희들의 목숨을 위해 무엇을 먹을까 혹은 무엇을 마실까 너희들의 몸을 위해 무엇을 입을까 걱정하지 말라. 목숨이 음식보다 귀하고 몸이 옷보다 귀하지 아니하냐?

6:26

ἐμβλέψατε εἰς τὰ πετεινὰ τοῦ οὐρανοῦ ὅτι οὐ σπείρουσιν οὐδὲ θερίζ ουσιν οὐδὲ συνάγουσιν εἰς ἀποθήκας, καὶ ὁ πατὴρ ὑμῶν ὁ οὐράνιος τρέφει αὐτά· οὐχ ὑμεῖς μᾶλλον διαφέρετε αὐτῶν;

하늘의 새들을 자세히 들여다보라. 그것들은 씨를 뿌리지도 거두어들이 지도 곳간에 모아들이지도 않지만 하늘에 계시는 너희들의 아버지께서 그것들을 먹여주신다. 너희들은 그것들보다 더 귀하지 아니하냐?

6:27

τίς δὲ ἐξ ὑμῶν μεριμνῶν δύναται προσθεῖναι ἐπὶ τὴν ἡλικίαν αὐτοῦ
πῆχυν ἕνα;

그런데 너희 중 누가 걱정한다고 자기의 키에 한 규빗을 덧붙이겠느냐?

6:28

Καὶ περὶ ἐνδύματος τί μεριμνᾶτε; καταμάθετε τὰ κρίνα τοῦ ἀγροῦ
πῶς αὐξάνουσιν· οὐ κοπιῶσιν οὐδὲ νήθουσιν·

그리고 어찌하여 옷에 대하여 걱정하느냐? 너희들은 들의 백합들이 어떻
게 자라는지 철저히 배우라. 그것들은 수고하지도 않고 옷감을 짜지도
않는다.

6:29

λέγω δὲ ὑμῖν ὅτι οὐδὲ Σολομὼν ἐν πάσῃ τῇ δόξῃ αὐτοῦ περιεβάλετο
ὡς ἓν τούτων.

그러나 내가 너희들에게 말한다. 솔로몬은 자기의 모든 영광 속에서 그것
들 중의 하나와 같이 입지 못했다.

6:30

εἰ δὲ τὸν χόρτον τοῦ ἀγροῦ σήμερον ὄντα καὶ αὔριον εἰς κλίβανον
βαλλόμενον ὁ θεὸς οὕτως ἀμφιέννυσιν, οὐ πολλῷ μᾶλλον ὑμᾶς, ὀλιγόπι
στοι;

만약 오늘 있다가 내일 아궁이에 던져지는 들의 풀을 하나님께서 이와
같이 입히신다면 너희들은 얼마나 더 하시겠느냐? 믿음이 적은 자들아.

6:31

Μὴ οὖν μεριμνήσητε λέγοντες· τί φάγωμεν; ἤ· τί πίωμεν; ἤ· τί περιβ

αλώμεθα;

그러므로 걱정하면서 우리가 무엇을 먹을까 혹은 우리가 무엇을 마실까

혹은 우리가 무엇을 입을까 말하지 말라.

6:32

πάντα γὰρ ταῦτα τὰ ἔθνη ἐπιζητοῦσιν· οἶδεν γὰρ ὁ πατὴρ ὑμῶν ὁ

οὐράνιος ὅτι χρῄζετε τούτων ἁπάντων.

이 모든 것은 이방인들이 추구하는 것이다. 하늘에 계시는 너희들의 아버

지께서는 너희들에게 이 모든 것이 필요하다는 것을 알고 계신다.

6:33

ζητεῖτε δὲ πρῶτον τὴν βασιλείαν τοῦ θεοῦ καὶ τὴν δικαιοσύνην αὐτο

ῦ, καὶ ταῦτα πάντα προστεθήσεται ὑμῖν.

먼저 하나님의 나라와 그분의 의를 찾으라. 그리하면 이 모든 것을 너희들

에게 덧붙여 주실 것이다.

6:34

Μὴ οὖν μεριμνήσητε εἰς τὴν αὔριον, ἡ γὰρ αὔριον μεριμνήσει ἑαυτ

ῆς· ἀρκετὸν τῇ ἡμέρᾳ ἡ κακία αὐτῆς.

그러므로 내일을 위하여 걱정하지 말라. 왜냐하면 내일은 스스로 걱정할

것이기 때문이다. 그날의 괴로움은 그날에 족하다.

예수님의 입에서 흘러나온 이 아름다운 이야기 속에는 하나님의 은혜의 품을 떠나 쓸데없이 고생하는 인간의 어리석음이 잘 묘사되어 있다. 인간은 물질세계의 지배를 받으며, 물질에 눌려있는, 물질의 노예들이다. 이 물질의 노예들은 하늘의 새들만도 못하고, 들의 백합들만도 못하다. 하늘의 새들이나 들의 꽃들은 자기들을 먹여주시고 입혀주시는 하나님의 은혜와 사랑 가운데 있다. 그것들은 자기들을 지으신 하나님의 지혜와 영광을 찬양하며 하루하루를 감사하며 살아가고 있다.

그러나 그것들을 다스려야 할 인간은 하나님의 은혜를 떠나 자기의 나라와 자기의 의를 추구하는 가운데 온갖 쓸데없는 걱정 근심에 싸여 있다. 하늘의 새들이나 들의 백합들은 무엇을 먹을까 무엇을 마실까 무엇을 입을까 염려하지 않는다. 그것들은 모든 것이 하나님의 것이요, 하나님께로부터 나와서 하나님께로 돌아가는 것을 알고 있다. 그들의 삶은 살아도 하나님의 은혜와 사랑이요, 죽어도 하나님의 은혜와 사랑의 품이다. 그러기에 그것들은 아무 염려 근심 없이 모든 것을 즐기며 매순간을 감사와 기쁨으로 채우고 있다. 그러나 스스로 지혜롭다고 하는 인간은 만물 가운데 계시되어 있는 하나님의 지혜와 영광을 보지 못하고, 자기를 지으신 분의 은혜와 사랑의 품을 떠나, 쓸데없는 걱정 근심에 눌려 살고 있으니, 인간이란 하나님 보시기에 헛똑똑이에 불과하다. 그런 점에서 인간은 하늘의 새나, 들꽃만도 못하다.

이제 인간은 어리석은 자기 세계와 자기의 의를 벗어나 다시 하나님의 은혜와 사랑의 세계로 돌아가야 한다. 그가 추구해야 할 것은 자기 나라와 자기 의가 아니라, 하나님의 나라와 하나님의 의다. 실제로 존재하는 것은 하나님의 나라와 하나님의 의뿐이다. 인간의 나라와 인간의 의는 허상이다. 인간은 그 뜬구름 같은 허상을 좇으며, 그것을 잃게 되는 두려움 속에 하루하루를 살아간다.

인간의 지혜, 인간의 능력, 인간의 나라, 인간의 영광, 인간의 의, 이런 것들은 마귀의 속임수요, 허상들이다. 인간이란 헛것을 따라가기 위해 하나님의 은혜와 사랑을 떠난 어리석은 존재들이다. 진정으로 지혜로운 자는 영원한 영광의 실체인 하나님을 사랑하며, 그의 영원한 나라와 그의 영원한 의를 사모하는 자다. 그러므로 이 아름다운 이야기 속에는 예수님의 지혜의 신학 곧 은혜의 세계관이 들어있다.

이 본문에는 재미있는 동사들이 몇 개 등장한다.

1. μεριμναω (메림나오) = 염려하다, 근심하다, 걱정하다.

이 단어는 듣기만 해도 괜히 걱정이 생길 것 같은 느낌이 든다. 헬라어에는 γογγυζω(공귀조) = 궁시렁거리다, 불평하다라는 동사가 있는데 이 단어 역시 어감이 불쾌하다.

2. εμβλεπω (엠블레포) εν (안에) + βλεπω (보다) βλεπω (블레포, 보다)의 강조형 = 들여다보다, 자세히 관찰하다.

예수님은 하늘의 새들을 자세히 들여다보고 관찰해보라고 하셨다.

3. καταμανθανω (카타만다노) κατα (밑에, 아래로) + μανθανω (만다노) μανθανω (만다노, 배우다)의 강조형 = 철저히 배우다.

예수님은 하나님의 은혜와 사랑 가운데 예쁜 옷을 입고 마음껏 자기를 지으신 하나님의 지혜와 아름다움을 찬양하는 들의 백합들에게서 철저히 배우라고 말씀하신다.

4. επιζητεω (에피제테오) = επι (위에) + ζητεω (찾다) = ζητεω (찾다)의 강조형 = 열심히 찾다, 추구하다.

예수님은 먼저 영원한 실체인 하나님의 나라와 의를 열심히 추구하라고 말씀하신다.

5. προστιθημι (프로스티데미) = προς (~향하여) + τιθημι (놓다, 두다) = 얹어 놓다, 덧붙이다, 덤으로 주다.

예수님은 하나님의 나라와 의를 구하면 나머지는 거저 덤으로 주신다고 말씀하신다. 하나님께서 거저 덤으로 얹어 주시겠는데 그것 때문에 고생하고 염려 근심하는 인간의 어리석음을 예수님은 고발하고 있다.

하늘의 새들은 파종도 하지 않고, 추수도 하지 않고, 창고에 비축도 하지 않지만 매일 새벽부터 저녁까지 즐겁게 노래하며 행복하게 산다. 들의 백합들은 고생하며 옷감을 짜지도 않지만 인간의 지혜와 능력으로 만들 수 없는 예쁜 옷을 입고 있다.

솔로몬이 자신의 모든 영광 가운데 입었던 옷은 인간의 문화를 가리킨다. 인간이 의류 산업을 일으키고, 디자인을 발전시켜도 하나님의 솜씨를 능가할 수는 없다. 이 말씀은 인간의 지혜, 인간의 능력, 인간의 문화, 인간의 나라, 인간의 영광, 이것들의 허망함과 어리석음을 고발하고 있다. 인간은 다시 하나님의 은혜와 사랑의 품으로 돌아가야 한다.

어리석음의 세 가지 유형

마태복음 7:1-6

7:1

Μὴ κρίνετε, ἵνα μὴ κριθῆτε·

판단하지 말라, 판단 받지 않으려면.

7:2

ἐν ᾧ γὰρ κρίματι κρίνετε κριθήσεσθε, καὶ ἐν ᾧ μέτρῳ μετρεῖτε μετρ

ηθήσεται ὑμῖν.

왜냐하면 너희가 판단하는 그 판단으로 너희가 판단 받게 될 것이고, 너희

가 측량하는 그 잣대로 너희가 측량될 것이기 때문이다.

7:3

Τί δὲ βλέπεις τὸ κάρφος τὸ ἐν τῷ ὀφθαλμῷ τοῦ ἀδελφοῦ σου, τὴν

δὲ ἐν τῷ σῷ ὀφθαλμῷ δοκὸν οὐ κατανοεῖς;

그런데 어찌하여 너의 형제의 눈 속에 있는 티끌은 보면서, 그러나 너의

눈 속에 있는 기둥은 깨닫지 못하느냐?

7:4

ἢ πῶς ἐρεῖς τῷ ἀδελφῷ σου· ἄφες ἐκβάλω τὸ κάρφος ἐκ τοῦ ὀφθαλ-μ
οῦ σου, καὶ ἰδοὺ ἡ δοκὸς ἐν τῷ ὀφθαλμῷ σοῦ;

혹 어떻게 너의 형제에게, 용납하라, 내가 너의 눈에서 티끌을 빼내리라,
말할 것이냐? 그리고 보라 너의 눈 속에는 기둥이 있도다.

7:5

ὑποκριτά, ἔκβαλε πρῶτον ἐκ τοῦ ὀφθαλμοῦ σοῦ τὴν δοκόν, καὶ
τότε διαβλέψεις ἐκβαλεῖν τὸ κάρφος ἐκ τοῦ ὀφθαλμοῦ τοῦ ἀδελφοῦ
σου.

위선자여, 먼저 너의 눈에서 기둥을 빼내라. 그러면 너의 형제의 눈에서
티끌을 빼낼 수 있게 명확히 보게 될 것이다.

7:6

Μὴ δῶτε τὸ ἅγιον τοῖς κυσὶν μηδὲ βάλητε τοὺς μαργαρίτας ὑμῶν
ἔμπροσθεν τῶν χοίρων, μήποτε καταπατήσουσιν αὐτοὺς ἐν τοῖς ποσὶν
αὐτῶν καὶ στραφέντες ῥήξωσιν ὑμᾶς.

거룩한 것을 개들에게 주지 말며 너희의 진주들을 돼지들 앞에 던지지
말라, 그것들이 자기들의 발로 그것들(거룩한 것과 진주들)을 짓밟고 돌아
서서 너희를 찢지 않도록.

예수님은 세 가지 종류의 어리석음을 고발하고 있다. 첫째는 자기
의 판단 기준에 의하여 자기 자신이 판단 받게 되는 것도 모르면서 남을

판단하는 어리석음이다. 이것은 하나님의 보편적 판단 기준을 떠난 인간의 자기폐쇄성 때문이다.

둘째는 자기의 눈 속에 기둥이 들어있는 것은 보지 못하면서 남의 눈 속에 있는 티끌을 빼주겠다고 하는 어리석은 자의 우스꽝스러운 모습 속에서 자기 자신에 대한 인식의 결여를 본다.

셋째는 상대방이 개인지 돼지인지도 모르고 거룩한 것과 진주를 던지는 어리석은 인간의 분별없는 행동 속에서 대상에 대한 인식의 결여를 본다.

1) 보편성에 대한 인식의 결여, 2) 자기인식의 결여, 3) 대상에 대한 인식의 결여는 인간이 하나님의 지혜와 지식에서 이탈하여 자기폐쇄성의 동굴에 갇힌 결과물이다.

예수님은 이 어리석음과 무지의 어두움으로부터 인간을 해방시키시기 위해 하늘로부터 오신 하나님의 지혜와 지식의 빛이다. 우리는 예수님 안에 머물러 있을 때 하나님의 지혜와 지식의 빛으로 인도받을 수 있다.

좋은 것들

마태복음 7:7-12

7:7

Αἰτεῖτε καὶ δοθήσεται ὑμῖν, ζητεῖτε καὶ εὑρήσετε, κρούετε καὶ ἀνοιγήσεται ὑμῖν·

구하라, 그러면 너희에게 주어질 것이다. 찾으라, 그러면 발견할 것이다. 두드리라, 그러면 너희에게 열릴 것이다.

7:8

πᾶς γὰρ ὁ αἰτῶν λαμβάνει καὶ ὁ ζητῶν εὑρίσκει καὶ τῷ κρούοντι ἀνοιγήσεται.

왜냐하면 구하는 모든 자는 받고, 찾는 자는 발견하고, 두드리는 자에게 열릴 것이기 때문이다.

7:9

ἢ τίς ἐστιν ἐξ ὑμῶν ἄνθρωπος, ὃν αἰτήσει ὁ υἱὸς αὐτοῦ ἄρτον, μὴ λίθον ἐπιδώσει αὐτῷ;

혹 너희 중에 자기의 아들이 빵을 구하는데, 그에게 돌을 넘겨 줄 사람이 누가 있느냐?

7:10

ἢ καὶ ἰχθὺν αἰτήσει, μὴ ὄφιν ἐπιδώσει αὐτῷ;

혹은 또 물고기를 구하는데, 그에게 뱀을 넘겨줄 것이냐?

7:11

εἰ οὖν ὑμεῖς πονηροὶ ὄντες οἴδατε δόματα ἀγαθὰ διδόναι τοῖς τέκνο
ις ὑμῶν, πόσῳ μᾶλλον ὁ πατὴρ ὑμῶν ὁ ἐν τοῖς οὐρανοῖς δώσει ἀγαθὰ
τοῖς αἰτοῦσιν αὐτόν.

그러므로 만약 너희가 악할지라도 너희의 자녀들에게 좋은 것들을 선물로
줄줄 안다면, 하늘들에 계시는 너희의 아버지께서는 자기에게 구하는 자
들에게 얼마나 더욱더 좋은 것들을 주시겠는가!

7:12

Πάντα οὖν ὅσα ἐὰν θέλητε ἵνα ποιῶσιν ὑμῖν οἱ ἄνθρωποι, οὕτως
καὶ ὑμεῖς ποιεῖτε αὐτοῖς· οὗτος γάρ ἐστιν ὁ νόμος καὶ οἱ προφῆται.

그러므로 사람들이 너희에게 행하기를 원하는 모든 것을 그와 같이 너희도
그들에게 행하라. 왜냐하면 이것이 율법과 선지자들이기 때문이다.

하나님께서는 자녀들을 위해 하늘의 좋은 것들을 선물로 준비해
놓고 계신다. 하나님의 모든 좋은 것들은 오직 아들이신 예수 그리스도
안에만 계시되어 있다. 그러므로 예수 그리스도를 떠난 곳에는 하나님
의 좋은 것들은 없다.

하나님의 자녀들이 간절히 아버지께 구해야 하는 것은 아버지의

성령이다. 하나님의 자녀들이 간절히 찾아야 하는 것은 아버지의 얼굴이다. 하나님의 자녀들이 열심히 두드려야 할 것은 천국문이다.

우리가 이웃들에게서 받기를 원하는 선물은 아가페 사랑이다. 예수님은 하나님의 사랑이 인격화되어 세상에 육신을 입고 나타난 역사적 실체이며, 율법과 선지자의 완성이다. 예수님을 이웃에게 선물로 주기 위해서는 먼저 우리 마음이 예수님의 영이신 성령으로 가득 채워져 있어야 한다.

예수 그리스도 밖에는 아무것도 없고, 예수 그리스도를 떠나서는 아무것도 아니다.

천국의 길

마태복음 7:13-14

7:13

Εἰσέλθατε διὰ τῆς στενῆς πύλης· ὅτι πλατεῖα ἡ πύλη καὶ εὐρύχωρος ἡ ὁδὸς ἡ ἀπάγουσα εἰς τὴν ἀπώλειαν καὶ πολλοί εἰσιν οἱ εἰσερχόμενοι δι᾽ αὐτῆς·

좁은 문을 통해 들어가라. 왜냐하면 멸망으로 이끄는 문은 크고 그 길은 넓어서 그것을 통해 들어가는 사람들이 많기 때문이다.

7:14

τί στενὴ ἡ πύλη καὶ τεθλιμμένη ἡ ὁδὸς ἡ ἀπάγουσα εἰς τὴν ζωὴν καὶ ὀλίγοι εἰσὶν οἱ εὑρίσκοντες αὐτήν.

생명으로 이끄는 문은 어찌나 좁고 그 길은 험악한지 그것을 발견하는 사람들이 적다.

στενός (스테노스) = 좁은

στενω (스테노) = 한숨 쉬다, 신음하다

στεναζω (스테나조) = 신음하다, 탄식하다, 번민하다

τεθλιμμενη (테들림메네) = θλιβω (들리보, 억누르다, 괴롭히다)의 완료태

이 본문에서 생명과 멸망은 천국과 지옥이다. 육신의 눈을 가지고 멸망의 문으로 들어가는 사람들은 세상의 사람들이다. 그들에게는 천국의 문과 천국의 길이 보이지 않는다. 그들은 모두 세상이 가는 길을 따라간다. 영의 눈을 가지고 생명의 문으로 들어가는 사람들은 천국의 사람들이다. 천국의 문은 좁고, 천국의 길은 험악하다. 천국의 문은 쳐다보기만 해도 탄식과 신음이 나올 정도로 통과하기 힘들다. 아무도 그것이 문이라고 생각하지 않는다. 아무도 그 문을 발견하지 못한다. 오직 믿음의 눈을 가진 사람만 그 문을 발견한다. 천국의 길은 짓이겨지고 험악하다. 아무도 그것이 길이라고 생각하거나, 거기에 길이 있을 것이라 생각하는 사람이 없다. 아무도 그 길을 발견하지 못한다.

그 속에서 길을 발견하는 사람은 믿음의 눈을 가진 사람이다. 그 길은 아브라함과 사라가 걸어간 길이고, 다윗의 할머니 룻이 걸어간 길이다. 그들은 세상 사람들이 보기에는 미친 사람들이고, 어리석은 사람들이다. 그들은 길을 만들면서 길을 가는 개척자들이다. 오늘도 천국의 길은 개척자의 정신으로 항상 새롭게 만들어 가야 할 새로운 길이다.

예수님은 자신을 양들의 문이라고 말씀하셨다(요 10:9). 그 문은 예수님께서 죽음을 통해 만드신 천국의 문이다. 예수님은 자신을 길이라고 말씀하셨다(요 14:6). 그 길은 예수님이 십자가를 지시고 개척해 놓으신 천국의 길이다.

지혜의 길

마태복음 7:15-20

7:15

Προσέχετε ἀπὸ τῶν ψευδοπροφητῶν, οἵτινες ἔρχονται πρὸς ὑμᾶς ἐν ἐνδύμασιν προβάτων, ἔσωθεν δέ εἰσιν λύκοι ἅρπαγες.

거짓 선지자들로부터 조심하라. 그들은 양들의 옷들 속에서 너희를 향해 온다. 그러나 속에는 사나운 늑대들이 있다.

7:16

ἀπὸ τῶν καρπῶν αὐτῶν ἐπιγνώσεσθε αὐτούς. μήτι συλλέγουσιν ἀπὸ ἀκανθῶν σταφυλὰς ἢ ἀπὸ τριβόλων σῦκα;

그들의 열매들로부터 그들을 인식하라.

가시나무들로부터 포도송이들을 혹은 엉겅퀴들로부터 무화과 열매들을 거두겠느냐?

7:17

Οὕτως πᾶν δένδρον ἀγαθὸν καρποὺς καλοὺς ποιεῖ, τὸ δὲ σαπρὸν δένδρον καρποὺς πονηροὺς ποιεῖ.

이와 같이 모든 착한 나무는 아름다운 열매들을 만든다. 그런데 썩은 나무는 악한 열매들을 만든다.

7:18

οὐ δύναται δένδρον ἀγαθὸν καρποὺς πονηροὺς ποιεῖν οὐδὲ δένδρον σαπρὸν καρποὺς καλοὺς ποιεῖν.

착한 나무는 악한 열매들을 만들 수 없고 썩은 나무는 아름다운 열매들을 만들 수 없다.

7:19

πᾶν δένδρον μὴ ποιοῦν καρπὸν καλὸν ἐκκόπτεται καὶ εἰς πῦρ βάλλεται.

아름다운 열매를 만들지 않는 모든 나무는 잘려 나간다. 그리고 불 속에 던져진다.

7:20

ἄρα γε ἀπὸ τῶν καρπῶν αὐτῶν ἐπιγνώσεσθε αὐτούς.

그러므로 그들의 열매들로부터 그들을 인식하라.

συλλέγω (쉴레고) = 모으다
σταφυλη (스타퓔레) = 포도송이
συκη (쉬케) = 무화과나무
ακανθα (아칸다) = 가시나무
τριβολος (트리볼로스) = 엉겅퀴

포도나무와 무화과나무는 예수님이고, 가시나무와 엉겅퀴는 마귀다. 포도나무는 포도송이를, 무화과나무는 무화과 열매를 만든다. 가시나무와 엉겅퀴는 아무 열매를 만들지 못하고 해를 끼친다. 포도송이와 무화과는 사랑스럽고 아름답다. 가시와 엉겅퀴는 날카롭고 상처를 준다.

양은 예수님이고, 늑대는 마귀다. 양은 온유하고 겸손하다. 늑대는 잔인하고 포악하다. 늑대는 자기의 정체를 숨기고 양의 모습으로 변장한다. 그것은 사람들을 속이기 위함이다. 세상에는 사기꾼들이 많다. 사람을 겉모습으로 판단해서는 안 된다. 그 인간의 탈 속에 무엇이 들어있는지 아무도 모른다. 오직 사람의 마음을 들여다보시는 하나님만 그것을 아신다.

어리석은 사람은 마귀에게 속는 사람이다. 그가 속는 것은 겉모습만으로 판단하기 때문이다. 그가 속는 것은 인간의 탈 속에 들어있는 실체를 보지 못하기 때문이다. 그가 속는 것은 자기의 지혜와 지식을 신뢰하기 때문이다. 그가 속는 것은 하나님의 지혜와 지식의 영이 없기 때문이다. 마귀는 우리의 머리 꼭대기에 앉아 있다. 성령의 도우심이 없으면 고등사기꾼인 마귀에게 당할 수밖에 없다.

지혜로운 사람은 마귀에게 속지 않는 사람이다. 그는 하나님의 영을 받은 사람이다. 그래서 우리는 성령을 사모하고 구해야 한다. 지혜의 길은 하나님의 성령을 의지하는 길이다. 성령은 모든 것을 알고 계신다. 인간의 과거와 현재와 미래를, 세상의 시작과 종말을….

어리석은 자들

마태복음 7:21-23

7:21

Οὐ πᾶς ὁ λέγων μοι· κύριε κύριε, εἰσελεύσεται εἰς τὴν βασιλείαν τῶν οὐρανῶν, ἀλλ᾽ ὁ ποιῶν τὸ θέλημα τοῦ πατρός μου τοῦ ἐν τοῖς οὐρανοῖς.

나에게 주님, 주님, 말하는 모든 사람이 하늘들의 나라에 들어가지는 않을 것이다. 대신에 하늘들에 계시는 나의 아버지의 뜻을 행하는 자가 (들어갈 것이다).

7:22

πολλοὶ ἐροῦσίν μοι ἐν ἐκείνῃ τῇ ἡμέρᾳ· κύριε κύριε, οὐ τῷ σῷ ὀνόματι ἐπροφητεύσαμεν, καὶ τῷ σῷ ὀνόματι δαιμόνια ἐξεβάλομεν, καὶ τῷ σῷ ὀνόματι δυνάμεις πολλὰς ἐποιήσαμεν;

저 날에 많은 사람이 나에게 말할 것이다. 주님, 주님, 우리가 당신의 이름으로 예언했고, 당신의 이름으로 귀신들을 쫓아냈고, 당신의 이름으로 많은 능력을 행하지 않았습니까?

7:23

καὶ τότε ὁμολογήσω αὐτοῖς ὅτι οὐδέποτε ἔγνων ὑμᾶς· ἀποχωρεῖτε
ἀπ᾽ ἐμοῦ οἱ ἐργαζόμενοι τὴν ἀνομίαν.

그리고 그때 나는 그들에게 확실하게 말할 것이다. 나는 너희를 전혀 알지
못했다. 불법을 행하는 자들아 나로부터 떠나가라.

ὁμολογεω (호몰로게오) = 확언하다, 고백하다, 공포하다, 인정하다

ουδέποτε (우데포테) = never, 결코 ~아니다, 절대로 ~아니다

εγνω (에그노) = γινωσκω (기노스코)의 불규칙 부정과거, 1인칭, 단수 = 몰랐다

αποχωρεω (아포코레오) = 떠나다

ανομία (아노미아) = ανομος (α+νόμος)에서 파생된 명사 = 불법

이 본문 말씀은 소름이 끼치고, 등에서 식은땀이 흐르게 한다. '저
날'은 세상의 끝날이다. 저 날은 모든 것이 결산되는 종말론적 심판의
날이다. 심판과 결산의 주체는 예수님이고, 그 대상은 우리다. 예수님
의 입에서 어떤 판결이 떨어질지 아무도 모른다. 그런데 놀랍게도 그날
많은 사람이 당당하게 예수님 앞에 나와, 예수님의 이름을 부르며, 자기
들의 공로와 업적을 자랑하며, 영원한 축복과 보상을 요구한다. 그들은
예수님에게 채권자처럼 행세한다. 그러자 예수님께서는 그들을 단칼
에 잘라버리신다. 예수님은 그들이 처음부터 자신과 관계가 없었던 자
들이라고 분명히 선언하신다. 그 이유는 그들이 하늘에 계시는 아버지
의 뜻을 행하는 자들이 아니었기 때문이다. 하늘에 계시는 아버지의
뜻은 오직 하나, 바로 사랑이다.

그들은 큰 능력을 행하고, 타의 추종을 불허하는 업적을 남긴 대단한 사람들이다. 그러나 그들은 사랑으로 일한 것이 아니라 욕심으로 일한 사람들이다. 그들은 자기들의 명예욕과 권력욕과 과시욕을 채우기 위해 주님의 이름을 이용했을 뿐이다. 모든 것을 예수님의 이름으로 했지만, 본질은 예수의 영광이 아니라 자기의 영광이었다. 그들이 추구한 것은 하나님의 이름이 아니라, 자기의 이름이었다. 그들이 추구한 것은 하나님의 나라가 아니라, 자기의 왕국이었다. 그들이 추구한 것은 하나님의 뜻이 아니라, 자기 자신의 뜻이었다.

예수님은 그들을 세상 끝날까지 그대로 내버려 두신다. 그러다가 마지막 결정적인 순간에 그어버리신다. 어린 양의 복수다. 그들은 밭의 가라지들이고, 양들 속의 염소들이었다. 그들은 영원한 축복과 두둑한 보상을 기대하며 심판대 앞에 당당하게 나왔다. 그러나 그들에게 선고된 것은 영원한 저주의 세계로의 추방이다. 그들은 죄인을 불러 의롭다 하시는 하나님의 의를 세우려 한 자들이 아니라, 자기의 의를 세우려 했던 자들이다. 그들은 본질적으로 하나님과 관계없는 자들이고, 하나님과 함께 살 수 없는 자들이다. 그들이 가게 되는 장소는 이미 마귀와 그 졸개들이 가 있는 그곳이다.

이 말씀은 자기 의와 영광을 위해 일하는 어리석은 자들에 대한 준엄한 경고다.

반석 위에 지은 집

마태복음 7:24-27

7:24

Πᾶς οὖν ὅστις ἀκούει μου τοὺς λόγους τούτους καὶ ποιεῖ αὐτούς, ὁμοιωθήσεται ἀνδρὶ φρονίμῳ, ὅστις ᾠκοδόμησεν αὐτοῦ τὴν οἰκίαν ἐπὶ τὴν πέτραν·

그러므로 나의 이 말들을 듣고 그것들을 행하는 모든 사람은 자기의 집을 바위 위에 짓는 현명한 사람에 비유될 것이다.

7:25

καὶ κατέβη ἡ βροχὴ καὶ ἦλθον οἱ ποταμοὶ καὶ ἔπνευσαν οἱ ἄνεμοι καὶ προσέπεσαν τῇ οἰκίᾳ ἐκείνῃ, καὶ οὐκ ἔπεσεν, τεθεμελίωτο γὰρ ἐπὶ τὴν πέτραν.

그리고 비가 내리고 강물들이 오고 바람들이 불고 저 집에 덮쳐도, 그것은 무너지지 않았다. 왜냐하면 바위 위에 세워졌기 때문이다.

7:26

Καὶ πᾶς ὁ ἀκούων μου τοὺς λόγους τούτους καὶ μὴ ποιῶν αὐτοὺς ὁμοιωθήσεται ἀνδρὶ μωρῷ, ὅστις ᾠκοδόμησεν αὐτοῦ τὴν οἰκίαν ἐπὶ τὴν ἄμμον·

그리고 나의 이 말들을 듣고 그것들을 행하지 않는 모든 사람은 모래 위에 자기의 집을 짓는 어리석은 사람에 비유될 것이다.

7:27

καὶ κατέβη ἡ βροχὴ καὶ ἦλθον οἱ ποταμοὶ καὶ ἔπνευσαν οἱ ἄνεμοι καὶ προσέκοψαν τῇ οἰκίᾳ ἐκείνῃ, καὶ ἔπεσεν καὶ ἦν ἡ πτῶσις αὐτῆς μεγάλη.

그리고 비가 내리고 강물들이 오고 바람들이 불고 저 집에 들이닥치고, 그 집은 무너지고 그것의 무너짐이 컸다.

바위는 하나님의 말씀이신 예수님이다. 하나님의 말씀은 견고하고 신뢰할 수 있다.

모래는 사람들이다. 모래는 수많은 개체가 모여 있는 군중이다. 그 군중은 각자 이해관계가 다르다. 그들은 각각 생각과 의지의 방향이 다르다. 그들은 결국 각각의 개체로 흩어진다. 그들은 각자 고독하고 연약한 실존일 뿐이다. 그것은 견고하지 못하고 신뢰할 수 없다. 그것을 신뢰하는 것은 어리석은 일이다. 그것은 정치의 허망한 결과가 보여 준다.

말씀의 바위 위에 세워진 집은 믿음으로 세워진 교회다. 교회는 하늘의 집이다. 지혜로운 사람은 말씀 위에 하늘의 집을 짓는 믿음의 사람이다. 결국 이 비유의 말씀은 영원한 구원의 반석이신 예수님 위에 세워진 교회에 관한 증언이다.

교회의 권세

마태복음 7:28-29

7:28

Καὶ ἐγένετο ὅτε ἐτέλεσεν ὁ Ἰησοῦς τοὺς λόγους τούτους, ἐξεπλήσσοντο οἱ ὄχλοι ἐπὶ τῇ διδαχῇ αὐτοῦ·

그리고 예수께서 이 말씀들을 끝냈을 때가 되자 군중은 그의 가르침에 깜짝 놀랐다(충격을 받았다).

7:29

ἦν γὰρ διδάσκων αὐτοὺς ὡς ἐξουσίαν ἔχων καὶ οὐχ ὡς οἱ γραμματεῖς αὐτῶν.

왜냐하면 그들의 서기관들과 같지 않고, 권세를 가지고 있는 자처럼 가르치고 있었기 때문이다.

εξεπλησσοντο(엑세플레쏜토) εκπλησσω(에크플레쏘)의 미완료 과거, 수동태, 3인칭, 복수 깜짝 놀랐다(충격을 받았다).
εκπλησσω(에크플레쏘) εκ(에크, 밖으로) + πλησσω(플레쏘, 때리다, 치다) 깜짝 놀라게 하다.

예수님이 가르침(디다케, Διδαχη)을 끝냈을 때 군중이 충격을 받는다. 산상수훈 도입부에서는 예수님이 군중을 보시고 산에 오르셔서 앉으시자 제자들이 예수님을 향하여 나왔고, 예수님이 입을 열어 제자들에게 가르치고 계셨다고 되어 있는데, 여기서는 청중이 군중으로 바뀌었다.

예수님은 제자들에게 가르침을 주시고, 훗날 제자들은 그 가르침을 모든 민족에게 주어서 그들을 제자 삼으라(μαθητευσατε, 마데튜사테)는 명령을 받는다(마 28:19).

군중이 예수님의 가르침에 충격을 받은 것은 그것이 하늘로부터 온 하나님의 지혜 그 자체이기 때문이다. 서기관들은 당시 유대교 신학자들이었다. 이들은 실체를 본 자들이 아니라 실체의 모형과 그림자를 연구하는 사람들이었다. 그런데 하늘의 실체가 나타나자 모형과 그림자는 힘을 잃게 되고 말았다.

예수님의 가르침의 권세는 곧 교회의 권세다. 그리고 교회의 권세는 하늘의 권세다. 왜냐하면 교회는 예수님으로부터 직접 가르침을 받은 제자들의 믿음 위에 세워졌고, 예수님은 교회에 천국의 열쇠를 주셨기 때문이다. 그러므로 예수님의 가르침은 하늘로부터 온 하나님의 지혜의 말씀이고, 이 말씀을 받는 사람은 하늘의 권세를 소유하게 된다.

한센병자

마태복음 8:1-4

8:1

Καταβάντος δὲ αὐτοῦ ἀπὸ τοῦ ὄρους ἠκολούθησαν αὐτῷ ὄχλοι πολλοί.

그런데 그가 산으로부터 내려온 후에 많은 군중이 그를 따랐다.

8:2

καὶ ἰδοὺ λεπρὸς προσελθὼν προσεκύνει αὐτῷ λέγων· κύριε, ἐὰν θέλῃς δύνασαί με καθαρίσαι.

그리고 보라, 한센병에 걸린 사람이 그에게 나아와 경배하며 말한다. 주님, 만약 당신께서 원하시면 나를 깨끗하게 하실 수 있나이다.

8:3

καὶ ἐκτείνας τὴν χεῖρα ἥψατο αὐτοῦ λέγων· θέλω, καθαρίσθητι· καὶ εὐθέως ἐκαθαρίσθη αὐτοῦ ἡ λέπρα.

그러자 (그가) 손을 내밀어 그를 만지며 말했다. 내가 원한다. 깨끗하게 되라. 그러자 즉시 그의 한센병이 깨끗하게 되었다.

8:4

καὶ λέγει αὐτῷ ὁ Ἰησοῦς· ὅρα μηδενὶ εἴπῃς, ἀλλ᾽ ὕπαγε σεαυτὸν
δεῖξον τῷ ἱερεῖ καὶ προσένεγκον τὸ δῶρον ὃ προσέταξεν Μωϋσῆς,
εἰς μαρτύριον αὐτοῖς.

그리고 예수께서 그에게 말한다. 보라, 아무에게도 말하지 않도록 해라.
가라. (그리고) 너 자신을 제사장에게 보여라. 그리고 모세가 지시한 예물
을 바쳐라, 그들에게 증거로.

예수님은 세상 밖으로부터 세상 속으로 들어오신 분이다. 그러나
예수님은 세상에 속한 분이 아니다. 예수님이 세상에 오셨을 때 세상
밖으로 쫓겨난 자들이 있었다. 그들이 죄인들이다. 그들은 가난하고
병들고 더럽고 저주받은 인생들이다. 그들은 예수님의 친구였다. 왜냐
하면 그들은 같이 세상 밖에 있는 자들이었기 때문이다. 그래서 그들은
친구가 되었다. 바리새인들이 지은 예수님의 별명이 바로 '죄인들의
친구'였다.

한센병자는 세상 밖으로 쫓겨난 자다. 한센병자는 저주받은 인생
으로 여겨졌고, 사람들 앞에 나타나서는 안 된다. 그러나 수많은 군중
속에서 예수님을 알아본 것은 한센병자였다. 그는 나사렛 예수라는 역
사적 실체 안에서 마음만 먹으면 무엇이든지 할 수 있는 전능자를 발견
했다. 한센병자가 어떻게 해서 예수님의 정체를 인식했는지는 성경이
말하고 있지 않다. 그것은 하나님의 비밀이다.

한센병자는 이 땅에 와 있는 보석인 그리스도를 발견했다. 그는 예
수님을 향하여 나아와 경배하고, 많은 군중 앞에서 예수님은 예배와

찬양과 기도의 대상이심을 선포한다. 예수님은 저주받고 세상 밖으로 쫓겨난 한 인간 속에서 온 우주를 진동시키는 보석 같은 믿음을 발견한다.

예수님은 한센병자의 믿음 위에 자신의 능력과 사랑을 계시한다. 예수님은 손을 내밀어 한센병자를 만진다. 그것은 단순히 가엾게 여기는 손길일 뿐 아니라, 예수님의 실체를 알아본 나병환자의 믿음에 대한 기쁨의 표현이다. 예수님의 손길은 전능자의 손길이다. 그 손길은 한센병자가 세상에서 한 번도 경험하지 못한 사랑의 손길이다.

예수님은 말씀으로 한센병자를 고치신다. 이것으로 예수님은 자신의 전능성을 계시한다. 그리고 율법대로 제사장에게 검사를 받고 하나님께 예물을 바치라고 말씀하신다. 아직 예수님의 영원한 대속의 제사가 성취되지 않았기 때문이다.

백인대장의 믿음

마태복음 8:5-13

8:5

Εἰσελθόντος δὲ αὐτοῦ εἰς Καφαρναοὺμ προσῆλθεν αὐτῷ ἑκατόντα

ρχος παρακαλῶν αὐτὸν

그런데 그가 가버나움으로 들어갔을 때 백인대장이 그에게 나아와 그에게

요청했다.

8:6

καὶ λέγων· κύριε, ὁ παῖς μου βέβληται ἐν τῇ οἰκίᾳ παραλυτικός,

δεινῶς βασανιζόμενος.

그리고 말하기를, 주님, 내 부하가 중풍병자로 집에 내던져져 있는데, 무섭

게 고통당하고 있습니다.

8:7

καὶ λέγει αὐτῷ· ἐγὼ ἐλθὼν θεραπεύσω αὐτόν.

그러자 그에게 말씀하신다. 내가 가서 그를 고쳐주겠다.

8:8

καὶ ἀποκριθεὶς ὁ ἑκατόνταρχος ἔφη· κύριε, οὐκ εἰμὶ ἱκανὸς ἵνα μου ὑπὸ τὴν στέγην εἰσέλθῃς, ἀλλὰ μόνον εἰπὲ λόγῳ, καὶ ἰαθήσεται ὁ παῖς μου.

그러자 백인대장이 대답하며 엄숙히 말했다. 주님, 나는 당신이 내 지붕 밑에 들어오시게 할 만한 자격이 없습니다. 대신에 오직 말로 말씀하세요. 그러면 나의 부하가 치료될 것입니다.

8:9

καὶ γὰρ ἐγὼ ἄνθρωπός εἰμι ὑπὸ ἐξουσίαν, ἔχων ὑπ᾽ ἐμαυτὸν στρατι-ώτας, καὶ λέγω τούτῳ· πορεύθητι, καὶ πορεύεται, καὶ ἄλλῳ· ἔρχου, καὶ ἔρχεται, καὶ τῷ δούλῳ μου· ποίησον τοῦτο, καὶ ποιεῖ.

왜냐하면 나 역시 권세 아래 있는 사람이고, 나 자신 밑에 군사들을 가지고 있기 때문입니다. 그래서 이 사람에게 '오라' 말하면, 그가 옵니다. 그리고 다른 사람에게 '가라' 말하면, 그가 갑니다. 그리고 나의 종에게 '이것을 해라' 말하면, 그가 합니다.

8:10

ἀκούσας δὲ ὁ Ἰησοῦς ἐθαύμασεν καὶ εἶπεν τοῖς ἀκολουθοῦσιν· ἀμὴν λέγω ὑμῖν, παρ᾽ οὐδενὶ τοσαύτην πίστιν ἐν τῷ Ἰσραὴλ εὗρον.

그러자 예수께서 들으시고 놀라며 따르는 자들에게 말씀하셨다. 이스라엘 안에 있는 누구에게서도 이와 같은 믿음을 (나는) 발견하지 못했다.

8:11

Λέγω δὲ ὑμῖν ὅτι πολλοὶ ἀπὸ ἀνατολῶν καὶ δυσμῶν ἥξουσιν καὶ ἀνακλιθήσονται μετὰ Ἀβραὰμ καὶ Ἰσαὰκ καὶ Ἰακὼβ ἐν τῇ βασιλείᾳ τῶν οὐρανῶν,

그러나 너희에게 말하건대 많은 사람들이 해 뜨는 곳과 해 지는 곳으로부터 와서 아브라함과 이삭과 야곱과 함께 하늘들의 나라 식탁에 앉을 것이다.

8:12

οἱ δὲ υἱοὶ τῆς βασιλείας ἐκβληθήσονται εἰς τὸ σκότος τὸ ἐξώτερον· ἐκεῖ ἔσται ὁ κλαυθμὸς καὶ ὁ βρυγμὸς τῶν ὀδόντων.

그러나 그 나라의 아들들은 바깥 어둠 속으로 내던져질 것이다. 그리고 거기에 애통함과 이를 갊이 있을 것이다.

8:13

καὶ εἶπεν ὁ Ἰησοῦς τῷ ἑκατοντάρχῃ· ὕπαγε, ὡς ἐπίστευσας γενηθήτω σοι. καὶ ἰάθη ὁ παῖς' αὐτοῦ ἐν τῇ ὥρᾳ ἐκείνῃ.

그리고 예수께서 백인대장에게 말씀하셨다. 가라. 네가 믿은 대로 너에게 되라(될지어다). 그리고 [그의] 부하는 저 시간에 치료되었다.

예수님은 백인대장의 말에 큰 충격을 받는다. 그리고 그의 믿음을 칭찬하신다.

백인대장의 믿음의 대상은 예수님의 입에서 나오는 말씀의 권세다. 백인대장은 군대의 모든 계급 질서가 명령으로 움직이듯이, 하나님 나라 역시 말씀으로 움직인다고 믿었다. 백인대장은 예수님께서 말씀만 하시면 만물이 복종하고 움직인다고 믿었다. 백인대장은 만물을 말씀으로 움직이는 초월적 전능자로 예수님을 인식하고 있다. 성경은 그에게 이 놀라운 믿음이 어떻게 생겼는지 말하고 있지 않다. 그것은 하나님의 비밀이다.

백인대장의 믿음대로 예수님은 말씀으로 그의 부하를 치료하신다. 이 이야기의 주제는 예수님의 말씀의 권세. 그리고 군대 이야기는 예수님의 말씀의 권세를 설명하기 위한 도구로 사용되었다. 예수님은 말씀으로 백인대장의 부하를 치료하심으로 초월적 전능자로 자신을 계시하신다. 믿음의 본질은 성경에 기록된 모든 예수님의 말씀을 초월적 전능자의 말씀으로 받는 것이다. 그때 예수님의 말씀은 기적을 일으키는 능력이 된다.

우리의 삶은 매일매일 예수님의 기적의 은혜가 필요하다. 이 전능자의 기적을 하나님의 백성인 이스라엘 사람들은 경험하지 못한다. 대신 이방인인 로마군대 장교가 누리고 있다. 이스라엘은 이방인들에게 축복을 빼앗기고 있다. 이 이야기는 한센병자 이야기와 똑같다. 온전하고 건강한 사람들은 예수님의 실체를 알아보지 못한다. 대신에 세상 밖으로 쫓겨난 불쌍한 한센병자가 알아보고 있다. 여기서 온전한 사람들과 이스라엘 민족은 하나님 나라에서 쫓겨나고 있다. 그 대신에 그 나라를 죄인들과 이방인들이 차지하고 있다.

대속의 제물

마태복음 8:14-17

8:14

Καὶ ἐλθὼν ὁ Ἰησοῦς εἰς τὴν οἰκίαν Πέτρου εἶδεν τὴν πενθερὰν αὐτοῦ βεβλημένην καὶ πυρέσσουσαν·

그리고 예수께서 베드로의 집에 들어가셨을 때, 그의 장모가 내던져진 상태로 열이 펄펄 끓고 있는 것을 보았다.

8:15

καὶ ἥψατο τῆς χειρὸς αὐτῆς, καὶ ἀφῆκεν αὐτὴν ὁ πυρετός, καὶ ἠγέρθη καὶ διηκόνει αὐτῷ.

그리고 그녀의 손을 만지셨다. 그러자 열병이 그녀를 떠났다. 그리고 그녀는 일어나서 그에게 봉사하고 있었다.

8:16

Ὀψίας δὲ γενομένης προσήνεγκαν αὐτῷ δαιμονιζομένους πολλούς· καὶ ἐξέβαλεν τὰ πνεύματα λόγῳ καὶ πάντας τοὺς κακῶς ἔχοντας ἐθεράπευσεν,

그런데 저녁이 되자 (사람들이) 귀신 들린 많은 사람을 그에게 데리고 왔다.

그리고 그는 영들(귀신들)을 말씀으로 쫓아냈고, 악독한 질병을 가지고 있는 모든 사람을 치료했다.

8:17
ὅπως πληρωθῇ τὸ ῥηθὲν διὰ Ἡσαΐου τοῦ προφήτου λέγοντος·
αὐτὸς τὰς ἀσθενείας ἡμῶν ἔλαβεν
καὶ τὰς νόσους ἐβάστασεν.
이리하여 선지자 이사야를 통하여 말씀된 것이 성취되었다.
말씀하시기를,
그는 우리의 연약함을 받으셨고
우리의 질병들을 짊어지셨다.

베드로는 결혼해서 장모를 모시고 살고 있었다. 내던져졌다(βεβλημ ε-νην, 베블레메넨)는 것은 사람의 힘으로는 해결할 수 없어서 포기된 상태를 의미한다. 베드로의 장모는 사위가 그물을 내버리고 나사렛 예수의 제자가 되어 따라다니자, 열이 받쳐 누워있었는지도 모른다.

이 본문에서 중요한 부분은 1) 예수께서 베드로의 장모의 손을 만지셨을 때 열병이 그녀를 떠났다는 것과 2) 예수께서 말씀으로 귀신들을 쫓아내셨다는 것과 3) 예수께서 우리의 연약함과 질병들을 친히 받으시고 짊어지셨다는 것이다.

이것은 1) 예수님의 몸은 그 안에 거룩한 능력이 들어있는 영광의 본체라는 것, 2) 예수님은 말씀으로 모든 일을 행하시는 초월적 전능자라는 것, 3) 예수님의 몸은 우리의 연약함과 질병들을 짊어지신 대속의 몸으로서, 장차 우리의 죄를 짊어지고 영원한 속죄의 제물로 드려지게 될 것이다. 그러므로 이 본문은 예수님의 십자가 대속의 죽음을 암시하고 있다.

로고스의 길

마태복음 8:18-22

8:18

Ἰδὼν δὲ ὁ Ἰησοῦς ὄχλον περὶ αὐτὸν ἐκέλευσεν ἀπελθεῖν εἰς τὸ πέραν.

그런데 예수께서 자기 주변의 군중을 보시고 (제자들에게) 건너편으로 떠날 것을 명령하셨다.

8:19

καὶ προσελθὼν εἷς γραμματεὺς εἶπεν αὐτῷ· διδάσκαλε, ἀκολουθή-σω σοι ὅπου ἐὰν ἀπέρχῃ.

그리고 서기관 하나가 나아와 그에게 말했다. 선생님, 당신께서 어디로 떠나시든지 나는 당신을 따를 것입니다.

8:20

καὶ λέγει αὐτῷ ὁ Ἰησοῦς· αἱ ἀλώπεκες φωλεοὺς ἔχουσιν καὶ τὰ πετεινὰ τοῦ οὐρανοῦ κατασκηνώσεις, ὁ δὲ υἱὸς τοῦ ἀνθρώπου οὐκ ἔχει ποῦ τὴν κεφαλὴν κλίνῃ.

그러자 예수께서 그에게 말씀하신다. 여우들은 굴을 가지고 있고 하늘의 새들은 둥지를 가지고 있다. 그러나 사람의 아들은 머리를 누일 곳을 갖고 있지 않다.

8:21

ἕτερος δὲ τῶν μαθητῶν αὐτοῦ εἶπεν αὐτῷ· κύριε, ἐπίτρεψόν μοι πρῶτον ἀπελθεῖν καὶ θάψαι τὸν πατέρα μου.

그런데 [그의] 제자 중의 다른 사람이 그에게 말했다. 주님, 먼저 가서 나의 아버지를 매장하도록 나에게 허락해 주세요.

8:22

ὁ δὲ Ἰησοῦς λέγει αὐτῷ· ἀκολούθει μοι καὶ ἄφες τοὺς νεκροὺς θάψαι τοὺς ἑαυτῶν νεκρούς.

그러자 예수께서 그에게 말씀하신다. 나를 따르라. 그리고 죽은 자들이 자신들의 죽은 자들을 매장하도록 내버려두라.

예수님은 끊임없이 밀려오는 군중에게 시달리자 군중을 피해 도망친다. 이것이 상징하는 바는 예수님이 세상 밖의 존재라는 것이다. 예수님의 실존은 항상 탈세계화되어 있다. 그러므로 예수님을 따른다고 자처한 제자는 그리스도를 따라 세상 밖으로 나가는 사람이다. 예수님과 마찬가지로 제자의 실존은 항상 탈세계화되어야 한다. 예수님과 마찬가지로 제자의 길은 고독한 길이다.

세상은 죽은 자들의 장소다. 생명은 오직 그리스도 안에만 있다. 제자의 길은 생명의 길이다. 제자는 생명의 길을 가기 위해 죽음의 세상을 끊어버리는 결단력이 있어야 한다. 결국, 제자의 길은 비정한 길이다.

우리의 구원자

마태복음 8:23-27

8:23

Καὶ ἐμβάντι αὐτῷ εἰς τὸ πλοῖον ἠκολούθησαν αὐτῷ οἱ μαθηταὶ αὐτοῦ.

그리고 그가 배 안으로 들어갔을 때 그의 제자들이 그를 따랐다.

8:24

καὶ ἰδοὺ σεισμὸς μέγας ἐγένετο ἐν τῇ θαλάσσῃ, ὥστε τὸ πλοῖον καλύπτεσθαι ὑπὸ τῶν κυμάτων, αὐτὸς δὲ ἐκάθευδεν.

그리고 보라! 바다에 큰 폭풍이 일어났다. 그리하여 배가 파도들에 의해 덮이게 되었다. 그러나 그는 잠을 자고 있었다.

8:25

καὶ προσελθόντες ἤγειραν αὐτὸν λέγοντες· κύριε, σῶσον, ἀπολλύ-μεθα.

그러자 그들이 나아와 그를 깨우며 말했다. 주님, 살려주세요. 우리가 죽게 생겼어요.

8:26

καὶ λέγει αὐτοῖς· τί δειλοί ἐστε, ὀλιγόπιστοι; τότε ἐγερθεὶς ἐπετίμη
-σεν τοῖς ἀνέμοις καὶ τῇ θαλάσσῃ, καὶ ἐγένετο γαλήνη μεγάλη.

그러자 그가 말씀하신다. 왜 겁을 먹고 있느냐? 믿음이 적은 자들아. 그때
그가 일어나 바람들과 바다를 꾸짖었다. 그러자 큰 고요함이 생겼다.

8:27

οἱ δὲ ἄνθρωποι ἐθαύμασαν λέγοντες· ποταπός ἐστιν οὗτος ὅτι καὶ
οἱ ἄνεμοι καὶ ἡ θάλασσα αὐτῷ ὑπακούουσιν;

그러자 사람들이 놀라며 말했다. 이분이 어떤 존재이기에 바람들과 바다
가 그에게 복종하는가?

　나사렛 예수와 제자들의 관계는 선생과 제자이다. 그러나 인간이
감당할 수 없는 죽음의 한계 상황에 도달했을 때, 그들의 관계는 신과
인간의 관계로 그 실체를 드러낸다. 여기서 예수님은 초월적 전능자인
구원자가 된다. 그리고 제자들은 대자연의 폭력 앞에서 무능력한 존재
이며, 구원의 대상이 된다. 이것은 예수님과 제자들의 관계의 본질을
드러낸다는 점에서 계시적 사건이다. 나사렛 예수와 제자들은 선생과
제자로 만나지만, 그들은 신과 인간의 관계로 나아가는 인식의 과정에
있다.

귀신 들린 사람들

마태복음 8:28-34

8:28

Καὶ ἐλθόντος αὐτοῦ εἰς τὸ πέραν εἰς τὴν χώραν τῶν Γαδαρηνῶν ὑπήντησαν αὐτῷ δύο δαιμονιζόμενοι ἐκ τῶν μνημείων ἐξερχόμενοι, χαλεποὶ λίαν, ὥστε μὴ ἰσχύειν τινὰ παρελθεῖν διὰ τῆς ὁδοῦ ἐκείνης.

그리고 그가 건너편 가다레네 사람들의 땅으로 갔을 때, 두 귀신 들린 사람들이 묘지에서 나와 그를 맞이했는데, (그들은) 몹시 사나워서, 어떤 사람도 저 길을 통해 지나갈 수 없었다.

8:29

καὶ ἰδοὺ ἔκραξαν λέγοντες· τί ἡμῖν καὶ σοί, υἱὲ τοῦ θεοῦ; ἦλθες ὧδε πρὸ καιροῦ βασανίσαι ἡμᾶς;

그리고 보라, 그들이 고함을 지르며 말했다. 우리에게와 당신에게 무슨 일입니까? 하나님의 아들이여, 때가 되기 전에 우리를 고문하러 여기에 오셨습니까?

8:30

ἦν δὲ μακρὰν ἀπ᾽ αὐτῶν ἀγέλη χοίρων πολλῶν βοσκομένη.

그런데 그들로부터 멀리 떨어진 곳에서 돼지 떼가 방목되고 있었다.

8:31

οἱ δὲ δαίμονες παρεκάλουν αὐτὸν λέγοντες· εἰ ἐκβάλλεις ἡμᾶς, ἀπόστειλον ἡμᾶς εἰς τὴν ἀγέλην τῶν χοίρων.

그런데 귀신들이 그에게 (계속) 간청하며 말했다. 만약 우리를 쫓아내시려면, 우리를 돼지 떼 속으로 보내주세요.

8:32

καὶ εἶπεν αὐτοῖς· ὑπάγετε. οἱ δὲ ἐξελθόντες ἀπῆλθον εἰς τοὺς χοί-ρους· καὶ ἰδοὺ ὥρμησεν πᾶσα ἡ ἀγέλη κατὰ τοῦ κρημνοῦ εἰς τὴν θάλασ-σαν καὶ ἀπέθανον ἐν τοῖς ὕδασιν.

그러자 (그가) 그들에게 말했다. 가라. 그러자 그들이 나와서 돼지들 속으로 떠났다. 그리고 보라. 모든 (돼지) 떼가 비탈을 따라 바닷속으로 돌진했다. 그리고 (돼지들은) 물속에서 죽었다.

8:33

οἱ δὲ βόσκοντες ἔφυγον, καὶ ἀπελθόντες εἰς τὴν πόλιν ἀπήγγειλαν πάντα καὶ τὰ τῶν δαιμονιζομένων.

그러자 방목하는 자들이 도망쳤다. 그리고 도시로 떠나서 모든 것과 귀신들린 사람들의 일들을 알렸다.

8:34

καὶ ἰδοὺ πᾶσα ἡ πόλις ἐξῆλθεν εἰς ὑπάντησιν τῷ Ἰησοῦ καὶ ἰδόντες αὐτὸν παρεκάλεσαν ὅπως μεταβῇ ἀπὸ τῶν ὁρίων αὐτῶν.

그리고 보라! 도시 전체가 예수를 만나러 나왔다. 그리고 그를 보자 자기들의 지역에서 옮겨가기를 간청했다.

이 본문은 인간의 삶을 파괴하는 무시무시한 귀신의 존재를 말하고 있다. 귀신에게 점령된 사람들의 삶은 철저히 파괴된다. 그들은 세상 밖으로 쫓겨난다. 그들은 공동묘지에서 살고 있다. 귀신들은 예수의 정체를 안다. 그 누구도 제어할 수 없는 귀신들은 예수를 두려워한다. 그들은 장차 때가 되면 영원한 형벌의 세계로 들어갈 존재들이다. 그때가 되기 전에 예수께서 오시자 그들은 무서워 벌벌 떨면서 제 발로 예수 앞으로 나온다. 그리고 돼지 떼 속으로 보내달라고 예수께 간청한다. 그러자 예수께서는 귀신들의 요구를 들어준다. 귀신들은 사람에게서 나와서 돼지들 속으로 들어가 돼지들로 하여금 바닷속으로 돌진해 죽게 만든다. 이 놀라운 일을 보고서 돼지 치던 자들은 무서워 도망친다. 그리고 도시로 달려가 일어난 모든 일을 알린다.

엄청난 경제적 손실을 본 도시 사람들은 전부 몰려나와 예수를 그 지역에서 몰아낸다. 그들은 귀신들에 의해 장악되어 파괴되었던 사람들의 회복에는 아무런 관심이 없다. 그들은 오직 그들이 당하게 될 경제적 손실을 두려워할 뿐이다. 예수는 그들을 찾아온 영광의 하나님이다. 그러나 그들의 눈에는 하나님은 안 보이고 오직 돈만 보인다. 돼지는 이스라엘 사람들에게 부정한 짐승이다. 가다레네 지역 사람들은 하나님의 계명보다 돈을 더 사랑한 사람들이다. 그들은 바닷물에 빠져 죽은 돼지 떼와 같은 존재들이다. 하나님을 모르는 세상은 바다를 향하여 돌진하는 돼지 떼다.

이 본문은 초월적 전능자로서의 예수의 영광을 드러내는 계시의 말씀이다. 또한 자기들을 찾아오신 영광의 하나님을 내쫓는 가다레네 사람들의 어리석음과 완악함을 고발하고 있다.

죄 사하는 권세

마태복음 9:1-8

9:1

Καὶ ἐμβὰς εἰς πλοῖον διεπέρασεν καὶ ἦλθεν εἰς τὴν ἰδίαν πόλιν.

그리고 그는 배를 타고 건너편으로 가서 자신의 도시로 갔다.

9:2

καὶ ἰδοὺ προσέφερον αὐτῷ παραλυτικὸν ἐπὶ κλίνης βεβλημένον.
καὶ ἰδὼν ὁ Ἰησοῦς τὴν πίστιν αὐτῶν εἶπεν τῷ παραλυτικῷ· θάρσει,
τέκνον, ἀφίενταί σου αἱ ἁμαρτίαι.

그리고 보라, 사람들이 그에게 중풍병자를 침상에 던져진 채로 데려왔다.
그리고 예수께서 그들의 믿음을 보시고 중풍병자에게 말했다. 담대하라,
얘야, 너의 죄들이 탕감되고 있다.

9:3

Καὶ ἰδού τινες τῶν γραμματέων εἶπαν ἐν ἑαυτοῖς· οὗτος βλασφημεῖ.

그리고 보라, 서기관 중의 어떤 사람들이 자신들 속으로 말했다. 이 사람은
하나님을 모독하고 있다.

9:4

καὶ ἰδὼν ὁ Ἰησοῦς τὰς ἐνθυμήσεις αὐτῶν εἶπεν· ἱνατί ἐνθυμεῖσθε πονηρὰ ἐν ταῖς καρδίαις ὑμῶν;

그리고 예수께서 그들의 생각을 알고 말했다. 어찌하여 너희의 마음들 속에서 악한 것들을 생각하느냐?

9:5

τί γάρ ἐστιν εὐκοπώτερον, εἰπεῖν· ἀφίενταί σου αἱ ἁμαρτίαι, ἢ εἰπεῖν· ἔγειρε καὶ περιπάτει;

왜냐하면 어느 것이 더 쉽겠느냐? 너의 죄들이 탕감되고 있다고 말하는 것과 또한 일어나라, 그리고 걸어가라고 말하는 것 중에서.

9:6

ἵνα δὲ εἰδῆτε ὅτι ἐξουσίαν ἔχει ὁ υἱὸς τοῦ ἀνθρώπου ἐπὶ τῆς γῆς ἀφιέναι ἁμαρτίας – τότε λέγει τῷ παραλυτικῷ· ἐγερθεὶς ἆρόν σου τὴν κλίνην καὶ ὕπαγε εἰς τὸν οἶκόν σου.

그런데 사람의 아들이 땅에서 죄들을 탕감하는 권세를 가지고 있다는 사실을 너희로 알게 하기 위하여 – 그때 그가 중풍병자에게 말한다. 일어나 침상을 챙겨라. 그리고 너의 집으로 가라.

9:7

καὶ ἐγερθεὶς ἀπῆλθεν εἰς τὸν οἶκον αὐτοῦ.

그러자 그가 일어나 자기의 집으로 떠났다.

9:8

ἰδόντες δὲ οἱ ὄχλοι ἐφοβήθησαν καὶ ἐδόξασαν τὸν θεὸν τὸν δόντα ἐξουσίαν τοιαύτην τοῖς ἀνθρώποις.

그러자 군중이 보고서 무서워했다. 그리고 사람들에게 이러한 권세를 주신 하나님께 영광을 돌렸다.

우리의 인생이 끝나고, 우리의 육신이 불에 타 없어지고 나면, 무엇이 그 자리에 남을까? 그것은 우리의 죄다. 우리 인생이 하나님 앞에 남겨 놓는 것은 죄밖에 없다. 그것이 인생이다.

오늘 본문은 죄의 문제를 다루고 있다는 점에서 본질적이다. 그것은 예수님이 이 땅에 오신 근본적인 목적과 관련되어 있다. 예수님이 병을 고치고, 귀신을 쫓아내고, 기적을 행하는 것은 일시적이고 개별적이다. 그러나 사실 죄의 문제는 보편적이며 근본적이다. 유대교 신학자들은 율법을 연구하고 가르치는 사람들이다. 율법은 죄의 문제를 다루는 것이다. 그들은 모든 것을 죄의 관점에서 해석한다. 그러나 그들은 죄의 문제를 근본적으로 해결할 능력이 없다. 그들은 다만 율법을 통해 사람들을 정죄할 뿐이다. 사람들이 악취가 진동하는 중풍병자를 침상에 누워있는 채로 들고 왔을 때, 서기관들은 마음속으로 '저 친구는 무슨 죄가 많아서 저렇게 된 걸까?'라고 생각했다. 또한 중풍병자 역시 내가 무슨 죄가 많아서 이런 벌을 받는 것일까 하고 생각했다.

유대교 사회는 율법이 지배하는 사회다. 모든 사람은 율법의 정죄 아래 있다. 그리고 그 누구도 이 율법의 정죄로부터 빠져나갈 수 없다. 모든 인간은 죄의 노예이며, 동시에 율법의 노예다. 가끔 그들은 제물을 드리는 것으로 죄의 용서를 빈다. 그것도 제사장이라는 대행업자를 통한 속죄의 행위로 하나님의 진노를 누그러뜨린다. 그러나 결코 죄는 사라지지 않는다. 인간의 육체가 살아있는 동안은 끊임없이 죄가 생겨난다. 인간의 죄는 육체가 죽을 때 비로소 끝이 난다.

하나님의 아들이 사람의 아들로 이 세상에 오신 목적은 바로 이 죄의 문제를 근본적으로 해결하기 위해서다. 죄의 근본적 해결을 위해서는 영원한 속죄의 제사와 제물이 필요하다. 예수님의 몸이 그 영원한 속죄의 제물이다. 오직 예수님만 이 땅에서 죄를 용서할 권한을 가지고 있다. 왜냐하면 그분은 영원한 속죄의 제사를 드리기 위해 오신 대속의 제물이요 속죄의 어린 양이기 때문이다. 예수님께서 중풍병자에게, 너의 죄는 용서받았으니 용기를 내라고 말했을 때, 중풍병자는 인생의 근본 문제가 해결된 것이다. 그는 죄의 사슬에서 해방된 것이다.

그러나 서기관들은 예수의 행동을 좋아하지 않는다. 왜냐하면 그들은 율법의 정죄를 통해 사회적 지위와 경제적 이득을 취하는 자들이기 때문이다. 그들은 그 기득권을 지키기 위해 하나님의 아들을 거절한다. 그리고 마침내 예수를 죽인다. 어떤 면에서 유대인들은 진정한 의미의 제사장 민족인지도 모른다. 하나님의 어린 양을 도살했기 때문이다.

예수님은 많은 사람들 앞에서 말씀으로 중풍병자를 치료하심으로써 이 땅에서 죄를 용서하는 권세를 가지고 있음을 증명한다. 그러므로 예수님의 모든 기적은 그의 십자가 죽음의 의미를 비춰주는 조명에 불과하다.

예수님의 권세는 죄를 영원히 없애는 권세다. 이 권세를 작동시킨 것은 중풍병자를 예수님 앞으로 들고 온 가족의 믿음이다. 믿음은 하나님의 능력을 작동시키는 통로다. 예수님은 그들의 믿음 위에서 자신의 초월적 전능자의 실체를 계시한다. 하나님 앞에 의인은 믿음으로 사는 자다.

꿈꾸는 자들

마태복음 9:9-13

9:9

Καὶ παράγων ὁ Ἰησοῦς ἐκεῖθεν εἶδεν ἄνθρωπον καθήμενον ἐπὶ τὸ τελώνιον, Μαθθαῖον λεγόμενον, καὶ λέγει αὐτῷ· ἀκολούθει μοι. καὶ ἀναστὰς ἠκολούθησεν αὐτῷ.

그리고 예수께서 거기서 지나가다가 세관에 앉아 있는 사람을 보았는데, 그는 마태라는 사람이다. 그리고 그에게 말씀하신다. 나를 따르라. 그러자 그가 일어나 그를 따랐다.

9:10

καὶ ἐγένετο αὐτοῦ ἀνακειμένου ἐν τῇ οἰκίᾳ, καὶ ἰδοὺ πολλοὶ τελῶ-ν αι καὶ ἁμαρτωλοὶ ἐλθόντες συνανέκειντο τῷ Ἰησοῦ καὶ τοῖς μαθηταῖς αὐτοῦ.

그리고 그가 집에 기대어 앉아 있을 때(식사할 때)였다. 그리고 보라! 많은 세리들과 죄인들이 와서 그와 그의 제자들과 함께 기대어 앉아 있었다(식 사하고 있었다).

9:11

καὶ ἰδόντες οἱ Φαρισαῖοι ἔλεγον τοῖς μαθηταῖς αὐτοῦ· διὰ τί μετὰ
τῶν τελωνῶν καὶ ἁμαρτωλῶν ἐσθίει ὁ διδάσκαλος ὑμῶν;

그리고 바리새인들이 보고서 그의 제자들에게 말하고 있었다. 무슨 목적
으로 너희의 선생은 세리들과 죄인들과 함께 먹고 있느냐?

9:12

Ὁ δὲ ἀκούσας εἶπεν· οὐ χρείαν ἔχουσιν οἱ ἰσχύοντες ἰατροῦ ἀλλ᾽
οἱ κακῶς ἔχοντες.

그러자 그가 듣고 말씀하셨다. 강한 사람들은 의사가 필요 없고, 대신에
악독한 질병을 갖고 있는 자들에게 필요하다.

9:13

πορευθέντες δὲ μάθετε τί ἐστιν· ἔλεος θέλω καὶ οὐ θυσίαν· οὐ γὰρ
ἦλθον καλέσαι δικαίους ἀλλ᾽ ἁμαρτωλούς.

그런데 (너희는) 가서, 나는 자비를 원하지, 제물을 원하는 것이 아니다라
는 말씀이 무엇인지 배우라. 왜냐하면 나는 의로운 자들을 부르러 온 것이
아니고 대신에 죄 많은 자들을 부르러 왔기 때문이다.

ακολουθεω(아콜루데오, 따르다) α + κελευθος (켈류도스, 길, 도로) = 따르다,
쫓다, 뒤쫓다, 동행하다, 제자가 되다.

ακολουθεί μοι(아콜루데이 모이, 나를 따르라)는 '나와 길을 같이 가자'는 뜻으
로도 해석할 수 있다.

ανακειμαι(아나케이마이) = 기대어 앉다, 식사하다.

Δια τι(디아 티) = 무엇을 위하여

헬라어에는 왜라는 뜻을 가진 단어가 있다.

τι(티) = 왜

ἱνατι(히나티) ἱνα+τι 무슨 목적으로, 무엇 때문에, 어찌하여

δια τι 무엇을 위하여

바리새인들은 예수님이 왜 멀쩡한 사람들을 제쳐 놓고 하필이면 인간 쓰레기들과 어울리느냐고 비난한다. 그것은 무슨 의도가 있는 것이 아니냐고 공격한다. 그들의 공격은 다분히 정치적 선동의 의미가 있다. 그들은 예수를 민중혁명가 혹은 반역의 우두머리로 보고 있다. 어쩌면 그들이 예수운동의 본질을 정확하게 꿰뚫어 보고 있는지도 모른다. 원래 반대파들이 이쪽의 실체를 정확하게 꿰뚫어 보는 법이다. 바리새인들의 이 발언은 심상치 않다. 그것은 장차 예수를 민중혁명가로 몰아 죽이려는 의도를 드러내고 있다. 그들은 예수운동을 반체제 운동으로 보고 있다. 유대교 입장에서 보면 나사렛 예수운동은 분명 반체제 운동이다. 그런 점에서 나사렛 예수는 혁명가다. 그리고 예수운동은 하나님 나라를 향해 전진하는 영구 혁명이다.

그러나 그 꿈은 이 땅에서 실현될 수 없는 것이다. 그 꿈은 오직 저 세상에서 이루어질 하나님의 희망의 미래다. 그런 의미에서 나사렛 예수의 뒤를 따르는 자들은 꿈꾸는 자들이다. 그 꿈은 하나님 나라의 꿈이다. 그때 갈릴리에서는 나사렛 예수와 함께 이상한 운동이 일어나고 있었다.

하나님 나라는

마태복음 9:14-17

9:14

Τότε προσέρχονται αὐτῷ οἱ μαθηταὶ Ἰωάννου λέγοντες· διὰ τί ἡμεῖ
ς καὶ οἱ Φαρισαῖοι νηστεύομεν πολλά, οἱ δὲ μαθηταί σου οὐ νηστεύου-
σιν;

그때 요한의 제자들이 그에게 나아와 말했다. 우리와 바리새인들은 [많이]
금식하고 있는데, 어찌하여 당신의 제자들은 금식하고 있지 않는 겁니까?

9:15

καὶ εἶπεν αὐτοῖς ὁ Ἰησοῦς· μὴ δύνανται οἱ υἱοὶ τοῦ νυμφῶνος πενθε
ῖν ἐφ᾽ ὅσον μετ᾽ αὐτῶν ἐστιν ὁ νυμφίος; ἐλεύσονται δὲ ἡμέραι ὅταν
ἀπαρθῇ ἀπ᾽ αὐτῶν ὁ νυμφίος, καὶ τότε νηστεύσουσιν.

그러자 예수께서 그들에게 말했다. 신방의 아들들(결혼식 하객들)이 신랑
이 그들과 함께 있는 동안에 통곡할 수 있겠느냐? 그런데 신랑이 그들로부
터 **빼앗겨지는** 날들이 올 것이다. 그리고 그때는 그들이 금식할 것이다.

9:16

οὐδεὶς δὲ ἐπιβάλλει ἐπίβλημα ῥάκους ἀγνάφου ἐπὶ ἱματίῳ παλαιῷ·

αἴρει γὰρ τὸ πλήρωμα αὐτοῦ ἀπὸ τοῦ ἱματίου καὶ χεῖρον σχίσμα γίνεται.

그런데 그 누구도 새로운 천 조각을 낡은 옷 위에 덧붙이지 않는다. 왜냐하면 그것의(새로운 천의) 충만함이 그것을(낡은 옷을) 끌어당긴다. 그리고 심한 찢어짐이 생긴다.

9:17

οὐδὲ βάλλουσιν οἶνον νέον εἰς ἀσκοὺς παλαιούς· εἰ δὲ μή γε, ῥήγνυν-ται οἱ ἀσκοὶ καὶ ὁ οἶνος ἐκχεῖται καὶ οἱ ἀσκοὶ ἀπόλλυνται· ἀλλὰ βάλλουσιν οἶνον νέον εἰς ἀσκοὺς καινούς, καὶ ἀμφότεροι συντηροῦνται.

또한 (사람들이) 새 포도주를 낡은 가죽부대들에 담지 않는다. 그렇지 않으면 가죽부대들이 터진다. 그리고 새 포도주는 쏟아진다. 그리고 가죽부대들은 못쓰게 된다. 그 대신에 (사람들은) 새 포도주를 새 가죽부대들 속에 담는다. 그러면 둘 다 함께 보존된다.

1. προσερχονται(프로세르콘타이) = προσερχομαι(프로세르코마이, ~~를 향해 가다)의 3인칭 복수 현재 디포 = 나아가다.
이 단어는 어떤 목적의식을 가지고 다가오는 적극적이고 공격적인 행동을 표현한다.
2. πενθεω(펜데오) = 슬퍼하다, 애통하다.
3. νυμφων(뉨폰) = 신부방, 신방
οἱ υἱοι του νυμφωνος(호이 휘오이 토우 뉨포노스) 신방의 아들들= 결혼식 하객들
4. 새 포도주는 발효되면 부풀어 올라 부피가 늘어난다. 그래서 신축성이 있는 새 가죽부대가 필요하다. 낡은 가죽부대는 더 이상 신축성이 없기 때문에 새 포도주가

들어가면 감당하지 못하고 터져버린다.

세례 요한의 제자들은 예수님께 따지기 위해 공격적인 자세로 나온다. 그들은 자기들을 바리새인들과 한편으로 묶고 예수님의 제자들을 공격한다. 이것으로 그들 스스로가 낡은 구시대를 대표하는 세력임을 증거하고 있다.

예수님은 하나님 나라를 결혼식에 비유하고 있다. 그러나 세례 요한의 제자들은 하나님 나라를 장례식으로 생각하고 있다. 결혼식은 기쁨과 희망과 행복으로 가득 차 있다. 그런데 신랑을 빼앗기는 충격적인 사태가 벌어진다. 그러면 결혼식의 기쁨과 웃음소리는 통곡으로 바뀌게 된다. 이 말씀은 예수님의 십자가 죽음을 예고하고 있다.

예수님은 세례 요한의 제자들을 결혼식에 와서 통곡하는 고약한 훼방꾼들이며, 낡은 옷에 새로운 천 조각을 덧붙이고, 낡은 가죽부대에 새 포도주를 담는 어리석고 무지한 자들이라고 책망한다. 세례 요한의 제자들은 예수님께 시비 걸고 싸우려고 왔다가 본전도 못 찾고 개망신 당한다. 예수님은 이것으로써 자신의 제자들을 대적자들의 공격으로부터 보호한다. 나사렛 예수파와 세례 요한파는 대립과 갈등의 관계 속에 있다.

이 금식 논쟁은 율법과 복음, 구약과 신약의 타협할 수 없는 대립과 투쟁 관계를 선명하게 드러내는 사건이다. 하나님 나라는 투쟁 속에 전진하고 있다.

거룩한 몸

마태복음 9:18-26

9:18

Ταῦτα αὐτοῦ λαλοῦντος αὐτοῖς, ἰδοὺ ἄρχων εἷς ἐλθὼν προσεκύνει
αὐτῷ λέγων ὅτι ἡ θυγάτηρ μου ἄρτι ἐτελεύτησεν· ἀλλ᾿ ἐλθὼν ἐπίθες
τὴν χεῖρά σου ἐπ᾿ αὐτήν, καὶ ζήσεται.

그가 그들에게 이것들을 이야기하고 있을 때 보라! 한 관리가 와서 그에게
경배하며 말한다. 나의 딸이 지금 죽었습니다. 그러나 오셔서 당신의 손을
그 아이 위에 얹어 주세요. 그러면 그 아이가 살아날 것입니다.

9:19

καὶ ἐγερθεὶς ὁ Ἰησοῦς ἠκολούθησεν αὐτῷ καὶ οἱ μαθηταὶ αὐτοῦ.

그러자 예수께서 일어나서 그를 따라갔다. 그리고 그의 제자들도.

9:20

Καὶ ἰδοὺ γυνὴ αἱμορροοῦσα δώδεκα ἔτη προσελθοῦσα ὄπισθεν
ἥψατο τοῦ κρασπέδου τοῦ ἱματίου αὐτοῦ·

그리고 보라, 12년 동안 혈루증을 앓고 있는 여자가 뒤로 접근하여 그의
옷자락을 만졌다.

9:21

ἔλεγεν γὰρ ἐν ἑαυτῇ· ἐὰν μόνον ἅψωμαι τοῦ ἱματίου αὐτοῦ σωθή-
σομαι.

왜냐하면 자기 자신 속으로 (이렇게) 말하고 있었기 때문이다. 만약 오직
그의 옷을 만지기만 해도 나는 구원받을 것이다.

9:22

ὁ δὲ Ἰησοῦς στραφεὶς καὶ ἰδὼν αὐτὴν εἶπεν· θάρσει, θύγατερ· ἡ
πίστις σου σέσωκέν σε. καὶ ἐσώθη ἡ γυνὴ ἀπὸ τῆς ὥρας ἐκείνης.

그런데 예수께서 돌아보시고 그녀를 보시고 말했다. 용기를 내라. 딸아.
너의 믿음이 너를 구원했다. 그리고 그 여자는 저 시간부터 구원받았다.

9:23

Καὶ ἐλθὼν ὁ Ἰησοῦς εἰς τὴν οἰκίαν τοῦ ἄρχοντος καὶ ἰδὼν τοὺς
αὐλητὰς καὶ τὸν ὄχλον θορυβούμενον

그리고 예수께서 그 관리의 집에 가서 피리 부는 자들과 시끄럽게 떠드는
무리를 보시고

9:24

ἔλεγεν· ἀναχωρεῖτε, οὐ γὰρ ἀπέθανεν τὸ κοράσιον ἀλλὰ καθεύδει.
καὶ κατεγέλων αὐτοῦ.

말씀하고 계셨다. 물러가라. 왜냐하면 여자아이는 죽은 것이 아니고 잠자
고 있기 때문이다. 그러자 그들은 그를 비웃고 있었다.

9:25

ὅτε δὲ ἐξεβλήθη ὁ ὄχλος εἰσελθὼν ἐκράτησεν τῆς χειρὸς αὐτῆς,
καὶ ἠγέρθη τὸ κοράσιον.

그런데 무리가 내쫓긴 후 그가 들어가 여자아이의 손을 잡았다. 그러자
여자아이가 일어났다.

9:26

καὶ ἐξῆλθεν ἡ φήμη αὕτη εἰς ὅλην τὴν γῆν ἐκείνην.

그리고 그 소문이 저 온 땅으로 나갔다.

마태는 사건 자체보다는 그 사건의 해석과 의미에 더 관심이 많다.
똑같은 사건에 대해 마가는 훨씬 더 구체적이고 생동감 있게 표현하고
있다. 그러나 마태는 그런 문학적인 데는 별 관심이 없다. 마태의 관심
은 신학적 메시지에 있기 때문에 사건의 진행 과정을 덤덤하게 전달하
고 있다.

이 본문의 주제는 믿음으로 구원받는다는 것이다. 관리의 믿음은
자신의 죽은 어린 딸을 살리고, 불치병으로 오랜 시간 고통당해 온 여인
의 믿음은 자신의 병을 치료한다. 예수님의 몸속에는 초월적인 신적
능력으로 가득 차 있어서 그분의 옷자락을 만지기만 해도 병에서 구원
받는다. 또한 예수님의 손이 닿으면 죽은 사람이 일어난다. 예수님의
신적 능력이 옷자락을 통해 혹은 손을 통해 빠져나가 병든 자와 죽은
자의 몸속으로 들어갔기 때문이다.

예수님의 몸 안에 가득 찬 초월적인 능력은 교회를 통해 현재화되어

역사 속에서 세상 끝날까지 계속해서 활동한다. 마태의 관심은 우주적 권세를 가지고 있는 교회인데, 그 권세는 그리스도께서 교회에 주신 것이다.

예수와 맹인들

마태복음 9:27-31

9:27

Καὶ παράγοντι ἐκεῖθεν τῷ Ἰησοῦ ἠκολούθησαν᾽ αὐτῷ δύο τυφλοὶ κράζοντες καὶ λέγοντες· ἐλέησον ἡμᾶς, υἱὸς Δαυίδ.

그리고 거기서 지나가고 있는 예수를 두 맹인이 고함을 지르고 따라가며 말했다. 우리를 불쌍히 여겨주세요, 다윗의 자손.

9:28

ἐλθόντι δὲ εἰς τὴν οἰκίαν προσῆλθον αὐτῷ οἱ τυφλοί, καὶ λέγει αὐτοῖς ὁ Ἰησοῦς· πιστεύετε ὅτι δύναμαι τοῦτο ποιῆσαι; λέγουσιν αὐτῷ· ναὶ κύριε.

그런데 집으로 간 예수에게 맹인들이 나아왔다. 그리고 예수께서 그들에게 말한다. 내가 이것을 할 수 있다는 것을 너희는 믿느냐? 그들은 그에게 말한다. 네 주님.

9:29

τότε ἥψατο τῶν ὀφθαλμῶν αὐτῶν λέγων· κατὰ τὴν πίστιν ὑμῶν γενηθήτω ὑμῖν.

그때 그가 그들의 눈들을 만지며 말한다. 너희의 믿음대로 너희에게 이루어져라.

9:30

καὶ ἠνεῴχθησαν αὐτῶν οἱ ὀφθαλμοί. καὶ ἐνεβριμήθη αὐτοῖς ὁ Ἰησοῦς λέγων· ὁρᾶτε μηδεὶς γινωσκέτω.

그리고 그들의 눈들이 열렸다. 그리고 예수께서 그들에게 으르렁거리며 경고하면서 말한다. 보라, 아무도 알지 못하게 하라.

9:31

οἱ δὲ ἐξελθόντες διεφήμισαν αὐτὸν ἐν ὅλῃ τῇ γῇ ἐκείνῃ.

그런데 그들은 나가서 저 온 땅에 그를 널리 알렸다.

기록되지 않는 역사는 역사가 아니듯, 표현되지 않는 믿음은 믿음이 아니다. 맹인들은 예수와 함께 수많은 군중이 지나가는 소리를 듣는다. 맹인들은 지나가는 사람들을 붙들고 무슨 일이냐고 묻는다. 그들은 나사렛 예수라고 대답한다. 그러자 그들은 있는 힘을 다하여 고함을 지르며 예수를 따라간다. 그것은 그들이 할 수 있는 유일한 방법이다.

그들의 목표는 어떻게 해서든지 자기들의 음성이 예수의 귀에 들리게 하는 것이다. 예수께서 어떤 집에 들어갔을 때 제자들이 두 맹인을 예수께 데리고 온다. 왜냐하면 그때까지 계속 고함을 지르고 떼를 쓰고 있었기 때문이다. 예수께서는 그들에게 자기가 맹인의 눈을 여는 초월적 능력의 소유자인 것을 믿느냐고 질문한다. 맹인들은 씩씩하게 그렇다고 대답한다. 맹인들의 믿음에 감동받은 예수는 손으로 맹인들의 눈들을 만진다. 그것으로 예수의 살과 맹인들의 살은 하나가 된다. 맹인들의 몸은 초월적 전능자의 영광의 본체와 하나가 된다. 그것은 피조물이 경험할 수 있는 최고의 은혜와 사랑이다. 예수께서는 맹인들의 믿음 그대로 그들에게 그들의 소망이 이루어질 것임을 선언한다.

그리고 예수의 선언대로 맹인들의 닫혀 있던 눈들은 열린다. 그것은 죽은 자의 부활 사건이다. 예수는 자신을 죽은 자를 살리는 부활의 하나님으로 계시한다. 그러나 그것을 아무에게도 알리지 말 것을 신신당부한다. 적들이 계속 그를 추적하고 감시하고 있기 때문이다. 나사렛예수의 하나님 나라 운동은 근본적으로 반체제적 성격을 갖고 있기 때문에 지배 세력들은 그를 제거하기 위해 계속 때를 노리고 있다. 예수께서는 자신의 때가 오기 전에 정치적 사건에 휘말려 들어가는 것을 극도로 경계하고 있다. 그러나 예수의 초월적 능력을 경험한 그들은 주님의 경고에도 불구하고 나사렛 예수에 대한 소문을 널리 널리 퍼뜨린다. 이로써 예수와 적들의 긴장 관계는 더욱더 팽팽해지게 된다.

바리새파의 공격

마태복음 9:32-34

9:32

Αὐτῶν δὲ ἐξερχομένων ἰδοὺ προσήνεγκαν αὐτῷ ἄνθρωπον κωφὸν δαιμονιζόμενον.

그런데 그들이 나갈 때 보라! (사람들이) 그에게 귀신 들린 말 못 하는 사람을 데리고 왔다.

9:33

καὶ ἐκβληθέντος τοῦ δαιμονίου ἐλάλησεν ὁ κωφός. καὶ ἐθαύμασαν οἱ ὄχλοι λέγοντες· οὐδέποτε ἐφάνη οὕτως ἐν τῷ Ἰσραήλ.

그리고 귀신이 쫓겨나자 말 못 하는 사람이 이야기했다. 그리고 군중이 깜짝 놀라며 말했다. 여지껏 이런 일은 이스라엘에서 나타난 적이 없다.

9:34

οἱ δὲ Φαρισαῖοι ἔλεγον· ἐν τῷ ἄρχοντι τῶν δαιμονίων ἐκβάλλει τὰ δαιμόνια.

그러자 바리새인들은, 그는 귀신들 두목의 힘으로 귀신들을 쫓아내고 있는 것이야라고 계속해서 말하고 있었다.

나사렛 예수가 갈릴리에서 하나님 나라 운동을 펼치고 있을 때 바리새인들은 그 운동에 저항한다. 그들은 예수에게 프레임을 씌워 공격한다. 세리들과 죄인들의 친구(인간 쓰레기), 먹고 마시기를 탐하는 자(천한 자), 사마리아인(잡종), 귀신 들린 자(미친 사람), 음란한 데서 출생한 자(사생아), 배운 게 없는 자(무식한 자), 자칭 그리스도(이단), 민중을 선동하는 자(반역자) 등 이 모든 것은 예수에 대한 시기 질투 때문에 생긴 것이다. 그들은 예수에 대한 적개심을 드러내고 있다.

바리새인들은 단순히 모세의 율법에 충실한 민중 목회자들이 아니다. 그들은 대단히 정치성이 강한 집단이다. 그들은 신학적으로는 사두개파와 적대적 관계였다. 그러나 나사렛 예수 운동에 대한 정치적 입장은 같았다. 그들에게 예수는 반드시 제거되어야 할 이단이었다. 예수가 능력을 행하고 군중 속에서 인기를 얻고 소문이 퍼져갈수록 그들은 배가 아파 죽을 지경이다. 왜냐하면 그들에게는 하나님의 성령이 없었기 때문이다.

그들에게는 성경도 있고 율법도 있고 예배도 있었다. 그러나 그들에게는 성령이 없었다. 그들은 예수 운동이 성령의 능력으로 이루어지고 있는 것을 알지 못했다. 하나님의 무궁한 자유와 생명의 능력이 나타나자 그들은 정죄와 사망의 법으로 저항하고 있다. 그리고 악의적으로 프레임을 씌워 공격한다.

이것은 세상 정치꾼들의 전형적인 수법이다. 바리새인들은 예수를 귀신들의 두목인 사탄의 힘으로 기적을 일으키는 이단이라고 계속 말하고 다닌다. 이것은 예수를 제거하고자 하는 명확한 정치적 의도를 품고 있다. 처음부터 갈릴리에서는 팽팽한 정치적 긴장이 흐르고 있다. 그 팽팽한 긴장 속에서 나사렛 예수는 십자가를 향하여 나아가고 있다.

예수님의 눈

마태복음 9:35-38

9:35

Καὶ περιῆγεν ὁ Ἰησοῦς τὰς πόλεις πάσας καὶ τὰς κώμας διδάσκων ἐν ταῖς συναγωγαῖς αὐτῶν καὶ κηρύσσων τὸ εὐαγγέλιον τῆς βασιλείας καὶ θεραπεύων πᾶσαν νόσον καὶ πᾶσαν μαλακίαν.

그리고 예수께서 모든 도시와 마을을 두루 다니면서 그들의 회당에서 가르치시고, 그 나라의 기쁜 소식을 전파하시고, 모든 병과 모든 약한 것을 치료하셨다.

9:36

Ἰδὼν δὲ τοὺς ὄχλους ἐσπλαγχνίσθη περὶ αὐτῶν, ὅτι ἦσαν ἐσκυλμένοι καὶ ἐρριμμένοι ὡσεὶ πρόβατα μὴ ἔχοντα ποιμένα.

그런데 군중을 보시고 그들에 대하여 가슴 아파하셨다. 그것은 그들이 목자를 갖고 있지 않는 양들처럼 지쳐있었고 방치되어 있었기 때문이다.

9:37

τότε λέγει τοῖς μαθηταῖς αὐτοῦ· ὁ μὲν θερισμὸς πολύς, οἱ δὲ ἐργάται ὀλίγοι·

그때 자기의 제자들에게 말씀하신다. 진정 추수할 것은 많다. 그런데 일꾼들은 적다.

9:38
δεήθητε οὖν τοῦ κυρίου τοῦ θερισμοῦ ὅπως ἐκβάλῃ ἐργάτας εἰς τὸν θερισμὸν αὐτοῦ.
그러므로 추수밭의 주인에게 구해서 자기의 추수밭에 일꾼들을 보내게 하라.

교육(διδασκων), 전도(κηρυσσων), 치유(θεραπευων)는 예수님의 목회의 세 기둥이다. 교회는 세상 끝날까지 교육과 전도와 선교에 힘써야 한다. 교육부, 전도부, 선교부는 교회의 세 기둥이다.

군중이 지치고 방치되어 있었던 것은 그들에게 목자가 없었기 때문인데 그 목자는 하나님이다. 하나님을 떠난 인류는 목자 없는 양 떼와 같다. 예수님의 눈에 세상은 추수밭이요, 사람들은 추수되어야 할 곡식으로 보인다. 이것이 바로 성경적 세계관이요, 목회적 세계관이다. 세상은 추수밭인데 그 추수밭의 주인은 하나님이다. 목회자들은 하나님의 추수밭에 보냄 받은 추수꾼들이다. 목회자들은 예수님의 마음과 눈을 받아야 한다. 그래야 사람들이 목자 없는 양들로 보이고, 세상이 추수밭으로 보인다. 예수님의 마음과 눈은 하나님의 마음과 눈이다. 양들이 보이지 않고, 추수밭이 보이지 않는 것은 세상의 마음과 눈을 가지고 있기 때문이다.

하늘의 권세

마태복음 10:1-4

10:1

Καὶ προσκαλεσάμενος τοὺς δώδεκα μαθητὰς αὐτοῦ ἔδωκεν αὐτοῖς ἐξουσίαν πνευμάτων ἀκαθάρτων ὥστε ἐκβάλλειν αὐτὰ καὶ θεραπεύειν πᾶσαν νόσον καὶ πᾶσαν μαλακίαν.

그리고 자기의 열두 제자를 부른 후 그들에게 더러운 영들을 제압하는 권세를 주셔서 그것들을 쫓아내고 모든 병과 모든 연약한 것을 치료하게 하셨다.

10:2

Τῶν δὲ δώδεκα ἀποστόλων τὰ ὀνόματά ἐστιν ταῦτα· πρῶτος Σίμων ὁ λεγόμενος Πέτρος καὶ Ἀνδρέας ὁ ἀδελφὸς αὐτοῦ, καὶ Ἰάκωβος ὁ τοῦ Ζεβεδαίου καὶ Ἰωάννης ὁ ἀδελφὸς αὐτοῦ,

그런데 그 12사도(선교사)의 이름은 이것이다. 첫째는 페트로스라 말하여 지는 시몬과 그의 형제 안드레아스 그리고 제베다이오스의 아들 야코보스 와 그의 형제 요안네스,

10:3

Φίλιππος καὶ Βαρθολομαῖος, Θωμᾶς καὶ Μαθθαῖος ὁ τελώνης, Ἰάκ
ωβος ὁ τοῦ Ἀλφαίου καὶ Θαδδαῖος,

필리포스와 바르톨로마이오스, 토마스와 세리 마타이오스, 알파이오스
의 아들 야코보스와 다타이오스,

10:4

Σίμων ὁ Καναναῖος καὶ Ἰούδας ὁ Ἰσκαριώτης ὁ καὶ παραδοὺς αὐτόν.

카나안 사람 시몬과 이스카리옷 사람 유다스, 곧 그를 배신한 자다.

예수 그리스도의 열두 제자들은 주님께로부터 더러운 영들을 제압
하는 하늘의 권세를 받는다. 그 권세는 그들의 것이 아니라 주님께로부
터 위탁받은 것이다. 그것은 세상 줄을 끊고 모든 것을 버린 제자들에게
주어진 하늘의 권세다.

제자들은 그 하늘의 권세를 받은 후 사도(선교사)들이 되어 세상 속으
로 파송된다. 교회는 사도들을 통하여 그 하늘의 권세를 위탁받은 선교
공동체다. 주님의 제자 중에는 어업에 종사하던 사람들이 다수를 차지
하고, 극좌파와 극우파가 섞여 있다. 이것은 교회의 민중성과 함께 교회
의 정치적 포용성의 범위를 암시하고 있다.

하늘의 권세를 받은 십이 사도 중에서 배신자가 생겼다는 것은 초기
기독교 공동체가 경험한 가장 충격적인 사건이다. 이 사건으로 교회는
그 어떤 사람도 의지해서는 안 되고, 오직 주님만 의지해야 한다는 교훈
을 철저히 배웠을 것이다.

그리스도의 선교

마태복음 10:5-15

10:5

Τούτους τοὺς δώδεκα ἀπέστειλεν ὁ Ἰησοῦς παραγγείλας αὐτοῖς
λέγων· εἰς ὁδὸν ἐθνῶν μὴ ἀπέλθητε καὶ εἰς πόλιν Σαμαριτῶν μὴ εἰσέλ-
θητε·

예수께서 이 열둘을 보내면서 그들에게 엄히 명령하며 말씀하셨다. 이방
인들의 길로 떠나지 말고 사마리아 사람들의 도시로도 들어가지 말라.

10:6

πορεύεσθε δὲ μᾶλλον πρὸς τὰ πρόβατα τὰ ἀπολωλότα οἴκου Ἰσραήλ.

그러나 오히려 이스라엘 집의 잃은 양들을 향하여 가라.

10:7

πορευόμενοι δὲ κηρύσσετε λέγοντες ὅτι ἤγγικεν ἡ βασιλεία τῶν
οὐρανῶν.

그런데 가서 하늘들의 나라가 가까이 다가왔다고 말하며 선포하라.

10:8

ἀσθενοῦντας θεραπεύετε, νεκροὺς ἐγείρετε, λεπροὺς καθαρίζετε, δαιμόνια ἐκβάλλετε· δωρεὰν ἐλάβετε, δωρεὰν δότε.

병든 자들을 치료하라. 죽은 자들을 일으키라. 한센병자들을 깨끗하게 하라. 귀신들을 내쫓으라. 거저 받았으니, 거저 주라.

10:9

Μὴ κτήσησθε χρυσὸν μηδὲ ἄργυρον μηδὲ χαλκὸν εἰς τὰς ζώνας ὑμῶν,

너희의 허리띠에 금이나 은이나 동전을 가지지 말라.

10:10

μὴ πήραν εἰς ὁδὸν μηδὲ δύο χιτῶνας μηδὲ ὑποδήματα μηδὲ ῥάβδον· ἄξιος γὰρ ὁ ἐργάτης τῆς τροφῆς αὐτοῦ.

길을 위해 배낭이나 속옷 두 개나 신발들이나 지팡이도 가지지 말라. 왜냐하면 일꾼은 자기 먹을 것을 받을 자격이 있기 때문이다.

10:11

Εἰς ἣν δ᾽ ἂν πόλιν ἢ κώμην εἰσέλθητε, ἐξετάσατε τίς ἐν αὐτῇ ἄξιός ἐστιν· κἀκεῖ μείνατε ἕως ἂν ἐξέλθητε.

그런데 진정 어떤 도시나 마을에 들어가면, 그 안에서 누가 합당한지를 자세히 조사하라. 그리고 너희가 나올 때까지 거기에 머물러라.

10:12

εἰσερχόμενοι δὲ εἰς τὴν οἰκίαν ἀσπάσασθε αὐτήν·

그런데 그 집에 들어갈 때 그 집에 문안 인사를 해라.

10:13

καὶ ἐὰν μὲν ᾖ ἡ οἰκία ἀξία, ἐλθάτω ἡ εἰρήνη ὑμῶν ἐπ᾽ αὐτήν, ἐὰν
δὲ μὴ ᾖ ἀξία, ἡ εἰρήνη ὑμῶν πρὸς ὑμᾶς ἐπιστραφήτω.

그리고 만약 그 집이 합당하다면 너희의 평화가 그 집에 올지어다. 그러나
그 집이 합당하지 않으면 너희의 평화가 너희를 향하여 돌아올지어다.

10:14

καὶ ὃς ἂν μὴ δέξηται ὑμᾶς μηδὲ ἀκούσῃ τοὺς λόγους ὑμῶν, ἐξερχό-
μενοι ἔξω τῆς οἰκίας ἢ τῆς πόλεως ἐκείνης ἐκτινάξατε τὸν κονιορτὸν
τῶν ποδῶν ὑμῶν.

그리고 진정 누가 너희를 받아들이지 않거나 너희의 말들을 듣지 않으면,
저 집이나 도시 밖으로 나가서 너희의 발들의 먼지를 떨어버려라.

10:15

ἀμὴν λέγω ὑμῖν, ἀνεκτότερον ἔσται γῇ Σοδόμων καὶ Γομόρρων
ἐν ἡμέρᾳ κρίσεως ἢ τῇ πόλει ἐκείνῃ.

내가 진실로 너희에게 말하노니, 심판의 날에 저 도시보다 소돔과 고모라
땅이 더 견디기 쉬울 것이다.

이 본문은 선교학 개론 같은 느낌을 준다. 이 본문에서 선교의 주체는 그리스도이시다. 그리스도께서 제자들에게 하늘의 권세를 주신 후 그들을 선교사로 파송한다. 선교사들의 선교지를 결정하는 것은 선교사들이 아니라 그리스도이시다. 첫째 선교사들의 선교는 해외선교가 아니라 국내선교였다.

선교활동의 내용 역시 그리스도께서 정해 주신다. 선교사들의 선교활동은 두 가지인데 하나는 천국 복음의 선포이고, 다른 하나는 세상의 치유다. 천국 복음은 듣고 믿는 사람은 구원받고, 믿지 않으면 정죄와 심판을 받는다. 세상의 치유는 세상 끝날까지 계속되어야 할 그리스도의 치유사역이다.

선교의 주체는 그리스도이시기 때문에 선교사들에게 필요한 것은 자신들을 파송한 그리스도에 대한 믿음뿐이다. 선교사들에게는 신중함과 지혜로움과 복음에 대한 확신과 냉정함이 요구된다.

선교사 파송식

마태복음 10:16-23

10:16

Ἰδοὺ ἐγὼ ἀποστέλλω ὑμᾶς ὡς πρόβατα ἐν μέσῳ λύκων· γίνεσθε οὖν φρόνιμοι ὡς οἱ ὄφεις καὶ ἀκέραιοι ὡς αἱ περιστεραί.

보라! 내가 너희를 보낸다. 늑대들 속에 양들처럼. 그러므로 뱀들처럼 사려 깊고 비둘기들처럼 순진하라.

10:17

Προσέχετε δὲ ἀπὸ τῶν ἀνθρώπων· παραδώσουσιν γὰρ ὑμᾶς εἰς συνέδρια καὶ ἐν ταῖς συναγωγαῖς αὐτῶν μαστιγώσουσιν ὑμᾶς·

그런데 사람들로부터 경계하라. 왜냐하면 그들은 너희를 공회들에 넘길 것이고 그들의 회당들에서 너희를 채찍질할 것이기 때문이다.

10:18

καὶ ἐπὶ ἡγεμόνας δὲ καὶ βασιλεῖς ἀχθήσεσθε ἕνεκεν ἐμοῦ εἰς μαρτύριον αὐτοῖς καὶ τοῖς ἔθνεσιν.

그리고 나 때문에 총독들과 왕들 앞에 끌려갈 것인데 이것은 그들과 민족들에게 증거가 되기 위함이다.

10:19

ὅταν δὲ παραδῶσιν ὑμᾶς, μὴ μεριμνήσητε πῶς ἢ τί λαλήσητε· δοθή-
σεται γὰρ ὑμῖν ἐν ἐκείνῃ τῇ ὥρᾳ τί λαλήσητε·

그런데 그들이 너희를 넘길 때, 어떻게 혹은 무엇을 이야기할까 걱정하지
말라. 왜냐하면 저 시간에 너희가 무엇을 이야기할 것인지가 너희에게
주어질 것이기 때문이다.

10:20

οὐ γὰρ ὑμεῖς ἐστε οἱ λαλοῦντες ἀλλὰ τὸ πνεῦμα τοῦ πατρὸς ὑμῶν
τὸ λαλοῦν ἐν ὑμῖν.

왜냐하면 이야기하는 자들은 너희가 아니고, 그 대신에 너희 안에서 이야
기하는 분은 너희의 아버지의 영이시기 때문이다.

10:21

Παραδώσει δὲ ἀδελφὸς ἀδελφὸν εἰς θάνατον καὶ πατὴρ τέκνον,
καὶ ἐπαναστήσονται τέκνα ἐπὶ γονεῖς καὶ θανατώσουσιν αὐτούς.

그런데 형제가 형제를, 아버지가 자녀를 죽음에 넘길 것이다. 그리고 자녀
들이 부모에게 대적하고 그들을 죽일 것이다.

10:22

καὶ ἔσεσθε μισούμενοι ὑπὸ πάντων διὰ τὸ ὄνομά μου· ὁ δὲ ὑπομείνα
ς εἰς τέλος οὗτος σωθήσεται.

그리고 너희는 내 이름 때문에 모든 사람에 의해 미움받는 자들이 될 것이
다. 그러나 끝까지 인내하는 자는 구원을 받을 것이다.

10:23

Ὅταν δὲ διώκωσιν ὑμᾶς ἐν τῇ πόλει ταύτῃ, φεύγετε εἰς τὴν ἑτέραν·
ἀμὴν γὰρ λέγω ὑμῖν, οὐ μὴ τελέσητε τὰς πόλεις τοῦ Ἰσραὴλ ἕως ἂν
ἔλθῃ ὁ υἱὸς τοῦ ἀνθρώπου.

그런데 그들이 너희를 이 도시에서 핍박하면 다른 도시로 도망치라. 내가
진실로 너희에게 말하건대, 사람의 아들이 오기까지 너희는 이스라엘의
도시들을 끝내지 못할 것이다.

이 본문은 그리스도의 선교사 파송사다. 선교의 주체는 그리스도
이시다. "보라 내가 너희를 보낸다"(Ἰδού εγώ αποστέλλω ὑμας)고 말씀하
심으로 선교의 주체가 그리스도라는 것을 명확히 하고 있다.

그리스도께서 파송하심으로 선교사들을 지켜주시고, 그들에게 필
요한 지혜와 능력을 주신다. 그러므로 선교사들은 사람을 믿고 의지하
면 안 된다. 선교사들은 쓸데없는 걱정을 버리고 전적으로 성령을 의지
해야 한다. 선교사의 선교활동은 기존의 전통적 인간관계를 파괴한다.
따라서 선교사들은 모든 사람으로부터 미움을 받게 된다. 선교사들은
사람이나 지역에 대한 집착을 버려야 한다.

예수님의 재림 때까지 이스라엘 민족에 대한 선교가 끝나지 않는
것은 그들의 완악함과 반역성 때문이다. 이방인들의 빛으로 세계선교
의 주역이 되어야 할 이스라엘은 오히려 선교의 대상으로 전락했다.

선교사의 길

마태복음 10:24-33

10:24

Οὐκ ἔστιν μαθητὴς ὑπὲρ τὸν διδάσκαλον οὐδὲ δοῦλος ὑπὲρ τὸν κύριον αὐτοῦ.

선생을 능가하는 제자나 자기의 주인을 능가하는 종은 없다.

10:25

ἀρκετὸν τῷ μαθητῇ ἵνα γένηται ὡς ὁ διδάσκαλος αὐτοῦ καὶ ὁ δοῦλο ς ὡς ὁ κύριος αὐτοῦ. εἰ τὸν οἰκοδεσπότην Βεελζεβοὺλ ἐπεκάλεσαν, πόσῳ μᾶλλον τοὺς οἰκιακοὺς αὐτοῦ.

자기의 선생처럼 되는 것이 제자에게 충분하고, 종이 자기의 주인처럼 되는 것이 충분하다. 만약 사람들이 집주인을 베엘제불이라고 불렀다면, 그의 집에 속한 사람들을 얼마나 더 (비방) 하겠느냐.

10:26

Μὴ οὖν φοβηθῆτε αὐτούς· οὐδὲν γάρ ἐστιν κεκαλυμμένον ὃ οὐκ ἀποκαλυφθήσεται καὶ κρυπτὸν ὃ οὐ γνωσθήσεται.

그러므로 그들을 무서워하지 말라. 왜냐하면 드러나지 않게 될 감추어진 것이 없고, 알려지지 않게 될 숨겨진 것은 없기 때문이다.

10:27

ὃ λέγω ὑμῖν ἐν τῇ σκοτίᾳ εἴπατε ἐν τῷ φωτί, καὶ ὃ εἰς τὸ οὖς ἀκούετε κηρύξατε ἐπὶ τῶν δωμάτων.

내가 너희에게 어둠 속에서 말하고 있는 것을 빛 가운데서 말하라. 그리고 너희가 귀 속으로 듣고 있는 것을 지붕 위에서 선포하라.

10:28

Καὶ μὴ φοβεῖσθε ἀπὸ τῶν ἀποκτεννόντων τὸ σῶμα, τὴν δὲ ψυχὴν μὴ δυναμένων ἀποκτεῖναι· φοβεῖσθε δὲ μᾶλλον τὸν δυνάμενον καὶ ψυχὴν καὶ σῶμα ἀπολέσαι ἐν γεέννῃ.

그리고 몸은 죽이지만 영혼을 죽일 수 없는 사람들을 무서워하지 말라. 오히려 영혼과 몸을 지옥 속에서 멸망시킬 수 있는 분을 무서워하라.

10:29

οὐχὶ δύο στρουθία ἀσσαρίου πωλεῖται; καὶ ἓν ἐξ αὐτῶν οὐ πεσεῖται ἐπὶ τὴν γῆν ἄνευ τοῦ πατρὸς ὑμῶν.

참새 두 마리가 앗사리온에 팔리지 않느냐? 그리고 그것 중의 하나도 너희의 하나님(의 허락) 없이는 땅에 떨어지지 않는다.

10:30

ὑμῶν δὲ καὶ αἱ τρίχες τῆς κεφαλῆς πᾶσαι ἠριθμημέναι εἰσίν.

그런데 너희 머리의 머리카락들 모두가 이미 그 수가 세어져 있다.

10:31

μὴ οὖν φοβεῖσθε· πολλῶν στρουθίων διαφέρετε ὑμεῖς.

그러므로 무서워하지 말라. 너희는 참새들보다 훨씬 더 귀하다.

10:32

Πᾶς οὖν ὅστις ὁμολογήσει ἐν ἐμοὶ ἔμπροσθεν τῶν ἀνθρώπων, ὁμο-
λογήσω κἀγὼ ἐν αὐτῷ ἔμπροσθεν τοῦ πατρός μου τοῦ ἐν τοῖς οὐρανοῖς·

그러므로 누구든지 사람들 앞에서 나를 시인하면 나도 하늘에 계시는 나의
아버지 앞에서 그를 시인할 것이다.

10:33

ὅστις δ᾽ ἂν ἀρνήσηταί με ἔμπροσθεν τῶν ἀνθρώπων, ἀρνήσομαι
κἀγὼ αὐτὸν ἔμπροσθεν τοῦ πατρός μου τοῦ ἐν τοῖς οὐρανοῖς.

그런데 사람들 앞에서 나를 부인하는 사람은, 나도 그를 하늘에 계시는
나의 아버지 앞에서 부인할 것이다.

선교사는 그리스도의 제자이며 그리스도의 종이기 때문에 그리스
도보다 높아지려고 해서는 안 된다. 선교사는 종말론적인 삶을 산다.
선교사는 항상 그리스도의 죽음을 짊어지고 간다. 선교사는 그리스도
의 영광과 함께 그리스도의 고난도 받는다. 선교사의 공로는 세상 끝날
하나님 앞에서 공개되고 인정받는다. 선교사는 오직 하나님만 두려워
하고 의지해야 한다. 선교사는 담대해야 한다.

하나님의 말씀과 인간의 거짓 평화

마태복음 10:34-39

10:34

Μὴ νομίσητε ὅτι ἦλθον βαλεῖν εἰρήνην ἐπὶ τὴν γῆν· οὐκ ἦλθον βαλεῖν εἰρήνην ἀλλὰ μάχαιραν.

너희는 내가 세상에 평화를 던지기 위해 왔다고 생각하지 말라. 나는 평화가 아니라 그 대신에 칼을 던지러 왔다.

10:35

ἦλθον γὰρ διχάσαι ἄνθρωπον κατὰ τοῦ πατρὸς αὐτοῦ καὶ θυγατέρα κατὰ τῆς μητρὸς αὐτῆς καὶ νύμφην κατὰ τῆς πενθερᾶς αὐτῆς,

왜냐하면 나는 이간질시키려고 왔기 때문이다.
사람을 자기의 아버지에 대하여
그리고 딸을 자기의 어머니에 대하여
그리고 며느리를 자기의 시어머니에 대하여,

10:36

καὶ ἐχθροὶ τοῦ ἀνθρώπου οἱ οἰκιακοὶ αὐτοῦ.

그리고 사람의 원수들이 자기의 집안 식구들이 되게 하려고.

10:37

Ὁ φιλῶν πατέρα ἢ μητέρα ὑπὲρ ἐμὲ οὐκ ἔστιν μου ἄξιος, καὶ ὁ φιλῶν υἱὸν ἢ θυγατέρα ὑπὲρ ἐμὲ οὐκ ἔστιν μου ἄξιος·

아버지나 어머니를 나를 넘어서 사랑하는 자는 나에게 합당하지 않다. 그리고 아들이나 딸을 나를 넘어서 사랑하는 자는 나에게 합당하지 않다.

10:38

καὶ ὃς οὐ λαμβάνει τὸν σταυρὸν αὐτοῦ καὶ ἀκολουθεῖ ὀπίσω μου, οὐκ ἔστιν μου ἄξιος.

그리고 자기의 십자가를 받고 나를 따르지 않는 자도 나에게 합당하지 않다.

10:39

ὁ εὑρὼν τὴν ψυχὴν αὐτοῦ ἀπολέσει αὐτήν, καὶ ὁ ἀπολέσας τὴν ψυχὴν αὐτοῦ ἕνεκεν ἐμοῦ εὑρήσει αὐτήν.

자기의 목숨을 찾는 자는 그것을 잃을 것이다. 그리고 나 때문에 자기의 목숨을 잃는 자는 그것을 찾을 것이다.

많은 사람들은 그리스도께서 세상에 평화를 주러 오셨다고 생각하고 있다. 그러나 그것은 무지에서 생기는 오해다. 그리스도께서는 이 세상의 거짓 평화를 깨뜨리기 위해서 오신 분이다. 그리스도께서는 성령의 검인 말씀을 주러 오셨는데, 그 말씀은 세상의 거짓 평화를 깨뜨린다. 그리하여 평화로운 한 가정 안에서 종교전쟁이 일어난다. 하나님 나라와 사탄의 나라가 한 가정 안에서 전쟁을 벌인다. 거짓과 진실의 전쟁이 일어난다. 그 싸움에는 타협이 없다. 둘 중에 하나는 승자가 되고, 하나는 패자가 된다. 여기에 거짓 평화에 굴복하지 않는 냉정한 용기와 결단력이 요구된다.

이 영적 전쟁에서 그리스도께서는 한 가지만을 요구하신다. 그것은 핏줄을 끊고, 세상의 인연도 끊고, 목숨 바쳐 그리스도에게 충성하는 믿음이다. 그리스도를 위하여 그 모든 것을 단호하게 끊어버릴 때 주님께서는 100배로 갚아주신다.

숨겨진 축복

마태복음 10:40-42

10:40

Ὁ δεχόμενος ὑμᾶς ἐμὲ δέχεται, καὶ ὁ ἐμὲ δεχόμενος δέχεται τὸν ἀποστείλαντά με.

너희를 영접하는 사람은 나를 영접하는 것이다. 그리고 나를 영접하는 사람은 나를 보내신 분을 영접하는 것이다.

10:41

ὁ δεχόμενος προφήτην εἰς ὄνομα προφήτου μισθὸν προφήτου λήμψεται, καὶ ὁ δεχόμενος δίκαιον εἰς ὄνομα δικαίου μισθὸν δικαίου λήμψεται.

선지자를 선지자의 이름으로 영접하는 사람은 선지자의 상급을 받을 것이다. 그리고 의인을 의인의 이름으로 영접하는 사람은 의인의 상급을 받을 것이다.

10:42

καὶ ὃς ἂν ποτίσῃ ἕνα τῶν μικρῶν τούτων ποτήριον ψυχροῦ μόνον εἰς ὄνομα μαθητοῦ, ἀμὴν λέγω ὑμῖν, οὐ μὴ ἀπολέσῃ τὸν μισθὸν αὐτοῦ.

그리고 진정 이 작은 자들 중의 하나를 단지 제자라는 이름으로 냉수 한 잔이라도 마시게 하는 사람은, 내가 진실로 너희에게 말하건대, 그는 자기의 상급을 결코 잃지 않을 것이다.

하나님의 영광은 그리스도 안에 숨겨져 있고, 그리스도의 영광은 사도들(선교사들) 속에 숨겨져 있다. 주님께서는 사도들을 작은 자들이라고 말씀하셨다. 그들이 작은 자들의 모습으로 존재하기 때문에 사람들은 그들 속에 감추어진 축복의 기회를 보지 못한다. 하나님의 축복은 십자가에 못 박힌 나사렛 예수 안에 숨어 있다. 그리고 그리스도의 축복은 그가 보내시는 제자들 속에 숨어 있다.

그것을 발견하는 눈은 복된 눈이다. 그 눈은 하나님께서 사랑하시는 자들에게 주시는 천국의 눈이다. 우리가 다 거룩한 선지자나 의인으로 살 수는 없다. 그러나 그들의 영광과 축복에 참여하는 길이 있다. 그것은 그들의 실체를 알아보고 그들에게 존경심을 품고 대접하는 것이다. 그들을 알아보는 눈과 그들에게 존경심을 표하는 입술과 그들을 대접하는 손길은 복되다. 이 복된 눈과 입술과 손길은 하나님께서 사랑하시는 사람에게 주시는 천국의 선물이다.

마태의 신학

마태복음 11:1

11:1

Καὶ ἐγένετο ὅτε ἐτέλεσεν ὁ Ἰησοῦς διατάσσων τοῖς δώδεκα μαθη-
ταῖς αὐτοῦ, μετέβη ἐκεῖθεν τοῦ διδάσκειν καὶ κηρύσσειν ἐν ταῖς πόλε-
σιν αὐτῶν.

그리고 예수께서 자기의 열두 제자에게 가르치기를 끝냈을 때, 그들의
도시들에서 가르치고 선포하기 위해서 거기에서 옮겨갔다.

예수님의 사역은 세 가지 활동으로 요약된다. 가르침(διδασκειν), 선
포함(κηρυσσειν), 치유함(θεραπευειν). 이 중에 오늘 본문에는 치유함(θερα
-πευειν)이 빠져 있다. 가르침(διδασκειν)이 두 번 나오고, 선포함(κρυσσει
ν)이 한 번 나온다. 이것으로 마태의 신학적 관심의 초점이 가르침에
있다는 것을 알 수 있다.

마가의 신학은 종말론적 구원과 심판을 선포하는 케리그마(κήρυγμα)
에 정확하게 초점이 맞추어져 있다. 마가복음의 마지막 명령은 '선포하
라'(κηρυξατε, 케뤽사테)이다. 마가에게 하나님 나라는 임박해 있는 종말
론적 부활의 현실이다.

반면에 누가복음의 마지막 명령어는 '앉아 있으라'(καθισατε, 카띠사테)인데, 이것은 세상의 치료자이신 성령을 기다리라는 말씀이다. 그러므로 누가의 신학은 세상을 치유함(θεραπευειν)에 초점이 맞추어져 있다.

마태복음의 마지막 명령어는 '제자 삼으라'(μαθητευσατε, 마떼튜사테)이다. 제자 삼기 위해서 교회가 해야 하는 일이 교육이다. 교육(διδασκειν)은 우주적 심판권을 가지고 있는 교회를 세우는 가장 기초적인 활동이다.

이 교육(διδασκειν)에는 두 종류가 있다. 하나는 제자들을 가르치는 것이고, 다른 하나는 군중을 가르치는 것이다. 그 내용은 천국이다. 예수님이 하늘에서 오신 분이기 때문이다. 제자들에게는 직설적으로, 군중에게는 비유로 가르치신다. 예수님이 제자들에게 직설법으로 가르치신 내용을 모아놓은 것이 교훈(Διδαχη, 디다케)이고, 군중에게 비유로 가르치신 내용을 모아놓은 것이 비유(Παράβολη, 파라볼레)다.

예수님의 교훈은 군중에게는 충격적이며 받아들이기 어려운 것이다. 그것은 그들이 세상적 사고에 완전히 물들어 있기 때문이다. 그래서 그들에게는 세상의 여러 가지 일을 소재로 삼아 비유로 가르치셔야 했다. 그러나 제자들에게는 직설적으로 말씀하셨는데 그 내용이 바로 산상수훈이다. 산상수훈은 예수님의 교훈인데, 세상이 받아들일 수 없는 사상이다.

이 본문은 한국어로 읽으면 마태의 의도를 온전히 파악할 수 없다. 마태는 이 본문에서 한 번은 분사(διδασκων)를, 한 번은 부정사(διδασκειν)를 쓰고 있다. 이 중에서 분사(διδασκων)는 제자들을 대상으로, 부정사(δι-δασκειν)는 군중을 대상으로 쓰여졌다. 이 짧은 문장 속에서도 예수님의 가르침의 대상이 제자들과 군중으로 확실히 구분되어 있음을 알 수 있다. 이것으로 마태의 신학이 무엇을 지시하는지가 명확히 드러난다. 그것은 교육하는 공동체로서의 우주적 교회다.

세례 요한의 한계

마태복음 11:2-6

11:2

Ὁ δὲ Ἰωάννης ἀκούσας ἐν τῷ δεσμωτηρίῳ τὰ ἔργα τοῦ Χριστοῦ πέμψας διὰ τῶν μαθητῶν αὐτοῦ

그런데 요한은 감옥에서 그리스도의 일들을 듣고서 자기의 제자들을 통하여 보내어

11:3

εἶπεν αὐτῷ· σὺ εἶ ὁ ἐρχόμενος ἢ ἕτερον προσδοκῶμεν;

그에게 말했다. 당신이 오시는 분입니까? 아니면 우리가 다른 사람을 기대해야 합니까?

11:4

Καὶ ἀποκριθεὶς ὁ Ἰησοῦς εἶπεν αὐτοῖς· πορευθέντες ἀπαγγείλατε Ἰωάννῃ ἃ ἀκούετε καὶ βλέπετε·

그리고 예수께서 그들에게 말했다. 가서 너희가 보고 듣는 것을 요한에게 전해라.

11:5

τυφλοὶ ἀναβλέπουσιν καὶ χωλοὶ περιπατοῦσιν, λεπροὶ καθαρίζοντ
αι καὶ κωφοὶ ἀκούουσιν, καὶ νεκροὶ ἐγείρονται καὶ πτωχοὶ εὐαγγελίζο
ν-ται·

소경들이 눈을 뜨고 불구자들이 걸어다니고, 한센병 환자들이 깨끗해지
고 귀머거리들이 듣고, 죽은 자들이 일어나고 가난한 자들이 기쁜 소식을
듣고 있다.

11:6

καὶ μακάριός ἐστιν ὃς ἐὰν μὴ σκανδαλισθῇ ἐν ἐμοί.

그리고 어느 누구든지 내 안에서 걸려 넘어지지 않는 사람은 행복하다.

이 본문은 세례 요한과 예수 그리스도 사이의 심각한 균열을 보여주
고 있다. 세례 요한은 자기의 제자들을 통해 예수에 대한 불만과 실망을
노골적으로 드러낸다. 당신이 메시아 맞느냐, 아니면 다른 사람을 기대
해야 하는가? 이 말은 예수에 대한 공격이며, 언어를 통한 폭행이다.

세례 요한의 이 실망과 거부는 유대 민족 전체의 입장을 대변하고
있다. 이 심각한 균열은 장차 예수께서 유대 민족에게 버림받고 죽게
될 것을 예고하고 있다. 또한 기독교와 유대교가 왜 완전히 갈라지게
되는지 그 근본 뿌리를 드러내고 있다. 예수는 유대 민족이 기다리고
있던 메시아로 오지 않았던 것이다. 유대 민족이 기다렸던 메시아 나라
는 위로부터 힘으로 지배하는 나라다.

그러나 예수가 가지고 온 나라는 아래에서부터, 믿음으로, 새로운

인간의 탄생으로 세워지는 나라다. 그 나라의 시민들은 믿음으로, 하나님의 은혜로, 말씀과 성령으로 새롭게 태어난 자들이다. 그들은 이 세상 질서와는 근본적으로 다른 새로운 질서에 속한 자들이다.

예수는 지구상에서 그 누구도 시도하지 않았던 새로운 운동을 시작하고 있다. 당연히 이 새로운 운동을 환영하는 자들은 이 세상 권력 질서에서 밀려난 자들이다. 그러나 유대민족의 주류사회는 이 새로운 물결과 새로운 운동에 저항한다. 예수에게 세례를 주고, 예수에 대하여 메시아 증언을 했던 위대한 선지자 세례 요한까지도 이 운동에 대해 불쾌하게 생각한다. 그는 예수가 하는 일들에 대해 크게 실망한다. 그는 자기의 제자들을 보내 노골적인 불신을 드러낸다. 그는 예수에 대한 배신감과 적개심이 잔뜩 묻어있는 질문을 던진다. 예수께서는 세례 요한의 메시아 신학 논쟁을 무시한다. 그 대신에 장애인들, 병든 자들, 연약한 자들, 가난한 자들의 하나님으로 자기를 계시한다.

유대 민족은 이 작은 자들 속에 자기의 위대하심과 영광을 계시하시는 자기들의 하나님을 거절한다. 그들은 강한 자들, 온전한 자들, 지혜로운 자들, 의로운 자들의 나라를 기대한다. 그러나 하나님은 작은 자들, 온전치 못한 자들, 약한 자들, 어리석은 자들, 죄 많은 인생들의 하나님으로 자신을 계시한다. 그리하여 그들의 능력이 되시고, 지혜가 되시고, 의로움이 되시고, 생명이 되신다. 여기에 유대 민족의 율법적 세계관과 그리스도의 은혜의 세계관이 충돌한다.

오늘 본문은 이 충돌이 매우 심각한 수준에 도달했음을 보여주고 있다. 그것은 이 본문이 예수의 절대적 지지자였던 세례 요한의 정치적 단절 선언이기 때문이다. 그리하여 예수는 유대 사회의 주류세력들로부터 배척당하고, 정치적으로 고립당하게 되는데, 그 결말은 그의 십자가 죽음이다.

예수 그리스도는 유대민족의 기대와는 전혀 다른 모습으로 작은 자들의 하나님으로 나타났다. 유대교와 예수의 충돌은 타협할 수 없다.

그들은 서로 각자의 길을 걸어간다. 그 결말이 예수의 십자가 죽음이다. 그것은 새로운 것과 낡은 것 그리고 하나님의 뜻과 인간의 생각의 충돌이다.

폭행당하는 나라

마태복음 11:7-15

11:7

Τούτων δὲ πορευομένων ἤρξατο ὁ Ἰησοῦς λέγειν τοῖς ὄχλοις περὶ Ἰωάννου· τί ἐξήλθατε εἰς τὴν ἔρημον θεάσασθαι; κάλαμον ὑπὸ ἀνέμου σαλευόμενον;

그런데 그들이 갈 때 예수께서 군중에게 요한에 대하여 말하기 시작했다. 너희는 무엇을 보기 위하여 광야로 나갔느냐? 바람에 흔들리는 갈대냐?

11:8

ἀλλὰ τί ἐξήλθατε ἰδεῖν; ἄνθρωπον ἐν μαλακοῖς ἠμφιεσμένον; ἰδοὺ οἱ τὰ μαλακὰ φοροῦντες ἐν τοῖς οἴκοις τῶν βασιλέων εἰσίν.

아니면 무엇을 보려고 나갔느냐? 부드러운 것들로 옷 입은 사람이냐? 보라, 부드러운 것들을 걸치고 있는 자들은 왕들의 집들 속에 있다.

11:9

ἀλλὰ τί ἐξήλθατε ἰδεῖν; προφήτην; ναὶ λέγω ὑμῖν, καὶ περισσότερον προφήτου.

아니면 무엇을 보려고 나갔느냐? 선지자냐? 그렇다. 내가 너희에게 말한다. 그리고 선지자를 능가하는 자다.

11:10

οὗτός ἐστιν περὶ οὗ γέγραπται·

ἰδοὺ ἐγὼ ἀποστέλλω τὸν ἄγγελόν μου πρὸ προσώπου σου,

ὃς κατασκευάσει τὴν ὁδόν σου ἔμπροσθέν σου.

이 사람은 그에 대하여 (이렇게) 기록되어 있다.

보라, 내가 너의 얼굴 앞에 나의 사자를 보낼 것인데, 그는 너의 앞에서
너의 길을 철저하게 준비할 것이다.

11:11

Ἀμὴν λέγω ὑμῖν· οὐκ ἐγήγερται ἐν γεννητοῖς γυναικῶν μείζων Ἰωά
ννου τοῦ βαπτιστοῦ· ὁ δὲ μικρότερος ἐν τῇ βασιλείᾳ τῶν οὐρανῶν μείζ
ων αὐτοῦ ἐστιν.

진실로 내가 너희에게 말한다. 여자들의 소생들 가운데 세례 요한보다
더 위대한 자가 일어난 적이 없다. 그런데 하늘들의 나라(천국)에서는 가장
작은 자가 그보다 크다.

11:12

ἀπὸ δὲ τῶν ἡμερῶν Ἰωάννου τοῦ βαπτιστοῦ ἕως ἄρτι ἡ βασιλεία
τῶν οὐρανῶν βιάζεται καὶ βιασταὶ ἁρπάζουσιν αὐτήν.

그런데 요한의 날들로부터 지금까지 하늘들의 나라(천국)는 폭행을 당하
고 있다. 그리고 폭행하는 자들이 그것을 빼앗아갈 것이다.

11:13

πάντες γὰρ οἱ προφῆται καὶ ὁ νόμος ἕως Ἰωάννου ἐπροφήτευσαν·

왜냐하면 모든 선지자들과 율법은 요한까지 예언했기 때문이다.

11:14

καὶ εἰ θέλετε δέξασθαι, αὐτός ἐστιν Ἡλίας ὁ μέλλων ἔρχεσθαι.

그리고 만약 너희가 영접하기를 원한다면, 그는 오기로 되어 있는 엘리아다.

11:15

ὁ ἔχων ὦτα ἀκουέτω.

귀를 가지고 있는 자는 들으라.

예수는 세례 요한을 여자의 몸에서 태어난 자 중에 가장 위대한 인물이라고 칭찬한다. 그러나 세례 요한은 천국에서는 가장 작은 자다. 왜냐하면 그는 예수 그리스도를 믿지 않았기 때문이다. 그는 율법 시대에 속한 자였고, 유대교 지도자들처럼 유대 민족주의의 한계 속에 머물러 있었다.

이 본문은 천국은 침노하는 자의 것이라는 뜻으로 적극적 믿음을 권장하는 데 쓰여왔다. 그러나 이 본문은 다음과 같이 다르게 해석할 수 있다. "천국은 요한의 때부터 폭행을 당해왔고, 그 폭행하는 자들은 마침내 천국을 빼앗아 갈 것이다." 그러므로 이 말씀은 예수에 대한 세례 요한의 증언 곧 예수의 공생애 이후 예수께서 계속해서 유대교 주류 세력으로부터 받아 온 공격을 말한다.

유대인들로부터 예수께서 받은 비방과 배척은 하나님 나라에 대한 폭행이다. 왜냐하면 하나님 나라는 예수 안에 있기 때문이다. 그리고 그 폭력배들은 마침내 예수의 목숨을 빼앗아 갈 것이다. 이것은 예수의 죽음에 대한 예언적 말씀이다.

βιαζω(비아조) = 폭력을 쓰다.

βιαστής(비아스테스) = 난폭한 사람, 폭력을 쓰는 사람

지혜의 열매들

마태복음 11:16-19

11:16

Τίνι δὲ ὁμοιώσω τὴν γενεὰν ταύτην; ὁμοία ἐστὶν παιδίοις καθημέ-
νοις ἐν ταῖς ἀγοραῖς ἃ προσφωνοῦντα τοῖς ἑτέροις

그런데 내가 이 세대를 무엇에 비유할까? 그것은 시장 바닥에 앉아 다른
아이들을 향하여 부르는 어린이들과 같다.

11:17

λέγουσιν·
ηὐλήσαμεν ὑμῖν καὶ οὐκ ὠρχήσασθε,
ἐθρηνήσαμεν καὶ οὐκ ἐκόψασθε.

그들은 말한다.
우리가 너희에게 피리를 불어도 너희는 춤추지 않았고,
우리가 통곡했으나 너희는 가슴을 치지 않았다.

11:18

ἦλθεν γὰρ Ἰωάννης μήτε ἐσθίων μήτε πίνων, καὶ λέγουσιν· δαιμόνι
ον ἔχει.

요한이 와서 먹지도 않고 마시지도 않으니 사람들이 말한다. 그는 귀신 들렸다.

11:19

ἦλθεν ὁ υἱὸς τοῦ ἀνθρώπου ἐσθίων καὶ πίνων, καὶ λέγουσιν· ἰδοὺ ἄνθρωπος φάγος καὶ οἰνοπότης, τελωνῶν φίλος καὶ ἁμαρτωλῶν. καὶ ἐδικαιώθη ἡ σοφία ἀπὸ τῶν ἔργων αὐτῆς.

사람의 아들이 와서 먹고 마시자 사람들은 말한다. 보라! 먹보요 술꾼이요, 세리들과 죄인들의 친구로다! 그리고 지혜는 자신의 행위들로 의롭다 함을 받았다.

예수는 그 세대의 어리석고 완악함을 비유로 말한다. 그러나 그 세대는 오히려 스스로를 지혜롭다고 생각하고 있었다. 그들은 세례 요한을 귀신 들린 사람이라고 말했다. 그들의 눈에는 위대한 선지자가 미친 사람으로 보였다. 그들은 예수에게 먹보, 술꾼, 세리와 죄인들의 친구라는 별명을 붙여주었다. 그들의 눈에는 예수가 바보, 멍청이, 건달로 보였다. 과연 참 지혜는 어디에 있는가?

예수는 지혜와 지식의 근본이신 분이다. 예수의 지혜는 그의 행위들로 의롭다는 판정을 받았다. 예수의 행위들은 가난한 자들, 약한 자들, 병든 자들, 외로운 자들, 죄인들의 친구가 되어준 것이다. 이것이 하나님 앞에 지혜로 판정받았다. 왜냐하면 하나님은 작은 자들의 하나님이시기 때문이다.

만약 당신의 눈에 이 세상의 작은 자들이 보이지 않는다면 당신은 어리석은 사람이다. 만약 당신의 눈에 크고 화려한 것들만 보인다면 당신은 천국에서 멀리 떨어져 있는 사람이다.

회개하지 않는 사람들

마태복음 11:20-24

11:20

Τότε ἤρξατο ὀνειδίζειν τὰς πόλεις ἐν αἷς ἐγένοντο αἱ πλεῖσται δυνά
μεις αὐτοῦ, ὅτι οὐ μετενόησαν·

그때 그는 자신의 가장 많은 능력들이 이루어진 도시들을 꾸짖기 시작했는
데, 이는 그들이 회개하지 않았기 때문이다.

11:21

οὐαί σοι, Χοραζίν, οὐαί σοι, Βηθσαϊδά· ὅτι εἰ ἐν Τύρῳ καὶ Σιδῶνι
ἐγένοντο αἱ δυνάμεις αἱ γενόμεναι ἐν ὑμῖν, πάλαι ἂν ἐν σάκκῳ καὶ
σποδῷ μετενόησαν.

너에게 화로다, 코라진아, 너에게 화로다, 벳새다야. 왜냐하면 너희 안에
서 이루어진 능력들이 두로와 시돈에서 이루어졌다면, 그들은 벌써 오래
전에 베옷과 잿 속에서 회개했을 것이기 때문이다.

11:22

πλὴν λέγω ὑμῖν, Τύρῳ καὶ Σιδῶνι ἀνεκτότερον ἔσται ἐν ἡμέρᾳ κρίσ
εως ἢ ὑμῖν.

그러나 나는 너희에게 말한다. 두로와 시돈에게는 심판의 날에 너희에게
보다 견디기 쉬울 것이다.

11:23

καὶ σύ, Καφαρναούμ,

μὴ ἕως οὐρανοῦ ὑψωθήσῃ;

ἕως ᾅδου καταβήσῃ·

ὅτι εἰ ἐν Σοδόμοις ἐγενήθησαν αἱ δυνάμεις αἱ γενόμεναι ἐν σοί,

ἔμεινεν ἂν μέχρι τῆς σήμερον.

그리고 너 가버나움,

네가 하늘까지 올려질 것이냐?

너는 음부까지 내려갈 것이다.

왜냐하면 만약 네 안에서 이루어진 능력들이 소돔 안에서 이루어졌다면,

진정 그들은 오늘까지 남아 있었을 것이다.

11:24

πλὴν λέγω ὑμῖν ὅτι γῇ Σοδόμων ἀνεκτότερον ἔσται ἐν ἡμέρᾳ κρί-
σεως ἢ σοί.

그러나 나는 너희에게 말한다. 소돔 땅이 심판의 날에 너보다 견디기 쉬울
것이다.

세례 요한에게 불신과 거절을 당한 예수는 자신의 선교 사역의 중심
지 사람들의 불신앙을 책망한다. 여기서 '꾸짖다', '책망하다'라는 동

사는 '오네이디조'(ὀνειδίζω)인데, 원래는 '욕하다'라는 뜻이다. 그들이 예수에게 욕을 먹은 이유는 회개하지 않았기 때문이다.

그들이 회개하지 않았다는 것은 과거의 죄를 뉘우친다는 뜻이 아니라, 율법의 노예 상태로부터 복음의 자유와 은혜의 세계로 방향 전환을 하지 않은 것을 의미한다. 예수를 믿는다는 것은 하나님의 은혜의 손길을 향한 인간의 능동적이고 주체적인 응답이다. 그들은 예수의 능력과 기적을 즐기기만 했지 근본적으로 하나님께 돌아서지 않았던 것이다.

그리하여 그들은 육신의 혈통으로는 아브라함의 자손일지라도 바알 숭배의 소굴인 두로와 시돈만도 못하고, 음란과 타락의 상징인 소돔만도 못한 자들로 판정받게 되었다. 여기서 심판의 기준은 예수 그리스도 안에 있는 하나님의 은혜를 향한 인간의 태도이다.

예수의 위기 상황

마태복음 11:25-30

11:25

Ἐν ἐκείνῳ τῷ καιρῷ ἀποκριθεὶς ὁ Ἰησοῦς εἶπεν· ἐξομολογοῦμαί σοι, πάτερ, κύριε τοῦ οὐρανοῦ καὶ τῆς γῆς, ὅτι ἔκρυψας ταῦτα ἀπὸ σοφῶν καὶ συνετῶν καὶ ἀπεκάλυψας αὐτὰ νηπίοις·

저 때에 예수께서 대답하며 말했다. 내가 당신께 고백합니다. 아버지, 하늘과 땅의 주인이시여! 당신께서는 이것들을 지혜로운 자들과 총명한 자들로부터 감추셨고, 어린아이들에게는 그것들을 계시하셨나이다.

11:27

Πάντα μοι παρεδόθη ὑπὸ τοῦ πατρός μου, καὶ οὐδεὶς ἐπιγινώσκει τὸν υἱὸν εἰ μὴ ὁ πατήρ, οὐδὲ τὸν πατέρα τις ἐπιγινώσκει εἰ μὴ ὁ υἱὸς καὶ ᾧ ἐὰν βούληται ὁ υἱὸς ἀποκαλύψαι.

모든 것이 아버지에 의해 나에게 넘겨졌다. 그리고 아버지 외에는 그 누구도 아들을 알지 못하고, 아들과 아들이 계시하려고 하는 자 외에는 그 누구도 아버지를 알지 못한다.

11:28

Δεῦτε πρός με πάντες οἱ κοπιῶντες καὶ πεφορτισμένοι, κἀγὼ ἀναπαύσω ὑμᾶς.

모든 고생하고 짐 진 자들은 나를 향하여 오라. 그리하면 내가 너희를 편히 쉬게 할 것이다.

11:29

ἄρατε τὸν ζυγόν μου ἐφ᾽ ὑμᾶς καὶ μάθετε ἀπ᾽ ἐμοῦ, ὅτι πραΰς εἰμι καὶ ταπεινὸς τῇ καρδίᾳ, καὶ εὑρήσετε ἀνάπαυσιν ταῖς ψυχαῖς ὑμῶν·

너희 위에 나의 멍에를 메라. 그리고 나에게서 배우라. 그러면 너희의 영혼에 안식을 찾을 것이다. 왜냐하면 나는 마음이 온유하고 겸손하기 때문이다.

11:30

ὁ γὰρ ζυγός μου χρηστὸς καὶ τὸ φορτίον μου ἐλαφρόν ἐστιν.

나의 멍에는 쓸모가 있고 나의 짐은 가볍다.

25절에 카이로스(καιρός)라는 단어가 등장한다. 카이로스(καιρός)는 어떤 긴박한 위기적 상황을 묘사하는 데 쓰이는 말이다. 여기서 마태는 카이로스라는 단어를 통해 예수의 위기 상황을 드러내고 있다. 그 위기 상황은 정치적이다. 세례 요한은 자신의 제자들을 보내어 예수에 대한 지지를 공개적으로 철회한다. 그리고 예수께서 열심히 목회했던 갈릴리 지역의 민중은 예수의 기적과 능력은 즐기지만, 근본적으로 율법의 지배로부터 하나님의 은혜를 향해 돌아서지 않고 있다.

예수는 정치적으로 고립되어 가고 있다. 이것은 큰 위기 상황이다. 이때에 예수께서는 하늘 아버지께 고백한다. 세상의 지혜로운 자들과 총명한 자들에게는 그리스도의 일들을 숨기시고, 어린아이들처럼 어리숙한 사람들에게 계시하신 것이 아버지의 뜻임을 고백한다. 이것은 세상의 지혜로운 자들과 총명한 자들에게서 예수가 거절당했다는 뜻이다.

예수는 바리새인들과는 적대적인 관계다. 거기에 세례 요한의 지지도 철회되었고, 갈릴리 민중은 하나님께로 돌아서지 않고 있으며, 지혜롭고 총명한 자들은 예수의 일을 이해하지 못하고 있다. 그 대신에 적은 수의 천진난만하고 어리숙한 사람들만이 예수의 제자가 되어서 따르고 있을 뿐이다. 그러나 그렇게 되는 것이 아버지의 기뻐하시는 뜻임을 아들은 고백한다.

이 고백은 고독함과 정치적 위기 상황에서 나온 고백이다. 이제 예수는 죄의 짐을 짊어지고 고생하는 모든 인류를 향해 자기에게로 오라고 초청한다. 그리고 자신의 마음을 배우라고 한다. 그리스도의 마음은 십자가에 죽기까지 아버지의 뜻에 복종하는 것이다. 예수의 멍에를 메고 예수의 마음을 배우면, 거기서 영원한 영혼의 안식을 얻게 될 것이다. 이 영혼의 안식은 온 인류에게 제공되는 보편적 구원이다. 이제 복음은 유대 민족주의와 정치적 메시아 사상을 넘어서 인류 구원의 보편성의 세계로 나아가고 있다. 그러나 이것은 유대인들을 더욱더 열 받치게 만들고 그를 죽음의 길로 내몬다.

바리새인들과의 대결

마태복음 12:1-8

12:1

Ἐν ἐκείνῳ τῷ καιρῷ ἐπορεύθη ὁ Ἰησοῦς τοῖς σάββασιν διὰ τῶν σπορίμων· οἱ δὲ μαθηταὶ αὐτοῦ ἐπείνασαν καὶ ἤρξαντο τίλλειν στάχυας καὶ ἐσθίειν.

저 때에 예수께서 안식일에 파종한 밭을 지나가게 되었다. 그런데 그의 제자들이 배가 고파서 이삭을 훑어서 먹기 시작했다.

12:2

οἱ δὲ Φαρισαῖοι ἰδόντες εἶπαν αὐτῷ· ἰδοὺ οἱ μαθηταί σου ποιοῦσιν ὃ οὐκ ἔξεστιν ποιεῖν ἐν σαββάτῳ

그러자 바리새인들이 보고서 그에게 말했다. 보라! 당신의 제자들이 안식일에 허락되지 않은 일을 행하고 있다!

12:3

ὁ δὲ εἶπεν αὐτοῖς· οὐκ ἀνέγνωτε τί ἐποίησεν Δαυὶδ ὅτε ἐπείνασεν καὶ οἱ μετ᾽ αὐτοῦ,

그러자 그가 그들에게 말했다. 너희는 다윗과 그의 동료들이 굶주렸을 때 무엇을 했는지 읽지 못하였느냐?

12:4

πῶς εἰσῆλθεν εἰς τὸν οἶκον τοῦ θεοῦ καὶ τοὺς ἄρτους τῆς προθέσεω
ς ἔφαγον, ὃ οὐκ ἐξὸν ἦν αὐτῷ φαγεῖν οὐδὲ τοῖς μετ᾽ αὐτοῦ εἰ μὴ τοῖς
ἱερεῦσιν μόνοις;

어떻게 그가 하나님의 집에 들어갔으며 그들이 어떻게 진설병을 먹었느
냐? 그것은 오직 제사장들 외에는 그와 그의 동료들에게 먹는 것이 허락되
지 않은 것이었다.

12:5

ἢ οὐκ ἀνέγνωτε ἐν τῷ νόμῳ ὅτι τοῖς σάββασιν οἱ ἱερεῖς ἐν τῷ ἱερῷ
τὸ σάββατον βεβηλοῦσιν καὶ ἀναίτιοί εἰσιν;

혹 너희는 율법에서 안식일에 제사장들이 성전에서 안식일을 더럽혀도
죄가 없다는 것을 읽지 못하였느냐?

12:6

λέγω δὲ ὑμῖν ὅτι τοῦ ἱεροῦ μεῖζόν ἐστιν ὧδε.

그런데 내가 너희에게 말하건대, 성전보다 더 큰 자가 여기에 있다.

12:7

εἰ δὲ ἐγνώκειτε τί ἐστιν· ἔλεος θέλω καὶ οὐ θυσίαν, οὐκ ἂν κατεδικά
σατε τοὺς ἀναιτίους.

만약 너희가 나는 긍휼을 원하고 제물을 원하지 않는다는 말씀이 무엇인지

알았다면 죄 없는 사람들을 정죄하지 않았을 것이다.

12:8

κύριος γάρ ἐστιν τοῦ σαββάτου ὁ υἱὸς τοῦ ἀνθρώπου.

왜냐하면 안식일의 주인은 사람의 아들이기 때문이다.

12장 1절에 다시 카이로스(καιρός)라는 단어가 나온다. 이것은 예수
께서 계속되는 긴장 속에 있음을 말한다. 예수운동은 영적으로는 카리
스마(은사) 운동이고, 교회적으로는 평신도 운동이고, 사회적으로는
민중운동이고, 철학적으로는 인간의 주체성 회복운동이다. 반면에 바
리새인들은 율법을 통해 민중을 지배하려는 세력이다. 그러므로 예수
와 바리새인들은 타협할 수 없는 적대적 관계에 있다. 바리새인파는
나사렛 예수파와는 철학적, 이념적 원수였기 때문에 그들은 나사렛 예
수를 파멸시키기 위해 계속 따라다니면서 자료를 수집하며 공격한다.

그러나 그들이 그런 행동을 하는 것은 예수의 실체를 몰랐기 때문이
다. 그들은 어느 안식일에 예수께서 밀밭 사이로 지나갈 때 예수의 제자
들이 배가 고파서 밀 이삭을 훑어서 먹는 것을 발견하고 즉시 예수께
고발한다. 그러자 예수께서는 다윗이 사울에게 쫓길 때 놉에 있는 아히
멜렉 제사장에게로 도망을 쳐서 제사장들만 먹을 수 있는 거룩한 빵을
얻어먹은 이야기를 한다. 이것은 예수께서 자기와 제자들을 다윗과 그
의 동료들에 비유한 것이다.

예수는 다윗의 뿌리이며, 다윗의 자손이다. 예수는 다윗보다 큰 자
이며, 다윗의 경배의 대상이다. 예수는 자신을 '성전보다 큰 자'라고

말했다. 이 말은 성전은 예수의 모형이며, 예수의 몸은 영원한 성전이라는 뜻이다. 사람의 아들은 안식일의 주인인데, 사람의 아들은 하나님의 아들의 역설적 표현이다. 하나님의 아들이 세상에 오신 것은 세상에 영원한 안식을 주시기 위함이다. 안식일의 주인은 감사와 찬양과 경배를 받으시기에 합당한 하나님이시다.

이 본문 말씀은 찬양과 경배를 받으시기에 합당한 신으로서의 예수의 자기 증언이다. 신으로서의 예수 자기 증언은 계시의 문제다. 이 신학적 문제는 나사렛 예수의 영원한 비밀이다. 그리고 이 갈등은 예수를 이단으로 몰아서 죽이는 것으로 끝난다. 예수는 자신의 죽음을 향해 한 발자국 한 발자국 앞으로 나아가고 있다.

안식일 논쟁

마태복음 12:9-14

12:9

Καὶ μεταβὰς ἐκεῖθεν ἦλθεν εἰς τὴν συναγωγὴν αὐτῶν·

그리고 거기를 떠나 그들의 회당으로 갔다.

12:10

καὶ ἰδοὺ ἄνθρωπος χεῖρα ἔχων ξηράν. καὶ ἐπηρώτησαν αὐτὸν λέγον
-τες· εἰ ἔξεστιν τοῖς σάββασιν θεραπεῦσαι; ἵνα κατηγορήσωσιν αὐτοῦ.

그리고 보라! 마른 손을 가지고 있는 사람이로다. 그리고 그들이 그에게
질문하며 말했다. 안식일에 병 고치는 것이 합당하냐? 그것은 그를 고발하
기 위함이었다.

12:11

ὁ δὲ εἶπεν αὐτοῖς· τίς ἔσται ἐξ ὑμῶν ἄνθρωπος ὃς ἔξει πρόβατον
ἓν καὶ ἐὰν ἐμπέσῃ τοῦτο τοῖς σάββασιν εἰς βόθυνον, οὐχὶ κρατήσει
αὐτὸ καὶ ἐγερεῖ;

그러자 그가 그들에게 말했다. 너희 중에 누가 양 한 마리를 가지고 있는데
이것이 안식일에 구덩이에 빠졌다면, 그것을 붙잡아 일으키지 않을 사람

이 있겠느냐?

12:12

πόσῳ οὖν διαφέρει ἄνθρωπος προβάτου. ὥστε ἔξεστιν τοῖς σάββασι
ν καλῶς ποιεῖν.

그러므로 사람은 양보다 얼마나 더 귀하냐! 그러므로 안식일에 좋은 일하
는 것은 합당하다.

12:13

τότε λέγει τῷ ἀνθρώπῳ· ἔκτεινόν σου τὴν χεῖρα. καὶ ἐξέτεινεν καὶ
ἀπεκατεστάθη ὑγιὴς ὡς ἡ ἄλλη.

그때 그가 그 사람에게 말한다. 너의 손을 내밀어라. 그러자 그가 내밀었다.
그리고 그것은 다른 손과 같이 온전하게 회복되었다.

12:14

Ἐξελθόντες δὲ οἱ Φαρισαῖοι συμβούλιον ἔλαβον κατʼ αὐτοῦ ὅπως
αὐτὸν ἀπολέσωσιν.

그러자 바리새인들은 그를 파멸시키기 위해 그에 대하여 의논했다.

나사렛 예수파와 바리새파는 둘 중의 하나는 죽어야 한다. 왜냐하
면 바리새인들은 율법을 통하여 유대 민중을 지배하고 있었고, 예수는
하나님의 은혜의 복음으로 그들을 율법의 지배로부터 해방시키려 했
기 때문이다. 예수는 하나님의 나라를 가지고 왔는데, 이 나라에 들어가

는 길은 예수 안에 있는 하나님의 은혜를 향하여 능동적으로 돌아서는 인간의 의지적 결단인 믿음이다. 이것은 율법을 지킴으로 의로움을 얻게 된다는 유대교 기본 교리와 정면충돌한다.

바리새인들은 제도와 법을 통해 민중을 지배하기 위해 계속해서 새로운 규칙과 법령들을 만들어내야 했다. 특히 안식일과 할례와 십일조는 유대 민족이 목숨 걸고 지켜 온 제도인데 이것은 유대교 신앙과 신학의 핵심 뼈대다. 이것을 건드리게 되면 유대교와의 전쟁이 벌어지게 되는데 동시에 유대 민중이 벌 떼처럼 들고 일어나게 된다.

바리새파는 의도적으로 예수를 이 전쟁으로 유인한다. 오늘 본문은 드디어 안식일 논쟁을 중심으로 한 나사렛 예수와 바리새인들과의 대규모 전쟁이 발발하는 장면으로 이 논쟁은 결국 예수를 죽음으로 몰고 간다. 예수와 바리새인들은 처음에는 갈릴리 지역에서 소규모 전투로 충돌하기 시작했다. 사두개인들은 제사장 계급이기 때문에 예루살렘 성전을 중심으로 종교권력을 장악하고 있었던 세습귀족들이었고, 바리새인들은 지역 회당을 중심으로 민중을 장악하고 있었던 종교권력으로서 그 시대의 민중목회자들이었다.

예수는 갈릴리에서부터 선교활동을 시작했기 때문에 지역 종교권력인 바리새인들과 먼저 부딪히게 된다. 처음에는 상호 간에 탐색전 비슷하게 소규모 공방전이 펼쳐진다. 바리새인들은 새로운 운동세력인 나사렛 예수파의 움직임을 예의 주시하면서 계속 '잽'을 날린다. 그들은 갈릴리 민중을 향해 "예수는 세리와 죄인들의 친구다", "먹보요 술꾼이 나타났다", "귀신들의 왕초의 힘으로 귀신을 쫓아내고 있다"는 식으로 계속 선전 선동으로 예수에 대해 나쁜 여론을 만들어간다. 그들은 집요하게 예수를 따라다니면서 깐죽깐죽 시비를 걸고 괴롭힌다. 안

씻은 손으로 밥을 먹는다든지, 안식일에 제자들이 밀밭 사이를 지나가면서 밀이삭을 훑어서 까먹는 걸 보고 예수에게 고자질하면서 시비를 건다든지 하면서 계속해서 심리전술을 구사한다.

갈릴리에서 시작된 이 전쟁의 승패는 누가 더 많은 지지세력을 확보하느냐에 달려있다. 그러나 이 정치투쟁에서 예수는 바리새인들에게 밀리고 있다. 첫째, 예수는 자신에게 세례를 주고 메시아 증언을 해 주었던 세례 요한의 지지를 잃는다. 둘째, 예수는 가장 열심히 선교했던 갈릴리 지역의 민중을 빼앗아 오는 데 실패한다. 갈릴리 민중은 예수의 기적과 능력은 즐겼지만, 율법을 통해 그들을 지배하고 있었던 바리새인들의 율법통치로부터 예수의 복음으로 전향하는 것은 거부했다. 셋째, 그 시대의 지혜로운 자들과 총명한 자들 곧 그 시대의 지식인들은 예수운동을 받아들이지 않았다. 갈릴리 지역에서 예수를 지지하는 것은 어리숙하고 순진한 소수의 무리뿐이었다. 갈릴리 지역의 정치적 판도를 살펴보면 바리새파가 나사렛 예수파를 압도하고 있다. 정치는 결국 쪽수로 하는 것인데 예수는 수적으로 완전히 밀리고 있는 형국이다.

이렇게 갈릴리 민중을 향한 선전 선동, 심리전술, 교란작전이 효과를 보고 예수가 정치적으로 고립되는 것을 확인한 바리새인들은 예수운동을 완전히 작살내기 위한 전략적 단계로 넘어간다. 그리고 마침내 나사렛 예수를 제거하기 위해 그들의 정적인 사두개파와 전략적 동맹을 맺은 뒤 유대 민족의 원수인 로마 권력을 이용하여 그들의 숙원을 해결한다. 그것의 출발점이 바로 오늘 성경 본문에 등장하는 안식일 논쟁이다. 이제 이 논쟁이 시작되면 예수는 거기서 빠져나올 수 없다. 놀라운 것은 자신을 죽음으로 몰아넣는 이 신학논쟁의 본질을 정확하게 꿰뚫어 보고 있으면서도 그것에 정면으로 맞서는 예수의 대담성이다. 여기에 나사렛 예수의 단순성, 정직성, 성실성, 용기가 있다.

안식일 논쟁의 본질은 '안식일이 먼저냐, 아니면 인간이 먼저냐'이다. 당연히 안식일이라는 제도는 사람을 위해 생긴 제도다. 그러나 사람을 위해 만들어진 법과 제도는 어느새 사람을 지배하는 주인 노릇을 하게 되고, 사람들은 그 법의 지배를 당연히 여기며 법의 노예가 되어간다. 나사렛 예수는 이 법의 지배 아래 있는 인간을 해방하여 하나님의 자녀의 자유의 세계로 데리고 가려고 하지만 민중은 그것을 거부한다. 오히려 안식일 논쟁으로 인하여 예수는 더욱더 정치적으로 고립된다.

그의 정치적 고립은 그의 죽음으로 이어진다. 왜냐하면 정치의 세계에서 고립은 곧 죽음을 의미하기 때문이다. 그러므로 예수가 정치범으로 몰려서 억울하게 죽었다고 말하지 말라. 그의 죽음은 그 본질적 의미에서 정치적 죽음이었고, 명백한 정치적 패배였다. 그리고 거기까지가 나사렛 예수라는 역사적 실체가 감당할 몫이었다. 그다음의 문제는 천지만물을 창조하시고, 의로 통치하시는 그의 아버지의 일이다.

정치적 후퇴

마태복음 12:15-16

12:15

Ὁ δὲ Ἰησοῦς γνοὺς ἀνεχώρησεν ἐκεῖθεν. καὶ ἠκολούθησαν αὐτῷ
ὄχλοι πολλοί, καὶ ἐθεράπευσεν αὐτοὺς πάντας

그런데 예수는 (그들의 의도를) 알아차리고 거기서 물러났다. 그리고 많은
사람들[군중]이 그를 따라갔다. 그리고 그는 그들 모두를 고쳐주었다.

12:16

καὶ ἐπετίμησεν αὐτοῖς ἵνα μὴ φανερὸν αὐτὸν ποιήσωσιν,

그리고 그는 그들에게 자기를 드러내지 말라고 엄히 경계했다.

예수가 자신을 파멸시키려는 바리새인들의 의도를 간파한 것은 서
로가 피할 수 없는 외나무다리 결투를 벌이고 있기 때문이다. 그들은
서로의 의도와 전략 전술을 정확하게 파악하고 있다. 그들은 서로를
파멸시켜야 할 적대적 관계에 있다. 그들 중 하나는 반드시 죽어야 한다.
여기에는 두 개의 전선이 있다. 하나는 신학논쟁의 전선이고, 다른
하나는 정치투쟁의 전선이다. 신학논쟁에는 타협이나 후퇴는 있을 수

없다. 예수는 신학논쟁에 있어서는 바리새인들의 도전을 피하지 않고 정면으로 받아친다. 그러나 정치투쟁에 있어서는 유연성을 발휘한다. '아나코레오'(αναχωρεω, 물러나다)는 전투를 피해 후퇴하는 것을 표현하는 단어다. 이 동사는 세례 요한이 잡혀서 감옥에 갇혔다는 소식을 듣고 예수가 취했던 동작에 사용되었던 단어다.

예수는 대단히 뛰어난 정치적 감각의 소유자였다. 그는 자신의 때를 위해서는 정치적으로 얼마든지 후퇴할 수 있는 유연성을 가지고 있었다. 그가 바리새인들과의 전선에서 후퇴할 때 많은 군중이 그를 따라갔다. 예수를 따르는 이 군중 때문에 바리새인들은 예수를 건드리지 못하고 있다. 이 군중은 바리새인들의 공격으로부터 예수를 정치적으로 보호하고 있다.

그러나 이 군중이 예수의 신학적 입장을 이해하고 지지하는 것은 아니다. 이 유대 민중은 유대교 신자들이었고, 바리새인들의 신학적 영향력 아래 있었다. 그러므로 이 군중이 어느 날 갑자기 예수에 대한 정치적 지지를 철회하고 돌아설지는 알 수 없는 노릇이다. 이것이 바로 민중의 실체다. 이미 예수에게 세례를 주고 메시아 증언을 했던 세례 요한도 예수에게 실망하고 그에 대한 정치적 지지를 철회하지 않았던가! 그러나 예수는 자신을 따라다니는 군중의 속성을 알면서도 그들을 불쌍히 여기고 치료해준다. 왜냐하면 예수는 가난하고 병들고 약한 자들의 하나님으로 오셨기 때문이다. 그리고 그들에게 절대로 소문내지 말라고 엄히 경계하지만 그들이 입을 다물고 있었을 리가 없다. 이렇게 예수에 대한 소문이 퍼져나갈수록 바리새인들은 배가 아파서 견딜 수 없는 시기, 질투와 적개심에 사로잡히게 되고 예수의 죽음은 점점 가까이 다가오게 된다.

메시아 예언

마태복음 12:17-21

12:17

ἵνα πληρωθῇ τὸ ῥηθὲν διὰ Ἡσαΐου τοῦ προφήτου λέγοντος·

이는 선지자 이사야를 통하여 말씀된 것이 성취되기 위함이었다. 말하기를,

12:18

ἰδοὺ ὁ παῖς μου ὃν ᾑρέτισα,

ὁ ἀγαπητός μου εἰς ὃν εὐδόκησεν ἡ ψυχή μου·

θήσω τὸ πνεῦμά μου ἐπ᾽ αὐτόν,

καὶ κρίσιν τοῖς ἔθνεσιν ἀπαγγελεῖ.

보라, 내가 선택한 나의 종이요,

나의 마음이 기뻐한 나의 사랑하는 자로다.

내가 그의 위에 나의 영을 둘 것이고,

그는 민족들에게 심판을 전파할 것이다.

12:19

οὐκ ἐρίσει οὐδὲ κραυγάσει,

οὐδὲ ἀκούσει τις ἐν ταῖς πλατείαις τὴν φωνὴν αὐτοῦ.

그는 다투지도 않고 외치지도 않을 것이고,
그 누구도 거리에서 그의 음성을 듣지 못할 것이다.

12:20
κάλαμον συντετριμμένον οὐ κατεάξει
καὶ λίνον τυφόμενον οὐ σβέσει,
ἕως ἂν ἐκβάλῃ εἰς νῖκος τὴν κρίσιν.
그는 산산이 부서진 갈대를 꺾지 않을 것이고,
연기 나는 심지를 끄지 않을 것인데,
승리를 향하여 심판을 내던질 때까지 (하리라).

12:21
καὶ τῷ ὀνόματι αὐτοῦ ἔθνη ἐλπιοῦσιν.
그리고 민족들이 그의 이름에 희망을 가질 것이다.

18절에서 'ἡρετισα'(헤테리사, 선택했다)는 'αίρετιζω'(하이레티조, 선택하다)의 1인칭 단수 부정과거인데 이 단어는 배타적 선택의 의미를 가지고 있다. 그러므로 역사적 예수는 하나님의 유일한 종으로서의 그리스도를 뜻한다. 또 '내가 기뻐하는 나의 사랑하는 자'(ὁ ἀγαπητός μου εἰς ὅν εὐδοκησεν ἡ ψυχή μου)는 신약성경에서 예수 그리스도에게만 적용되는 표현이다. 또 하나님의 마음을 표현하는데 카르디아(καρδία, 마음)를 쓰지 않고 프쉬케(ψυχή, 영혼, 목숨)를 썼다. 이것은 유대교 랍비 70명이 구약성경을 헬라어로 번역한 칠십인역을 그대로 옮긴 것으로 보인다.

원래 ψυχή는 피조물의 생명 혹은 목숨 또는 인간의 영혼을 지시하는 단어다. 히브리어에서 프쉬케와 같은 뜻의 단어는 네페쉬인데, 네페쉬는 흙으로 뭉쳐진 하나님의 형상에 하나님의 영(루아흐)이 들어가서 생긴 피조물의 생명이다. 그리스 신화에서는 에로스의 아내가 프쉬케다. 그런데 하나님의 마음을 표현하는데 프쉬케(ψυχή)가 쓰였다는 것은 놀라운 일이다. 하나님의 범접할 수 없는 초월성을 강조하는 유대 신학자들이 왜 이 단어를 끌어왔는지 궁금하다. 아마도 하나님 아버지와 아들이신 그리스도 사이의 친밀한 인격적 관계를 묘사하는 것이 아닌가 생각된다.

'내가 그의 위에 나의 영을 둘 것이다'라는 말은 메시아가 와서 성령 운동을 펼칠 것에 대한 예언이며, '민족들에게 심판을 알릴 것이다'라는 말은 메시아의 나라는 종말론적 심판의 나라임을 예고하는 말씀이다.

이 본문은 자신을 파멸시키려는 바리새인들과 논쟁하거나 거리에서 고함치며 싸우지 않고 지혜롭게 피해 가는 예수님의 온유한 성품을 묘사하는 것 같다. 아직 그의 때가 오지 않았기 때문이다. 그는 상한 갈대를 꺾지 않고 꺼져가는 심지도 끄지 않는 자비와 긍휼의 하나님이다. 그리고 그는 세상 끝날 심판하여 승리할 때까지 작은 자들과 연약한 자들의 하나님 곧 민중의 하나님으로 자신을 계시할 것이다. 그리고 모든 민족이 그의 이름에 희망을 거는 구원의 상징이 될 것인데, 그는 온유와 겸손의 아들이다.

성령과 율법

마태복음 12:22-32

12:22

Τότε προσηνέχθη αὐτῷ δαιμονιζόμενος τυφλὸς καὶ κωφός, καὶ ἐθε
ράπευσεν αὐτόν, ὥστε τὸν κωφὸν λαλεῖν καὶ βλέπειν.

그때 귀신 들려 시각과 언어장애인이 된 사람이 그에게 이끌려 왔다. 그리
고 그는 그를 고쳐주었다. 그래서 언어장애인이 이야기하고 보게 되었다.

12:23

καὶ ἐξίσταντο πάντες οἱ ὄχλοι καὶ ἔλεγον· μήτι οὗτός ἐστιν ὁ υἱὸς
Δαυίδ;

그러자 모든 군중이 무아지경에 빠져 말하고 있었다. 이 사람이 다윗의
자손 아닐까?

12:24

οἱ δὲ Φαρισαῖοι ἀκούσαντες εἶπον· οὗτος οὐκ ἐκβάλλει τὰ δαιμόνι
α εἰ μὴ ἐν τῷ Βεελζεβοὺλ ἄρχοντι τῶν δαιμονίων.

그런데 바리새인들이 듣고서 말했다. 이 사람은 단지 귀신들의 왕초인
베엘제불의 힘으로 귀신들을 좇아낼 뿐이다.

12:25

Εἰδὼς δὲ τὰς ἐνθυμήσεις αὐτῶν εἶπεν αὐτοῖς· πᾶσα βασιλεία μερισ

-θεῖσα καθ᾽ ἑαυτῆς ἐρημοῦται καὶ πᾶσα πόλις ἢ οἰκία μερισθεῖσα καθ᾽

ἑαυτῆς οὐ σταθήσεται.

그러자 그가 그들의 생각을 알고 그들에게 말했다. 스스로 분열된 모든
나라는 황폐해질 것이고 그리고 스스로 분열된 모든 도시나 집은 설 수
없을 것이다.

12:26

καὶ εἰ ὁ σατανᾶς τὸν σατανᾶν ἐκβάλλει, ἐφ᾽ ἑαυτὸν ἐμερίσθη· πῶς

οὖν σταθήσεται ἡ βασιλεία αὐτοῦ;

그리고 만약 사탄이 사탄을 쫓아내고 있다면, 그는 스스로 분열된 것이다.
그러므로 그의 나라가 어떻게 설 수 있겠느냐?

12:27

καὶ εἰ ἐγὼ ἐν Βεελζεβοὺλ ἐκβάλλω τὰ δαιμόνια, οἱ υἱοὶ ὑμῶν ἐν

τίνι ἐκβάλλουσιν; διὰ τοῦτο αὐτοὶ κριταὶ ἔσονται ὑμῶν.

그리고 만약 내가 베엘제불의 힘으로 귀신들을 쫓아내고 있다면, 너희의
아들들은 누구의 힘으로 쫓아내고 있느냐? 이러므로 그들이 너희의 재판
관들이 될 것이다.

12:28

εἰ δὲ ἐν πνεύματι θεοῦ ἐγὼ ἐκβάλλω τὰ δαιμόνια, ἄρα ἔφθασεν ἐφ᾽

ὑμᾶς ἡ βασιλεία τοῦ θεοῦ.

그런데 만약 내가 하나님의 영으로 귀신들을 쫓아내고 있다면, 진정 하나님의 나라는 너희 위에 이미 다가와 있는 것이다.

12:29

ἢ πῶς δύναταί τις εἰσελθεῖν εἰς τὴν οἰκίαν τοῦ ἰσχυροῦ καὶ τὰ σκεύη αὐτοῦ ἁρπάσαι, ἐὰν μὴ πρῶτον δήσῃ τὸν ἰσχυρόν; καὶ τότε τὴν οἰκίαν αὐτοῦ διαρπάσει.

혹 만약 먼저 힘센 자를 묶지 않으면, 어떻게 누가 그 힘센 자의 집에 들어가 그의 가구들을 빼앗을 수 있겠느냐? 그리고 그때 그의 집을 약탈할 것이다.

12:30

ὁ μὴ ὢν μετ᾽ ἐμοῦ κατ᾽ ἐμοῦ ἐστιν, καὶ ὁ μὴ συνάγων μετ᾽ ἐμοῦ σκορπίζει.

나와 함께 있지 않는 자는 나를 대적하는 자다. 그리고 나와 함께 모으지 않는 자는 흩어버리는 자다.

12:31

Διὰ τοῦτο λέγω ὑμῖν, πᾶσα ἁμαρτία καὶ βλασφημία ἀφεθήσεται τοῖς ἀνθρώποις, ἡ δὲ τοῦ πνεύματος βλασφημία οὐκ ἀφεθήσεται.

이러므로 내가 너희에게 말한다. 모든 죄와 비방은 사람들에게 용서될 것이다. 그러나 성령에 대한 비방은 용서받지 못할 것이다.

12:32

καὶ ὃς ἐὰν εἴπῃ λόγον κατὰ τοῦ υἱοῦ τοῦ ἀνθρώπου, ἀφεθήσεται
αὐτῷ· ὃς δ᾽ ἂν εἴπῃ κατὰ τοῦ πνεύματος τοῦ ἁγίου, οὐκ ἀφεθήσεται
αὐτῷ οὔτε ἐν τούτῳ τῷ αἰῶνι οὔτε ἐν τῷ μέλλοντι.

그리고 만약 누구든지 사람의 아들을 대적하는 말을 하면, 그것은 그에게
용서될 것이다. 그러나 누구든지 만약 성령을 대적하여 말하면, 그것은
이 시대(현세)에서나 오는 시대(내세)에서나 그에게 용서되지 못할 것이다.

정치적 충돌을 피하여 물러나 다시 민중선교에 열중하고 있는 예수
에게 바리새인들이 찾아와 공격을 개시한다. 갈릴리 어디를 가든지 바
리새인들이 기다리고 있다. 그들의 공격은 한층 더 거칠고 노골적이다.
처음에는 제자들의 행동에 대해 시비를 걸었다. 그다음에는 회당에서
예수와 안식일 논쟁을 벌였다. 이번에는 예수를 사탄의 힘으로 귀신들
을 쫓아내는 이단으로 몰아가고 있다. 대단히 위험한 사인(σημεῖον, 세메
이온, 신호)이다. 이것은 예수의 죽음이 가까이 다가오고 있다는 징조다.
예수는 이들의 도전을 회피하지 않고 반격한다. 그것이 신학 논쟁
이기 때문이다. 예수는 신학 논쟁에 대해서는 항상 피하지 않고 반드시
반격한다. 그러나 예수는 그들의 인격 모독성의 공격에 대해 흥분하거
나, 욕을 하거나, 저주하거나, 고함을 지르며 싸우지 않는다. 그는 그들
을 인격적으로 대해준다. 그리고 그들의 주장 그 자체에 논리적 모순이
있음을 차분히 드러낸다. 그리하여 그들을 자기모순에 빠져있는 어리
석은 자들로 만든다. 고린도 전서 12장에는 성령의 아홉 가지 은사 중에
첫째로 지혜의 말씀이 나온다. 지혜의 말씀은 지혜의 로고스(λογος σοφι

ας, 로고스 소피아스)다. 로고스(λόγος)는 논리적이고 이성적이다. 믿음은 로고스(말씀) 위에 세워진다. 믿음은 우격다짐이 아니라, 논리적 설득의 과정을 거쳐 하나님의 은혜 앞에 굴복하는 인간의 능동적이고 주체적인 결단의 행위다.

예수는 논쟁할 때 흥분하는 일이 없다. 예수의 논쟁은 언제나 논리적이고, 인격적이고, 신사적이다. 그는 언제나 차분하고 논리적으로 적들의 공격을 물리친다. 그리고 이것은 예수의 적들을 더욱더 열 받치게 만들고, 예수에 대한 열등의식과 적개심을 불러일으킨다. 그러므로 신학을 공부하는 사람은 반드시 철학을 배워야 한다. 그래서 논리적 사고와 토론과 설득의 훈련을 받아야 한다. 그리고 또한 문학성이 있는 언어전달 기술을 습득해야 한다. 왜냐하면 예수의 설교와 가르침은 탁월한 문학성을 가지고 있기 때문이다.

오늘 본문은 예수를 향한 바리새인들의 공격이 노골적이고 거칠어지고 있음을 보여준다. 그들의 공격은 이미 전략적인 단계에 접어들고 있다. 그들은 예수를 반드시 파멸시켜야 할 유대교의 적으로 규정하고 동맹세력들을 규합한다. 거기에는 로마제국, 헤롯당, 사두개파, 젤롯당, 세례 요한파, 심지어 예수의 친족들까지 끌어들인다. 예수의 재판 때 예수를 이단의 괴수로 판결을 내린 것은 사두개파의 우두머리인 대제사장이었다. 빌라도 총독에게 예수 대신 젤롯당 두목인 바라바의 석방을 요구하거나, 예수의 친족들이 예수가 미쳤다는 소문을 듣고 예수를 잡으러 다니는 이야기나, 세례 요한이 자기의 제자들을 보내 예수의 메시아성을 부인하고 지지를 철회하는 이런 일들은 전부 바리새인들이 뒤에서 꾸며낸 정치 공작의 결과들이다.

바리새인들은 정치 공작을 통해 예수를 물리적 힘으로 제거하는

데 성공하지만, 그들은 결코 말로는 예수를 이기지 못한다. 왜냐하면 예수는 태초부터 계시는 영원한 로고스이기 때문이다. 오늘의 신학 논쟁의 주제는 성령론이다. 바리새인들은 예수의 일들이 사탄이 배후에서 조종한다고 믿고 있다. 그들은 나사렛 예수를 반드시 제거되어야 할 이단의 괴수로 생각하고 있다. 그들은 자기들의 하나님이 육체를 입고 자기들 앞에 와 있는 것을 모른다. 그들이 자기들의 하나님을 알아보지 못하는 것은 그들에게 알아보는 눈이 없었기 때문인데, 그 눈이 바로 성령이다.

그들이 신뢰하는 토대는 모세의 율법이다. 율법은 그들을 향하여 오시는 하나님의 길을 준비하는 하인이요 종이다. 율법은 하나님이 오시면 영광의 자리에서 내려와 엎드려 경배해야 한다. 그러나 율법의 지배로 권력을 누리던 자들은 순순히 자기들의 권력을 포기하지 않고 저항한다. 이렇게 되면 율법의 일꾼들은 사탄의 하수인이 되는 것이다.

오늘 본문은 성령과 율법, 실체와 그림자의 대결이다.

나무와 열매

마태복음 12:33-37

12:33

Ἢ ποιήσατε τὸ δένδρον καλὸν καὶ τὸν καρπὸν αὐτοῦ καλόν, ἢ ποιή
σατε τὸ δένδρον σαπρὸν καὶ τὸν καρπὸν αὐτοῦ σαπρόν· ἐκ γὰρ τοῦ
καρποῦ τὸ δένδρον γινώσκεται.

혹 나무가 아름답고 그의 열매도 아름답다고 하든지, 혹 나무가 썩었고
그의 열매도 썩었다고 하라. 왜냐하면 열매로 나무는 알려지기 때문이다.

12:34

γεννήματα ἐχιδνῶν, πῶς δύνασθε ἀγαθὰ λαλεῖν πονηροὶ ὄντες; ἐκ
γὰρ τοῦ περισσεύματος τῆς καρδίας τὸ στόμα λαλεῖ.

독사들의 새끼들아, 너희가 악하면서 어떻게 착한 것들을 말할 수 있겠느
냐? 왜냐하면 마음의 가득 찬 것으로부터 그 입이 이야기하기 때문이다.

12:35

ὁ ἀγαθὸς ἄνθρωπος ἐκ τοῦ ἀγαθοῦ θησαυροῦ ἐκβάλλει ἀγαθά, καὶ
ὁ πονηρὸς ἄνθρωπος ἐκ τοῦ πονηροῦ θησαυροῦ ἐκβάλλει πονηρά.

착한 사람은 착한 비축품에서 착한 것들을 내던진다. 그리고 악한 사람은

악한 비축품에서 악한 것들을 내던진다.

12:36

λέγω δὲ ὑμῖν ὅτι πᾶν ῥῆμα ἀργὸν ὃ λαλήσουσιν οἱ ἄνθρωποι ἀπο-
δώσουσιν περὶ αὐτοῦ λόγον ἐν ἡμέρᾳ κρίσεως·

그런데 나는 너희에게 말하건대, 사람들이 이야기하는 모든 쓸데없는 말
은 심판의 날에 그것에 대해 근거를 제출해야 할 것이다.

12:37

ἐκ γὰρ τῶν λόγων σου δικαιωθήσῃ, καὶ ἐκ τῶν λόγων σου καταδικα-
σθήσῃ.

왜냐하면 너의 말들로 네가 의롭다함을 받고, 너의 말들로 네가 정죄를
받을 것이기 때문이다.

사람의 마음속에 비축되어 있는 것은 영이다. 그리고 이것이 마음
에 가득 채워질 때 입을 통해 나가는 것이 말이다. 그러므로 영과 말은
존재의 형태만 다를 뿐이지 본질은 같은 것이다. 사람은 말을 통해 그
사람 속에 들어있는 영의 실체를 알 수 있다. 바리새인들은 성령을 통하
여 하나님 나라를 가지고 온 예수에 대하여 악한 말로 비방하고 성령을
모독한다. 그것은 그들 속에 성령을 거역하고 대적하는 악한 영들이
가득 차 있었기 때문이다.

예수는 바리새인들을 독사들의 새끼들이라고 저주의 말을 퍼붓는
다. 그것은 그들의 마음속에 뱀들이 우글거리고 있다는 뜻인데, 이 뱀들

은 마귀 사탄이 가져다 주는 악한 생각들이다. 바리새인들은 예수를 사탄의 하수인으로 프레임을 씌워 일방적인 공격을 퍼붓다가 예수로부터 강력한 카운터 펀치를 얻어맞는다. 그들은 비천한 계급 출신의 제자들을 데리고 다니는 목수 출신의 예수를 우습게 보고 생각 없이 밀고 들어가다가 역습을 당한 것이다. 그들은 자신들이 상대하는 적의 실체를 모르고 있다. 그들이 파멸시키려는 적은 지혜와 능력의 영으로 충만한 만물의 왕이었던 것이다. 그들은 온유하고 겸손한 예수의 입에서 독사의 새끼들이라는 험악한 욕설을 들을 것이라고는 상상도 못 했을 것이다.

이 세상에서 가장 무서운 것은 어린 양의 분노다. 예수는 마음속에 쌓여 있는 것과 입으로 나오는 것, 영과 말의 관계를 통해 인간의 내적 본질과 언어 현상의 동질성을 이야기하고 있다. 그러므로 인간은 결국 자기가 입으로 뱉어낸 그 말들이 하나님의 심판대 앞에서 부정할 수 없는 객관적 근거 자료로 제출될 것이다. 그리고 그것은 겉으로 드러나지 않는 숨겨진 인간 존재의 실체를 드러내는 명확한 증거가 될 것이다.

악하고 음란한 세대

마태복음 12:38-42

12:38

Τότε ἀπεκρίθησαν αὐτῷ τινες τῶν γραμματέων καὶ Φαρισαίων λέγοντες· διδάσκαλε, θέλομεν ἀπὸ σοῦ σημεῖον ἰδεῖν.

그때 서기관들과 바리새인들 중의 어떤 사람들이 예수에게 반박하며 말했다. 선생이여, 우리는 당신으로부터 표적을 보기를 원한다.

12:39

ὁ δὲ ἀποκριθεὶς εἶπεν αὐτοῖς· γενεὰ πονηρὰ καὶ μοιχαλὶς σημεῖον ἐπιζητεῖ, καὶ σημεῖον οὐ δοθήσεται αὐτῇ εἰ μὴ τὸ σημεῖον Ἰωνᾶ τοῦ προφήτου.

그러자 그가 그들에게 반박하며 말하기를, 악하고 음란한 세대가 표적을 열심히 찾는다. 그러나 그에게는 선지자 요나의 표적 외에는 주어지지 않을 것이다.

12:40

ὥσπερ γὰρ ἦν Ἰωνᾶς ἐν τῇ κοιλίᾳ τοῦ κήτους τρεῖς ἡμέρας καὶ τρεῖς νύκτας, οὕτως ἔσται ὁ υἱὸς τοῦ ἀνθρώπου ἐν τῇ καρδίᾳ τῆς γῆς τρεῖς ἡμέρας καὶ τρεῖς νύκτας.

왜냐하면 요나가 3일 낮과 3일 밤을 바다 괴물의 배 속에 있었던 것과 같이, 이처럼 사람의 아들은 3일 낮과 3일 밤 동안 땅속에 있을 것이다.

12:41

Ἄνδρες Νινευῖται ἀναστήσονται ἐν τῇ κρίσει μετὰ τῆς γενεᾶς ταύ-
της καὶ κατακρινοῦσιν αὐτήν, ὅτι μετενόησαν εἰς τὸ κήρυγμα Ἰωνᾶ,
καὶ ἰδοὺ πλεῖον Ἰωνᾶ ὧδε.

니느웨 사람들이 심판 때 이 세대와 함께 일어나서 그것을(이 세대를) 정죄할 것이다. 왜냐하면 그들은 요나의 케뤼그마(설교)를 향하여 돌아섰기 때문이다. 그리고 보라! 여기에 요나보다 큰 자가 있다.

12:42

βασίλισσα νότου ἐγερθήσεται ἐν τῇ κρίσει μετὰ τῆς γενεᾶς ταύτης
καὶ κατακρινεῖ αὐτήν, ὅτι ἦλθεν ἐκ τῶν περάτων τῆς γῆς ἀκοῦσαι τὴν
σοφίαν Σολομῶνος, καὶ ἰδοὺ πλεῖον Σολομῶνος ὧδε.

심판 때에 남방의 여왕이 이 세대와 함께 일어나서 그것을(이 세대를) 심판할 것이다. 왜냐하면 그녀는 솔로몬의 지혜를 듣기 위하여 땅끝에서 왔기 때문이다. 그리고 보라! 솔로몬보다 더 큰 자가 여기에 있도다!

이 말씀은 지혜의 근본으로서의 예수의 자기 증언이다. 요나보다 더 큰 자라는 것은 예수가 하나님의 말씀 그 자체라는 예수의 자기 증언이다. 이렇게 예수는 영원한 말씀으로, 지혜의 왕으로 자신의 위대성을 자기 백성에게 계시했으나, 그들은 자기들의 하나님을 알아보지 못한다. 그것은 그들이 하나님 대신에 다른 것들을 사랑하고 있었기 때문이다.

예수는 그 세대를 악하고 음란한 세대라고 심판한다. 그것은 그 시대의 유대 민중이 예수가 가지고 온 하나님 나라의 은혜의 복음을 향하여 돌아서지 않고, 율법의 지배 아래 이대로가 좋사오니 하고 그대로 머물러 있었기 때문이다. 유대 민중이 예수에게 환호하고 따라다니는 것은 예수를 통해 일어나는 기적을 볼 때마다 그들이 황홀경에 빠져드는 그 맛을 즐길 수 있었기 때문이다. 그것은 마치 마약 중독 같은 것이다.

마약 중에 엑스터시라는 것이 있다. 엑스터시는 헬라어 에크스타시스(εκστασις)인데, 이것은 엑시스테미(εξιστημι, 밖에 서있다, 정신이 나가다, 미치다)라는 동사에서 파생된 단어다. 에크스타시스는 황홀경, 무아지경, 혼이 나간 상태를 뜻한다. 그 시대 유대 민중이 예수를 열심히 따라다닌 것은 예수 안에 있는 하나님 나라를 받아들여서가 아니라, 예수가 일으키는 기적을 보고 뿅 갔기 때문이다.

그들은 뿅 맞는 기분으로 예수의 기적을 즐겼다. 그것은 예수를 통해 계시되는 하나님 나라를 구경거리로 삼거나 아름다운 여인의 몸매를 감상하는 것과 같은 눈요깃감으로 생각했다는 것이다. 이런 사람들에게 계시의 사건은 개 앞의 거룩한 것이요, 돼지 앞의 진주일 뿐이다. 그런 점에서 보면, 천국 복음을 받아들이고 하나님의 은혜로 돌아서지 않았다는 점에서 보면 바리새인들이나 유대 민중이나 똑같다. 다만, 바리새인들이 적개심과 악의를 품고 예수를 공격했다면, 유대 민중은 생각 없이 우르르 몰려다니고 있다는 것이 그 차이다. 결국 유대 민중도 때가 되면 나사렛 예수를 버리고 젤롯당 두목인 바라바를 선택한다. 이리하여 예수는 자기 백성에게 버림받는다.

서기관들과 바리새인들이 예수에게 또다시 표적을 요구하며 예수를 선생이여(디다스칼레, Διδασκλε)라고 부르는 것은 예수에 대한 존경심의 표현이 아니라, 예수를 희롱하며 기적을 만드는 장난감 취급하는 말이다. 예수는 그런 개, 돼지 같은 자들에게 표적을 주지 않겠다고 거절하며 요나 이야기를 한다. 요나가 바다 괴물의 배 속에 3주야를 보내다가 밖으로 나온 것처럼, 예수도 죽음이라는 괴물의 배 속에 3일 동안 있다가 부활하게 될 것을 예언한다. 그리고 그것이 그가 오시기로 약속된 메시아의 표적이라고 한다.

선지자 요나의 시대에 이스라엘 민족의 원수인 니느웨 사람들은 요나의 설교를 듣고 베옷을 입고 금식하며 요나가 선포한 말씀을 향하여 돌아섰다. 그러나 하나님의 본 백성인 이스라엘은 하나님의 아들이 가지고 온 하나님의 은혜와 평화의 소식을 거부한다. 그리하여 이제 천국은 이스라엘 민족이 아니라 이방인들의 차지가 된다. 오히려 심판 날에는 유대인들이 이방인들에게 심판을 받게 된다. 남방의 여왕은 솔로몬의 지혜에 대한 소문을 듣고 그 먼 곳에서 보물을 잔뜩 싣고 예루살렘을 방문하여 솔로몬의 얼굴을 보며 그의 입에서 나오는 지혜의 말을 직접 확인했다. 유대 민족은 자기들 앞에 지혜와 능력의 왕인 그리스도가 와 있어도 알아보지도 못하고 알아듣지도 못하고 하나님께 돌아오지도 않았다. 그들은 천국의 기름진 축복을 이방인들에게 모두 빼앗기고, 에서처럼 광야의 거친 삶으로 내쫓긴다.

귀신의 소굴
마태복음 12:43-45

12:43

Ὅταν δὲ τὸ ἀκάθαρτον πνεῦμα ἐξέλθῃ ἀπὸ τοῦ ἀνθρώπου, διέρχεται διʼ ἀνύδρων τόπων ζητοῦν ἀνάπαυσιν καὶ οὐχ εὑρίσκει.

그런데 더러운 영이 사람에게서 나왔을 때, 안식처를 찾아 물 없는 장소들을 두루 돌아다니지만 발견하지 못한다.

12:44

τότε λέγει· εἰς τὸν οἶκόν μου ἐπιστρέψω ὅθεν ἐξῆλθον· καὶ ἐλθὸν εὑρίσκει σχολάζοντα σεσαρωμένον καὶ κεκοσμημένον.

그때 그가 말한다. 내가 나왔던 나의 집으로 내가 돌아가리라. 그리고 그가 와서 한가하며 깨끗하게 청소되어 있고 정돈되어 있는 것을 발견한다.

12:45

τότε πορεύεται καὶ παραλαμβάνει μεθʼ ἑαυτοῦ ἑπτὰ ἕτερα πνεύματα πονηρότερα ἑαυτοῦ καὶ εἰσελθόντα κατοικεῖ ἐκεῖ· καὶ γίνεται τὰ ἔσχα-τα τοῦ ἀνθρώπου ἐκείνου χείρονα τῶν πρώτων. οὕτως ἔσται καὶ τῇ γενεᾷ ταύτῃ τῇ πονηρᾷ.

그때 그가 가서 자기 자신과 함께 자신보다 더 악한 다른 일곱 영을 데리고 들어와서 거기에 자리를 잡는다. 그리고 저 사람의 마지막 것들이 처음보다 더 험악해진다. 이 악한 세대에게도 그와 같이 될 것이다.

나사렛 예수는 갈릴리에 와서 유대 민중 속에 자리 잡고 있는 귀신들을 쫓아낸다. 그러나 유대 민중은 예수가 가져온 하나님 나라를 받아들이지 않고, 계속 유대교의 율법 질서 아래 남아 있는다. 그 결과 유대 민중의 영적 상태는 더 험악해진다. 성령을 모시지 않았기 때문이다.

옛말에 '빈집에 우환'이란 말이 있다. 사람이 살던 집이 비어 있게 되면 도둑이나 짐승의 소굴이 되거나, 흉악한 일들이 벌어지는 범죄의 현장이 된다. 마찬가지로 예수가 와서 깨끗하게 청소해 주고 반듯하게 정돈해 놓은 집이 성령을 주인으로 모시지 않게 되자, 그 집은 더 악하고 더러운 귀신들의 소굴이 된다.

실제로 유대 민족의 역사적 삶은 예수의 예언대로 되었다. 유대 민족이 예수의 복음을 거부하고 성령을 모시지 않게 되자, 유대 민족의 영적 상태는 더럽고 악한 영들에 의해 지배를 받게 된다. 그 결과 유대민족의 삶은 황폐해져 간다. 지금도 온갖 종류의 신비주의, 영지주의 계열의 철학 사상들이 유대인들에게서 생겨나고 있다. 진리의 영을 모시지 않으면 인간은 반드시 악한 거짓 영들의 거처가 된다. 왜냐하면 인간의 몸과 마음은 본래 하나님의 성령이 거하시는 성전이기 때문이다.

어머니와 형제들

마태복음 12:46-50

12:46

Ἔτι αὐτοῦ λαλοῦντος τοῖς ὄχλοις ἰδοὺ ἡ μήτηρ καὶ οἱ ἀδελφοὶ αὐτοῦ εἱστήκεισαν ἔξω ζητοῦντες αὐτῷ λαλῆσαι.

아직 그가 군중에게 이야기하고 있을 때, 보라! 그의 어머니와 형제들이 그와 이야기하는 방법을 찾기 위하여 밖에 서 있었다.

12:47

εἶπεν δέ τις αὐτῷ· ἰδοὺ ἡ μήτηρ σου καὶ οἱ ἀδελφοί σου ἔξω ἑστήκασιν ζητοῦντές σοι λαλῆσαι.

그런데 어떤 사람이 그에게 말했다. 보라! 당신의 어머니와 당신의 형제들이 당신에게 이야기하려고 밖에 서 있다.

12:48

ὁ δὲ ἀποκριθεὶς εἶπεν τῷ λέγοντι αὐτῷ· τίς ἐστιν ἡ μήτηρ μου καὶ τίνες εἰσὶν οἱ ἀδελφοί μου;

그러자 그가 자기에게 말하고 있는 사람에게 반박하며 말했다. 누가 나의 어머니이고 누가 나의 형제들이냐?

12:49

καὶ ἐκτείνας τὴν χεῖρα αὐτοῦ ἐπὶ τοὺς μαθητὰς αὐτοῦ εἶπεν· ἰδοὺ ἡ μήτηρ μου καὶ οἱ ἀδελφοί μου.

그리고 자기의 제자들에게 자기의 손을 뻗으며 말했다. 보라! 나의 어머니요 나의 형제들이로다.

12:50

ὅστις γὰρ ἂν ποιήσῃ τὸ θέλημα τοῦ πατρός μου τοῦ ἐν οὐρανοῖς αὐτός μου ἀδελφὸς καὶ ἀδελφὴ καὶ μήτηρ ἐστίν.

왜냐하면 진정 누구든지 하늘에 계시는 나의 아버지의 뜻을 행하는 그가 나의 형제요 자매요 어머니이기 때문이다.

오늘 본문 말씀에는 '밖(ἔξω, 엑소)에'라는 단어가 두 번 나온다. 예수의 어머니와 형제들은 예수의 무리 밖(엑소)에 있다. 그들은 예수의 제자들뿐 아니라 군중 속에도 들어와 있지 않다. 그들은 하나님 나라 운동 세력의 밖(엑소)에 있는 외부인들이다. 그들이 예수의 하나님 나라 운동 세력 밖(엑소)에 있는 것 자체가 예수 운동을 거스르는 행동이다.

예수는 이렇게 말했다. 나와 함께 하지 않는 자는 나를 대적하는 자이며, 나와 함께 모으지 않는 자는 흩어버리는 자다. 예수의 어머니와 형제들은 예수 운동을 거스르는 자들이요, 예수의 무리를 흩어버리는 자들로 존재하고 있다. 그들이 예수에게 나타난 것은 예수의 활동을 저지하거나 방해하기 위해서다.

그들이 이런 행동을 하는 이유는 무엇일까? 예수의 어머니와 형제들은 유대인들이다. 그들은 유대인 공동체에 속해 있다. 그 시대에 유대인 공동체의 지도자는 랍비들이다. 이 랍비들의 대부분은 바리새인들이다. 그들은 안식일마다 유대교 회당에서 예배를 드리고, 랍비의 강론을 듣는다. 지금도 유대교 회당에는 랍비들이 있는데 이들은 바리새인들의 후예들이다. 바리새인들은 나사렛 예수의 하나님 나라 운동을 예의 주시하고 감시하며 검토한 결과 예수를 유대교의 적으로 판정한다. 그들에게 예수는 반드시 제거되어야 할 이단이다. 그들은 예수를 파멸시키기 위해 모든 조직력을 동원하여 예수를 비방하고, 예수를 정치적으로 고립시킨다. 그들은 심지어 자신들의 정치적 경쟁 세력들과도 전략적 동맹을 맺어 예수를 파멸시키기 위해 혈안이 되어 있다. 바리새인들이 회당에서 강론할 때마다 나사렛 예수의 하나님 나라 운동의 위험성을 공격할 것은 불을 보듯 뻔한 일이다. 예수의 어머니와 형제들은 유대인 사회에 사는 한 바리새인들의 영향력을 피할 수 없다. 이들이 예수 운동에 대해 방관자 혹은 훼방자가 된 것은 알게 모르게 바리새인들의 입김이 작용한 것이다.

예수는 이에 대해 혈육의 정을 끊고 냉정하게 대응한다. 하늘에 계시는 나의 아버지 뜻을 행하지 않는 사람은 내 어머니도 아니고, 내 형제자매도 아니다. 그러면 하늘에 계시는 아버지의 뜻은 무엇인가? 그것은 나사렛 예수를 하나님 아버지께서 보내신 하나님의 아들로 믿고 영접하는 것이다. 그런데 이것은 혈육의 정으로 되는 것이 아니다. 그것은 말씀과 성령으로 다시 새롭게 태어나야 하는 일이다. 영은 영이고 살은 살이다. 그리고 살은 하나님 나라를 상속받지 못한다. 누구도 말씀과 성령으로 새롭게 태어나지 않으면 예수의 어머니와 형제들처럼 행동할 수밖에 없다. 그것이 바로 영적 세계의 비정한 현실이다.

인간의 주체성과 책임

마태복음 13:1-9

13:1

Ἐν τῇ ἡμέρᾳ ἐκείνῃ ἐξελθὼν ὁ Ἰησοῦς τῆς οἰκίας ἐκάθητο παρὰ τὴν θάλασσαν·

저 날에 예수가 집에서 나가 바닷가에 앉아 있었다.

13:2

καὶ συνήχθησαν πρὸς αὐτὸν ὄχλοι πολλοί, ὥστε αὐτὸν εἰς πλοῖον ἐμβάντα καθῆσθαι, καὶ πᾶς ὁ ὄχλος ἐπὶ τὸν αἰγιαλὸν εἱστήκει.

그리고 많은 군중이 그를 향하여 모여들었다. 그리하여 그는 배 안에 들어가 앉아 있게 되었고, 모든 군중은 해변에 서 있었다.

13:3

Καὶ ἐλάλησεν αὐτοῖς πολλὰ ἐν παραβολαῖς λέγων· ἰδοὺ ἐξῆλθεν ὁ σπείρων τοῦ σπείρειν.

그리고 그는 그들에게 비유로 많은 것을 이야기하며 말했다. 보라! 씨 뿌리는 사람이 씨를 뿌리러 나갔다.

13:4

καὶ ἐν τῷ σπείρειν αὐτὸν ἃ μὲν ἔπεσεν παρὰ τὴν ὁδόν, καὶ ἐλθόντα τὰ πετεινὰ κατέφαγεν αὐτά.

그리고 그가 씨를 뿌리는 중에 어떤 것들은 길가에 떨어졌다. 그리고 새들이 와서 그것들을 삼켜버렸다.

13:5

ἄλλα δὲ ἔπεσεν ἐπὶ τὰ πετρώδη ὅπου οὐκ εἶχεν γῆν πολλήν, καὶ εὐθέως ἐξανέτειλεν διὰ τὸ μὴ ἔχειν βάθος γῆς·

그런데 다른 것들은 많은 흙을 갖지 않은 돌밭에 떨어졌다. 그리고 그것은 흙의 깊이를 갖지 않았기 때문에 즉시 돋아났다.

13:6

ἡλίου δὲ ἀνατείλαντος ἐκαυματίσθη καὶ διὰ τὸ μὴ ἔχειν ῥίζαν ἐξηρ άνθη.

그런데 해가 솟아오르자 그것이 태워졌고 뿌리를 갖지 못했기 때문에 말라버렸다.

13:7

ἄλλα δὲ ἔπεσεν ἐπὶ τὰς ἀκάνθας, καὶ ἀνέβησαν αἱ ἄκανθαι καὶ ἔπνιξ αν αὐτά.

그런데 다른 것들은 가시나무에 떨어졌다. 그리고 가시나무들이 올라와서 그것들을 질식시켰다.

13:8

ἄλλα δὲ ἔπεσεν ἐπὶ τὴν γῆν τὴν καλὴν καὶ ἐδίδου καρπόν, ὃ μὲν ἑκατόν, ὃ δὲ ἑξήκοντα, ὃ δὲ τριάκοντα.

그런데 다른 것들은 좋은 땅에 떨어졌다. 그리고 그것은 열매를 주고 있었다. 어떤 것은 100을, 그런데 어떤 것은 60을, 그런데 어떤 것은 30을.

13:9

ὁ ἔχων ὦτα ἀκουέτω.

귀를 가지고 있는 자는 들으라.

씨는 땅의 조건에 따라 다른 결과를 가져온다. 땅은 사람의 마음이다. 이는 하나님 말씀에 대한 인간의 주체성을 말한다. 인간에게 주체성이 있기 때문에 인간은 하나님의 심판의 대상이 된다. 하나님의 말씀을 믿음으로 받아 풍성한 열매를 맺으려면, 길바닥 같은 마음을 갈아엎고, 마음속의 돌멩이들을 제거하고, 가시덤불을 불태워서 보들보들한 땅으로 만들어야 한다. 그것은 완전히 인간의 의지적 결단과 선택의 몫이다.

천국의 비밀

마태복음 13:10-17

13:10

Καὶ προσελθόντες οἱ μαθηταὶ εἶπαν αὐτῷ· διὰ τί ἐν παραβολαῖς λαλεῖς αὐτοῖς;

그리고 제자들이 다가와 그에게 말했다. 무엇 때문에 그들에게는 비유들로 이야기합니까?

13:11

ὁ δὲ ἀποκριθεὶς εἶπεν αὐτοῖς· ὅτι ὑμῖν δέδοται γνῶναι τὰ μυστήρια τῆς βασιλείας τῶν οὐρανῶν, ἐκείνοις δὲ οὐ δέδοται.

그러자 그가 그들에게 대답하며 말했다. 그것은 하늘들의 나라의 비밀들을 아는 것이 너희에게는 주어졌지만, 저들에게는 주어지지 않았기 때문이다.

13:12

ὅστις γὰρ ἔχει, δοθήσεται αὐτῷ καὶ περισσευθήσεται· ὅστις δὲ οὐκ ἔχει, καὶ ὃ ἔχει ἀρθήσεται ἀπ᾽ αὐτοῦ.

왜냐하면 누구든지 가진 자에게는 주어질 것이다. 그리고 그는 넘치게 될 것이다. 그러나 없는 자는 그가 가지고 있는 것도 그에게서 빼앗길 것이다.

13:13

διὰ τοῦτο ἐν παραβολαῖς αὐτοῖς λαλῶ, ὅτι βλέποντες οὐ βλέπουσιν
καὶ ἀκούοντες οὐκ ἀκούουσιν οὐδὲ συνίουσιν,

이 때문에 나는 그들에게 비유들로 이야기하는 것이니, 이는 그들이 보기
는 해도 보지 못하고 듣기는 해도 깨닫지 못하기 때문이다.

13:14

καὶ ἀναπληροῦται αὐτοῖς ἡ προφητεία Ἡσαΐου ἡ λέγουσα·
ἀκοῇ ἀκούσετε καὶ οὐ μὴ συνῆτε,
καὶ βλέποντες βλέψετε καὶ οὐ μὴ ἴδητε.

그리고 이사야가 말한 예언이 그들에게 성취되기 위함이니,
너희는 귀로 들어도 깨닫지 못하고,
보기는 보지만 보지 못한다.

13:15

ἐπαχύνθη γὰρ ἡ καρδία τοῦ λαοῦ τούτου,
καὶ τοῖς ὠσὶν βαρέως ἤκουσαν
καὶ τοὺς ὀφθαλμοὺς αὐτῶν ἐκάμμυσαν,
μήποτε ἴδωσιν τοῖς ὀφθαλμοῖς
καὶ τοῖς ὠσὶν ἀκούσωσιν
καὶ τῇ καρδίᾳ συνῶσιν
καὶ ἐπιστρέψωσιν καὶ ἰάσομαι αὐτούς.

왜냐하면 이 백성의 마음은 두꺼워졌고,

귀로 무겁게 들었고

자기들의 눈들을 감았으니,

이는 그들이 눈으로 보지 않고 귀로 듣지 않고

마음으로 깨닫지 못하고

돌아와서 내가 그들을 고치지 못하게 하려 하기 때문이다.

13:16

ὑμῶν δὲ μακάριοι οἱ ὀφθαλμοὶ ὅτι βλέπουσιν καὶ τὰ ὦτα ὑμῶν ὅτι ἀκούουσιν.

그러나 너희의 눈들은 보고 있기 때문에 행복하다. 그리고 너희의 귀들은 듣고 있기 때문에 행복하다.

13:17

ἀμὴν γὰρ λέγω ὑμῖν ὅτι πολλοὶ προφῆται καὶ δίκαιοι ἐπεθύμησαν ἰδεῖν ἃ βλέπετε καὶ οὐκ εἶδαν, καὶ ἀκοῦσαι ἃ ἀκούετε καὶ οὐκ ἤκουσαν.

왜냐하면 내가 진실로 너희에게 말하건대, 많은 선지자들과 의인들이 너희가 보고 있는 것들을 보기를 갈망하였으나 보지 못했고, 너희가 듣고 있는 것들을 듣기를 갈망하였으나 듣지 못했기 때문이다.

예수가 유대 민중에게 비유로 이야기하는 이유는 그들의 마음이 하나님을 떠났기 때문이다. 이스라엘 백성과 하나님의 관계는 더 이상 인격적 사랑과 신뢰 관계가 아니다. 그들은 하나님의 얼굴을 보려고 하지 않고, 하나님의 말씀을 들으려고 하지 않고, 마음으로 깨달으려고 하지 않고, 하나님께 돌아와서 치료받으려 하지 않는다. 그들은 자기들의 하나님을 싫어하고 지긋지긋해한다. 그들은 다른 신을 섬기고 있다.

그래서 예수는 그들에게 천국의 비밀을 숨기려고 비유로 이야기하고 있다. 이 정도면 하나님과 이스라엘의 관계는 파탄 수준이다. 이로써 천국의 비밀은 이방인들을 향하게 된다. 제자들이 행복한 것은 예수의 얼굴을 보고 있고 예수의 음성을 듣고 있기 때문인데, 나사렛 예수는 선지자들과 의인들이 기다려 온 메시아요, 천국의 비밀인 하나님의 아들이다.

주체성의 철학

마태복음 13:18-23

13:18

Ὑμεῖς οὖν ἀκούσατε τὴν παραβολὴν τοῦ σπείραντος.

그러므로 너희는 씨 뿌리는 사람의 비유를 들으라.

13:19

παντὸς ἀκούοντος τὸν λόγον τῆς βασιλείας καὶ μὴ συνιέντος ἔρχεται ὁ πονηρὸς καὶ ἁρπάζει τὸ ἐσπαρμένον ἐν τῇ καρδίᾳ αὐτοῦ, οὗτός ἐστιν ὁ παρὰ τὴν ὁδὸν σπαρείς.

모든 사람이 그 나라의 말씀을 듣고서 깨닫지 못하면, 악한 자가 와서 그의 마음에 뿌려진 것을 빼앗는다. 이 사람은 길가에 뿌려진 사람이다.

13:20

ὁ δὲ ἐπὶ τὰ πετρώδη σπαρείς, οὗτός ἐστιν ὁ τὸν λόγον ἀκούων καὶ εὐθὺς μετὰ χαρᾶς λαμβάνων αὐτόν,

그런데 돌밭에 뿌려진 사람, 이 사람은 말씀을 듣고 즉시 기쁨으로 그것을 받는 사람이다.

13:21

οὐκ ἔχει δὲ ῥίζαν ἐν ἑαυτῷ ἀλλὰ πρόσκαιρός ἐστιν, γενομένης δὲ θλίψεως ἢ διωγμοῦ διὰ τὸν λόγον εὐθὺς σκανδαλίζεται.

그런데 그는 자신 안에 뿌리를 가지고 있지 못하고 다만 일시적이다. 그래서 말씀 때문에 고난이나 핍박이 생기면 즉시 걸려 넘어진다.

13:22

ὁ δὲ εἰς τὰς ἀκάνθας σπαρείς, οὗτός ἐστιν ὁ τὸν λόγον ἀκούων, καὶ ἡ μέριμνα τοῦ αἰῶνος καὶ ἡ ἀπάτη τοῦ πλούτου συμπνίγει τὸν λόγον καὶ ἄκαρπος γίνεται.

그런데 가시덤불 속에 뿌려진 사람, 이 사람은 말씀을 듣는 사람이다. 그러나 시대의 걱정들과 부의 속임수가 말씀을 질식시킨다. 그리고 그는 열매 없는 자가 된다.

13:23

ὁ δὲ ἐπὶ τὴν καλὴν γῆν σπαρείς, οὗτός ἐστιν ὁ τὸν λόγον ἀκούων καὶ συνιείς, ὃς δὴ καρποφορεῖ καὶ ποιεῖ ὃ μὲν ἑκατόν, ὃ δὲ ἑξήκοντα, ὃ δὲ τριάκοντα.

그런데 좋은 땅에 떨어진 사람, 이 사람은 말씀을 듣고 깨닫는 사람이다. 그는 확실히 열매를 맺는다. 그리고 어떤 것은 진정 100, 그런데 어떤 것은 60, 그런데 어떤 것은 30을 만든다.

이 본문은 하나님 말씀과 인간의 관계성을 이야기하고 있다. 인간의 반응과 조건에 따라 하나님 말씀의 결과가 달라진다. 그러므로 이 본문의 주제는 인간의 주체성이다. 인간은 하나님 말씀 앞에서 길바닥 같은 마음의 밭을 갈아엎어야 하고, 마음속의 돌멩이들을 제거해야 하고, 가시덤불을 불살라야 한다. 이것은 하나님의 일이 아니라, 사람의 일이다.

하나님은 하나님의 일을 하시고, 사람은 사람의 일을 한다. 말씀을 듣는 것, 받아들이는 것, 깨닫는 것, 열매 맺는 것은 전부 사람의 몫이다. 고난과 핍박을 이겨내는 것도, 시대의 걱정들과 재물의 유혹을 이겨내는 것도 전부 사람의 몫이다. 인간은 분투노력하는 삶의 주체다. 이 이야기의 주제는 은혜의 신학이 아니라 주체성의 철학이다.

투쟁의 현실

마태복음 13:24-30

13:24

Ἄλλην παραβολὴν παρέθηκεν αὐτοῖς λέγων· ὡμοιώθη ἡ βασιλεία τῶν οὐρανῶν ἀνθρώπῳ σπείραντι καλὸν σπέρμα ἐν τῷ ἀγρῷ αὐτοῦ.

그는 다른 비유를 그들에게 제시했다. 하늘들의 나라는 자기의 밭에 좋은 씨를 뿌리는 사람과 같다.

13:25

ἐν δὲ τῷ καθεύδειν τοὺς ἀνθρώπους ἦλθεν αὐτοῦ ὁ ἐχθρὸς καὶ ἐπέσπειρεν ζιζάνια ἀνὰ μέσον τοῦ σίτου καὶ ἀπῆλθεν

그런데 사람들이 잠자는 중에 그의 원수가 와서 곡식 한 가운데에 가라지들을 덧뿌리고 사라졌다.

13:26

ὅτε δὲ ἐβλάστησεν ὁ χόρτος καὶ καρπὸν ἐποίησεν, τότε ἐφάνη καὶ τὰ ζιζάνια.

그런데 싹이 트고 열매를 맺었을 때, 그때에 가라지들도 모습을 드러냈다.

13:27

προσελθόντες δὲ οἱ δοῦλοι τοῦ οἰκοδεσπότου εἶπον αὐτῷ· κύριε, οὐχὶ καλὸν σπέρμα ἔσπειρας ἐν τῷ σῷ ἀγρῷ; πόθεν οὖν ἔχει ζιζάνια;

그러자 그 집주인의 종들이 그에게 다가와 말했다. 주인님, 당신께서는 좋은 씨를 당신의 밭에 뿌리지 않으셨습니까? 그런데 가라지들은 도대체 어디서 온 겁니까?

13:28

ὁ δὲ ἔφη αὐτοῖς· ἐχθρὸς ἄνθρωπος τοῦτο ἐποίησεν. οἱ δὲ δοῦλοι λέγουσιν αὐτῷ· θέλεις οὖν ἀπελθόντες συλλέξωμεν αὐτά;

그러자 그가 엄숙히 말했다. 원수 된 사람이 이것을 행했구나. 그러자 종들이 그에게 말한다. 그러면 당신은 우리가 가서 그것들을 뽑아버리기를 원하십니까?

13:29

ὁ δέ φησιν· οὔ, μήποτε συλλέγοντες τὰ ζιζάνια ἐκριζώσητε ἅμα αὐτοῖς τὸν σῖτον.

그러자 그가 엄숙히 말한다. 아니다. 너희가 가라지들을 뽑다가 그것들과 함께 정녕 곡식의 뿌리가 뽑히지 않을까 염려된다.

13:30

ἄφετε συναυξάνεσθαι ἀμφότερα ἕως τοῦ θερισμοῦ, καὶ ἐν καιρῷ τοῦ θερισμοῦ ἐρῶ τοῖς θερισταῖς· συλλέξατε πρῶτον τὰ ζιζάνια καὶ δήσατε αὐτὰ εἰς δέσμας πρὸς τὸ κατακαῦσαι αὐτά, τὸν δὲ σῖτον συναγάγετε εἰς τὴν ἀποθήκην μου.

추수 때까지 둘 다 함께 자라도록 내버려 두라. 그리고 추수 때에 내가 추수
꾼들에게 말할 것이다. 먼저 가라지들을 모으라. 그리고 그것들을 불사르
기 위해 그것들을 단으로 묶으라. 그런데 곡식은 나의 창고에 모으라.

이 세상에는 곡식과 가라지가 공존하고 있다. 이 세상에는 가라지
를 뿌리고 사라지는 원수 된 인간이 존재한다. 이 세상에는 갈등과 모순,
대립과 투쟁이 있다. 이 역사 속에 사는 동안 우리는 이러한 투쟁의 현실
을 피할 수 없다. 모순과 갈등의 완전한 해소는 세상 끝날 주님에 의해
이루어진다. 주님은 모든 것을 알고 있으나, 세상 끝날까지 심판을 연기
한다. 주님의 관심은 가라지가 아니라 곡식이다. 세상 끝날까지 우리는
투쟁의 현실 속에서 살아야 한다.

겨자씨 비유

마태복음 13:31-32

13:31

Ἄλλην παραβολὴν παρέθηκεν αὐτοῖς λέγων· ὁμοία ἐστὶν ἡ βασιλε
ία τῶν οὐρανῶν κόκκῳ σινάπεως, ὃν λαβὼν ἄνθρωπος ἔσπειρεν ἐν τῷ
ἀγρῷ αὐτοῦ·

그는 그들에게 다른 비유를 제시하며 말했다. 하늘들의 나라는 겨자씨와
같다. 사람이 그것을 취하여 자기의 밭에 뿌렸다.

13:32

ὃ μικρότερον μέν ἐστιν πάντων τῶν σπερμάτων, ὅταν δὲ αὐξηθῇ
μεῖζον τῶν λαχάνων ἐστὶν καὶ γίνεται δένδρον, ὥστε ἐλθεῖν τὰ πετεινὰ
τοῦ οὐρανοῦ καὶ κατασκηνοῦν ἐν τοῖς κλάδοις αὐτοῦ.

그것은 진정 씨 중에서 가장 작지만, 그것이 자랐을 때는 채소 중에 제일
커서 나무가 된다. 그리하여 하늘의 새들이 와서 그것의 가지들 속에 둥지
를 틀게 된다.

겨자씨는 예수의 몸을, 밭은 세상을, 사람은 하늘에 계시는 하나님

아버지를, 뿌려졌다는 것은 예수의 성육신과 죽음을, 겨자 나무는 부활하신 예수의 몸인 교회를, 하늘의 새들은 천국 백성들을 가리킨다. 이 비유의 말씀은 자신의 성육신과 죽음과 부활에 대한 예수의 자기 증언이다.

누룩 비유

마태복음 13:33

13:33

Ἄλλην παραβολὴν ἐλάλησεν αὐτοῖς· ὁμοία ἐστὶν ἡ βασιλεία τῶν οὐρανῶν ζύμη, ἣν λαβοῦσα γυνὴ ἐνέκρυψεν εἰς ἀλεύρου σάτα τρία ἕως οὗ ἐζυμώθη ὅλον.

그는 다른 비유를 그들에게 이야기했다. 하늘들의 나라는 누룩과 같다. 여자는 그것을 취하여 그것이 발효될 때까지 밀가루 세 말 속에 감추어두었다.

누룩은 예수의 몸을, 밀가루 세 말은 세상을, 여자는 하나님 아버지를, 빵은 하나님 나라를 가리킨다. 이 비유의 말씀은 세상을 변화시키는 자신의 능력에 대한 예수의 자기 증언이다.

비유를 쓰는 목적

마태복음 13:34-35

13:34

ταῦτα πάντα ἐλάλησεν ὁ Ἰησοῦς ἐν παραβολαῖς τοῖς ὄχλοις καὶ χωρὶς παραβολῆς οὐδὲν ἐλάλει αὐτοῖς,

이 모든 것을 예수는 비유로 군중에게 이야기했다. 그리고 비유를 떠나서는 그들에게 아무것도 이야기하지 않고 있었다.

13:35

ὅπως πληρωθῇ τὸ ῥηθὲν διὰ τοῦ προφήτου λέγοντος·
ἀνοίξω ἐν παραβολαῖς τὸ στόμα μου,
ἐρεύξομαι κεκρυμμένα ἀπὸ καταβολῆς κόσμου.

그리하여 선지자를 통하여 말씀된 것이 성취되었다.
내가 비유들 속에 나의 입을 열어서,
창세로부터 감추어진 것들을 토해낼 것이다.

예수는 비유들을 통하여 창세로부터 감추어졌던 하늘의 비밀을 이야기하는데, 그 내용은 자신의 성육신과 죽음과 부활이다. 그는 이 비밀을 자기가 택한 사람들에게만 계시하기를 원한다. 그것이 그가 군중에게 비유로 이야기하는 이유다. 계시의 관점에서 보면, 계시 안에 있는 자들과 계시 밖에 있는 자들로 나누어진다.

가라지 비유

마태복음 13:36-43

13:36

Τότε ἀφεὶς τοὺς ὄχλους ἦλθεν εἰς τὴν οἰκίαν. καὶ προσῆλθον αὐτῷ οἱ μαθηταὶ αὐτοῦ λέγοντες· διασάφησον ἡμῖν τὴν παραβολὴν τῶν ζιζα νίων τοῦ ἀγροῦ.

그때 그는 군중을 내버려두고 집으로 갔다. 그리고 그의 제자들이 그에게 나아와 말했다. 우리에게 밭의 가라지들의 비유를 자세히 설명해 주세요.

13:37

ὁ δὲ ἀποκριθεὶς εἶπεν· ὁ σπείρων τὸ καλὸν σπέρμα ἐστὶν ὁ υἱὸς τοῦ ἀνθρώπού

그러자 그가 대답하며 말했다. 좋은 씨를 뿌리는 자는 사람의 아들 이다.

13:38

ὁ δὲ ἀγρός ἐστιν ὁ κόσμος, τὸ δὲ καλὸν σπέρμα οὗτοί εἰσιν οἱ υἱοὶ τῆς βασιλείας· τὰ δὲ ζιζάνιά εἰσιν οἱ υἱοὶ τοῦ πονηροῦ,

그런데 밭은 세상이다. 그런데 좋은 씨는 그 나라의 아들들이다. 그런데 가라지들 이들은 악한 자의 아들들이다.

13:39

ὁ δὲ ἐχθρὸς ὁ σπείρας αὐτά ἐστιν ὁ διάβολος, ὁ δὲ θερισμὸς συν-
τέλεια αἰῶνός ἐστιν, οἱ δὲ θερισταὶ ἄγγελοί εἰσιν.

그런데 그것들을 뿌린 원수는 마귀다. 그런데 추수는 시대의 완성(끝)이
다. 그런데 추수꾼들은 천사들이다.

13:40

ὥσπερ οὖν συλλέγεται τὰ ζιζάνια καὶ πυρὶ κατὰκαίεται, οὕτως ἔσται
ἐν τῇ συντελείᾳ τοῦ αἰῶνος·

그러므로 가라지들이 모아져서 불에 태워지듯이, 시대의 끝에도 그와 같
을 것이다.

13:41

ἀποστελεῖ ὁ υἱὸς τοῦ ἀνθρώπου τοὺς ἀγγέλους αὐτοῦ, καὶ συλλέξο
υ-σιν ἐκ τῆς βασιλείας αὐτοῦ πάντα τὰ σκάνδαλα καὶ τοὺς ποιοῦντας
τὴν ἀνομίαν

사람의 아들은 자기의 천사들을 보낼 것이다. 그리고 그들은 그 나라에서
모든 넘어지게 하는 것들과 불법을 행하는 자들을 모을 것이다.

13:42

καὶ βαλοῦσιν αὐτοὺς εἰς τὴν κάμινον τοῦ πυρός· ἐκεῖ ἔσται ὁ κλαυ
θμὸς καὶ ὁ βρυγμὸς τῶν ὀδόντων.

그리고 그들은 그들을 불구덩이 속으로 던질 것이다. 그리고 거기에서
애통함과 이를 갊이 있을 것이다.

13:43

τότε οἱ δίκαιοι ἐκλάμψουσιν ὡς ὁ ἥλιος ἐν τῇ βασιλείᾳ τοῦ πατρὸς
αὐτῶν. ὁ ἔχων ὦτα ἀκουέτω.

그때 의인들은 자기들의 아버지의 나라에서 해처럼 밝게 빛날 것이다.
귀를 가지고 있는 사람은 들으라.

이 본문에서 특별히 유의할 부분은 예수께서 좋은 씨를 천국의 자녀
들로 그리고 가라지들을 마귀의 자녀들로 설명해 주었다는 것이다. 천
국의 자녀들은 하나님의 아들의 손에 들려있다가 때가 되면 하나님의
아들에 의해 세상에 뿌려진다. 마찬가지로 마귀의 자녀들은 마귀의 손
에 들려있다가 때가 되면 세상에 뿌려진다. 여기서는 인간의 주체성이
나 의지적 결단의 여지는 전혀 없다.

이 세상은 하나님의 아들과 마귀의 대결의 장이다. 이 대결은 한정
되어 있는 공간에서, 한정되어 있는 시간 속에서 진행된다. 마귀 사탄의
활동은 하나님께서 정해놓으신 범주 안에서만 가능하며, 자기의 임무
가 끝나면 그의 졸개들과 함께 그를 위해 예비된 장소로 간다. 그러므로
그에게 주어진 역할과 사명은 하나님의 자녀들을 고난 속에 단련시켜
서 하나님 나라의 빛나는 별들이 되게 하는 것이다.

모든 것은 하늘에서 만세 전에 이미 정해져 있다. 예수 그리스도에
게 속한 자와 마귀에게 속한 자, 천국에 갈 사람과 지옥 불에 던져질 사람

의 운명은 이미 정해져 있는 것이다. 이것은 에베소서 서문을 읽는 기분이다. 이것은 계시의 세계이며, 진정한 의미에 있어서 신학이다.

숨겨진 보물

마태복음 13:44

13:44

Ὁμοία ἐστὶν ἡ βασιλεία τῶν οὐρανῶν θησαυρῷ κεκρυμμένῳ ἐν τῷ ἀγρῷ, ὃν εὑρὼν ἄνθρωπος ἔκρυψεν, καὶ ἀπὸ τῆς χαρᾶς αὐτοῦ ὑπάγει καὶ πωλεῖ πάντα ὅσα ἔχει καὶ ἀγοράζει τὸν ἀγρὸν ἐκεῖνον.

하늘들의 나라는 밭에 감추어진 보물과 같다. 사람이 그것을 발견하고 감춘다. 그리고 자기의 기쁨 가운데(ἀπὸ τῆς χαρᾶς αὐτοῦ) 간다. 그리고 그가 가지고 있는 모든 것을 판다. 그리고 저 밭을 산다.

보물은 예수 그리스도 자신이다. 예수 그리스도가 감추어져 있는 밭은 하나님의 말씀인 성경이다. 사람은 우연히 설교를 듣거나, 성경을 읽다가 그리스도를 발견한다. 그리스도를 발견하는 기쁨은 자기 자신만의 것이다(ἀπὸ τῆς χαρᾶς αὐτοῦ).

그는 그 기쁨을 감추고 조용히 세상을 정리한다. 그는 아무에게도 그것을 말하거나, 의논하지 않는다. 왜냐하면 사랑은 은밀한 것이기 때문이다. 사랑에는 결단력과 용기가 필요하다. 그는 모든 것을 버리고 그리스도를 따라간다.

사랑은 가치의 문제다. 사랑은 그 대상과 하나가 되는 것이다. 그리스도의 제자가 되기 위해서는 세상 밖으로 나가야 한다. 그리스도는 만물의 창조자이시며, 만물 위에 계시는 영광의 주님이시다. 그리스도를 세상과 더불어 사랑하려는 것은 그리스도에 대한 모독이다. 그리스도는 모든 것을 버리고 오직 자신과의 깊은 사랑에 올인할 것을 명하신다. 그리스도의 사랑의 명령에 복종할 때 천국의 영광은 그의 소유가 된다.

천국을 발견하고, 천국을 소유하기 위해, 모든 것을 버린 그는 지혜로운 사람이다. 예수의 이 말씀은 지혜의 말씀이다. 이 말씀은 지혜의 근본이신 그리스도의 자기 증언의 말씀이다.

값비싼 진주
마태복음 13:45-46

13:45

Πάλιν ὁμοία ἐστὶν ἡ βασιλεία τῶν οὐρανῶν ἀνθρώπῳ ἐμπόρῳ ζη-τοῦντι καλοὺς μαργαρίτας·

다시 하늘들의 나라는 아름다운 진주들을 찾는 상인과 같다.

13:46

εὑρὼν δὲ ἕνα πολύτιμον μαργαρίτην ἀπελθὼν πέπρακεν πάντα ὅσα εἶχεν καὶ ἠγόρασεν αὐτόν.

그런데 그가 값비싼 진주 하나를 발견하고 가서 그가 가지고 있던 모든 것을 팔아치웠다. 그리고 그것을 샀다.

인생의 본질은 가치를 추구함에 있다. 예수는 그것을 좋은 진주를 찾아다니는 보석상에 비유하고 있다. 좋은 진주들(καλοὺς μαργαρίτας, 칼루스 마르가리타스)은 여러 개다. 그러나 보석상이 발견하고 전 재산을 털어 사들인 값비싼 진주(πολυτιμον μαργαριτην, 폴뤼티몬 마르가리텐)는 하나(ἑνα, 헤나)다. 예수 그리스도는 세상의 다른 가치들과 구별되는 유일한 사랑의 대상이다.

천국의 영광을 차지하는 사람은 예수 그리스도에게 절대적 가치를 부여하는 사람이다. 그는 하늘의 지혜를 소유한 자다. 이 비유는 인생의 참된 지혜를 가르치는 지혜의 말씀이다. 또한 이 세상의 유일한 생명이신 예수 그리스도의 자기 증언의 말씀이다.

바닷속의 그물

마태복음 13:47-50

13:47

Πάλιν ὁμοία ἐστὶν ἡ βασιλεία τῶν οὐρανῶν σαγήνη βληθείσῃ εἰς τὴν θάλασσαν καὶ ἐκ παντὸς γένους συναγαγούσῃ·

다시 하늘들의 나라는 바닷속에 던져져 모든 종류로부터 모으는 그물과 같다.

13:48

ἦν ὅτε ἐπληρώθη ἀναβιβάσαντες ἐπὶ τὸν αἰγιαλὸν καὶ καθίσαντες συνέλεξαν τὰ καλὰ εἰς ἄγγη, τὰ δὲ σαπρὰ ἔξω ἔβαλον.

그것이 채워졌을 때 사람들이 해변으로 끌어올린 후 앉아서 좋은 것들은 그릇에 모으고, 나쁜 것들은 밖으로 내던졌다.

13:49

οὕτως ἔσται ἐν τῇ συντελείᾳ τοῦ αἰῶνος· ἐξελεύσονται οἱ ἄγγελοι καὶ ἀφοριοῦσιν τοὺς πονηροὺς ἐκ μέσου τῶν δικαίων

시대의 끝에 이와 같을 것이다. 천사들이 나와서 의인들 가운데서 악인들을 분리할 것이다.

13:50

καὶ βαλοῦσιν αὐτοὺς εἰς τὴν κάμινον τοῦ πυρός· ἐκεῖ ἔσται ὁ κλαυ
θμὸς καὶ ὁ βρυγμὸς τῶν ὀδόντων.

그리고 그들을 불구덩이 속으로 던질 것이다. 거기에서 애통함과 이를
갊이 있을 것이다.

바다는 세상이고, 그물은 교회이며, 각종 물고기는 인간의 영혼들
이다. 교회 안에는 온갖 종류의 사람이 모인다. 교회는 의인들만의 공동
체가 아니다. 교회 안에는 의인들과 악인들이 공존한다. 그것은 곡식과
가라지가 밭에 함께 자라는 것과 같다. 그러나 심판자는 그 사실을 알면
서도 세상 끝날까지 내버려둔다. 그 이유는 교회 안에서 악인들을 골라
내어 내쫓는 과정에서 의인들이 피해를 입기 때문이다.

심판자의 냉정함과 준엄함은 세상 끝날 나타난다. 그날에는 그가
얼마나 무서운 존재인지 그 실체가 드러날 것이다. 의인들과 악인들은
각각 그들을 위해 미리 준비된 장소로 간다. 각각의 장소로 갈 사람들은
이미 만세 전에 결정되어 있다. 의인들이 구원받는 것은 자기들의 공로
때문이 아니라, 절대주권자의 의지와 은혜로 된 것이다.

신학자

마태복음 13:51-52

13:51

Συνήκατε ταῦτα πάντα; λέγουσιν αὐτῷ· ναί.

이 모든 것을 깨달았느냐? 그들이 그에게 말한다. 네!

13:52

ὁ δὲ εἶπεν αὐτοῖς· διὰ τοῦτο πᾶς γραμματεὺς μαθητευθεὶς τῇ βασιλε
ίᾳ τῶν οὐρανῶν ὅμοιός ἐστιν ἀνθρώπῳ οἰκοδεσπότῃ, ὅστις ἐκβάλλει
ἐκ τοῦ θησαυροῦ αὐτοῦ καινὰ καὶ παλαιά.

그러자 그가 그들에게 말했다. 이러므로 하늘들의 나라의 제자가 된 모든
서기관은 자기의 보물 중에서 새로운 것들과 옛것들을 내던지는 집주인인
사람과 같다.

예수가 제자들에게 모든 비유의 뜻을 이해했는지 묻자 제자들은
네라고 대답은 잘한다. 그러나 그 후 그들의 행동을 보면 그들이 스승의
말을 제대로 알아듣지 못한 것이 분명하다. 왜냐하면 그들은 아직 예수
의 실체를 알지 못하고 있기 때문이다.

서기관들은 그 시대의 유대교 신학자들이다. 이들은 구약에 기록된 과거의 사례들을 통해 예수 그리스도의 사건을 해석하는 자들이다.

배척당하는 예수

마태복음 13:53-58

13:53

Καὶ ἐγένετο ὅτε ἐτέλεσεν ὁ Ἰησοῦς τὰς παραβολὰς ταύτας, μετῆρεν ἐκεῖθεν.

그리고 예수께서 이 모든 비유를 끝내게 되었을 때, 그는 거기서 옮겨갔다.

13:54

καὶ ἐλθὼν εἰς τὴν πατρίδα αὐτοῦ ἐδίδασκεν αὐτοὺς ἐν τῇ συναγωγῇ αὐτῶν, ὥστε ἐκπλήσσεσθαι αὐτοὺς καὶ λέγειν· πόθεν τούτῳ ἡ σοφία αὕτη καὶ αἱ δυνάμεις;

그리고 자기의 고향으로 가서 그들의 회당에서 가르치고 있었다. 그러자 그들이 크게 충격을 받고 말했다. 이 사람에게 그 지혜와 그 능력들은 어디서 온 것이냐?

13:55

οὐχ οὗτός ἐστιν ὁ τοῦ τέκτονος υἱός; οὐχ ἡ μήτηρ αὐτοῦ λέγεται Μαριὰμ καὶ οἱ ἀδελφοὶ αὐτοῦ Ἰάκωβος καὶ Ἰωσὴφ καὶ Σίμων καὶ Ἰούδας;

이 사람은 목수의 아들이 아니냐? 그의 어머니는 마리아이고 그의 형제들
은 야고보와 요셉과 시몬과 유다가 아니냐?

13:56

καὶ αἱ ἀδελφαὶ αὐτοῦ οὐχὶ πᾶσαι πρὸς ἡμᾶς εἰσιν; πόθεν οὖν τούτῳ
ταῦτα πάντα;

그리고 그의 자매들은 모두 우리와 함께 있지 않느냐? 그런데 이 사람에게
이 모든 것은 도대체 어디서 온 것이냐?

13:57

καὶ ἐσκανδαλίζοντο ἐν αὐτῷ. ὁ δὲ Ἰησοῦς εἶπεν αὐτοῖς· οὐκ ἔστιν
προφήτης ἄτιμος εἰ μὴ ἐν τῇ πατρίδι καὶ ἐν τῇ οἰκίᾳ αὐτοῦ.

그리고 그들은 그 안에서 걸려 넘어졌다. 그러자 예수께서 그들에게 말했
다. 자기의 고향과 집 밖에서는 존경받지 못하는 선지자가 없다.

13:58

καὶ οὐκ ἐποίησεν ἐκεῖ δυνάμεις πολλὰς διὰ τὴν ἀπιστίαν αὐτῶν.

그리고 그들의 불신앙 때문에 거기서 많은 능력을 행하지 않았다.

나사렛 예수는 고향에서 배척당한다. 나사렛 예수가 노동계급 출
신의 평범한 가정에서 성장했기 때문이다. 그러나 그것은 하나님의 기
기묘묘한 변장술이다. 나사렛 예수는 세상에 와서 철저히 버림받아서
그의 머리 둘 곳이 없다. 오직 하늘에 계시는 아버지와의 교통만이 그의

위로와 능력과 희망의 원천이다.

　　대부분의 유대 민중이 그렇듯이 고향 사람들도 나사렛 예수의 신적 능력의 출처를 알지 못한다. 그들은 나사렛 예수가 가져온 하나님 나라를 거절한다. 그들은 평범함 속에 감추어진 위대성을 발견하지 못하고, 비천함 속에 감추어진 영광을 보지 못한다. 그 비밀은 하늘에 계시는 그분의 뜻에 따라 허락된 자들에게만 알려진다. 나사렛 예수를 따르는 무리는 많았으나 그의 영광의 실체를 알아보는 사람은 거의 없었다. 오늘 우리가 나사렛 예수가 이 땅에 오신 하나님이심을 알고 있다면, 그것은 사람의 힘이 아니라 전능자의 의지와 그분의 은혜로 된 것이다.

어처구니없는 죽음

마태복음 14:1-12

14:1

Ἐν ἐκείνῳ τῷ καιρῷ ἤκουσεν Ἡρῴδης ὁ τετραάρχης τὴν ἀκοὴν Ἰησοῦ,

저 때에 4분의 1 통치자인 헤롯이 예수에 대한 소문을 들었다.

14:2

καὶ εἶπεν τοῖς παισὶν αὐτοῦ· οὗτός ἐστιν Ἰωάννης ὁ βαπτιστής· αὐτὸς ἠγέρθη ἀπὸ τῶν νεκρῶν καὶ διὰ τοῦτο αἱ δυνάμεις ἐνεργοῦσιν ἐν αὐτῷ.

그리고 자기의 부하들에게 말했다. 이 사람은 세례 요한이다. 왜냐하면 그가 죽은 자들 속에서 일어났기 때문이다. 그래서 그 안에서 그 능력들이 작동하고 있는 것이다.

14:3

Ὁ γὰρ Ἡρῴδης κρατήσας τὸν Ἰωάννην ἔδησεν αὐτὸν καὶ ἐν φυλα-κῇ ἀπέθετο διὰ Ἡρῳδιάδα τὴν γυναῖκα Φιλίππου τοῦ ἀδελφοῦ αὐτοῦ·

왜냐하면 헤롯이 자기의 동생인 빌립의 아내 헤로디아 때문에 요한을 붙잡아 [그를] 결박하여 감옥에 가두었기 때문이다.

14:4

ἔλεγεν γὰρ ὁ Ἰωάννης αὐτῷ· οὐκ ἔξεστίν σοι ἔχειν αὐτήν.

그것은 요한이 그에게, 그녀를 소유하는 것은 당신에게 합당치 않다고 말하고 있었기 때문이다.

14:5

καὶ θέλων αὐτὸν ἀποκτεῖναι ἐφοβήθη τὸν ὄχλον, ὅτι ὡς προφήτην αὐτὸν εἶχον.

그리고 그는 그를 죽이기를 원했지만 군중을 무서워했다. 왜냐하면 그들이 그를 선지자로 여기고 있었기 때문이다.

14:6

Γενεσίοις δὲ γενομένοις τοῦ Ἡρῴδου ὠρχήσατο ἡ θυγάτηρ τῆς Ἡρῳδιάδος ἐν τῷ μέσῳ καὶ ἤρεσεν τῷ Ἡρῴδῃ,

그런데 헤롯의 생일에 헤로디아의 딸이 한가운데서 춤을 추어서 헤롯을 기쁘게 했다.

14:7

ὅθεν μεθ᾽ ὅρκου ὡμολόγησεν αὐτῇ δοῦναι ὃ ἐὰν αἰτήσηται.

그리하여 그는 맹세와 함께 그 아이가 무엇을 구하든지 주겠다고 약속했다.

14:8

ἡ δὲ προβιβασθεῖσα ὑπὸ τῆς μητρὸς αὐτῆς· δός μοι, φησίν, ὧδε ἐπὶ πίνακι τὴν κεφαλὴν Ἰωάννου τοῦ βαπτιστοῦ.

그러자 그 아이는 자기의 어머니의 사주를 받아 엄숙히 말했다. 나에게 주세요, 여기 쟁반 위에 세례자 요한의 머리를!

14:9

καὶ λυπηθεὶς ὁ βασιλεὺς διὰ τοὺς ὅρκους καὶ τοὺς συνανακειμένους ἐκέλευσεν δοθῆναι,

그리고 왕은 괴로웠으나 맹세한 것들과 또 함께 앉아 있는 사람들 때문에 (그 아이에게 그것이) 주어지도록 명령했다.

14:10

καὶ πέμψας ἀπεκεφάλισεν τὸν Ἰωάννην ἐν τῇ φυλακῇ.

그리고 그는 (사람들을) 보내어 감옥에서 요한의 머리를 잘랐다.

14:11

καὶ ἠνέχθη ἡ κεφαλὴ αὐτοῦ ἐπὶ πίνακι καὶ ἐδόθη τῷ κορασίῳ, καὶ ἤνεγκεν τῇ μητρὶ αὐτῆς.

그리고 그의 머리는 쟁반 위에 운반되어 그 여자아이에게 주어졌다. 그리고 그 아이는 (그것을) 자기의 어머니에게 운반했다.

14:12

καὶ προσελθόντες οἱ μαθηταὶ αὐτοῦ ἦραν τὸ πτῶμα καὶ ἔθαψαν

αὐτὸν καὶ ἐλθόντες ἀπήγγειλαν τῷ Ἰησοῦ.

그리고 그의 제자들이 나아가 시체를 거두어 그를 매장했다. 그리고 예수에게 와서 알렸다.

그리스도의 길을 예비하기 위해 삶 전체를 바쳤던 위대한 선지자는 음란한 여인의 복수심과 어리석은 왕의 허영심의 제물이 되어 감옥에서 참수된다. 세례 요한의 머리는 피범벅이 된 채로 쟁반 위에 놓여 이리저리 운반된다. 세상에 이보다 끔찍한 장면도 보기 드물 것이다. 그러나 왕국의 권력자들은 아무렇지도 않게 그것을 즐기고 있다. 그들은 돈 때문에 하나님의 형상을 잃어버리는 부자들만큼이나 비인간화되어 있다. 그들의 타락한 인간성은 사악함과 잔인함으로 얼룩진 악마성을 드러내고 있다. 그들에게 주어진 권력은 공정과 정의를 위해 사용되지 않고, 사적으로 남용되고 있다. 그것은 나사렛 예수가 세상에 가지고 온 하나님 나라의 성결함과 의로움과 평화로움과는 얼마나 멀리 떨어져 있는가?

하나님 나라의 의의 왕, 평화의 왕인 나사렛 예수 역시 이 세상의 사악한 권력자들에 의해 무참히 살해당할 시간이 점점 가까이 다가오고 있다. 세례 요한은 자신의 죽음을 통해 끝까지 그리스도가 가야 할 길을 예비하고 있다.

오병이어 기적

마태복음 14:13-21

14:13

Ἀκούσας δὲ ὁ Ἰησοῦς ἀνεχώρησεν ἐκεῖθεν ἐν πλοίῳ εἰς ἔρημον τόπον κατ᾽ ἰδίαν· καὶ ἀκούσαντες οἱ ὄχλοι ἠκολούθησαν αὐτῷ πεζῇ ἀπὸ τῶν πόλεων.

그러자 예수께서는 듣고 거기에서 배를 타고 따로 한적한 장소로 물러났다. 그리고 군중이 듣고 도시들로부터 걸어서 그를 따라갔다.

14:14

Καὶ ἐξελθὼν εἶδεν πολὺν ὄχλον καὶ ἐσπλαγχνίσθη ἐπ᾽ αὐτοῖς καὶ ἐθεράπευσεν τοὺς ἀρρώστους αὐτῶν.

그리고 그는 (배에서) 나올 때 많은 군중을 보았다. 그리고 그는 그들을 측은히 여기고 그들 중에 병약한 자들을 고쳐주었다.

14:15

Ὀψίας δὲ γενομένης προσῆλθον αὐτῷ οἱ μαθηταὶ λέγοντες· ἔρημός ἐστιν ὁ τόπος καὶ ἡ ὥρα ἤδη παρῆλθεν· ἀπόλυσον τοὺς ὄχλους, ἵνα ἀπελθόντες εἰς τὰς κώμας ἀγοράσωσιν ἑαυτοῖς βρώματα.

그런데 저녁이 되었을 때 제자들이 그에게 나아와 말했다. 장소는 외지고 시간은 벌써 지나갔어요. 군중을 해산해서 그들로 하여금 마을들로 가서 자기 자신들을 위해 음식을 사도록 하세요.

14:16

ὁ δὲ Ἰησοῦς εἶπεν αὐτοῖς· οὐ χρείαν ἔχουσιν ἀπελθεῖν, δότε αὐτοῖς ὑμεῖς φαγεῖν.

그러자 예수께서는 그들에게 말했다. 그들이 떠날 필요가 없다. 너희가 그들에게 먹을 것을 주어라.

14:17

οἱ δὲ λέγουσιν αὐτῷ· οὐκ ἔχομεν ὧδε εἰ μὴ πέντε ἄρτους καὶ δύο ἰχθύας.

그러자 그들이 그에게 말했다. 우리는 여기에 빵 다섯 개와 물고기 두 마리밖에 가진 게 없어요.

14:18

ὁ δὲ εἶπεν· φέρετέ μοι ὧδε αὐτούς.

그러자 그가 말했다. 나에게 여기로 그것들을 가져오라.

14:19

καὶ κελεύσας τοὺς ὄχλους ἀνακλιθῆναι ἐπὶ τοῦ χόρτου, λαβὼν τοὺς πέντε ἄρτους καὶ τοὺς δύο ἰχθύας, ἀναβλέψας εἰς τὸν οὐρανὸν εὐλόγη σεν καὶ κλάσας ἔδωκεν τοῖς μαθηταῖς τοὺς ἄρτους, οἱ δὲ μαθηταὶ τοῖς ὄχλοις.

그리고 군중을 풀 위에 앉히도록 명령한 후, 빵 다섯 개와 물고기 두 마리를 들고 하늘을 바라보며 축복했다. 그리고 빵들을 쪼개어 제자들에게 주었다. 그러자 제자들은 군중에게.

14:20

καὶ ἔφαγον πάντες καὶ ἐχορτάσθησαν, καὶ ἦραν τὸ περισσεῦον τῶν κλασμάτων δώδεκα κοφίνους πλήρεις.

그리고 모든 사람이 먹고 만족했다. 그리고 그들은 부스러기 중에 남은 것을 열두 바구니에 가득 채워 거둬들였다.

14:21

οἱ δὲ ἐσθίοντες ἦσαν ἄνδρες ὡσεὶ πεντακισχίλιοι χωρὶς γυναικῶν καὶ παιδίων.

그런데 먹은 남자들이 여자들과 아이들을 제외하고 오천 명이었다.

세례 요한의 비참한 죽음의 소식을 들은 예수는 그 장소를 떠나 외진 곳으로 물러간다. 그것은 피 냄새를 맡은 헤롯이 나사렛 예수까지도 죽이려 했기 때문이다. 헤롯은 나사렛 예수를 자기가 죽인 세례 요한의 환생으로 생각하고 있었다. 나사렛 예수는 헤롯에게 공포의 대상이다. 그는 밤마다 쟁반에 올려져 있던 세례 요한의 머리를 떠올리면서 식은 땀을 흘리며 벌떡벌떡 자리에서 일어났는지도 모른다. 헤롯은 이제 나사렛 예수의 목숨까지도 노리고 있다.

나사렛 예수의 적들은 사방에 깔려 있다. 한적한 곳으로 피신한 나사렛 예수를 향해 또다시 수많은 군중이 사방으로부터 몰려들었는데, 이들이 나사렛 예수를 보호하고 있다. 만약 이들이 없었다면 나사렛 예수의 목숨은 위태로웠을 것이다. 오병이어 기적은 그러한 정치적 상황 속에서 일어난 종말론적 표적의 사건이다. 오병이어 기적은 나사렛 예수의 몸은 하나님의 거룩한 능력으로 가득 찬 성체(거룩한 몸)라는 것을 드러낸 계시적 사건이다. 거룩한 성체인 예수의 몸은 이제 대속의 제물로 바쳐질 시간이 가까이 다가오고 있다. 오병이어 기적은 세례 요한의 죽음이라는 정치적 사건과 밀접하게 연결되어 있는 종말론적 계시의 사건이다.

물 위를 걷는 예수

마태복음 14:22-33

14:22

Καὶ εὐθέως ἠνάγκασεν τοὺς μαθητὰς ἐμβῆναι εἰς τὸ πλοῖον καὶ προάγειν αὐτὸν εἰς τὸ πέραν, ἕως οὗ ἀπολύσῃ τοὺς ὄχλους.

그리고 그는 군중을 해산할 때까지, 제자들을 즉시 배에 올라 자기를 앞질러 건너편으로 가도록 강요했다.

14:23

καὶ ἀπολύσας τοὺς ὄχλους ἀνέβη εἰς τὸ ὄρος κατ᾽ ἰδίαν προσεύξασθαι. ὀψίας δὲ γενομένης μόνος ἦν ἐκεῖ.

그리고 그는 군중을 해산한 후 따로 기도하기 위해 산으로 올라갔다. 그런데 저녁이 되었을 때 그는 거기에 혼자 있었다.

14:24

Τὸ δὲ πλοῖον ἤδη σταδίους πολλοὺς ἀπὸ τῆς γῆς ἀπεῖχεν βασανιζόμενον ὑπὸ τῶν κυμάτων, ἦν γὰρ ἐναντίος ὁ ἄνεμος.

그런데 배는 파도에 시달리면서 벌써 육지로부터 멀리 떨어져 있었다. 왜냐하면 역풍이었기 때문이다.

14:25

τετάρτῃ δὲ φυλακῇ τῆς νυκτὸς ἦλθεν πρὸς αὐτοὺς περιπατῶν ἐπὶ τὴν θάλασσαν.

그런데 밤 4경에 그가 바다 위를 걸어서 그들을 향하여 왔다.

14:26

οἱ δὲ μαθηταὶ ἰδόντες αὐτὸν ἐπὶ τῆς θαλάσσης περιπατοῦντα ἐταράχθησαν λέγοντες ὅτι φάντασμά ἐστιν, καὶ ἀπὸ τοῦ φόβου ἔκραξαν.

그러자 제자들이 그가 바다 위를 걷는 것을 보고 혼란에 빠져 그것은 도깨비다라고 말하며 공포에 질려 고함을 질렀다.

14:27

εὐθὺς δὲ ἐλάλησεν ὁ Ἰησοῦς αὐτοῖς λέγων· θαρσεῖτε, ἐγώ εἰμι· μὴ φοβεῖσθε.

그러자 즉시 예수께서 그들에게 이야기하며 말했다. 용기를 내라. 나다. 무서워하지 말라.

14:28

Ἀποκριθεὶς δὲ αὐτῷ ὁ Πέτρος εἶπεν· κύριε, εἰ σὺ εἶ, κέλευσόν με ἐλθεῖν πρός σε ἐπὶ τὰ ὕδατα.

그러자 베드로가 그에게 대답하며 말했다. 주님, 만약 당신이라면, 나를 물 위로 당신을 향하여 오라고 명령하세요.

14:29

ὁ δὲ εἶπεν· ἐλθέ. καὶ καταβὰς ἀπὸ τοῦ πλοίου ὁ Πέτρος περιεπά-
τησεν ἐπὶ τὰ ὕδατα καὶ ἦλθεν πρὸς τὸν Ἰησοῦν.

그러자 그가 말했다. 오라. 그리고 베드로는 배에서 내려가서 물 위를 걸어
서 예수를 향하여 갔다.

14:30

βλέπων δὲ τὸν ἄνεμον ἰσχυρὸν ἐφοβήθη, καὶ ἀρξάμενος κατα- ποντ
ίζεσθαι ἔκραξεν λέγων· κύριε, σῶσόν με.

그런데 그는 강한 바람을 보고서 겁을 먹었다. 그리고 빠져들어 가기 시작
하면서 고함을 질렀다. 주님, 나를 살려주세요.

14:31

εὐθέως δὲ ὁ Ἰησοῦς ἐκτείνας τὴν χεῖρα ἐπελάβετο αὐτοῦ καὶ λέγει
αὐτῷ· ὀλιγόπιστε, εἰς τί ἐδίστασας;

그러자 즉시 예수께서 손을 내밀어 그를 붙잡고 그에게 말한다. 믿음이
적은 자여, 어찌하여 흔들렸느냐?

14:32

καὶ ἀναβάντων αὐτῶν εἰς τὸ πλοῖον ἐκόπασεν ὁ ἄνεμος.

그리고 그들이 배 안으로 올라갔을 때 바람이 잔잔해졌다.

14:33

οἱ δὲ ἐν τῷ πλοίῳ προσεκύνησαν αὐτῷ λέγοντες· ἀληθῶς θεοῦ υἱὸς εἶ.

그러자 배 안에 있는 사람들이 그에게 경배하며 말했다. 진실로 당신은 하나님의 아들이십니다.

물 위를 걸어가는 나사렛 예수는 물질세계를 지배하는 초월적 존재 자로 자신을 계시한다. 그리고 제자들은 그에게 경배함으로써 나사렛 예수와 제자들의 관계는 신과 인간의 관계, 창조주와 피조물의 관계라는 본질에 접근한다. 이로써 나사렛 예수의 죽음과 부활은 신의 죽음과 부활이 되며, 옛 세계의 종말과 새로운 세계의 시작이 된다.

능력의 샘

마태복음 14:34-36

14:34

Καὶ διαπεράσαντες ἦλθον ἐπὶ τὴν γῆν εἰς Γεννησαρέτ.

그리고 그들은 건너가 겐네사렛 땅으로 갔다.

14:35

καὶ ἐπιγνόντες αὐτὸν οἱ ἄνδρες τοῦ τόπου ἐκείνου ἀπέστειλαν εἰς ὅλην τὴν περίχωρον ἐκείνην καὶ προσήνεγκαν αὐτῷ πάντας τοὺς κακῶς ἔχοντας

그리고 저곳의 사람들이 그를 알아보고 저 주변 모든 지역으로 (사람들을) 보냈다. 그리고 그들은 악독한 질병을 갖고 있는 모든 사람을 그에게로 데려왔다.

14:36

καὶ παρεκάλουν αὐτὸν ἵνα μόνον ἅψωνται τοῦ κρασπέδου τοῦ ἱματίου αὐτοῦ· καὶ ὅσοι ἥψαντο διεσώθησαν.

그리고 그들은 그에게 오직 그의 겉옷자락만이라도 만질 수 있게 해 달라고 요청했다. 그리고 만진 사람들은 모두 완전히 치료되었다.

나사렛 예수의 몸은 모든 질병을 고치는 능력의 샘이다. 그러므로 그의 십자가 보혈의 능력을 믿는 사람은 병 고침의 은혜를 받는다.

격화되는 논쟁

마태복음 15:1-9

15:1

Τότε προσέρχονται τῷ Ἰησοῦ ἀπὸ Ἰεροσολύμων Φαρισαῖοι καὶ γρα μματεῖς λέγοντες·

그때 예루살렘에서 바리새인들과 서기관들이 예수에게 나아와 말했다.

15:2

διὰ τί οἱ μαθηταί σου παραβαίνουσιν τὴν παράδοσιν τῶν πρεσβυτέ-ρων; οὐ γὰρ νίπτονται τὰς χεῖρας αὐτῶν ὅταν ἄρτον ἐσθίωσιν.

어찌하여 당신의 제자들은 장로들의 전통을 범하느냐? 왜냐하면 그들은 빵을 먹을 때 손을 씻지 않기 때문이다.

15:3

ὁ δὲ ἀποκριθεὶς εἶπεν αὐτοῖς· διὰ τί καὶ ὑμεῖς παραβαίνετε τὴν ἐντολὴν τοῦ θεοῦ διὰ τὴν παράδοσιν ὑμῶν;

그러자 그가 그들에게 대답하며 말했다.

그러면 너희는 어찌하여 너희의 전통을 위하여 하나님의 계명을 범하느냐?

15:4

ὁ γὰρ θεὸς εἶπεν· τίμα τὸν πατέρα καὶ τὴν μητέρα, καί· ὁ κακο-
λογῶν πατέρα ἢ μητέρα θανάτῳ τελευτάτω.

왜냐하면 하나님께서 말씀하셨다. 아버지와 어머니를 공경하라. 그리고,
아버지나 어머니를 험담하는 자는 반드시 죽음으로 끝나게 하라.

15:5

ὑμεῖς δὲ λέγετε· ὃς ἂν εἴπῃ τῷ πατρὶ ἢ τῇ μητρί· δῶρον ὃ ἐὰν ἐξ
ἐμοῦ ὠφεληθῇς,

그런데 너희는 누구든지 자기의 아버지나 어머니에게, 당신이 나에게서
유익이 되는 것은 예물(하나님께 드린 것)이라고 말한 사람은

15:6

οὐ μὴ τιμήσει τὸν πατέρα αὐτοῦ· καὶ ἠκυρώσατε τὸν λόγον τοῦ
θεοῦ διὰ τὴν παράδοσιν ὑμῶν.

결코 (그것으로) 자기의 부모를 공경해서는 안 된다고 말한다. 그렇게 해서
너희는 너희의 전통을 위하여 하나님의 말씀을 무효화시켰다.

15:7

ὑποκριταί καλῶς ἐπροφήτευσεν περὶ ὑμῶν Ἠσαΐας λέγων·

위선자들아, 이사야가 너희에 대해서 잘 예언하며 말했다.

15:8

ὁ λαὸς οὗτος τοῖς χείλεσίν με τιμᾷ,

ἡ δὲ καρδία αὐτῶν πόρρω ἀπέχει ἀπ᾽ ἐμοῦ·

이 백성은 입술로는 나를 공경한다.

그러나 그들의 마음은 나에게서 멀리 떠나 있다.

15:9

μάτην δὲ σέβονταί με

διδάσκοντες διδασκαλίας ἐντάλματα ἀνθρώπων.

그런데 그들은 사람들의 계명들을 교훈들로 가르치면서, 나를 헛되게 예배하고 있다.

나사렛 예수에 대한 신학 검증을 위해 예루살렘에서 고위급 인사들이 갈릴리에 내려온다. 그들의 목적은 나사렛 예수를 산헤드린 공의회에 고발할 자료를 작성하려는 것이다. 그들은 나사렛 예수를 파멸시키기 위한 작업을 착착 진행하고 있다. 그들은 나사렛 예수의 제자들이 식사하기 전에 반드시 손을 씻어야 하는 유대교 규정을 위반하는 것을 보고 공격해 온다.

그러나 나사렛 예수는 순순히 물러나지 않고, 하나님을 핑계로 자기 부모를 무시하는 바리새인들의 위선을 공격한다. 그들은 부모가 자식에게 무엇을 요구하면, '그것은 하나님께 예물로 드릴 것입니다'라고 하면서 미꾸라지처럼 빠져나간다. 이들은 자기의 부모를 방치하는 수단으로 하나님을 이용하고 있다. 그들의 마음의 중심에는 부모에 대한 공경심이 없다. 나사렛 예수가 문제 삼는 것은 그들의 마음의 중심에 진정 아가페 사랑이 없다는 것이다. 식사하기 전에 손을 씻느냐 안 씻느냐는 아가페 사랑과는 아무 관계가 없다. 그러나 부모를 공경하는 것은 아가페 사랑의 본질과 관계가 있다. 유대교 신학이 새로운 제도와 법규들을 계속 만들수록 그것은 하나님의 아가페 사랑의 본질에서 멀어지고 있는 것을 나사렛 예수는 지적하고 있다.

바리새인들과의 격화되는 신학 논쟁은 나사렛 예수를 죽음으로 몰아가고 있다. 나사렛 예수는 그 결말을 알면서도 일체의 타협도 없이 자신의 죽음을 향해 불퇴전의 용기로 직진하고 있다.

사람을 더럽히는 것

마태복음 15:10-20

15:10

καὶ προσκαλεσάμενος τὸν ὄχλον εἶπεν αὐτοῖς· ἀκούετε καὶ συνίετε·

그리고 그는 군중을 불러 그들에게 말했다. 듣고 깨달으라.

15:11

οὐ τὸ εἰσερχόμενον εἰς τὸ στόμα κοινοῖ τὸν ἄνθρωπον, ἀλλὰ τὸ ἐκπορευόμενον ἐκ τοῦ στόματος τοῦτο κοινοῖ τὸν ἄνθρωπον.

입으로 들어가는 이것이 사람을 더럽히지 않는다. 그 대신에 입에서 나오는 이것이 사람을 더럽힌다.

15:12

Τότε προσελθόντες οἱ μαθηταὶ λέγουσιν αὐτῷ· οἶδας ὅτι οἱ Φαρισαῖοι ἀκούσαντες τὸν λόγον ἐσκανδαλίσθησαν;

그 때 제자들이 그에게 나아와 말했다. 당신은 바리새인들이 그 말씀을 듣고 걸려 넘어진 것을 아십니까?

15:13

ὁ δὲ ἀποκριθεὶς εἶπεν· πᾶσα φυτεία ἣν οὐκ ἐφύτευσεν ὁ πατήρ μου ὁ οὐράνιος ἐκριζωθήσεται.

그러자 그가 대답하며 말했다. 하늘에 계시는 나의 아버지께서 심지 않은 모든 식물은 뿌리가 뽑힐 것이다.

15:14

ἄφετε αὐτούς· τυφλοί εἰσιν ὁδηγοί τυφλῶν· τυφλὸς δὲ τυφλὸν ἐὰν ὁδηγῇ, ἀμφότεροι εἰς βόθυνον πεσοῦνται.

그들을 내버려 두어라. 소경들이 [소경들의] 길잡이로다. 그런데 만약 소경이 소경을 인도하면 둘 다 구덩이에 빠질 것이다.

15:15

Ἀποκριθεὶς δὲ ὁ Πέτρος εἶπεν αὐτῷ· φράσον ἡμῖν τὴν παραβολὴν ταύτην.

그러자 베드로가 그에게 말했다. 우리에게 [이] 비유를 해석해 주세요.

15:16

ὁ δὲ εἶπεν· ἀκμὴν καὶ ὑμεῖς ἀσύνετοί ἐστε;

그러자 그가 말했다. 너희도 아직까지 깨닫지 못하느냐?

15:17

οὐ νοεῖτε ὅτι πᾶν τὸ εἰσπορευόμενον εἰς τὸ στόμα εἰς τὴν κοιλίαν χωρεῖ καὶ εἰς ἀφεδρῶνα ἐκβάλλεται;

너희는 입으로 들어가는 모든 것은 배 속에 자리를 잡고나서 변소에 내던져
지는 것을 깨닫지 못하느냐?

15:18

τὰ δὲ ἐκπορευόμενα ἐκ τοῦ στόματος ἐκ τῆς καρδίας ἐξέρχεται,
κἀκεῖνα κοινοῖ τὸν ἄνθρωπον.

그러나 입에서 나오는 것들은 마음에서 나온다. 그리고 저것들이 사람을
더럽힌다.

15:19

ἐκ γὰρ τῆς καρδίας ἐξέρχονται διαλογισμοὶ πονηροί, φόνοι, μοιχεῖ
αι, πορνεῖαι, κλοπαί, ψευδομαρτυρίαι, βλασφημίαι.

왜냐하면 마음에서 악한 생각들, 살인들, 간통들, 음행들, 도둑질들, 거짓
증언들, 비방들이 나오기 때문이다.

15:20

ταῦτά ἐστιν τὰ κοινοῦντα τὸν ἄνθρωπον, τὸ δὲ ἀνίπτοις χερσὶν φαγε
ῖν οὐ κοινοῖ τὸν ἄνθρωπον.

이것들이 사람을 더럽히는 것들이다. 그러나 씻지 않은 손으로 먹는 것은
사람을 더럽히지 않는다.

나사렛 예수는 모든 물질은 깨끗하다고 선언한다. 그럼으로써 종
교적 굴레로부터 물질을 해방시킨다. 물질이 들어가 영양을 공급받는

육체 역시 깨끗하다. 육체는 약하지만 더러운 것은 아니다. 사람을 더럽히는 것은 마음속에 들어있는 더러운 생각들이다. 그 더럽고 악한 생각들이 입을 통하여 언어라는 옷을 입고 나갈 때 그 사람의 인격은 더럽혀진다. 그러나 예수는 그 더럽고 악한 생각들이 어디서 생겨나는지에 대해서는 말하지 않는다.

이 논쟁 바로 앞 마태복음 14장에는 예수의 오병이어 기적, 물 위를 걸으시는 기적, 예수의 옷자락을 만진 모든 사람이 치료받는 기적 이야기가 나온다. 이 기적 이야기들은 예수의 몸은 거룩한 능력으로 가득 찬 영광의 본체이심을 드러내는 계시의 말씀들이다. 예수의 몸이 거룩한 능력으로 가득 찬 영광의 본체이시기 때문에 그의 죽음은 영원한 구원의 대속적 죽음이 된다. 또한 나사렛 예수의 실체가 만물 위의 초월적 신이기 때문에 그의 죽음은 옛 세상의 종말이며 그의 부활은 새로운 세상의 시작이 된다. 그러나 이것은 나사렛 예수 안에 철저히 숨겨져 있다.

복음서는 어떤 영적 세계관이나 신학적 인간학을 제시하지 않는다. 그 대신에 계시로서의 나사렛 예수에 대한 역사적 증언에 충실할 뿐이다. 복음서에 기록된 나사렛 예수는 문학적이고, 철학적이며, 정치적 인물이다. 그의 선교는 민중적이고, 그의 삶은 예술적이다. 나사렛 예수는 철저히 역사적 인물이다. 나사렛 예수의 삶과 죽음의 의미는 끝까지 비밀 속에 감추어져 있다.

성경은 계시로서의 역사적 사건보다 영적 혹은 신학적 해석이 앞서는 것을 결코 용납하지 않는다. 하나님의 계시의 사건은 인간의 신학적 사고의 한계에 결코 예속되지 않는다. 하나님의 계시의 사건은 언제나 인간의 생각의 틀을 깨뜨리고 전진한다. 신학도 하나님의 계시의 사건

앞에서는 우상이 될 수 있다. 언제나 새롭게 계시되는 하나님의 사건을 과거의 신학적 사고의 틀로 해석하려는 모든 인간의 노력은 실패할 수밖에 없다.

성경의 하나님은 언제나 역사 속에서 자신을 새로운 모습으로 계시하시는 창조의 하나님이시다. 그리고 그분의 생각과 행하시는 일들은 언제나 인간의 예측과 인식능력을 초월한다. 그렇게 해서 하나님은 자신의 초월성과 위대성을 역사적 방법으로 계시하신다. 나사렛 예수가 바로 그 하나님이시다.

가나안 여인의 믿음

마태복음 15:21-28

15:21

Καὶ ἐξελθὼν ἐκεῖθεν ὁ Ἰησοῦς ἀνεχώρησεν εἰς τὰ μέρη Τύρου καὶ
Σιδῶνος.

그리고 예수께서 거기서 나가서 두로와 시돈 지역으로 물러났다.

15:22

καὶ ἰδοὺ γυνὴ Χαναναία ἀπὸ τῶν ὁρίων ἐκείνων ἐξελθοῦσα ἔκραζε
ν λέγουσα· ἐλέησόν με, κύριε υἱὸς Δαυίδ· ἡ θυγάτηρ μου κακῶς δαιμον
ί-ζεται.

그리고 보라! 저 지역 출신의 가나안 여자가 나와 외치며 말하고 있다. 나를
불쌍히 여기소서, 주 다윗의 자손이여. 나의 딸이 심하게 귀신 들려 있나이다.

15:23

ὁ δὲ οὐκ ἀπεκρίθη αὐτῇ λόγον. καὶ προσελθόντες οἱ μαθηταὶ αὐτοῦ
ἠρώτουν αὐτὸν λέγοντες· ἀπόλυσον αὐτήν, ὅτι κράζει ὄπισθεν ἡμῶν.

그러나 그는 그녀에게 한 마디도 대답하지 않았다. 그러자 그의 제자들이
나아와 그에게 요구하며 말했다. 그녀를 돌려보내세요. 왜냐하면 우리

뒤에서 소리지르고 있어요.

15:24

ὁ δὲ ἀποκριθεὶς εἶπεν· οὐκ ἀπεστάλην εἰ μὴ εἰς τὰ πρόβατα τὰ ἀπολωλότα οἴκου Ἰσραήλ.

그러자 그가 대답하며 말했다. 나는 오직 이스라엘의 잃은 양들 속으로만 보냄을 받았노라.

15:25

ἡ δὲ ἐλθοῦσα προσεκύνει αὐτῷ λέγουσα· κύριε, βοήθει μοι.

그러자 그 여자가 와서 경배하며 말한다. 주님, 나를 도와주세요.

15:26

ὁ δὲ ἀποκριθεὶς εἶπεν· οὐκ ἔστιν καλὸν λαβεῖν τὸν ἄρτον τῶν τέκνων καὶ βαλεῖν τοῖς κυναρίοις.

그러자 그가 대답하며 말했다. 자녀들의 빵을 집어서 강아지들에게 던지는 것은 아름답지 않다.

15:27

ἡ δὲ εἶπεν· ναὶ κύριε, καὶ γὰρ τὰ κυνάρια ἐσθίει ἀπὸ τῶν ψιχίων τῶν πιπτόντων ἀπὸ τῆς τραπέζης τῶν κυρίων αὐτῶν.

그러자 그녀가 말했다. 맞아요, 주님. 그러나 강아지들도 자기들의 주인들의 식탁에서 떨어지는 부스러기들을 먹습니다.

15:28

τότε ἀποκριθεὶς ὁ Ἰησοῦς εἶπεν αὐτῇ· ὦ γύναι, μεγάλη σου ἡ πίστις·
γενηθήτω σοι ὡς θέλεις. καὶ ἰάθη ἡ θυγάτηρ αὐτῆς ἀπὸ τῆς ὥρας ἐκείνης.

그때 예수께서 그녀에게 대답하며 말했다. 오 여자여, 너의 믿음이 크도다.
네가 원하는 대로 너에게 될지어다. 그리고 저 시간부터 그녀의 딸은 치료
되었다.

이 본문에 아나코레오(αναχωρεω)라는 동사가 다시 등장한다. 아나
코레오는 물러나다, 떠나다라는 뜻인데 주로 위험한 상황을 피하는 동
작이다. 이 동사는 세례 요한이 잡혔을 때, 세례 요한이 감옥에서 처형
당했을 때 예수께서 취했던 움직임을 묘사할 때 쓰였다. 그런데 지금
예루살렘에서 내려온 유대교 신학자들과의 논쟁 후 멀리 두로와 시돈
지역으로 피신한다. 그만큼 정치적 위기 상황임을 암시하고 있다. 나사
렛 예수는 전술적 후퇴를 하고 있다.

두로와 시돈은 바알숭배의 본고장이다. 두로와 시돈을 페니키아라
고 하는데, 고대 페니키아는 그리스와 함께 지중해 여러 곳에 식민지를
세웠다. 그중에 대표적인 페니키아 식민지는 아프리카의 카르타고다.
카르타고는 지중해 패권을 놓고 로마제국과 세 번에 걸쳐 전쟁을 치렀
는데, 그것이 바로 유명한 포에니 전쟁이다. 카르타고 출신의 군인으로
서 코끼리부대를 이끌고 알프스산맥을 넘어 이탈리아반도를 쳐들어
가 15년 동안 유린했던 인물이 저 유명한 한니발이다. 이 한니발의 조상
이 페니키아인이었고, 한니발 또한 열광적인 바알숭배자였다.

한니발 이전에 성경에 등장하는 시돈 출신의 유명한 바알숭배자가

있는데, 그는 시돈 왕 에드바알의 딸이었던 이세벨이다. 이 악녀가 북왕국 이스라엘 아합왕의 아내가 되어서 바알종교를 사방에 퍼뜨렸을 뿐 아니라, 그녀의 딸 아달리야가 남왕국 유다의 여호사밧의 며느리가 되어 예루살렘으로 시집을 와서 유다 왕조를 피바다로 만든다. 두로와 시돈은 그런 역사적 배경을 가진 곳이다. 그러므로 두로와 시돈 지역 출신의 가나안 여인은 바알숭배자였다. 예수께서 가나안 여인의 호소에 대해 침묵하신 것은 이런 배경이 있다.

가나안 여인은 바알숭배자였으나, 자신의 귀신 들린 딸을 살리기 위해 나사렛 예수 앞에 나와 자비를 구한다. 그러나 예수는 대꾸도 하지 않는다. 제자들이 빨리 문제를 해결해서 그 여자를 보내라고 예수께 재촉하자 예수께서는 자신은 이방인들에게는 보내심을 받지 않았다고 말한다. 예수의 무시와 냉대에도 불구하고 가나안 여인이 다시 예수의 도움을 요청하자 예수는 자식들이 먹고 있는 빵을 강아지들에게 주는 것은 좋지 않다고 하면서 가나안 여인을 개 취급한다. 그러자 가나안 여인은 강아지들도 주인의 식탁에서 떨어지는 부스러기는 얻어먹지 않느냐면서 예수의 자비를 구한다. 예수께서는 가나안 여인의 말에 감동을 받고 말씀으로 그녀의 딸을 고쳐준다. 이것으로 나사렛 예수는 말씀으로 귀신을 쫓아내는 초월적 전능자로서 자신을 계시한다.

이 이야기는 이방인들이 율법의 한계선을 넘어 믿음으로 하나님 나라를 차지하게 되는 보편적 구원의 진리를 계시하고 있다.

하나님 나라의 현존

마태복음 15:29-31

15:29

Καὶ μεταβὰς ἐκεῖθεν ὁ Ἰησοῦς ἦλθεν παρὰ τὴν θάλασσαν τῆς Γα-
λιλαίας, καὶ ἀναβὰς εἰς τὸ ὄρος ἐκάθητο ἐκεῖ.

그리고 예수께서 거기서 옮겨 갈릴리 바닷가로 갔다. 그리고 산에 올라가
거기에 앉아 있었다.

15:30

καὶ προσῆλθον αὐτῷ ὄχλοι πολλοὶ ἔχοντες μεθ᾽ ἑαυτῶν χωλούς,
τυφλούς, κυλλούς, κωφούς, καὶ ἑτέρους πολλοὺς καὶ ἔρριψαν αὐτοὺς
παρὰ τοὺς πόδας αὐτοῦ, καὶ ἐθεράπευσεν αὐτούς·

그리고 많은 군중이 자신들과 함께 불구자들, 소경들, 절름발이들, 귀머거
리들 그리고 다른 많은 사람들을 데리고 그에게 나와서 그들을 그의 발
옆에 내던졌다. 그리고 그는 그들을 치료했다.

15:31

ὥστε τὸν ὄχλον θαυμάσαι βλέποντας κωφοὺς λαλοῦντας, κυλλοὺς
ὑγιεῖς καὶ χωλοὺς περιπατοῦντας καὶ τυφλοὺς βλέποντας· καὶ ἐδόξασ

αν τὸν θεὸν Ἰσραήλ.

그리하여 귀머거리들이 이야기를 하고, 절름발이들이 온전해지고 불구자들이 걸어 다니고 소경들이 보는 것을 군중이 보고서 깜짝 놀라게 되었다. 그리고 이스라엘의 하나님께 영광을 돌렸다.

나사렛 예수와 함께 하나님의 나라는 역사 속에 현존하고 있다. 하나님 나라는 예수의 몸을 떠나서는 존재하지 않는다. 나사렛 예수의 몸이 있는 그곳에 하나님 나라가 있다. 교회는 부활하신 예수의 몸으로서 이 역사 속에 현존하는 하나님 나라다.

진정한 표적

마태복음 15:32-39

15:32

Ὁ δὲ Ἰησοῦς προσκαλεσάμενος τοὺς μαθητὰς αὐτοῦ εἶπεν· σπλαγχ-
νίζομαι ἐπὶ τὸν ὄχλον, ὅτι ἤδη ἡμέραι τρεῖς προσμένουσίν μοι καὶ
οὐκ ἔχουσιν τί φάγωσιν· καὶ ἀπολῦσαι αὐτοὺς νήστεις οὐ θέλω, μήποτε
ἐκλυθῶσιν ἐν τῇ ὁδῷ.

그런데 예수께서 자기의 제자들을 불러 말했다. 나는 군중을 측은히 여기
노라. 왜냐하면 그들은 벌써 3일이나 나와 함께 머무르고 있지만 먹을 것이
없다. 그리고 나는 그들이 길에서 기진할까 봐 그들을 굶주린 채로 보내기
를 원치 않는다.

15:33

καὶ λέγουσιν αὐτῷ οἱ μαθηταί· πόθεν ἡμῖν ἐν ἐρημίᾳ ἄρτοι τοσοῦτ
οι ὥστε χορτάσαι ὄχλον τοσοῦτον;

그러자 제자들이 그에게 말했다. 이렇게 많은 군중을 만족시킬 그만한
빵들이 광야에서 우리에게 어디 있습니까?

15:34

καὶ λέγει αὐτοῖς ὁ Ἰησοῦς· πόσους ἄρτους ἔχετε; οἱ δὲ εἶπαν· ἑπτὰ καὶ ὀλίγα ἰχθύδια.

그러자 예수께서 그들에게 말한다. 빵을 얼마큼 갖고 있느냐? 그러자 그들이 말했다. 일곱 개와 작은 물고기 몇 마리요.

15:35

καὶ παραγγείλας τῷ ὄχλῳ ἀναπεσεῖν ἐπὶ τὴν γῆν

그러자 그는 군중에게 땅에 앉으라고 명한 후

15:36

ἔλαβεν τοὺς ἑπτὰ ἄρτους καὶ τοὺς ἰχθύας καὶ εὐχαριστήσας ἔκλασε ν καὶ ἐδίδου τοῖς μαθηταῖς, οἱ δὲ μαθηταὶ τοῖς ὄχλοις.

일곱 개의 빵과 물고기들을 들었다. 그리고 감사한 후에 쪼개어 제자들에게 주었다. 그리고 제자들은 군중에게.

15:37

καὶ ἔφαγον πάντες καὶ ἐχορτάσθησαν. καὶ τὸ περισσεῦον τῶν κλασμάτων ἦραν ἑπτὰ σπυρίδας πλήρεις.

그리고 모든 사람이 먹고 배불렀다. 그리고 그들은 남은 조각들을 일곱 광주리 가득 차게 거두어들였다.

15:38

οἱ δὲ ἐσθίοντες ἦσαν τετρακισχίλιοι ἄνδρες χωρὶς γυναικῶν καὶ παιδίων.

그런데 먹은 사람들은 여자들과 아이들을 제외하고 남자들이 4,000명이었다.

15:39

Καὶ ἀπολύσας τοὺς ὄχλους ἐνέβη εἰς τὸ πλοῖον καὶ ἦλθεν εἰς τὰ ὅρια Μαγαδάν.

그리고 군중을 보낸 후 그는 배에 올라 마가단 지역으로 갔다.

예수는 광야에서 또다시 일곱 개의 빵으로 사천 명을 배불리 먹이는 기적을 행한다. 이 기적 사건은 오병이어 기적과 같은 성격을 갖고 있는데, 그것은 예수의 몸속에 하나님 나라의 능력이 충만하게 임재하고 있다는 것이다. 그러나 유대인들은 그 하나님의 표적을 이해하지 못한다. 그들은 자기들의 눈앞에서 초월적인 영광을 계시하고 있는 나사렛 예수가 이 세상에 육체를 입고 나타난 영광의 본체이심을 알아보지 못한다. 그들은 그런 엄청난 일이 일어날 것이라고는 상상하지 못한다.

그러나 그것은 이미 하나님께서 선지자들을 통해 오래전부터 예언해 오신 거룩한 약속이었다. 이 하나님의 위대한 계시의 사건은 세상이 감당할 수 없는 어마어마한 우주적 사건이다. 나사렛 예수 안에는 온 우주의 에너지보다 더 큰 하나님의 능력이 숨겨져 있었던 것이다. 그런 일이 실제로 일어났을 때 하나님의 약속을 받은 이스라엘 백성들도 믿지 않았다. 유대교 지도자들도, 유대 민중도, 심지어 예수의 제자들도 마찬가지다.

나사렛 예수라는 역사적 인물의 실체가 계시되기 시작하는 것은 그가 이 세상을 떠나 아버지께로 돌아간 후 진리의 성령께서 임재하신 후다. 진리의 성령께서는, 십자가에 죽으시고 부활하신 나사렛 예수가 태초부터 계시는 영광의 본체이신 아들이심을 제자들에게 알려주신다. 나사렛 예수에 대한 역사적 증언에 충실한 공관복음서는 나사렛 예수의 실체를 철저히 숨기고 있다. 그건 마태, 마가, 누가가 다 똑같다. 그러므로 공관복음서의 역사적 예수를 아무리 문학적으로, 철학적으로, 정치적으로 연구해도 역사 속에 현존하고 있던 하나님 나라의 실체는 인식할 수 없다.

표적을 구하는 자들

마태복음 16:1-4

16:1

Καὶ προσελθόντες οἱ Φαρισαῖοι καὶ Σαδδουκαῖοι πειράζοντες ἐπη-
ρώτησαν αὐτὸν σημεῖον ἐκ τοῦ οὐρανοῦ ἐπιδεῖξαι αὐτοῖς.

그리고 바리새인들과 사두개인들이 나아와 그를 시험하기 위해 자기들에
게 하늘로부터 (오는) 표적을 제시해줄 것을 요구했다.

16:2

ὁ δὲ ἀποκριθεὶς εἶπεν αὐτοῖς· ὀψίας γενομένης λέγετε· εὐδία, πυρρ
άζει γὰρ ὁ οὐρανός·

그러자 그가 그들에게 대답하며 말했다. [저녁이 되었을 때 너희는 말한다.
하늘이 불타오르니 좋은 날이다.

16:3

καὶ πρωΐ· σήμερον χειμών, πυρράζει γὰρ στυγνάζων ὁ οὐρανός.
τὸ μὲν πρόσωπον τοῦ οὐρανοῦ γινώσκετε διακρίνειν, τὰ δὲ σημεῖα
τῶν καιρῶν οὐ δύνασθε;

그리고 새벽에는, 오늘은 하늘이 불타오르고 찌푸렸으니 폭풍이 불겠구

나.(라고 말한다) 진정 너희는 하늘의 얼굴은 분별할 줄 알면서 때의 표적들은 분별할 줄은 모르느냐?」

16:4

γενεὰ πονηρὰ καὶ μοιχαλὶς σημεῖον ἐπιζητεῖ, καὶ σημεῖον οὐ δοθή-
σεται αὐτῇ εἰ μὴ τὸ σημεῖον Ἰωνᾶ. καὶ καταλιπὼν αὐτοὺς ἀπῆλθεν.

악하고 음란한 세대가 표적을 열심히 찾는다. 그러나 그에게는 오직 요나의 표적 외에는 (아무런) 표적도 주어지지 않을 것이다. 그리고 그들을 내버려두고 떠나갔다.

이 세상을 향한 하나님의 은혜의 표적인 예수 그리스도 앞에서 하늘로부터 오는 능력의 표적을 구하는 유대교 신학자들의 무지와 어리석음을 본다. 여기서 율법과 은혜라는 두 개의 세계관이 충돌한다.

바로 여기가 유대교와 기독교가 갈라지는 지점이다. 유대교는 율법과 정죄의 세계관으로, 기독교는 은혜와 화해의 세계관으로. 둘 다 구약성경에 기반을 둔 신학적 세계관이지만 이 둘은 성경을 전혀 다르게 해석하고 있다.

중요한 것은 누가 하나님의 본질에 접근하고 있느냐의 문제다. 나사렛 예수는 꽉 막힌 유대교 신학자들을 내버려두고 가버린다. 더 이상 말이 안 통했기 때문이다. 지금도 유대교와 기독교가 말이 안 통하는 것은 마찬가지다. 그것은 나사렛 예수라는 역사적 실체에 대한 해석의 차이에서 생겨난 것이다.

예수 그리스도의 은혜의 세계관을 받아들이는 순간 유대교는 무너진다. 그것이 그들이 나사렛 예수를 반드시 제거해야 하는 이유였고, 후에 교회를 집요하게 핍박했던 이유다.

빵을 걱정하는 자들

마태복음 16:5-12

16:5

Καὶ ἐλθόντες οἱ μαθηταὶ εἰς τὸ πέραν ἐπελάθοντο ἄρτους λαβεῖν.

그리고 제자들은 건너편으로 갈 때 빵을 가져가는 것을 잊어버렸다.

16:6

ὁ δὲ Ἰησοῦς εἶπεν αὐτοῖς· ὁρᾶτε καὶ προσέχετε ἀπὸ τῆς ζύμης τῶν Φαρισαίων καὶ Σαδδουκαίων.

그러자 예수께서 그들에게 말했다. 바리새인들과 사두개인들의 누룩을 조심하고 경계하라.

16:7

οἱ δὲ διελογίζοντο ἐν ἑαυτοῖς λέγοντες ὅτι ἄρτους οὐκ ἐλάβομεν.

그런데 제자들은 속으로 생각하면서 우리가 빵을 가져오지 않았구나라고 말했다.

16:8

γνοὺς δὲ ὁ Ἰησοῦς εἶπεν· τί διαλογίζεσθε ἐν ἑαυτοῖς, ὀλιγόπιστοι, ὅτι ἄρτους οὐκ ἔχετε;

그러자 예수께서 알고 말했다. 믿음이 적은 자들아, 어찌하여 너희가 빵을 가져오지 않은 것을 속으로 생각하느냐?

16:9

οὔπω νοεῖτε, οὐδὲ μνημονεύετε τοὺς πέντε ἄρτους τῶν πεντακισ- χιλίων καὶ πόσους κοφίνους ἐλάβετε;

5,000명이 먹은 빵 5개로 얼마나 많은 바구니를 거두어들였는지 아직도 깨닫지 못하고, 아직도 기억하지 못하느냐?

16:10

οὐδὲ τοὺς ἑπτὰ ἄρτους τῶν τετρακισχιλίων καὶ πόσας σπυρίδας ἐλάβετε;

또한 4,000명이 먹은 7개의 빵으로 얼마나 많은 광주리를 너희가 거두어 들였느냐?

16:11

πῶς οὐ νοεῖτε ὅτι οὐ περὶ ἄρτων εἶπον ὑμῖν; προσέχετε δὲ ἀπὸ τῆς ζύμης τῶν Φαρισαίων καὶ Σαδδουκαίων.

너희는 내가 빵에 대하여 말하지 않은 것을 어찌 깨닫지 못하느냐? 그러나 바리새인들과 사두개인들의 누룩을 경계하라.

16:12

τότε συνῆκαν ὅτι οὐκ εἶπεν προσέχειν ἀπὸ τῆς ζύμης τῶν ἄρτων ἀλλ᾽ ἀπὸ τῆς διδαχῆς τῶν Φαρισαίων καὶ Σαδδουκαίων.

그때서야 그들은 그가 빵의 누룩이 아니라 바리새인들과 사두개인들의 교훈을 조심하라고 말한 것을 이해했다.

예수의 제자들은 물질의 창조자이며 지배자이신 하나님을 바로 옆에 두고 빵을 걱정하는 어리석은 행동을 하고 있다. 예수께서는 그들에게 바리새인들과 사두개인들의 신학을 조심하라고 말한다. 그들의 신학은 율법과 정죄의 세계관으로 그 당시 유대 민중의 삶을 피폐하게 만들었다. 아직 예수의 제자들은 유대교 신학의 영향력을 벗어나지 못한 상태로 남아 있다. 그들 역시 유대교 회당에 출입하며 바리새인들의 신학 강론을 들었던 유대교 신자 출신들이었다.

그 시대의 그 누구도 이스라엘의 하나님 여호와께서 한 육체로 한 인간으로 역사 속에 올 것이라는 거룩한 약속이 나사렛 예수라는 역사적 실체로 성취되었다는 것을 알아차리지 못했다. 게다가 그들의 세계관으로서는 나사렛 예수를 이 세상과 화해하시려는 하나님의 구원의 표적으로 삼으셨다는 것은 상상할 수도 없고, 받아들일 수도 없는 일이었다. 오직 성령이 오셔서 그들에게 나사렛 예수의 실체가 하나님 바로 그분임을 알게 하셨을 때, 비로소 그때 그들은 유대교 율법적 세계관에서 예수 그리스도의 은혜의 세계관으로 넘어오게 되었다.

베드로의 신앙고백

마태복음 16:13-20

16:13

Ἐλθὼν δὲ ὁ Ἰησοῦς εἰς τὰ μέρη Καισαρείας τῆς Φιλίππου ἠρώτα τοὺς μαθητὰς αὐτοῦ λέγων· τίνα λέγουσιν οἱ ἄνθρωποι εἶναι τὸν υἱὸν τοῦ ἀνθρώπου;

그런데 예수께서 빌립보의 가이사리아 지역으로 갔을 때 자기의 제자들에게 물었다. 사람들은 사람의 아들이 누구라고 말하고 있느냐?

16:14

οἱ δὲ εἶπαν· οἱ μὲν Ἰωάννην τὸν βαπτιστήν, ἄλλοι δὲ Ἡλίαν, ἕτεροι δὲ Ἰερεμίαν ἢ ἕνα τῶν προφητῶν.

그러자 그들이 말했다. 어떤 사람들은 세례 요한이라고 하고, 그런데 다른 사람들은 엘리야라고 하고, 또 다른 사람들은 예레미야 혹은 선지자 중의 하나라고 합니다.

16:15

λέγει αὐτοῖς· ὑμεῖς δὲ τίνα με λέγετε εἶναι;

(그러자) 그가 그들에게 말한다. 그러면 너희는 나를 누구라고 말하느냐?

16:16

ἀποκριθεὶς δὲ Σίμων Πέτρος εἶπεν· σὺ εἶ ὁ χριστὸς ὁ υἱὸς τοῦ θεοῦ τοῦ ζῶντος.

그러자 시몬 베드로가 대답하며 말했다. 당신은 살아계시는 하나님의 아들 그리스도이십니다.

16:17

Ἀποκριθεὶς δὲ ὁ Ἰησοῦς εἶπεν αὐτῷ· μακάριος εἶ, Σίμων Βαριωνᾶ, ὅτι σὰρξ καὶ αἷμα οὐκ ἀπεκάλυψέν σοι ἀλλ᾽ ὁ πατήρ μου ὁ ἐν τοῖς οὐρανοῖς.

그러자 예수께서 대답하며 그에게 말했다. 너는 행복하다, 바요나 시몬아, 왜냐하면 살과 피가 너에게 (그것을) 계시한 것이 아니고 그 대신에 하늘들에 계시는 나의 아버지께서 (계시하셨기 때문이다).

16:18

κἀγὼ δέ σοι λέγω ὅτι σὺ εἶ Πέτρος, καὶ ἐπὶ ταύτῃ τῇ πέτρᾳ οἰκοδομήσω μου τὴν ἐκκλησίαν καὶ πύλαι ἅδου οὐ κατισχύσουσιν αὐτῆς.

그리고 내가 너에게 말한다. 너는 베드로다. 그리고 나는 이 바위 위에 나의 교회를 세우겠다. 그리고 음부(하데스)의 문들이 그것을 이기지 못할 것이다.

16:19

δώσω σοι τὰς κλεῖδας τῆς βασιλείας τῶν οὐρανῶν, καὶ ὃ ἐὰν δήσῃς ἐπὶ τῆς γῆς ἔσται δεδεμένον ἐν τοῖς οὐρανοῖς, καὶ ὃ ἐὰν λύσῃς ἐπὶ τῆς γῆς ἔσται λελυμένον ἐν τοῖς οὐρανοῖς.

내가 너에게 하늘들의 나라의 열쇠들을 주겠다. 그리고 네가 무엇이든지 땅에서 묶으면 하늘들에서도 묶인 것이 될 것이고 네가 무엇이든지 땅에서 풀면 하늘들에서도 풀린 것이 될 것이다.

16:20

Τότε διεστείλατο τοῖς μαθηταῖς ἵνα μηδενὶ εἴπωσιν ὅτι αὐτός ἐστιν ὁ χριστός.

그때 그는 자신이 그리스도라는 것을 누구에게도 말하지 말라고 제자들에게 엄히 명령했다.

나사렛 예수는 자신에 대한 세간의 평판을 제자들에게 질문한다. 제자들을 통해 확인된 세간의 평판의 공통점은 나사렛 예수를 거룩한 선지자 중의 한 사람으로서 존경한다는 것이었다. 그러자 예수는 자신의 제자들의 평가를 듣고 싶어 한다. 그때 베드로가 나서서 엄청난 말을 한다. 그는 나사렛 예수가 살아계시는 하나님의 아들이며 메시아라고 고백한다. 그때 당시 나사렛 예수를 메시아로 생각하며 기대를 걸었던 사람들은 많이 있었다. 그러나 나사렛 예수가 하나님의 아들이며, 하늘에서 오신 분이시며, 태초부터 영존하시는 하나님이라고 고백한 사람은 베드로가 처음이다. 여기에 베드로의 신앙고백의 위대성이 있다.

그러자 주님께서는 자신의 교회를 성 삼위일체 신앙고백 위에 세울 것과 성 삼위일체 신앙고백의 반석 위에서 목회할 때 천국의 문들이 열리고 형통함이 있을 것이라고 약속하신다. 공관복음서에 기록된 나사렛 예수에 관한 모든 이야기는 그가 구약성경에 계시된 하나님 그분과 동일한 존재라는 것을 증명하는 것들이다. 나사렛 예수는 기이하고 놀라운 일들을 행하시며, 지혜와 능력과 영광으로 충만하시며, 거룩하고 의로운 영광의 본체이신 하나님 바로 그분이시라는 것을 아는 이 지식이 신학의 출발점이고 목회의 출발점이다.

　이 지식은 인간의 이성으로는 결코 도달할 수 없는 신적 계시의 영역이다. 이 계시적 지식은 하나님께서 사랑하시고 택하신 자들에게 주시는 은사다. 베드로의 신앙고백은 위대했지만, 베드로의 메시아 인식이 과연 세상을 향한 하나님의 화해와 사랑의 표적으로서의 그리스도를 인식했다고는 볼 수 없다. 그의 메시아 인식은 아직도 유대 민족주의의 한계를 벗어나지 못하고 있다는 것이 금방 들통이 난다.

죽음과 부활의 예언

마태복음 16:21-28

16:21

Ἀπὸ τότε ἤρξατο ὁ Ἰησοῦς δεικνύειν τοῖς μαθηταῖς αὐτοῦ ὅτι δεῖ αὐτὸν εἰς Ἱεροσόλυμα ἀπελθεῖν καὶ πολλὰ παθεῖν ἀπὸ τῶν πρεσβυτέρ ων καὶ ἀρχιερέων καὶ γραμματέων καὶ ἀποκτανθῆναι καὶ τῇ τρίτῃ ἡμέρᾳ ἐγερθῆναι.

그때부터 예수께서 자기의 제자들에게 그가 반드시 예루살렘으로 떠나서 장로들과 대제사장들과 서기관들에게 많은 일들을 당하고 죽임을 당하고 제삼일에 일으켜져야 한다는 것을 알리기 시작했다.

16:22

καὶ προσλαβόμενος αὐτὸν ὁ Πέτρος ἤρξατο ἐπιτιμᾶν αὐτῷ λέγων· ἵλεώς σοι, κύριε· οὐ μὴ ἔσται σοι τοῦτο.

그리고 베드로가 그를 붙잡고 그를 꾸짖기 시작하며 말했다. 주님, 제발. 결코 이 일이 당신에게 있어서는 안 됩니다.

16:23

ὁ δὲ στραφεὶς εἶπεν τῷ Πέτρῳ· ὕπαγε ὀπίσω μου, σατανᾶ· σκάνδαλ ον εἶ ἐμοῦ, ὅτι οὐ φρονεῖς τὰ τοῦ θεοῦ ἀλλὰ τὰ τῶν ἀνθρώπων.

그러자 그가 베드로에게 돌아서서 말했다. 내 뒤로 가라, 사탄아. 너는 나의 걸림돌이다. 왜냐하면 너는 하나님의 일들은 생각하지 않고 사람들의 일들을 생각하기 때문이다.

16:24

Τότε ὁ Ἰησοῦς εἶπεν τοῖς μαθηταῖς αὐτοῦ· εἴ τις θέλει ὀπίσω μου ἐλθεῖν, ἀπαρνησάσθω ἑαυτὸν καὶ ἀράτω τὸν σταυρὸν αὐτοῦ καὶ ἀκολουθείτω μοι.

그때 예수께서 자기의 제자들에게 말했다. 만약 누가 나의 뒤로 오기를 원한다면 그는 자기 자신을 부인하라. 그리고 자기의 십자가를 져라. 그리고 나를 따르라.

16:25

ὃς γὰρ ἐὰν θέλῃ τὴν ψυχὴν αὐτοῦ σῶσαι ἀπολέσει αὐτήν· ὃς δ᾿ ἂν ἀπολέσῃ τὴν ψυχὴν αὐτοῦ ἕνεκεν ἐμοῦ εὑρήσει αὐτήν.

왜냐하면 누구든지 자기의 목숨을 구하려고 하는 자는 그것을 잃을 것이기 때문이다. 그러나 누구든지 나를 위하여 자기의 목숨을 잃는 자는 그것을 찾을 것이다.

16:26

τί γὰρ ὠφεληθήσεται ἄνθρωπος ἐὰν τὸν κόσμον ὅλον κερδήσῃ τὴν δὲ ψυχὴν αὐτοῦ ζημιωθῇ; ἢ τί δώσει ἄνθρωπος ἀντάλλαγμα τῆς ψυχῆς αὐτοῦ;

사람이 온 세상을 얻고도 자기의 목숨을 손해 보면 무슨 유익이 될 것이냐? 혹은 사람이 자기의 목숨의 대가로 무엇을 줄 것이냐?

16:27

μέλλει γὰρ ὁ υἱὸς τοῦ ἀνθρώπου ἔρχεσθαι ἐν τῇ δόξῃ τοῦ πατρὸς αὐτοῦ μετὰ τῶν ἀγγέλων αὐτοῦ, καὶ τότε ἀποδώσει ἑκάστῳ κατὰ τὴν πρᾶξιν αὐτοῦ.

왜냐하면 사람의 아들이 자기의 천사들과 함께 자기의 아버지의 영광 속에 올 것이기 때문이다. 그리고 그는 각자에게 자기의 행실대로 갚아 줄 것이다.

16:28

Ἀμὴν λέγω ὑμῖν ὅτι εἰσίν τινες τῶν ὧδε ἑστώτων οἵτινες οὐ μὴ γεύσωνται θανάτου ἕως ἂν ἴδωσιν τὸν υἱὸν τοῦ ἀνθρώπου ἐρχόμενον ἐν τῇ βασιλείᾳ αὐτοῦ.

내가 진실로 너희에게 말하건대 여기에 서 있는 사람 중에는 진정 사람의 아들이 자기의 나라 속에 오는 것을 볼 때까지 결코 죽음을 맛보지 않을 사람들이 있다.

나사렛 예수는 베드로의 신앙고백을 듣고 예루살렘행을 결심한다. 그것은 오직 한 사람의 위대한 신앙고백이 우주적인 교회가 세워질 기초가 되기 때문이다. 그리고 만세 전부터 숨겨졌던 영원한 구원의 비밀을 공개한다. 그것은 그리스도께서 자기의 목숨을 세상의 구원을 위한 대속의 제물로 바치는 것이다. 그러나 동시에 이는 이 세상이 감당할 수도, 이해할 수도, 상상할 수도 없는 하나님의 사건이다.

이에 대해 베드로가 나서서 가로막는 것은 사람의 생각으로는 당연한 일이다. 그러나 그것은 하나님의 일을 가로막는 사탄의 일이다. 나사렛 예수는 베드로의 얼굴을 봐주지 않고 사탄이라고 쏘아붙인다. 성경의 하나님에게는 얼굴 봐주는 것(προσωπολημψια, 프로소포렘프시아, 얼굴 취함)이 없다. 그분은 각자의 행위대로 심판하시고 갚아주시는 공의의 하나님이시다. 나사렛 예수는 누구든지 자기의 제자가 되어 천국을 소유하려는 자는 자기를 부인하고 자기 십자가를 지고 그를 따를 것을 명령한다. 왜냐하면 그 사람이 진정 세상에서 가장 지혜로운 사람이기 때문이다.

나사렛 예수는 자신의 죽음과 부활과 함께 자신의 영광의 재림도 약속한다. 그의 재림은 처음에는 성령을 통한 영적 임재로, 세상 끝날에는 그의 부활의 몸으로 나타날 것이다.

변화산 이야기
마태복음 17:1-13

17:1

Καὶ μεθ᾽ ἡμέρας ἓξ παραλαμβάνει ὁ Ἰησοῦς τὸν Πέτρον καὶ Ἰάκωβ ον καὶ Ἰωάννην τὸν ἀδελφὸν αὐτοῦ καὶ ἀναφέρει αὐτοὺς εἰς ὄρος ὑψηλ ὸν κατ᾽ ἰδίαν.

그리고 6일 후 예수께서 베드로와 야고보와 그의 형제 요한을 따로 데리고 높은 산으로 올라갔다.

17:2

καὶ μετεμορφώθη ἔμπροσθεν αὐτῶν, καὶ ἔλαμψεν τὸ πρόσωπον αὐτοῦ ὡς ὁ ἥλιος, τὰ δὲ ἱμάτια αὐτοῦ ἐγένετο λευκὰ ὡς τὸ φῶς.

그리고 그는 그들 앞에서 변형되었다. 그리고 그의 얼굴은 해같이 빛났다. 그리고 그의 겉옷은 빛과 같이 희게 되었다.

17:3

καὶ ἰδοὺ ὤφθη αὐτοῖς Μωϋσῆς καὶ Ἠλίας συλλαλοῦντες μετ᾽ αὐτοῦ.

그리고 보라, 모세와 엘리야가 나타나 그와 함께 이야기하고 있었다.

17:4

ἀποκριθεὶς δὲ ὁ Πέτρος εἶπεν τῷ Ἰησοῦ· Κύριε, καλόν ἐστιν ἡμᾶς ὧδε εἶναι· εἰ θέλεις, ποιήσω ὧδε τρεῖς σκηνάς, σοὶ μίαν καὶ Μωϋσεῖ μίαν καὶ Ἠλίᾳ μίαν.

그러자 베드로가 대답하며 예수에게 말했다. 주님, 우리가 여기에 있는 것이 좋습니다. 만약 당신께서 원하신다면 내가 여기에 초막 셋을 만들겠 습니다. 당신을 위하여 하나를 그리고 모세를 위하여 하나를 그리고 엘리 야를 위하여 하나를.

17:5

ἔτι αὐτοῦ λαλοῦντος ἰδοὺ νεφέλη φωτεινὴ ἐπεσκίασεν αὐτούς, καὶ ἰδοὺ φωνὴ ἐκ τῆς νεφέλης λέγουσα· οὗτός ἐστιν ὁ υἱός μου ὁ ἀγαπητός, ἐν ᾧ εὐδόκησα· ἀκούετε αὐτοῦ.

아직 그가 이야기하고 있을 때 보라, 빛나는 구름이 그들을 덮었다. 그리고 보라! 구름 속에서 말하는 음성이로다. 이는 나의 사랑하는 아들이다. 내가 그를 기뻐했노라. 너희는 그의 말을 들으라.

17:6

καὶ ἀκούσαντες οἱ μαθηταὶ ἔπεσαν ἐπὶ πρόσωπον αὐτῶν καὶ ἐφοβή θησαν σφόδρα.

그리고 제자들이 듣고서 얼굴을 땅에 대고 엎드렸다. 그리고 굉장히 무서 워했다.

17:7

καὶ προσῆλθεν ὁ Ἰησοῦς καὶ ἁψάμενος αὐτῶν εἶπεν· ἐγέρθητε καὶ μὴ φοβεῖσθε.

그리고 예수께서 다가와 그들을 만지면서 말했다. 일어나라 그리고 무서워하지 말라.

17:8

ἐπάραντες δὲ τοὺς ὀφθαλμοὺς αὐτῶν οὐδένα εἶδον εἰ μὴ αὐτὸν Ἰησοῦν μόνον.

그런데 그들이 자기들의 눈을 들었을 때 그들은 오직 예수 외에는 아무도 보지 못했다.

17:9

Καὶ καταβαινόντων αὐτῶν ἐκ τοῦ ὄρους ἐνετείλατο αὐτοῖς ὁ Ἰησοῦς λέγων· μηδενὶ εἴπητε τὸ ὅραμα ἕως οὗ ὁ υἱὸς τοῦ ἀνθρώπου ἐκ νεκρῶν ἐγερθῇ.

그리고 그들이 산에서 내려올 때 예수께서 그들에게 명령하며 말했다. 사람의 아들이 죽은 자들 가운데서 일어날 때까지 그 광경을 누구에게도 말하지 말라.

17:10

Καὶ ἐπηρώτησαν αὐτὸν οἱ μαθηταὶ λέγοντες· τί οὖν οἱ γραμματεῖς λέγουσιν ὅτι Ἠλίαν δεῖ ἐλθεῖν πρῶτον;

그리고 제자들이 그에게 질문하며 말했다. 그러면 왜 서기관들은 반드시 엘리야가 먼저 와야 한다고 말합니까?

17:11

ὁ δὲ ἀποκριθεὶς εἶπεν· Ἡλίας μὲν ἔρχεται καὶ ἀποκαταστήσει πάντα·

그러자 그가 대답하며 말했다. 진정 엘리야가 와서 모든 것을 회복할 것이다.

17:12

λέγω δὲ ὑμῖν ὅτι Ἡλίας ἤδη ἦλθεν, καὶ οὐκ ἐπέγνωσαν αὐτὸν ἀλλ᾽ ἐποίησαν ἐν αὐτῷ ὅσα ἠθέλησαν· οὕτως καὶ ὁ υἱὸς τοῦ ἀνθρώπου μέλλει πάσχειν ὑπ᾽ αὐτῶν.

내가 너희에게 말하건대 엘리야는 이미 왔다. 그리고 그들은 그를 알아채 지 못했다. 그 대신에 그들이 원하는 대로 그에게 행했다. 그리고 그와 같이 사람의 아들도 그들에 의해 고난을 당할 것이다.

17:13

τότε συνῆκαν οἱ μαθηταὶ ὅτι περὶ Ἰωάννου τοῦ βαπτιστοῦ εἶπεν αὐτοῖς.

그때 제자들은 그가 세례 요한에 대해 자기들에게 말했다는 것을 깨달았다.

나사렛 예수는 따로 세 명의 제자를 데리고 높은 산으로 올라간다. 거기서 나사렛 예수는 형체(μορφη, 모르페)가 변한다. 그는 이 세상 인간의 육체가 아니라 하나님의 영광의 본체로 변모한다. 그것은 그의 지상에서의 날이 얼마 남지 않았기 때문이다. 나사렛 예수는 제자들에게 자신의 실체를 보여줌으로써 내세에서의 새로운 만남을 기약하고 있는 것이다.

예수의 몸이 영광의 본체로 바뀌자 그 높은 산은 이제 천상의 세계로 바뀐다. 모세와 엘리야가 나타나 예수와 이야기한다. 그들은 율법과 선지자를 대표하는 자들로서 나사렛 예수를 증거하는 자들이다. 누가복음에서는 그들의 대화 내용이 나사렛 예수의 엑소도스(ἔξοδος, 떠남), 즉 십자가 죽음에 관한 것이었다고 말하고 있다.

그 신비롭고 영화로운 천상의 세계가 너무 아름다워서 베드로는 그 장소를 떠나고 싶어 하지 않는다. 그래서 초막 셋을 만들어서 예수님과 모세와 엘리야에게 하나씩 제공하겠다고 한다. 여기에 베드로의 무분별한 종교성이 드러난다. 그것은 무언가 신비로운 것이 나타나기만 하면 신격화시켜서 숭배하려는 자의적 종교성인데, 이것은 하나님의 진리와는 아무런 관계가 없다.

빛나는 구름이 그들을 덮고 구름 속에서 하나님의 음성이 들려왔을 때 그들은 혼비백산하여 땅바닥에 쓰러져 무서워 벌벌 떤다. 살아계시는 하나님의 말씀 앞에서 인간의 자의적 종교성은 완전히 박살이 나는 것이다. 구름 속의 음성은 오직 나사렛 예수만이 하나님께서 기뻐하시는 유일한 사랑의 아들임을 선포한다. 벼락 맞은 사람처럼 혼이 빠진 상태로 쓰러져 있는 그들에게 나사렛 예수가 손을 댈 때 그들은 제정신으로 돌아와 오직 예수 외에는 아무것도 보이지 않는다. 그들은 나사렛 예수 앞에서 신과 인간의 진실한 관계를 회복한 것이다.

짜증 내는 예수

마태복음 17:14-20

17:14

Καὶ ἐλθόντων πρὸς τὸν ὄχλον προσῆλθεν αὐτῷ ἄνθρωπος γονυπετῶν αὐτὸν

그리고 그들이 군중을 향하여 왔을 때 (어떤) 사람이 그에게 나아와 무릎을 꿇었다.

17:15

καὶ λέγων· κύριε, ἐλέησόν μου τὸν υἱόν, ὅτι σεληνιάζεται καὶ κακῶς πάσχει· πολλάκις γὰρ πίπτει εἰς τὸ πῦρ καὶ πολλάκις εἰς τὸ ὕδωρ.

그리고 말했다. 주님, 내 아들에게 자비를 베풀어 주세요. 그는 간질병에 걸려서 심하게 고생하고 있어요. 그래서 자주 불 속에 넘어지고 또 자주 물 속에 넘어집니다.

17:16

καὶ προσήνεγκα αὐτὸν τοῖς μαθηταῖς σου, καὶ οὐκ ἠδυνήθησαν αὐτὸν θεραπεῦσαι.

그래서 내가 그를 당신의 제자들에게 데리고 왔지만, 그들은 그를 고칠

수 없었어요.

17:17

ἀποκριθεὶς δὲ ὁ Ἰησοῦς εἶπεν· ὦ γενεὰ ἄπιστος καὶ διεστραμμένη, ἕως πότε μεθ᾽ ὑμῶν ἔσομαι; ἕως πότε ἀνέξομαι ὑμῶν; φέρετέ μοι αὐτὸν ὧδε.

그러자 예수께서 대답하며 말했다. 오 믿음 없고 삐딱한 세대여, 언제까지 내가 너희와 함께 있을 것이냐? 언제까지 내가 너희를 참아야 하겠느냐? 그를 나에게 데려오라.

17:18

καὶ ἐπετίμησεν αὐτῷ ὁ Ἰησοῦς καὶ ἐξῆλθεν ἀπ᾽ αὐτοῦ τὸ δαιμόνιον καὶ ἐθεραπεύθη ὁ παῖς ἀπὸ τῆς ὥρας ἐκείνης.

그리고 예수께서 그를 꾸짖자 그에게서 귀신이 나갔다. 그리고 저 시간부터 그 아이는 치료되었다.

17:19

Τότε προσελθόντες οἱ μαθηταὶ τῷ Ἰησοῦ κατ᾽ ἰδίαν εἶπον· διὰ τί ἡμεῖς οὐκ ἠδυνήθημεν ἐκβαλεῖν αὐτό;

그때 제자들이 예수에게 나아와 따로 말했다. 어찌하여 우리는 그것을 쫓아낼 수 없었나요?

17:20

ὁ δὲ λέγει αὐτοῖς· διὰ τὴν ὀλιγοπιστίαν ὑμῶν· ἀμὴν γὰρ λέγω ὑμῖν, ἐὰν ἔχητε πίστιν ὡς κόκκον σινάπεως, ἐρεῖτε τῷ ὄρει τούτῳ· μετάβα ἔνθεν ἐκεῖ, καὶ μεταβήσεται· καὶ οὐδὲν ἀδυνατήσει ὑμῖν.

그러자 그가 그들에게 말했다. 너희의 적은 믿음 때문이다. 그러므로 내가 진실로 너희에게 말한다. 만약 너희가 겨자씨만 한 믿음을 가지고 있다면, 이 산을 향하여, 여기에서 저기로 옮겨가라고 말할 것이다. 그러면 그것이 옮겨질 것이다. 그리고 너희에게 아무것도 불가능한 것은 없을 것이다.

영광스러운 천상의 세계로부터 예수 일행은 다시 지상의 세계로 내려와야 했다. 거기서 그들을 기다리고 있는 것은 또다시 밀려드는 군중과 짜증 나는 현실이다. 군중은 이기적일 뿐 아니라 야비하기까지 하다. 거룩하고 의로운 부활의 세계와 비교하면 너무나 견디기 어려운 죄의 현실이다. 이제 십자가 대속의 죽음을 앞둔 나사렛 예수에게 귀신을 쫓아내거나 병을 고쳐주는 일은 피곤한 일이 되었다.

그에게 필요한 것은 그의 실체를 알아보고, 그가 아버지께로부터 받은 사명을 향하여 가는 길에 위로가 될 친구들이다. 그의 길은 두렵고 떨리는 길이다. 그러나 그에게 주어진 사명을 이해하는 사람은 세상에 없다. 그럼에도 불구하고 그는 자신에게 주어진 십자가의 길을 향해 묵묵히 전진해야 한다. 그 길은 도살장으로 끌려가는 어린 양의 죽음의 길이다.

죽음에 대한 두 번째 예고

마태복음 17:22-23

17:22

Συστρεφομένων δὲ αὐτῶν ἐν τῇ Γαλιλαίᾳ εἶπεν αὐτοῖς ὁ Ἰησοῦς·
μέλλει ὁ υἱὸς τοῦ ἀνθρώπου παραδίδοσθαι εἰς χεῖρας ἀνθρώπων,

그런데 그들이 갈릴리에 함께 모였을 때 예수께서 그들에게 말했다. 사람
의 아들은 장차 사람들의 손에 넘겨질 것이다.

17:23

καὶ ἀποκτενοῦσιν αὐτόν, καὶ τῇ τρίτῃ ἡμέρᾳ ἐγερθήσεται. καὶ ἐλυ
πήθησαν σφόδρα.

그리고 그들은 그를 죽일 것이다. 그리고 그는 제삼일에 일으켜질 것이다.
그러자 그들은 굉장히 슬퍼했다.

συστρεφω(쉬스트레포) = συν(함께) + στρεφω(돌아서다)

μέλλει = to be about to(~하려고 하다)

σφοδρα(스포드라) = 굉장히

예수는 갈릴리에서 자신의 죽음에 대하여 두 번째 예고한다. 예수

는 자신을 사람의 아들이라고 객관화시켜서 냉정하게 말한다. 이것은 그의 죽음이 자신의 의지적 결단과 함께 이미 그에게 주어진 운명의 길임을 암시하고 있다. 사람의 아들은 하나님의 아들의 역설적 표현이다.

그것은 또한 하나님의 아들이 나사렛 예수라는 역사적 실체로서 계시되고 있음을 나타내고 있다. 예수는 자신의 죽음이 어떤 목적을 위해서, 어떤 과정을 통해 일어나는지에 대해서는 언급하지 않는다. 예수는 사람의 아들은 반드시 죽어야 하고 또 그 죽음을 통해서 자기의 영광 속으로 들어가야 한다는 필연성만 이야기하고 있다.

제자들은 예수의 말을 듣고 굉장히 슬퍼했는데, 그것은 그들이 고난을 통해 자기의 영광 속으로 들어가게 될 메시아의 사명에 대한 인식의 결여에서 생겨난 것이다. 그들은 메시아의 죽음이 그들 자신과 온 세상에 얼마나 큰 유익을 가져다주는지에 대해 전혀 알지 못하고 있다.

영원한 성전

마태복음 17:24-27

17:24

Ἐλθόντων δὲ αὐτῶν εἰς Καφαρναοὺμ προσῆλθον οἱ τὰ δίδραχμα λαμβάνοντες τῷ Πέτρῳ καὶ εἶπαν· ὁ διδάσκαλος ὑμῶν οὐ τελεῖ τὰ δίδραχμα;

그런데 그들이 가버나움에 갔을 때 2드라크마(성전세)를 거두는 사람들이 베드로에게 나아와 말했다. 당신들의 선생은 2드라크마(성전세)를 안 내시느냐?

17:25

λέγει· ναί. καὶ ἐλθόντα εἰς τὴν οἰκίαν προέφθασεν αὐτὸν ὁ Ἰησοῦς λέγων· τί σοι δοκεῖ, Σίμων; οἱ βασιλεῖς τῆς γῆς ἀπὸ τίνων λαμβάνουσιν τέλη ἢ κῆνσον; ἀπὸ τῶν υἱῶν αὐτῶν ἢ ἀπὸ τῶν ἀλλοτρίων;

그는 말한다. 내신다. 그리고 그가 집으로 왔을 때 예수께서 그를 미리 알고 말했다. 너에게는 어떻게 생각되느냐? 시몬아. 땅의 왕들이 누구에게서 통관세와 주민세를 받느냐? 자기의 아들들에게서냐 혹은 다른 사람들에게서냐?

17:26

εἰπόντος δέ· ἀπὸ τῶν ἀλλοτρίων, ἔφη αὐτῷ ὁ Ἰησοῦς· ἄρα γε ἐλεύ-
θεροί εἰσιν οἱ υἱοί.

그런데 그가, 다른 사람들에게서요라고 말하자 예수께서 엄숙하게 말했
다. 그렇다면 정녕 아들들은 면세다.

17:27

ἵνα δὲ μὴ σκανδαλίσωμεν αὐτούς, πορευθεὶς εἰς θάλασσαν βάλε
ἄγκιστρον καὶ τὸν ἀναβάντα πρῶτον ἰχθὺν ἆρον, καὶ ἀνοίξας τὸ στόμα
αὐτοῦ εὑρήσεις στατῆρα· ἐκεῖνον λαβὼν δὸς αὐτοῖς ἀντὶ ἐμοῦ καὶ
σοῦ.

그러나 우리가 그들을 걸려 넘어지지 않게 하기 위하여, 바다로 가서 낚시
를 던져라. 그리고 맨 먼저 올라오는 물고기를 잡으라. 그리고 그의 입을
열면 스타테르(4드라크마 동전)를 발견할 것이다. 저것을 취하여 나와
너의 몫으로 그들에게 주어라.

오늘 본문 이야기는 만화 같은 느낌을 준다. 그런데 성경의 많은 부
분들이 만화 같은 이야기들이다. 이 하나님의 계시의 사건들은 그래서
어린 아이들에게 더 잘 이해되고 받아들여진다.

요한계시록 22장에 보면 새 하늘과 새 땅에는 성전이 따로 없다. 전
능하신 하나님의 영광의 본체와 어린 양 예수 그리스도의 몸과 부활한
성도들의 몸이 성전이다. 나사렛 예수는 이 땅에 오신 영원한 성전이시
다. 그런데 하나님의 본 백성 이스라엘은 그분을 알아보지 못하고 오히

려 그분에게 성전세를 받으러 온다. 즉, 이 본문은 찬양과 경배의 대상이며 영원한 성전이신 그분에게 성전세를 받으러 오는 이스라엘의 불신앙과 반역을 고발하고 있다. 영원한 성전이신 예수께서는 당연히 면세다.

그러나 하나님 나라 운동을 위해 면세자이신 주님은 납세자가 되신다. 면세자이신 그분이 납세자가 되심은 대속적 의미를 갖는다. 그러나 예수께서는 자신에게 사람들이 바친 헌금으로 성전세를 내지 않으시고 갈릴리 바다 속에 떨어진 동전으로 해결하신다.

주님께서는 바닷속의 어느 똘똘한 물고기에게 지시를 내리신다. 너는 바다 밑바닥에 떨어진 1스타테르 동전을 찾아 물고 있어라. 그리고 어떤 사람이 퐁당 하고 낚시를 던지거든 그것을 물고 올라와라. 이 물고기는 자신의 창조자이신 예수님의 말씀에 복종한다. 이 착하고 영리한 물고기는 이스라엘 백성들의 불신앙 때문에 낚시 바늘에 꿰어 끌려 올라가는 고난을 당한다. 그리고 이 물고기는 목숨을 잃을 수도 있다. 그러나 이 물고기는 자기의 목숨을 내어 놓고 예수님의 말씀에 순종한다.

이 이야기는 심술꾸러기 요나가 하나님의 말씀을 거역하고 도망칠 때 바닷속의 큰 물고기에게 명령을 내리사 바닷속에 던져진 요나를 삼켜서 사흘 동안 배 속에 품고 있다가 육지에 토해내는 이야기와 비슷하다. 죄 없는 바다생물이 고집 센 한 예언자의 불순종 때문에 고생한다. 하나님께서는 자신의 말씀을 듣고 회개한 니느웨성을 바라보며 씩씩거리며 화를 내는 요나에게 박넝쿨을 자라게 해서 그늘을 만들어 시원하게 하신다. 그러나 그 다음날 하나님께서는 작은 벌레를 보내셔서 박넝쿨을 갉아먹게 하신다. 그러자 요나는 작열하는 태양열에 불같이 화를 내며 하나님께 대들면서 꼴통을 부린다. 그래도 하나님께서는 요나를 부드럽게 인격적으로 설득하신다. 하나님께서는 불순종하고 거역하는 이스라엘 백성들에게 광야의 불뱀들에게 명령하여 반역자들을 물어 죽게 하신다.

예수님과 피조세계는 친밀한 인격적 교제 속에 있다. 그것은 예수께서 폭풍을 꾸짖는 이야기나 오병이어 기적 이야기나 바닷물 위를 걸으시는 이야기 속에서도 계시되어 있다. 그러나 하나님의 피조세계 중에 오직 하나님의 형상을 따라 지음 받은 존귀하고 영광스러운 피조물인 인간만이 자신들의 창조자이신 예수 그리스도에게 불순종하고 반역하고 있다.

이 만화 같은 이야기 속에는 이런 신학적 메시지가 담겨져 있다. 나는 예수님께서 말씀에 순종하여 바다 밑바닥에 떨어진 1스타테르 동전을 간직하고 있다가 베드로의 낚시를 물고 올라온 그 착한 물고기를 다시 살려 돌려보내시면서 축복하셨을 거라고 믿는다. 너는 다시 바다로 돌아가 생육하고 번성하여 온 바다에 충만하라.

은혜의 세계관

마태복음 18:1-5

18:1

Ἐν ἐκείνῃ τῇ ὥρᾳ προσῆλθον οἱ μαθηταὶ τῷ Ἰησοῦ λέγοντες· τίς ἄρα μείζων ἐστὶν ἐν τῇ βασιλείᾳ τῶν οὐρανῶν;

저 시간에 제자들이 예수께 나아와 말했다. 누가 진정 하늘들의 나라에서 더 큽니까?

18:2

καὶ προσκαλεσάμενος παιδίον ἔστησεν αὐτὸ ἐν μέσῳ αὐτῶν

그러자 (예수께서) 어린이를 불러 그들 한가운데 세웠다.

18:3

καὶ εἶπεν· ἀμὴν λέγω ὑμῖν, ἐὰν μὴ στραφῆτε καὶ γένησθε ὡς τὰ παιδία, οὐ μὴ εἰσέλθητε εἰς τὴν βασιλείαν τῶν οὐρανῶν.

그리고 말했다. 진실로 내가 너희에게 말한다. 만약 너희가 돌이켜서 어린 이들과 같이 되지 않으면, 결단코 하늘들의 나라에 들어가지 못할 것이다.

18:4

ὅστις οὖν ταπεινώσει ἑαυτὸν ὡς τὸ παιδίον τοῦτο, οὗτός ἐστιν ὁ μείζων ἐν τῇ βασιλείᾳ τῶν οὐρανῶν.

그러므로 누구든지 이 어린이와 같이 자기 자신을 낮추는 사람이 하늘들의 나라에서 더 큰 사람이다.

18:5

καὶ ὃς ἐὰν δέξηται ἓν παιδίον τοιοῦτο ἐπὶ τῷ ὀνόματί μου, ἐμὲ δέχεται.

그리고 만약 이러한 어린이 하나를 나의 이름으로 영접하는 사람은, 나를 영접하는 것이다.

예수님과 어린이의 관계는 은혜의 관계다. 이 본문에서 어린이는 어른의 반대 개념이다. 어른은 자기의 능력과 지혜를 의지해서 살아가는 자이며, 자기의 공로와 업적을 추구하는 자이다. 그러나 어린이는 은혜와 보살핌이 필요한 존재다.

인간이 하나님의 은혜의 손길을 뿌리치고 자기의 힘으로 살아보겠다고 자신의 길을 걸어온 발자취가 인류의 역사다. 그러나 그 역사는 수고하고 무거운 짐을 지고 가는 고단한 삶의 여정이다. 예수님은 온 인류를 향하여 하나님의 은혜의 품으로 돌아설 것을 명하고 계신다. 어린이처럼 하나님의 은혜의 손길을 꼭 잡고 그분의 지혜와 능력을 전적으로 의지하지 않으면 천국 문은 열리지 않는다고 말씀하신다. 우리는 탐욕과 허영심으로 가득 찬 세상에서 다시 예수 그리스도 안에 계시된 하나님의 은혜와 사랑의 세계로 돌아서야 한다.

둘째, 어린이는 사회적 약자를 지시하고 있다. 이 세상에는 불쌍한 사람들이 너무 많다. 그들은 마치 이 세상에 존재하지 않는 인간처럼 살아가고 있다. 가난하고 병들고 외로운 인생들에 대해 세상은 관심이 없다. 세상은 온통 자기 과시와 자기 영광에 매몰되어 있다. 그러기에 그런 작은 자들이 눈에 들어올 일이 없다. 예수님은 작은 자들의 친구로 오신 하나님이다. 이것이 하나님 나라의 혁명의 본질이다. 성경적으로 말하자면 세상 속의 작은 자들이 눈에 들어오지 않으면, 그 사람의 영혼은 이미 병들어 있는 것이다.

여기에 우리의 각성과 의식적인 노력이 필요하다. 그것을 촉구하는 것이 바로 하나님 말씀이다. 그것은 인간의 자연발생적 생각이 아니라, 세상 밖으로부터 세상 속으로 들어오는 전능한 절대적 주권자의 준엄한 계명이다. 세상에서 잊히고 무시당하는 작은 자들을 영접하는 것이 바로 하나님을 영접하는 것이라면, 하나님은 이미 우리 곁에 와 계시는 것이다. 우리는 그들 속에서 하나님의 얼굴을 볼 수 있어야 한다. 하나님은 멀리 계시는 분이 아니라, 이미 우리의 작은 이웃들 속에 와 계시다.

작은 자들

마태복음 18:6-9

18:6

Ὃς δ᾽ ἂν σκανδαλίσῃ ἕνα τῶν μικρῶν τούτων τῶν πιστευόντων εἰς ἐμέ, συμφέρει αὐτῷ ἵνα κρεμασθῇ μύλος ὀνικὸς περὶ τὸν τράχηλον αὐτοῦ καὶ καταποντισθῇ ἐν τῷ πελάγει τῆς θαλάσσης.

그런데 누가 진정 나를 믿는 이 작은 자들 중의 하나를 걸려 넘어지게 하면, 그에게는 자기의 목 둘레에 나귀가 돌리는 맷돌이 매달려 바다의 깊은 심연 속으로 가라앉혀지는 것이 나을 것이다.

18:7

Οὐαὶ τῷ κόσμῳ ἀπὸ τῶν σκανδάλων· ἀνάγκη γὰρ ἐλθεῖν τὰ σκάνδα λα, πλὴν οὐαὶ τῷ ἀνθρώπῳ δι᾽ οὗ τὸ σκάνδαλον ἔρχεται.

걸려 넘어지게 하는 것들 때문에 세상에는 화가 있으리라. 왜냐하면 걸려 넘어지게 하는 것들이 오는 것은 피할 수 없기 때문이다. 그러나 걸려 넘어 지게 하는 것이 오는 통로가 되는 그 사람에게는 화가 있으리라.

18:8

Εἰ δὲ ἡ χείρ σου ἢ ὁ πούς σου σκανδαλίζει σε, ἔκκοψον αὐτὸν καὶ βάλε ἀπὸ σοῦ· καλόν σοί ἐστιν εἰσελθεῖν εἰς τὴν ζωὴν κυλλὸν ἢ χωλὸν ἢ δύο χεῖρας ἢ δύο πόδας ἔχοντα βληθῆναι εἰς τὸ πῦρ τὸ αἰώνιον.

그런데 만약 너의 손이나 너의 발이 너를 걸려 넘어지게 하면, 그것을 잘라내어 그것을 너에게서 던져라. 절름발이나 불구자로 생명에 들어가는 것이 두 손이나 두 발을 가지고 영원한 불 속에 던져지는 것보다 너에게 좋다.

18:9

καὶ εἰ ὁ ὀφθαλμός σου σκανδαλίζει σε, ἔξελε αὐτὸν καὶ βάλε ἀπὸ σοῦ· καλόν σοί ἐστιν μονόφθαλμον εἰς τὴν ζωὴν εἰσελθεῖν ἢ δύο ὀφθαλμοὺς ἔχοντα βληθῆναι εἰς τὴν γέενναν τοῦ πυρός.

그리고 만약 너의 눈이 너를 걸려 넘어지게 하면, 그것을 빼어서 너에게서 던져라. 한 눈으로 생명에 들어가는 것이 두 눈을 가지고 불의 계곡 속으로 던져지는 것보다 너에게 좋다.

이 본문에서 작은 자들은 예수를 믿는 사람들을 가리킨다. 이 세상에서 예수 믿는 사람들은 주님 앞에서 자기 자신을 낮추는 작은 자들이다. 그런데 예수의 제자들은 자신들을 하나님 나라에서 큰 자들이라고 생각했다. 그리고 주님께 인정받기를 원했다. 그들이 주님께 천국에서는 누가 더 위대한 자입니까라고 물은 것은 자기들이 스스로 위대하다고 생각했기 때문이다. 그들은 세상 줄을 끊고 주님의 부르심에 응답한 위대한 결단의 사람들이었다.

하지만 그들은 그 위대한 결단과 용기에 대하여 칭찬과 보상을 원했다. 그것은 율법주의 공로사상이다. 그들은 자신들의 공로와 업적에 대해 주님께 마땅한 보상청구권을 들이밀고 있는 것이다. 그들의 생각을 들여다보고 계시는 주님께서는 어린이를 불러서 그들 가운데 세우신다. 그리고 누구든지 천국에 들어가려면 이런 어린아이와 같이 되어야 한다고 말씀하신다. 그것은 유대교 율법주의 공로 사상으로부터 은혜의 세계관으로 돌아서라는 준엄한 명령이다.

과연 주님의 제자들이 이 말씀의 뜻을 제대로 알아 들었을까? 그렇지 않았을 것이다. 왜냐하면 사람은 쉽게 변하지 않기 때문이다. 그들은 주님께서 예루살렘을 향한 죽음의 길을 가고 있을 때에도 누가 더 높으냐를 가지고 열심히 논쟁했던 것이다. 그들은 천국의 제자로 부르심을 받았으나 아직도 자기 영광을 추구하는 공로주의 사상에서 벗어나지 못하고 있었다. 그들이 완전히 그 허영심의 세계에서 은혜의 세계로 돌아선 것은 유월절 성령강림 사건 이후였다.

그리스도를 믿는 작은 자들은 거룩하고 의로운 분이 죄 많은 나를 구원하시려고 육체로 오신 것을 인정하는 사람들이다. 그리고 그의 십자가 죽음이 자신의 죄에 대한 대속적 희생임을 겸손히 받아들이는 사람들이다. 그들은 주님의 은혜의 날개 아래 숨어 있는 작은 자들이다. 그러면 주님의 이 작은 자들을 실족케 하는 자들은 누구인가? 그들은 은혜의 세계관에서 공로주의 세계관으로 타락시키는 자들이다. 그들은 누구인가? 바리새인들인가? 지금 주님의 말씀을 듣고 있는 사람들은 제자들이다. 주님께서는 제자들에게 유대교 율법주의로부터 돌아설 것을 말씀하고 있는 것은 아닐까? 왜냐하면 주님께서는 바리새인들과 사두개인들의 누룩을 조심하라고 자신의 제자들에게 말씀하신 적이 있기 때문이다. 그것은 주님의 제자들이 아직도 유대교 율법주의 공로사상의 영향력 아래 있었다는 증거다. 자기 영광을 추구하는 자들이 주님을 위해 목숨을 내어놓을 수는 없다. 그들은 끝까지 살아남아서 자기 영광을 보아야 하기 때문이다.

여기에서 베드로의 영웅주의는 비참한 종말을 맞이한다. 그가 결정적인 순간에 주님을 배신했던 것은 주님보다 자기 영광을 더 사랑했기 때문이다. 우리는 교만과 허영심으로 가득한 영웅주의를 버려야 한다. 그것은 자기 자신의 영혼뿐 아니라 다른 사람들의 영혼까지 타락시킨다. 에덴동산에서 아담과 하와가 걸려 넘어져서 추방된 것은 하나님의 은혜의 날개를 버리고 허영심으로 가득 찬 영웅주의를 선택했기 때문이다. 우리는 다시 주님의 은혜의 날개 아래로 돌아가야 한다.

예수님의 양들

마태복음 18:10-14

18:10

Ὁρᾶτε μὴ καταφρονήσητε ἑνὸς τῶν μικρῶν τούτων· λέγω γὰρ ὑμῖν ὅτι οἱ ἄγγελοι αὐτῶν ἐν οὐρανοῖς διὰ παντὸς βλέπουσιν τὸ πρόσωπον τοῦ πατρός μου τοῦ ἐν οὐρανοῖς.

이 작은 자들 중의 하나를 멸시하지 않도록 조심하라. 왜냐하면 내가 너희에게 말하건대 그들의 천사들이 하늘에서 항상 하늘에 계시는 나의 아버지의 얼굴을 보고 있기 때문이다.

18:11

(없음)

18:12

Τί ὑμῖν δοκεῖ; ἐὰν γένηταί τινι ἀνθρώπῳ ἑκατὸν πρόβατα καὶ πλα-νηθῇ ἓν ἐξ αὐτῶν, οὐχὶ ἀφήσει τὰ ἐνενήκοντα ἐννέα ἐπὶ τὰ ὄρη καὶ πορευθεὶς ζητεῖ τὸ πλανώμενον;

너희에게는 어떻게 생각되느냐? 만약 어떤 사람에게 양 100마리가 있는데 그것 중의 하나가 길을 잃게 되면, 99마리를 산에 남겨두고 가서 그 길

잃은 것을 찾지 않겠느냐?

18:13

καὶ ἐὰν γένηται εὑρεῖν αὐτό, ἀμὴν λέγω ὑμῖν ὅτι χαίρει ἐπ᾽ αὐτῷ μᾶλλον ἢ ἐπὶ τοῖς ἐνενήκοντα ἐννέα τοῖς μὴ πεπλανημένοις.

그리고 만약 그것을 찾은 바 되면, 길을 잃지 않은 99마리보다 그것으로 인해 더 기뻐하리라.

18:14

οὕτως οὐκ ἔστιν θέλημα ἔμπροσθεν τοῦ πατρὸς ὑμῶν τοῦ ἐν οὐρανοῖς ἵνα ἀπόληται ἓν τῶν μικρῶν τούτων.

이와 같이 이 작은 자들 중의 하나를 잃는 것은 하늘에 계시는 너희의 아버지 앞에서 뜻이 아니다.

마태복음 18장은 인간 실존의 문제를 다루고 있다. 인간 실존의 문제는 죄의 문제다. 복음서는 나사렛 예수의 역사적 측면을 먼저 다룬다. 갈릴리에서 펼쳐진 나사렛 예수의 하나님 나라 운동은 몇 가지 중요한 특징을 가지고 있다. 첫째는 성령 운동, 둘째는 평신도 운동, 셋째는 민중선교 운동, 넷째는 인간해방 운동, 다섯째는 반체제 운동.

나사렛 예수의 하나님 나라는 이 세상 모든 질서에 대한 심판으로서 하나님의 미래로부터 다가오는 저항할 수 없는 역사적 절대권력이다. 복음서는 그다음에 나사렛 예수의 초월성을 다룬다. 복음서는 여러 가지 사례를 통해 나사렛 예수의 초월성을 계시한다. 말씀으로 귀신 쫓아내시고, 병 고치심, 폭풍과 바다를 꾸짖으심, 오병이어 기적, 물 위를 걸으심, 그의 옷자락을 만진 자들의 치유, 변화산 이야기, 이 사건들은 모두 그가 만물 위에서 만물을 지배하는 초월적 존재자임을 계시한다. 이 초월적 사건에 대한 기록은 나사렛 예수 이해에 있어서 근본적인 요소다. 만약 예수의 초월성과 영원성을 부정한다면 기독교 신앙은 뿌리부터 흔들릴 것이다.

그중에서도 변화산 사건은 나사렛 예수의 초월성과 영원성을 계시한 결정적 사건이다. 그 사건은 죽음에 대한 첫째 예고 후에 일어났다. 그는 장차 십자가 죽음을 통하여 부활의 영광 속으로 들어갈 것이다. 그의 제자들 역시 스승의 뒤를 따라 죽음을 통하여 부활의 세계에서 스승과 재회하게 될 것이다. 그러나 그들은 아직 그 진리를 깨닫지 못하고 있다. 그들의 관심은 오직 메시아 왕국에서의 출세뿐이었다. 그래서 죽음을 향해 나아가고 있는 스승에게 천국에서는 누가 더 높은 사람이냐고 질문했던 것이다. 예수께서는 어린아이와 같이 자기를 낮추지 않으면 천국에 들어가지 못할 것이라고 말씀하신다.

사실 이 말씀은 벼락같은 말씀이다. 제자들은 자기들이 천국에서 위대한 존재로 영접받을 것이라 확신했지만, 주님께서는 그런 생각을 하면서 자기를 높이는 사람들은 천국에 들어가지도 못할 것이라고 경고하신다. 주님께서는 자기를 높이지 말고 하나님의 전적인 은혜를 사모하는 작은 자들이 되라고 말씀하신다. 그리고 주님께서는 인간 존재의 실체를 폭로하신다. 인간이란 목에 연자 맷돌을 달고 깊은 바닷속에 던져져야 할 존재이며, 손과 발이 잘리고 눈알이 뽑힌 상태로 지옥 불에 던져져야 할 존재라고 말씀하신다. 왜냐하면 우리 중에 주님을 믿는 작은 자들을 실망시키거나 시험에 들게 하는 행동을 하지 않는 사람은 하나도 없기 때문이다. 그리고 우리의 손과 발과 눈은 죽는 날까지 우리로 하여금 계속 죄를 짓게 할 것이기 때문이다.

제자들은 많은 양 떼를 거느리며 우쭐거리고 싶어 하지만, 주님께서는 욕심을 버리고 주님의 양 한 마리 한 마리에 전념하라고 말씀하신다. 그리고 그 인격적 사랑의 관계 속에 생명이 있음을 말씀하신다. 주님께서는 이 말씀을 통하여 제자들의 교만과 허영심을 경고하신다. 성경에는 인간 존재의 절망적인 죄의 현실을 직시한 사람들이 있다. 바로 다윗과 바울이다.

그들의 공통점은 인간의 역사적 실존을 하나님의 거룩성 앞에서의 구제불능의 죄악의 덩어리로 인식했다는 점에 있다. 그들은 모두 실존주의자들이다. 역사란 인간 존재의 외부적 환경이고, 초월이란 신의 세계다. 그것이 인간의 실존의 영역에서 부딪히고 해석되지 않으면 그 어떤 것도 생명으로 작용하지 못한다.

그러면 왜 복음서는 이 단계에서 인간 실존의 문제를 건드리고 있는 것일까? 그것은 초월적 전능자의 죽음이 가까이 왔기 때문이다. 그의 죽음은 정치적 역학 관계 속에서 이루어진 역사적 사건이지만, 그 사건의 계시적 본질은 자기 백성을 죄에서 구원하기 위한 대속적 죽음임을 말하려고 하는 것이다. 복음서는 나사렛 예수의 역사적 실체로부터 시작하여, 영원한 초월성의 세계로 우리를 데리고 올라간 다음, 우리 자신의 실존의 문제와 연결시키고 있다.

인간관계의 지혜

마태복음 18:15-17

18:15

Ἐὰν δὲ ἁμαρτήσῃ εἰς σὲ ὁ ἀδελφός σου, ὕπαγε ἔλεγξον αὐτὸν μεταξ
ὺ σοῦ καὶ αὐτοῦ μόνου. ἐάν σου ἀκούσῃ, ἐκέρδησας τὸν ἀδελφόν σου·

그런데 만약 너의 형제가 너에게 죄를 지으면, 가서 오직 너와 그 사이에서
만 그를 책망하라. 만약 그가 너의 말을 들으면, 너는 너의 형제를 얻은
것이다.

18:16

ἐὰν δὲ μὴ ἀκούσῃ, παράλαβε μετὰ σοῦ ἔτι ἕνα ἢ δύο, ἵνα ἐπὶ στόματ
ος δύο μαρτύρων ἢ τριῶν σταθῇ πᾶν ῥῆμα·

그런데 만약 그가 듣지 않거든, 모든 사건이 둘이나 혹은 세 사람의 증인들
의 입으로 세워지게 하기 위하여 아직 하나나 둘을 너와 함께 데리고 가라.

18:17

ἐὰν δὲ παρακούσῃ αὐτῶν, εἰπὲ τῇ ἐκκλησίᾳ· ἐὰν δὲ καὶ τῆς ἐκκλη-σ
ίας παρακούσῃ, ἔστω σοι ὥσπερ ὁ ἐθνικὸς καὶ ὁ τελώνης.

그런데 만약 그가 그들의 말을 무시하거든, 교회에 말하라. 그런데 만약

그가 교회의 말도 무시하거든, 그는 너에게 이방인이나 세리와 같이 되게 하라.

우리의 모든 인간관계는 상대적이다. 인간관계에서 가장 불행한 것은 상대방에게 끌려다니는 것이다. 그 반대로 상대방을 일방적으로 끌고 다니는 것도 악한 것이다. 왜냐하면 우리는 신이 아니기 때문이다. 인간관계의 지혜는 그 본질의 상대성에 대한 인식에서 출발한다. 변화무쌍한 인간관계의 상대성 속에서 우리의 절대적 기준은 오직 하나님 말씀뿐이다.

오늘 본문 말씀은 그리스도인이 변화된 인간관계의 환경 속에서 심리적으로 부담스러운 문제를 어떻게 해결해야 하는지 그 지혜의 길을 가르쳐주고 있다. 첫째는 나와 형제 사이의 1:1 관계 속에서 인격적으로 해결하는 것, 둘째는 한두 사람의 증인을 더 데리고 가서 법률적인 증거를 확보하는 것, 셋째는 교회공동체의 힘에 의지하여 정치적으로 해결하는 것, 마지막은 인간관계 자체를 끊어버리는 것.

주님의 말씀 속에는 형제를 향한 인격적 사랑의 배려와 함께 단호하게 관계를 정리하는 냉정함이 있다. 이것이 이 세상에서의 인간관계의 양면성이다. 상대적 인간관계에서 요구되는 것은 사랑과 지혜 그리고 주체성과 담대함이다. 오직 말씀만이 그것을 제공한다.

관계성의 하나님

마태복음 18:18-20

18:18

Ἀμὴν λέγω ὑμῖν· ὅσα ἐὰν δήσητε ἐπὶ τῆς γῆς ἔσται δεδεμένα ἐν
οὐρανῷ, καὶ ὅσα ἐὰν λύσητε ἐπὶ τῆς γῆς ἔσται λελυμένα ἐν οὐρανῷ.

내가 너희에게 말한다. 만약 무엇이든지 너희가 땅에서 묶으면 하늘에서
묶인 바 될 것이다. 그리고 만약 무엇이든지 너희가 땅에서 풀면 하늘에서
풀린 바 될 것이다.

18:19

Πάλιν ἀμὴν λέγω ὑμῖν ὅτι ἐὰν δύο συμφωνήσωσιν ἐξ ὑμῶν ἐπὶ
τῆς γῆς περὶ παντὸς πράγματος οὗ ἐὰν αἰτήσωνται, γενήσεται αὐτοῖς
παρὰ τοῦ πατρός μου τοῦ ἐν οὐρανοῖς.

다시 진실로 너희에게 말하건대 만약 너희 중의 둘이 자기들이 구하는
모든 일에 대하여 땅에서 마음이 일치하면, 하늘에 계시는 나의 아버지께
로부터 그들에게 이루어질 것이다.

18:20

οὗ γάρ εἰσιν δύο ἢ τρεῖς συνηγμένοι εἰς τὸ ἐμὸν ὄνομα, ἐκεῖ εἰμι ἐν μέσῳ αὐτῶν.

왜냐하면 둘이나 셋이 내 이름으로 모여있는 곳에, 거기에 내가 그들 사이
에 있기 때문이다.

마태복음이 기록된 삶의 자리는 교회다. 마태복음은 교회의 관점
에서 역사를 바라본다. 그 교회는 그리스도로부터 하늘과 땅의 권세를
받은 우주적 공동체다. 그 권세는 그리스도께서 아버지에게서 받은 것
이다.

교회는 그리스도께로부터 땅에서 묶으면 하늘에서도 묶이고, 땅에
서 풀면 하늘에서도 풀리는 우주적 권세를 위탁받았다. 그리고 교회는
예수 그리스도의 현존(ειμι, 에이미)의 장소다. 그것은 공동체적 현존(ειμ
ι)이다.

> εν μέσω αυτών (엔 메소 아우톤, 그들 사이에)
>
> μέσος (메소스) = ~사이에
>
> μεσοποταμια (메소포타미아) = 강 사이 (유프라테스와 티그리스 사이)

예수 그리스도가 현존(ειμι, 에이미)하는 장소는 그리스도인들의 관
계성(μεσος)에 있다. 바울은 지나치게 복음을 실존적 차원에서 해석함
으로 인해 역사성을 잃어버렸다. 그러나 마태복음의 기자는 그리스도
의 현존의 장소를 관계성 속에 두고 있다. 관계성은 곧 운동성이며 역사
성이며 생명의 근원이다. 역사성을 상실한 모든 것은 죽은 것이다. 여기
에서 초월주의와 실존주의의 문제점이 있다.

성경의 하나님은 관계성의 하나님이다. 이미 마태복음에 삼위일체 신학이 등장한다. 아버지와 아들과 성령의 이름으로 그들에게 세례를 베풀고(βαπτιζοντες αυτούς εις το όνομα του πατρός και του υίου και του άγιου πνεύματος, 마28:19) 삼위일체 신학의 독창성은 하나님을 인격적 사랑의 관계성 속에 현존하시는 분으로 계시했다는 것이다. 마태복음의 예수 그리스도는 바울적 내면이나 요한적 초월이 아니라 우리의 관계성 (~사이에, μεσος) 속에 현존(ειμι, 에이미)하시는 영원한 현재의 하나님 이시다.

여기서도 그리스도와 교회의 관계성이 강조되고 있다. 그리고 그와 함께 역사성을 강조하고 있다. 우리의 하나님이 생명의 하나님이신 것은 그분이 관계성 속에 현존하시는 역사의 하나님이시기 때문이다.

1만 달란트 빚진 자

마태복음 18:21-35

18:21

Τότε προσελθὼν ὁ Πέτρος εἶπεν αὐτῷ· κύριε, ποσάκις ἁμαρτήσει εἰς ἐμὲ ὁ ἀδελφός μου καὶ ἀφήσω αὐτῷ; ἕως ἑπτάκις;

그때 베드로가 나아와 그에게 말했다. 주님, 나의 형제가 나에게 범죄하면 몇 번이나 그를 용서해야 합니까? 일곱 번입니까?

18:22

λέγει αὐτῷ ὁ Ἰησοῦς· οὐ λέγω σοι ἕως ἑπτάκις ἀλλ᾽ ἕως ἑβδομηκον-τ άκις ἑπτά.

예수께서 그에게 말한다. 나는 너에게 일곱 번이 아니라 70번씩 일곱을 말한다.

18:23

Διὰ τοῦτο ὡμοιώθη ἡ βασιλεία τῶν οὐρανῶν ἀνθρώπῳ βασιλεῖ, ὃς ἠθέλησεν συνᾶραι λόγον μετὰ τῶν δούλων αὐτοῦ.

이 때문에 천국은 자기의 종들과 결산을 하고자 하는 왕인 사람에게 비유된다.

18:24

ἀρξαμένου δὲ αὐτοῦ συναίρειν προσηνέχθη αὐτῷ εἷς ὀφειλέτης
μυρίων ταλάντων.

그런데 그가 결산을 시작했을 때 1만 달란트의 채무자가 그에게 이끌려
왔다.

18:25

μὴ ἔχοντος δὲ αὐτοῦ ἀποδοῦναι ἐκέλευσεν αὐτὸν ὁ κύριος πραθῆνα
ι καὶ τὴν γυναῖκα καὶ τὰ τέκνα καὶ πάντα ὅσα ἔχει, καὶ ἀποδοθῆναι.

그런데 그가 갚을 것이 없는지라 그 주인은 그에게 아내와 자녀들까지도
그가 가지고 있는 모든 것과 함께 매각되어서 부채가 상환되도록 하라고
명령했다.

18:26

πεσὼν οὖν ὁ δοῦλος προσεκύνει αὐτῷ λέγων· μακροθύμησον ἐπ᾽
ἐμοί, καὶ πάντα ἀποδώσω σοι.

그러므로 그 종은 그에게 엎드려 절하며 말했다. 나에게 참아주세요. 그러
면 모든 것을 당신에게 갚겠습니다.

18:27

Σπλαγχνισθεὶς δὲ ὁ κύριος τοῦ δούλου ἐκείνου ἀπέλυσεν αὐτὸν
καὶ τὸ δάνειον ἀφῆκεν αὐτῷ.

그러자 그 주인은 저 종을 불쌍히 여기고 그를 풀어주고 그에게 빚을 탕감해
주었다.

18:28

ἐξελθὼν δὲ ὁ δοῦλος ἐκεῖνος εὗρεν ἕνα τῶν συνδούλων αὐτοῦ, ὃς ὤφειλεν αὐτῷ ἑκατὸν δηνάρια, καὶ κρατήσας αὐτὸν ἔπνιγεν λέγων· ἀπόδος εἴ τι ὀφείλεις.

그런데 저 종이 나가서 자기의 동료 종 중의 하나를 발견했는데, 그는 자기에게 100데나리온의 빚을 진 사람이었다. 그러자 그를 잡아 목을 조르며 말했다. 네가 무엇을 빚졌거든 갚으라.

18:29

πεσὼν οὖν ὁ σύνδουλος αὐτοῦ παρεκάλει αὐτὸν λέγων· μακροθύμησον ἐπ᾽ ἐμοί, καὶ ἀποδώσω σοι.

그러므로 그의 동료 종은 엎드려 그에게 간청했다. 나에게 참아달라. 그러면 내가 너에게 갚겠다.

18:30

ὁ δὲ οὐκ ἤθελεν ἀλλ᾽ ἀπελθὼν ἔβαλεν αὐτὸν εἰς φυλακὴν ἕως ἀποδῷ τὸ ὀφειλόμενον.

그런데 그는 그러고 싶지 않았다. 그 대신에 가서 그가 빚진 것을 갚을 때까지 그를 감옥에 던졌다.

18:31

ἰδόντες οὖν οἱ σύνδουλοι αὐτοῦ τὰ γενόμενα ἐλυπήθησαν σφόδρα καὶ ἐλθόντες διεσάφησαν τῷ κυρίῳ ἑαυτῶν πάντα τὰ γενόμενα.

그러므로 그의 동료 종들이 일어난 일들을 보고서 굉장히 슬퍼했다. 그리고 가서 자기들의 주인에게 일어난 모든 일을 자세하게 이야기했다.

18:32

τότε προσκαλεσάμενος αὐτὸν ὁ κύριος αὐτοῦ λέγει αὐτῷ· δοῦλε πονηρέ, πᾶσαν τὴν ὀφειλὴν ἐκείνην ἀφῆκά σοι, ἐπεὶ παρεκάλεσάς με·

그때 그의 주인은 그를 불러 말했다. 악한 종아, 네가 나에게 간청했기에 나는 너에게 저 모든 빚을 탕감해 주었다.

18:33

οὐκ ἔδει καὶ σὲ ἐλεῆσαι τὸν σύνδουλόν σου, ὡς κἀγὼ σὲ ἠλέησα;

그러면 내가 너에게 자비를 베푼 것처럼 너도 너의 동료 종에게 자비를 베풀었어야 하지 않겠느냐?

18:34

καὶ ὀργισθεὶς ὁ κύριος αὐτοῦ παρέδωκεν αὐτὸν τοῖς βασανισταῖς ἕως οὗ ἀποδῷ πᾶν τὸ ὀφειλόμενον.

그리고 그의 주인은 진노하며 그가 빚진 모든 것을 갚을 때까지 그를 형리들에게 넘겼다.

18:35

οὕτως καὶ ὁ πατήρ μου ὁ οὐράνιος ποιήσει ὑμῖν, ἐὰν μὴ ἀφῆτε ἕκαστος τῷ ἀδελφῷ αὐτοῦ ἀπὸ τῶν καρδιῶν ὑμῶν.

만약 너희가 각자 자기의 형제에게 너희의 마음으로부터 용서하지 않으면, 하늘에 계시는 나의 아버지께서도 너희에게 이와 같이 행할 것이다.

1만 달란트 빚진 종의 비유의 주인공은 예수님이다. 이 비유에서 예수님은 자기 자신에 대해 이야기하고 있다. 예수님은 우리의 힘으로는 해결할 수 없는 죄의 문제를 단번에 해결해 주신다. 그 죄 사함의 은혜는 예수님의 십자가 대속의 은혜다. 그러나 그 엄청난 은혜를 입은 그리스도인은 자기의 동료에게는 엄격한 율법을 적용한다.

이로써 그는 자기모순에 빠진다. 예수님으로부터는 은혜를, 이웃에게는 엄정한 율법을 요구하고 있는 이 그리스도인은 은혜의 세계관이 아니라 율법적 세계관에 속해 있다. 그는 속죄의 은혜를 박탈당하고 자기 자신의 율법적 판단 논리에 따라 영원한 형벌을 처하게 된다. 왜냐하면 그의 부채는 자기의 힘으로는 갚을 수 없을 뿐 아니라, 오히려 그의 부채는 시간이 갈수록 불어나게 될 것이기 때문이다.

우리 모두는 죄의 종들이다. 그러나 이것은 인간의 본래의 모습이 아니다. 하나님은 인간이 감당할 수 없는 죄의 짐을 짊어지고 고통당하는 것에 대해 가슴 아프게 생각한다. 하나님께서는 독생자를 보내셔서 죄의 종들에게 자유와 해방을 선물한다. 하나님의 본성은 율법의 지배로 사람들을 질식시키는 것이 아니다. 그의 본성은 은혜와 사랑이다. 그의 나라에 들어가는 자는 그의 은혜와 사랑의 본성에 참여해야 한다.

그러나 1만 달란트의 무거운 빚을 탕감받은 종은 주인의 본성에 참여하는 것을 거부하고 있다. 그 결과 그가 받은 빚 탕감의 은혜마저 빼앗기고 엄격한 형벌의 장소로 간다. 이로써 이 이야기는 이웃에게 냉혹하고 야박한 우리의 이야기가 된다.

이혼에 대하여

마태복음 19:1-12

19:1

Καὶ ἐγένετο ὅτε ἐτέλεσεν ὁ Ἰησοῦς τοὺς λόγους τούτους, μετῆρεν ἀπὸ τῆς Γαλιλαίας καὶ ἦλθεν εἰς τὰ ὅρια τῆς Ἰουδαίας πέραν τοῦ Ἰορδά νου.

그리고 예수께서 이 모든 말씀들을 끝냈을 때, 그는 갈릴리에서 옮겨 요단 강 건너편 유다 지역으로 갔다.

19:2

καὶ ἠκολούθησαν αὐτῷ ὄχλοι πολλοί, καὶ ἐθεράπευσεν αὐτοὺς ἐκεῖ.

그리고 많은 군중이 그를 따랐다. 그리고 그는 거기서 그들을 치료했다.

19:3

Καὶ προσῆλθον αὐτῷ Φαρισαῖοι πειράζοντες αὐτὸν καὶ λέγοντες· εἰ ἔξεστιν ἀνθρώπῳ ἀπολῦσαι τὴν γυναῖκα αὐτοῦ κατὰ πᾶσαν αἰτίαν;

그리고 바리새인들이 그에게 나아와 그를 시험하며 말했다. 사람에게 모든 이유로 자기의 아내를 내어보내는 것이 합당합니까?

19:4

ὁ δὲ ἀποκριθεὶς εἶπεν· οὐκ ἀνέγνωτε ὅτι ὁ κτίσας ἀπ᾽ ἀρχῆς ἄρσεν καὶ θῆλυ ἐποίησεν αὐτούς;

그러자 그가 대답하며 말했다. 너희는 태초부터 창조하신 이가 그들을 남자와 여자로 만드신 것을 읽지 않았느냐?

19:5

καὶ εἶπεν· ἕνεκα τούτου καταλείψει ἄνθρωπος τὸν πατέρα καὶ τὴν μητέρα καὶ κολληθήσεται τῇ γυναικὶ αὐτοῦ, καὶ ἔσονται οἱ δύο εἰς σάρκα μίαν.

그리고 말했다. 이러므로 사람은 아버지와 어머니를 떠나서 자기의 아내와 합쳐질 것이다. 그리고 그 둘은 한 육체가 될 것이다.

19:6

ὥστε οὐκέτι εἰσὶν δύο ἀλλὰ σὰρξ μία. ὃ οὖν ὁ θεὸς συνέζευξεν ἄνθρωπος μὴ χωριζέτω.

이와 같이 그들은 더 이상 둘이 아니고 한 육체다. 그러므로 하나님께서 짝 지워주신 것을 사람이 갈라놓지 말라.

19:7

Λέγουσιν αὐτῷ· τί οὖν Μωϋσῆς ἐνετείλατο δοῦναι βιβλίον ἀποστασίου καὶ ἀπολῦσαι αὐτήν;

그들이 그에게 말한다. 그러면 왜 모세는 이혼장을 주어서 [아내를] 내보내라고 명령한 것입니까?

19:8

λέγει αὐτοῖς ὅτι Μωϋσῆς πρὸς τὴν σκληροκαρδίαν ὑμῶν ἐπέτρεψε
ν ὑμῖν ἀπολῦσαι τὰς γυναῖκας ὑμῶν, ἀπ᾽ ἀρχῆς δὲ οὐ γέγονεν οὕτως.

그가 그들에게 말한다. 모세는 너희의 삐뚤어진 마음 때문에 너희의 아내
들을 내버리라고 허락한 것이다. 그러나 처음부터 이와 같이 된 것은 아니다.

19:9

λέγω δὲ ὑμῖν ὅτι ὃς ἂν ἀπολύσῃ τὴν γυναῖκα αὐτοῦ μὴ ἐπὶ πορνείᾳ
καὶ γαμήσῃ ἄλλην μοιχᾶται.

그러나 나는 너희에게 말한다. 진정 음행 외에 자기의 아내를 내버리고
다른 여자와 결혼하는 사람은 간음하고 있는 것이다.

19:10

Λέγουσιν αὐτῷ οἱ μαθηταὶ αὐτοῦ· εἰ οὕτως ἐστὶν ἡ αἰτία τοῦ ἀνθρώ
που μετὰ τῆς γυναικός, οὐ συμφέρει γαμῆσαι.

[그의] 제자들이 그에게 말한다. 만약 여자와 더불어 사람의 일이 그렇다면,
결혼하지 않는 것이 낫겠습니다.

19:11

ὁ δὲ εἶπεν αὐτοῖς· οὐ πάντες χωροῦσιν τὸν λόγον τοῦτον ἀλλ᾽ οἷς
δέδοται.

그러자 그가 그들에게 말했다. 모든 사람이 [이] 말을 받는 것은 아니다.
대신에 (그것이) 주어진 자들에게는 (받아들여진다).

19:12

εἰσὶν γὰρ εὐνοῦχοι οἵτινες ἐκ κοιλίας μητρὸς ἐγεννήθησαν οὕτως, καὶ εἰσὶν εὐνοῦχοι οἵτινες εὐνουχίσθησαν ὑπὸ τῶν ἀνθρώπων, καὶ εἰσὶν εὐνοῦχοι οἵτινες εὐνούχισαν ἑαυτοὺς διὰ τὴν βασιλείαν τῶν οὐρανῶν. ὁ δυνάμενος χωρεῖν χωρείτω.

왜냐하면 어머니의 배 속에서부터 이렇게 태어난 고자들이 있고 그리고 사람들에 의해 거세된 고자들도 있고 그리고 천국을 위하여 자기 스스로를 거세한 고자들도 있기 때문이다. (이 말을) 받을 수 있는 자는 받으라.

예수께서는 이제 갈릴리 사역을 마치고 유다 지역으로 들어간다. 그는 지금 예루살렘을 향해 가고 있다. 그는 자신의 십자가 죽음을 향해 가고 있다. 그 누구도 그의 뜻과 생각을 아는 자 하나도 없다. 그는 지금 고독한 죽음의 길을 가고 있다. 거기서도 생각 없는 많은 무리가 그를 따르고 있었고, 예수께서는 그들을 치료하신다. 이것으로 예수의 선교는 민중선교임이 다시 확인된다.

바리새인들은 아내가 맘에 들지 않으면 어떤 구실이든지 만들어서 내쫓아도 좋다는 생각을 품고 있는 사람들이다. 그들의 사상은 너무도 잔인하다. 지금도 유대교 랍비들은 똑같은 생각을 갖고 있다. 왜냐하면 그들은 바리새인들의 후예들이기 때문이다. 놀라운 것은 예수님의 제자들도 바리새인들과 똑같은 생각을 갖고 있었다는 것이다. 사실 예수님의 제자들은 철저한 유대교 신자들이었다. 그들은 열렬한 유대 민족주의자들이었고, 완고한 남성우월주의자들이었고, 자기의 의를 추구하는 공로주의자들이었다. 예수님의 제자들은 부르심에 복종하여 예수님을 따라다니고 있으나 그들의 속에 들어있는 것은 철저한 유대교 율법주의 사상이었다. 그들은 겉으로는 예수님의 제자들이었지만, 속으로는 바리새인들과 다를 바가 없었다.

우리는 이 본문을 통해 예수님과 제자들 사이의 사상적 간격이 너무도 큰 것을 알고 놀라게 된다. 과연 누가 이 간격을 언제 어떻게 메워줄 것인가? 그들은 부활하신 예수님을 만나고 나서도 변한 것이 없었다. 예수님의 승천 직전에도 그들의 관심은 유대 민족의 독립이라는 세상 정치에 있었다. 천국의 제자로 부르심을 받았으나 아직도 세상적인 생각으로 가득 찬 제자들의 모습 속에서 우리 자신들의 모습을 본다.

어린이에 대하여

마태복음 19:13-15

19:13

Τότε προσηνέχθησαν αὐτῷ παιδία ἵνα τὰς χεῖρας ἐπιθῇ αὐτοῖς καὶ προσεύξηται· οἱ δὲ μαθηταὶ ἐπετίμησαν αὐτοῖς.

그때 안수하여 기도해 달라고 어린이들이 그에게로 이끌려 왔다. 그런데 제자들은 그들을 꾸짖었다.

19:14

ὁ δὲ Ἰησοῦς εἶπεν· ἄφετε τὰ παιδία καὶ μὴ κωλύετε αὐτὰ ἐλθεῖν πρός με, τῶν γὰρ τοιούτων ἐστὶν ἡ βασιλεία τῶν οὐρανῶν.

그러자 예수께서 말했다. 어린이들을 내버려 두어라. 그리고 그들이 나에게로 오는 것을 막지 말라. 왜냐하면 하늘들의 나라는 이와 같은 자들의 것이기 때문이다.

19:15

καὶ ἐπιθεὶς τὰς χεῖρας αὐτοῖς ἐπορεύθη ἐκεῖθεν.

그리고 그들에게 안수한 후 거기서 (길을) 갔다.

계속해서 전개되는 이야기는 예수님과 제자들 사이의 간격을 드러내고 있다. 이번에는 어린이들에 대한 제자들의 태도가 문제 되고 있다. 예수님은 어린이들의 친구다. 그러나 제자들은 제멋대로 떠들고 돌아다니는 어린이들을 못마땅하게 여기고 쫓아낸다. 작은 자를 섬기는 주님의 아가페 사랑과 작은 자를 무시하고 힘으로 누르는 제자들이 대비되고 있다. 제자들은 힘으로 사람을 지배하고 굴복시키고자 하는 세상적 욕망을 계속 간직하고 있다.

아내가 자기 마음에 들지 않으면 어떤 구실이든지 만들어서 내쫓고 싶어 하는 것 역시 자기중심적인 지배욕의 표출이다. 천국에서는 누가 더 높은 사람이냐를 가지고 말다툼하는 제자들은 아직도 허영심으로 가득 차 있다. 이제 예수님과 제자들은 이별할 시간이 점점 다가오고 있다. 그러나 아직도 제자들의 마음은 스승의 마음과 멀리 떨어져 있다. 그러면 그럴수록 예수의 십자가 죽음의 길은 더욱더 고독하다.

부자에 대하여

마태복음 19:16-30

19:16

Καὶ ἰδοὺ εἷς προσελθὼν αὐτῷ εἶπεν· διδάσκαλε, τί ἀγαθὸν ποιήσω ἵνα σχῶ ζωὴν αἰώνιον;

그리고 보라! 한 사람이 그에게 나아와 말했다. 선생님, 내가 영원한 생명을 얻기 위해 어떤 선한 것을 해야 할까요?

19:17

ὁ δὲ εἶπεν αὐτῷ· τί με ἐρωτᾷς περὶ τοῦ ἀγαθοῦ; εἷς ἐστιν ὁ ἀγαθός· εἰ δὲ θέλεις εἰς τὴν ζωὴν εἰσελθεῖν, τήρησον τὰς ἐντολάς.

그러자 그에게 말했다. 왜 나에게 선한 것에 대해 묻느냐? 선한 자는 한 분이다. 그런데 네가 영원한 생명에 들어가려면, 계명들을 지켜라.

19:18

Λέγει αὐτῷ· ποίας; ὁ δὲ Ἰησοῦς εἶπεν· τὸ οὐ φονεύσεις, οὐ μοιχεύ-σεις, οὐ κλέψεις, οὐ ψευδομαρτυρήσεις,

그가 예수께 말한다. 어떤 것들요? 그러자 예수께서 그에게 말했다. 살인하지 말라, 간음하지 말라, 도둑질하지 말라, 거짓 증거하지 말라,

19:19

τίμα τὸν πατέρα καὶ τὴν μητέρα, καὶ ἀγαπήσεις τὸν πλησίον σου ὡς σεαυτόν.

아버지와 어머니를 존경해라, 그리고 너의 이웃을 너 자신처럼 사랑해라 라는 것이다.

19:20

λέγει αὐτῷ ὁ νεανίσκος· πάντα ταῦτα ἐφύλαξα· τί ἔτι ὑστερῶ;

그 젊은이가 그에게 말한다. 나는 이 모든 것을 지켰습니다. 아직 무엇이 나에게 부족한가요?

19:21

ἔφη αὐτῷ ὁ Ἰησοῦς· εἰ θέλεις τέλειος εἶναι, ὕπαγε πώλησόν σου τὰ ὑπάρχοντα καὶ δὸς τοῖς πτωχοῖς, καὶ ἕξεις θησαυρὸν ἐν οὐρανοῖς, καὶ δεῦρο ἀκολούθει μοι.

예수께서 그에게 엄숙히 말했다. 네가 온전해지기를 원하거든, 가서 너의 소유물들을 팔아서 가난한 자들에게 주라. 그러면 네가 하늘들에서 보물을 소유하게 될 것이다. 그리고 와서 나를 따르라.

19:22

ἀκούσας δὲ ὁ νεανίσκος τὸν λόγον ἀπῆλθεν λυπούμενος· ἦν γὰρ ἔχων κτήματα πολλά.

그러자 그 젊은이는 그 말씀을 듣고 슬퍼하며 떠나갔다. 왜냐하면 그는 많은 재산을 소유하고 있었기 때문이다.

19:23

Ὁ δὲ Ἰησοῦς εἶπεν τοῖς μαθηταῖς αὐτοῦ· ἀμὴν λέγω ὑμῖν ὅτι πλού-
σιος δυσκόλως εἰσελεύσεται εἰς τὴν βασιλείαν τῶν οὐρανῶν.

그러자 예수께서 자기의 제자들에게 말했다. 내가 진실로 너희에게 말하
건대 부자는 하늘들의 나라에 힘들게 들어갈 것이다.

19:24

πάλιν δὲ λέγω ὑμῖν, εὐκοπώτερόν ἐστιν κάμηλον διὰ τρυπήματος
ῥαφίδος διελθεῖν ἢ πλούσιον εἰσελθεῖν εἰς τὴν βασιλείαν τοῦ θεοῦ.

그런데 다시 너희에게 말하건대 낙타가 바늘의 구멍을 통과하는 것이 부자
가 하나님의 나라에 들어가는 것보다 쉽다.

19:25

ἀκούσαντες δὲ οἱ μαθηταὶ ἐξεπλήσσοντο σφόδρα λέγοντες· τίς ἄρα
δύναται σωθῆναι;

그러자 제자들이 엄청 충격을 받고 말했다. 누가 진정 구원받을 수 있겠습
니까?

19:26

ἐμβλέψας δὲ ὁ Ἰησοῦς εἶπεν αὐτοῖς· παρὰ ἀνθρώποις τοῦτο ἀδύνα-
τόν ἐστιν, παρὰ δὲ θεῷ πάντα δυνατά.

그러자 예수께서 그들을 응시하며 말했다. 사람들에게서는 이것들이 불
가능하다. 그러나 하나님에게서는 모든 것이 가능하다.

19:27

Τότε ἀποκριθεὶς ὁ Πέτρος εἶπεν αὐτῷ· ἰδοὺ ἡμεῖς ἀφήκαμεν πάντα καὶ ἠκολουθήσαμέν σοι· τί ἄρα ἔσται ἡμῖν;

그때 베드로가 그에게 대답하며 말했다. 보세요 우리는 모든 것을 버리고 당신을 따랐습니다. 진정 우리에게는 무엇이 있을 것입니까?

19:28

ὁ δὲ Ἰησοῦς εἶπεν αὐτοῖς· ἀμὴν λέγω ὑμῖν ὅτι ὑμεῖς οἱ ἀκολουθή-σαντές μοι ἐν τῇ παλιγγενεσίᾳ, ὅταν καθίσῃ ὁ υἱὸς τοῦ ἀνθρώπου ἐπὶ θρόνου δόξης αὐτοῦ, καθήσεσθε καὶ ὑμεῖς ἐπὶ δώδεκα θρόνους κρίνον τες τὰς δώδεκα φυλὰς τοῦ Ἰσραήλ.

그러자 예수께서 그들에게 말했다. 내가 진실로 너희에게 말하건대 나를 따른 너희는 만물이 다시 태어날 때, 사람의 아들이 자기의 영광의 보좌에 앉을 때, 너희도 12보좌에 앉아서 이스라엘의 열두 지파를 심판할 것이다.

19:29

καὶ πᾶς ὅστις ἀφῆκεν οἰκίας ἢ ἀδελφοὺς ἢ ἀδελφὰς ἢ πατέρα ἢ μητέρα ἢ τέκνα ἢ ἀγροὺς ἕνεκεν τοῦ ὀνόματός μου, ἑκατονταπλασίονα λήμψεται καὶ ζωὴν αἰώνιον κληρονομήσει.

그리고 나의 이름을 위하여 집들이나 형제들이나 자매들이나 아버지나 어머니나 자녀들이나 밭들을 버린 모든 사람은, 100배를 받을 것이고 영원한 생명을 상속받을 것이다.

19:30

πολλοὶ δὲ ἔσονται πρῶτοι ἔσχατοι καὶ ἔσχατοι πρῶτοι.

그런데 많은 첫째들이 꼴찌들이 되고 많은 꼴찌들이 첫째들이 될 것이다.

제자들은 세상을 버리고 주님의 뒤를 따랐다. 그러나 그들의 의식 세계는 아직도 옛것들로 가득 차 있다. 권력과 명예에 대하여, 성에 대하여, 사회적 약자들에 대하여, 물질에 대하여 그들은 옛 생각들을 버리지 못하고 있다. 아직도 그들의 의식을 지배하는 것은 욕망과 지배의 세계관이다. 그들은 아직 그리스도의 섬김과 사랑의 세계로 넘어오지 못하고 있다.

그들이 구원받고 영원한 생명을 상속받으며 이스라엘의 12보좌 심판권을 약속받은 것은 그들이 존재 위치가 예수님의 뒤를 따르는 제자이기 때문이지 그들의 의식이 완전한 천국 제자의 수준에 가 있기 때문은 아니다. 이 존재의 위치가 중요하다. 의식이 존재를 결정하는 것이 아니라, 존재가 의식을 결정하고 있는 것이다. 오늘 우리가 구원받고 천국 백성이 된 것은 우리의 생각이나 의식이나 의지로 된 것이 아니라, 주님의 예정하심과 선택하심과 부르심의 결과일 뿐이다.

그것은 오늘 본문 내용 중에서도 확인되고 있다. 부자에 대한 주님의 말씀을 듣고 나서 제자들은 엄청난 충격을 받는다. 그들은 그만큼 주님의 생각으로부터 멀리 떨어져 있다. 그리고 이 간격은 금방 메워지는 것이 아니다. 그 간격은 장차 성령께서 메워주실 것이고, 많은 시행착오를 거쳐야 할 것이다. 여기에서 첫째들이 꼴찌가 되고, 꼴찌들이 첫째가 되는 공간이 생긴다.

예수님의 제자들은 이스라엘의 열두 지파를 심판하는 12보좌를 약속받았을 뿐이지, 그리스도와 함께 온 세상을 심판하는 권세는 받지 못했다. 이것은 그들이 유대 민족주의의 한계를 벗어나지 못할 것이라는 예언의 말씀이기도 하다. 이리하여 우리는 주님의 택하심과 부르심에 감사해야 한다. 우리의 구원은 전적으로 주님의 은혜에 근거하기 때문이다.

이상한 포도원 주인

마태복음 20:1-16

20:1

Ὁμοία γάρ ἐστιν ἡ βασιλεία τῶν οὐρανῶν ἀνθρώπῳ οἰκοδεσπότῃ, ὅστις ἐξῆλθεν ἅμα πρωῒ μισθώσασθαι ἐργάτας εἰς τὸν ἀμπελῶνα αὐτοῦ.

그러므로 하늘들의 나라는 집주인인 사람과 같으니, 그는 즉시 자기의 포도원에서 일할 일꾼들을 고용하기 위해 새벽에 나갔다.

20:2

συμφωνήσας δὲ μετὰ τῶν ἐργατῶν ἐκ δηναρίου τὴν ἡμέραν ἀπέστειλεν αὐτοὺς εἰς τὸν ἀμπελῶνα αὐτοῦ.

그런데 그는 일꾼들과 하루를 1데나리온에 합의하고 그들을 자기의 포도원으로 보냈다.

20:3

καὶ ἐξελθὼν περὶ τρίτην ὥραν εἶδεν ἄλλους ἑστῶτας ἐν τῇ ἀγορᾷ ἀργούς

그리고 그는 제3시(오전 9시)쯤 나가서 시장에서 일없이 서 있는 다른 일꾼들을 보았다.

20:4

καὶ ἐκείνοις εἶπεν· ὑπάγετε καὶ ὑμεῖς εἰς τὸν ἀμπελῶνα, καὶ ὃ ἐὰν ᾖ δίκαιον δώσω ὑμῖν.

그리고 그는 저들에게 말했다. 당신들도 포도원으로 가라. 그러면 합당한 것을 당신들에게 주겠다.

20:5

οἱ δὲ ἀπῆλθον. πάλιν δὲ ἐξελθὼν περὶ ἕκτην καὶ ἐνάτην ὥραν ἐποίησεν ὡσαύτως.

그러자 그들은 떠났다. [그런데] 그는 다시 제6시(낮 12시)와 제9시(오후 3시)쯤에 나가서 똑같이 행했다.

20:6

περὶ δὲ τὴν ἑνδεκάτην ἐξελθὼν εὗρεν ἄλλους ἑστῶτας καὶ λέγει αὐτοῖς· τί ὧδε ἑστήκατε ὅλην τὴν ἡμέραν ἀργοί;

그런데 그는 제11시(오후 5시)쯤에 나가서 서 있는 다른 사람들을 발견했다. 그리고 그들에게 말한다. 왜 당신들은 온종일 여기서 일없이 서 있느냐?

20:7

λέγουσιν αὐτῷ· ὅτι οὐδεὶς ἡμᾶς ἐμισθώσατο. λέγει αὐτοῖς· ὑπάγετε καὶ ὑμεῖς εἰς τὸν ἀμπελῶνα.

그들이 그에게 말한다. 아무도 우리를 고용하지 않았기 때문입니다. 그가 그들에게 말한다. 당신들도 포도원으로 가라.

20:8

Ὀψίας δὲ γενομένης λέγει ὁ κύριος τοῦ ἀμπελῶνος τῷ ἐπιτρόπῳ αὐτοῦ· κάλεσον τοὺς ἐργάτας καὶ ἀπόδος αὐτοῖς τὸν μισθὸν ἀρξάμενος ἀπὸ τῶν ἐσχάτων ἕως τῶν πρώτων.

그런데 저녁이 되었을 때 포도원 주인은 자기의 관리인에게 말한다. 일꾼들을 불러서 나중 온 사람들로부터 시작하여 처음 온 사람들까지 품삯을 지불하라.

20:9

καὶ ἐλθόντες οἱ περὶ τὴν ἐνδεκάτην ὥραν ἔλαβον ἀνὰ δηνάριον.

그리고 11시(오후 5시)쯤 들어온 사람들이 와서 각각 1데나리온을 받았다.

20:10

καὶ ἐλθόντες οἱ πρῶτοι ἐνόμισαν ὅτι πλεῖον λήμψονται· καὶ ἔλαβον ˝τὸ ἀνὰ δηνάριον καὶ αὐτοί.

그리고 새벽에 들어온 사람들은 더 많이 받을 것이라고 생각했다. 그리고 그들 역시 각각 1데나리온을 받았다.

20:11

λαβόντες δὲ ἐγόγγυζον κατὰ τοῦ οἰκοδεσπότου

그러자 그들은 받고 나서 주인에게 궁시렁거리고 있었다.

20:12

λέγοντες· οὗτοι οἱ ἔσχατοι μίαν ὥραν ἐποίησαν, καὶ ἴσους ἡμῖν

αὐτοὺς ἐποίησας τοῖς βαστάσασιν τὸ βάρος τῆς ἡμέρας καὶ τὸν καύσω
να.

그들은 말했다. 나중에 들어온 이 사람들은 한 시간 일했습니다. 그런데
당신은 그들을 하루 종일 무거운 짐과 뜨거운 열기를 짊어진 우리와 똑같이
만들었습니다.

20:13

ὁ δὲ ἀποκριθεὶς ἑνὶ αὐτῶν εἶπεν· ἑταῖρε, οὐκ ἀδικῶ σε· οὐχὶ δηναρί
ου συνεφώνησάς μοι;

그러자 그가 그들 중의 하나에게 대답하며 말했다. 친구여, 나는 너에게
불의를 행하고 있지 않다. 너는 나와 1데나리온에 합의하지 않았느냐?

20:14

ἆρον τὸ σὸν καὶ ὕπαγε. θέλω δὲ τούτῳ τῷ ἐσχάτῳ δοῦναι ὡς καὶ
σοί·

너의 것을 받아 가라. 그러나 나는 이 나중 사람에게 너와 똑같이 주기를
원한다.

20:15

ἢ οὐκ ἔξεστίν μοι ὃ θέλω ποιῆσαι ἐν τοῖς ἐμοῖς; ἢ ὁ ὀφθαλμός
σου πονηρός ἐστιν ὅτι ἐγὼ ἀγαθός εἰμι;

아니면 내 것으로 내가 원하는 것을 행할 자격이 나에게 없다는 것이냐?
아니면 내가 선하기 때문에 너의 눈이 악하게 보는 것이냐?

20:16

οὕτως ἔσονται οἱ ἔσχατοι πρῶτοι καὶ οἱ πρῶτοι ἔσχατοι.

이와 같이 꼴찌들이 첫째들이 되고 첫째들이 꼴찌들이 될 것이다.

이 본문 말씀은 하나님 나라의 비밀을 계시하고 있다. 그 나라는 이 세상 나라와 전혀 다른 논리를 갖고 있다. 그 나라의 논리는 노동의 논리가 아니라 은혜의 논리다. 이것은 이 세상 논리를 뒤집어 엎어버리는 혁명적인 논리다. 이 말씀에 등장하는 포도원 주인은 세상적 관점에서 보면 너무나 이상한 존재다. 그에게는 자기의 공로와 업적에 대한 보상을 요구하는 자는 악한 자다. 그 앞에 선하고 의로운 자는 오직 그의 은혜에 감사하고 기뻐하는 공로 없는 자다.

이 본문 말씀은 우리가 얼마나 하나님으로부터 멀리 떠나있는지를 깨닫게 한다. 냉혹하고 잔인한 세상은 하나님의 자비와 긍휼로부터 너무나 멀리 떠나 있다. 그것이 이 포도원 주인이 너무나 이상하게 보이는 이유다. 이 본문 말씀을 통해 우리가 알 수 있는 것은 이 세상에서 출세하고 성공한 사람들은 하나님 나라에 들어가기 어렵다는 것이다.

세 번째 죽음 예고

마태복음 20:17-19

20:17

Καὶ ἀναβαίνων ὁ Ἰησοῦς εἰς Ἱεροσόλυμα παρέλαβεν τοὺς δώδεκα
᾿μαθητὰς κατ᾽ ἰδίαν καὶ ἐν τῇ ὁδῷ εἶπεν αὐτοῖς·

그리고 예수께서 예루살렘에 올라가고 있을 때 열두[제자들]을 따로 데리
고 길에서 그들에게 말했다.

20:18

ἰδοὺ ἀναβαίνομεν εἰς Ἱεροσόλυμα, καὶ ὁ υἱὸς τοῦ ἀνθρώπου παρα-
δοθήσεται τοῖς ἀρχιερεῦσιν καὶ γραμματεῦσιν, καὶ κατακρινοῦσιν αὐ-
τὸν θανάτῳ

보라, 우리는 예루살렘으로 올라가고 있다. 그리고 사람의 아들은 대제사
장들과 서기관들에게 넘겨질 것이다. 그리고 그들은 사형으로 그를 정죄
할 것이다.

20:19

καὶ παραδώσουσιν αὐτὸν τοῖς ἔθνεσιν εἰς τὸ ἐμπαῖξαι καὶ μαστι-
γῶσαι καὶ σταυρῶσαι, καὶ τῇ τρίτῃ ἡμέρᾳ ἐγερθήσεται.

그리고 그들은 그를 이방인들에게 넘겨서 조롱하고 채찍질하고 십자가에 매달게 할 것이다. 그리고 그는 셋째 날에 일으켜질 것이다.

나사렛 예수는 죽음을 향한 자신의 길에 대해 제자들에게 계속 이야기한다. 벌써 세 번째다. 그것은 제자들의 기대와는 전혀 다른 것이다. 그뿐만 아니라 그것은 그들이 결코 원하는 바도 아니다. 그가 그런 제자들에게 계속해서 죽음과 부활에 대해 이야기하는 것은 제자들에게 버림받을 가능성이 큰 대단히 위험한 일이다. 제자들은 자기들이 예수에게 배신당했다고 생각했을 것이다.

십자가 죽음을 통해 부활의 세계로 들어가는 것은 그들이 기대하고 확신했던 메시아 왕국에 대한 기대와는 너무도 거리가 먼 황당한 얘기다. 그것은 그들의 확신에 찬 꿈을 박살 내는 배신이다. 그럼에도 계속해서 십자가 죽음과 부활을 이야기하는 것은 나사렛 예수의 실존적 투쟁의 심각성을 드러내고 있는 것이다. 그는 제자들과 투쟁하고 있는 동시에 자기 자신과도 투쟁하고 있다.

그는 그 엄숙한 죽음의 예고를 통해 자신의 죽음을 피할 수 없는 공적인 일로 만들고 있다. 그렇게 해서 그는 아버지께서 자신에게 행하라고 명하신 그 운명의 길로 자기 자신을 계속 몰아넣고 있다. 나사렛 예수는 그 말을 길에서(εν τη οδω, 엔 테 호도) 하고 있다. 그것은 그가 결코 그 죽음의 길에서 이탈하지 않고 끝까지 그 길을 가겠다고 하는 실존적 투쟁 의지의 표현이다.

야고보와 요한의 요구

마태복음 20:20-28

20:20

Τότε προσῆλθεν αὐτῷ ἡ μήτηρ τῶν υἱῶν Ζεβεδαίου μετὰ τῶν υἱῶν αὐτῆς προσκυνοῦσα καὶ αἰτοῦσά τι ἀπ᾽ αὐτοῦ.

그때 세베대의 아들들의 어머니가 자기의 아들들과 함께 그로부터 무엇인 가를 요청하려고 그에게 절하며 나왔다.

20:21

ὁ δὲ εἶπεν αὐτῇ· τί θέλεις; λέγει αὐτῷ· εἰπὲ ἵνα καθίσωσιν οὗτοι οἱ δύο υἱοί μου εἷς ἐκ δεξιῶν σου καὶ εἷς ἐξ εὐωνύμων σου ἐν τῇ βασιλε ίᾳ σου.

그러자 그가 그녀에게 말했다. 네가 무엇을 원하느냐? 그녀가 그에게 말한 다. 나의 이 두 아들이 당신의 나라에서 하나는 당신의 오른쪽에 하나는 당신의 왼쪽에 앉게 될 것이라고 말하세요.

20:22

ἀποκριθεὶς δὲ ὁ Ἰησοῦς εἶπεν· οὐκ οἴδατε τί αἰτεῖσθε. δύνασθε πιεῖν τὸ ποτήριον ὃ ἐγὼ μέλλω πίνειν; λέγουσιν αὐτῷ· δυνάμεθα.

그러자 예수께서 대답하며 말했다. 너희는 너희가 무엇을 요청하는지를 모르고 있다. 너희는 내가 마실 잔을 마실 수 있겠느냐? 그들이 그에게 말한다. 우리는 할 수 있습니다.

20:23

λέγει αὐτοῖς· τὸ μὲν ποτήριόν μου πίεσθε τὸ δὲ καθίσαι ἐκ δεξιῶν μου καὶ ἐξ εὐωνύμων οὐκ ἔστιν ἐμὸν τοῦτο δοῦναι, ἀλλ᾽ οἷς ἡτοίμασ-ται ὑπὸ τοῦ πατρός μου.

그가 그들에게 말한다. 참으로 너희는 나의 잔을 마시게 될 것이다. 그러나 나의 오른쪽과 왼쪽에 앉는 것은 내가 [이것을] 주는 것이 아니고, 그 대신에 나의 아버지에 의해 준비된 자들에게 (주어지는 것이다).

20:24

Καὶ ἀκούσαντες οἱ δέκα ἠγανάκτησαν περὶ τῶν δύο ἀδελφῶν.

그리고 열(제자들)은 그 두 형제에게 분개했다.

20:25

ὁ δὲ Ἰησοῦς προσκαλεσάμενος αὐτοὺς εἶπεν· οἴδατε ὅτι οἱ ἄρχοντες τῶν ἐθνῶν κατακυριεύουσιν αὐτῶν καὶ οἱ μεγάλοι κατεξουσιάζουσιν αὐτῶν.

그러자 예수께서 그들을 불러 말했다. 너희는 이방인들의 통치자들이 백성들의 주인 노릇을 하며 큰 자들이 백성들에게 권세를 부리는 것을 알고 있다.

20:26

οὐχ οὕτως ἔσται ἐν ὑμῖν, ἀλλ᾽ ὃς ἐὰν θέλῃ ἐν ὑμῖν μέγας γενέσθαι ἔσται ὑμῶν διάκονος,

너희 속에서는 이와 같이 되면 안 된다. 그 대신에 너희 중에 큰 자가 되기를 원하는 사람은 너희를 섬기는 자가 되어야 한다.

20:27

καὶ ὃς ἂν θέλῃ ἐν ὑμῖν εἶναι πρῶτος ἔσται ὑμῶν δοῦλος·

그리고 진정 너희 가운데 으뜸이려고 하는 사람은 너희의 종이 되어야 한다.

20:28

ὥσπερ ὁ υἱὸς τοῦ ἀνθρώπου οὐκ ἦλθεν διακονηθῆναι ἀλλὰ διακον ῆ-σαι καὶ δοῦναι τὴν ψυχὴν αὐτοῦ λύτρον ἀντὶ πολλῶν.

이와 같이 사람의 아들은 섬김을 받으려고 온 것이 아니라 오히려 섬기기 위하여 그리고 많은 사람들을 대신해서 자기의 목숨을 속전으로 주기 위해 온 것이다.

예루살렘이 가까워지자 나사렛 예수의 실체와 함께 그의 제자들의 실체도 드러나고 있다. 나사렛 예수는 십자가 죽음의 길을, 그의 제자들은 메시아 왕국에서의 출세와 야망을 생각하고 있다. 어떻게 보면 코미디 같은 동상이몽의 무리이다. 사실 나사렛 예수와 그의 제자들 이야기는 돈키호테와 산초 이야기와 흡사한 데가 많다. 그리고 나사렛 예수의 제자들이 벌이는 행태는 봉숭아 학당의 학생들 같다.

죽음을 향해 걸어가고 있는 스승 앞에 나아와 다른 제자들보다 먼저 더 높은 자리를 약속해 달라고 선수 치는 야고보와 요한 형제의 얍삽함은 역사에 길이 남을 기괴한 인사청탁이다. 게다가 그들의 어머니는 엄청난 치맛바람의 소유자였으니 자기가 얼마나 어처구니없는 황당한 일을 저지르는지도 모르는 채 당당하게 나사렛 예수에게 자식들을 위해 제이인자의 자리와 제삼인자의 자리를 내놓으라고 명령하고 있다(εἰπε, 에이페, 말하라).

성경에는 나사렛 예수에게 명령을 내리는 여자들이 두 사람 있는데, 하나는 마르다이고 하나는 세베대의 아내다. 이들은 엄청난 에너지의 소유자들인데 요즘도 교회에서 가끔 볼 수 있는 유형의 여장부들이다. 이런 여자들의 아들들은 대개 마마보이가 될 가능성이 크다. 야고보와 요한도 자기 엄마의 치맛자락을 붙들고 나사렛 예수 앞에 나오지 않았던가. 나사렛 예수 앞에 자기의 아들들을 데리고 와서 만물의 지배자이신 그분에게 뻔뻔스럽게 인사권을 행사하는 낯짝 두꺼운 이 여자는 나사렛 예수를 섬기며 따라다니고 있었던 여신도 그룹 중에서도 왕초 노릇을 하고 있었던 것이 틀림없다.

나사렛 예수의 예루살렘 입성이 임박한 가운데 벌어진 이 우스꽝스러운 사건을 더욱더 슬프게 하는 것은 나머지 10명의 제자들의 반응이다. 그들은 야고보 형제의 행태를 보면서 분개했다고 성경은 기록하고 있다. 그들이 분개한 것은 시기 질투 때문이고 선수를 빼앗겼기 때문이다. 그러니 그들 역시 똑같은 생각을 품고 있었던 것이다. 사실 저들이 제정신이라면 야고보 형제의 행동에 대해 슬퍼하며 책망했어야 마땅한 것이다. 더욱더 놀라운 것은 이 한심한 제자들이 거룩한 성 새 예루살

렘 성벽의 열두 기초석에 그 이름이 기록되는 영광을 누리게 된다는

것이다(계 21:14).

여리고의 맹인들

마태복음 20:29-34

20:29

Καὶ ἐκπορευομένων αὐτῶν ἀπὸ Ἰεριχὼ ἠκολούθησεν αὐτῷ ὄχλος πολύς.

그리고 그들이 여리고로부터 나갈 때 많은 군중이 그를 따랐다.

20:30

καὶ ἰδοὺ δύο τυφλοὶ καθήμενοι παρὰ τὴν ὁδὸν ἀκούσαντες ὅτι Ἰησοῦς παράγει, ἔκραξαν λέγοντες· ἐλέησον ἡμᾶς, κύριε, υἱὸς Δαυίδ.

그리고 보라, 맹인 둘이 길가에 앉아 있다가 예수께서 지나가고 있다는 것을 듣고서 고함을 지르며 말했다. 우리를 불쌍히 여겨주세요, 주님. 다윗의 자손이여!

20:31

ὁ δὲ ὄχλος ἐπετίμησεν αὐτοῖς ἵνα σιωπήσωσιν· οἱ δὲ μεῖζον ἔκραξαν λέγοντες· ἐλέησον ἡμᾶς, κύριε, υἱὸς Δαυίδ.

그러자 군중이 그들에게 조용하라고 꾸짖었다. 그러나 그들은 더욱더 고함치며 말했다. 우리를 불쌍히 여겨주세요, 주님. 다윗의 자손이여!

20:32

καὶ στὰς ὁ Ἰησοῦς ἐφώνησεν αὐτοὺς καὶ εἶπεν· τί θέλετε ποιήσω ὑμῖν;

그러자 예수께서 서서 그들을 불렀다. 그리고 말했다. 내가 너희에게 무엇을 해주기를 원하느냐?

20:33

λέγουσιν αὐτῷ· κύριε, ἵνα ἀνοιγῶσιν οἱ ὀφθαλμοὶ ἡμῶν.

그들이 그에게 말한다. 주님, 우리의 눈이 열리는 겁니다.

20:34

σπλαγχνισθεὶς δὲ ὁ Ἰησοῦς ἥψατο τῶν ὀμμάτων αὐτῶν, καὶ εὐθέως ἀνέβλεψαν καὶ ἠκολούθησαν αὐτῷ.

그러자 예수께서 측은히 여기시고 그들의 눈을 만졌다. 그리고 즉시 그들은 눈을 떴다. 그리고 그를 따라갔다.

예루살렘 십자가 죽음의 길을 가는 중에도 나사렛 예수는 여리고의 소경들을 고쳐준다. 이것으로 십자가 죽음의 길을 걸어가고 있는 그의 실체는 초월적 전능자임을 다시 한 번 확인시키고 있다. 초월적 전능자의 죽음은 역사적으로는 정치적 죽음이지만 그것으로는 그의 죽음의 실체는 밝혀지지 않는다. 초월자의 죽음은 반드시 초월적 계시를 통해서만 밝혀진다. 그는 이미 제자들에게 자신의 죽음은 대속적 희생임을 분명히 말했던 것이다. 그러므로 그의 죽음은 우주적이며 또한 종말론적 사건이다. 바로 이것이 복음서 기자가 우리에게 전달하고자 하는 메시지의 핵심이다.

예루살렘 입성

마태복음 21:1-11

21:1

Καὶ ὅτε ἤγγισαν εἰς Ἱεροσόλυμα καὶ ἦλθον εἰς Βηθφαγὴ εἰς τὸ ὄρος τῶν ἐλαιῶν, τότε Ἰησοῦς ἀπέστειλεν δύο μαθητὰς

그리고 그들이 예루살렘에 가까이 다가왔고 올리브 나무들의 산에 있는 벳파게에 왔을 때 예수께서 제자들 둘을 보내며

21:2

λέγων αὐτοῖς· πορεύεσθε εἰς τὴν κώμην τὴν κατέναντι ὑμῶν, καὶ εὐθέως εὑρήσετε ὄνον δεδεμένην καὶ πῶλον μετ᾽ αὐτῆς· λύσαντες ἀγά γετέ μοι.

그들에게 말했다. 너희 맞은편 마을로 가라. 그러면 즉시 매여 있는 (암)나귀와 그리고 그와 함께 있는 나귀 새끼를 발견할 것이다. 풀어서 나에게로 데려와라.

21:3

καὶ ἐάν τις ὑμῖν εἴπῃ τι, ἐρεῖτε ὅτι ὁ κύριος αὐτῶν χρείαν ἔχει· εὐθὺς δὲ ἀποστελεῖ αὐτούς.

그리고 만약 어떤 사람이 너희에게 무엇을 말하면, 주님께서 그것들을 필요로 하신다고 말해라. 그리고 나서 즉시 그들을 보냈다.

21:4
τοῦτο δὲ γέγονεν ἵνα πληρωθῇ τὸ ῥηθὲν διὰ τοῦ προφήτου λέγοντος·
그런데 이것은 선지자를 통하여 말씀된 것이 성취되기 위함이니, 말씀하시기를

21:5
εἴπατε τῇ θυγατρὶ Σιών·
ἰδοὺ ὁ βασιλεύς σου ἔρχεταί σοι
πραῢς καὶ ἐπιβεβηκὼς ἐπὶ ὄνον
καὶ ἐπὶ πῶλον υἱὸν ὑποζυγίου.
너희는 시온의 딸에게 말하라.
보라! 너의 왕이 너에게 오신다.
그는 온유하여 나귀 곧 멍에 메는 짐승의 새끼 위에 앉았도다.

21:6
πορευθέντες δὲ οἱ μαθηταὶ καὶ ποιήσαντες καθὼς συνέταξεν αὐτοῖς ὁ Ἰησοῦς
그러자 제자들은 가서 예수께서 그들에게 명한 대로 행하여

21:7
ἤγαγον τὴν ὄνον καὶ τὸν πῶλον καὶ ἐπέθηκαν ἐπ᾽ αὐτῶν τὰ ἱμάτια,

καὶ ἐπεκάθισεν ἐπάνω αὐτῶν.

(암)나귀와 그 새끼를 데리고 왔다. 그리고 그것들 위에 겉옷들을 얹어놓았다. 그리고 그는 그것들 위에 앉았다.

21:8

ὁ δὲ πλεῖστος ὄχλος ἔστρωσαν ἑαυτῶν τὰ ἱμάτια ἐν τῇ ὁδῷ, ἄλλοι δὲ ἔκοπτον κλάδους ἀπὸ τῶν δένδρων καὶ ἐστρώννυον ἐν τῇ ὁδῷ.

그런데 최대의 군중이 길에 자기들의 겉옷들을 깔아놓았다. 그런데 다른 사람들은 나무들에서 가지들을 꺾어서 길에 깔아놓고 있었다.

21:9

οἱ δὲ ὄχλοι οἱ προάγοντες αὐτὸν καὶ οἱ ἀκολουθοῦντες ἔκραζον λέγοντες·
ὡσαννὰ τῷ υἱῷ Δαυίδ·
εὐλογημένος ὁ ἐρχόμενος ἐν ὀνόματι κυρίου·
ὡσαννὰ ἐν τοῖς ὑψίστοις.

그러자 그를 앞서가며 뒤따르는 군중이 외치며 말하고 있었다.
다윗의 자손에게 호산나.
주님의 이름으로 오시는 분은 찬양받으실 분이로다.
지극히 높은 곳들에서 호산나.

21:10

Καὶ εἰσελθόντος αὐτοῦ εἰς Ἱεροσόλυμα ἐσείσθη πᾶσα ἡ πόλις λέγουσα· τίς ἐστιν οὗτος;

그리고 그가 예루살렘에 들어갔을 때 온 도시가 요동하며 말했다. 이 사람은 누구냐?

21:11
οἱ δὲ ὄχλοι ἔλεγον· οὗτός ἐστιν ὁ προφήτης Ἰησοῦς ὁ ἀπὸ Ναζαρὲθ τῆς Γαλιλαίας.
그러자 군중이 말하고 있었다. 이분은 갈릴리 나사렛 출신의 예언자 예수이다.

나사렛 예수는 군중의 열광적인 환호 속에 예루살렘에 입성한다. 그들은 예수를 갈릴리 나사렛 출신의 예언자로 말하고 있다. 그것은 나사렛 예수에 대한 지극한 존경심의 표현이다. 그들은 나사렛 예수에게 무엇을 기대하고 있는가? 그들의 희망은 그들이 외친 구호 속에 숨어 있다.

호산나
Ωσαννα
오! 구원하소서

그들은 나사렛 예수에게서 구원을 기대하고 있었다. 그들은 나사렛 예수를 다윗의 자손이며, 주님의 이름으로 오시는 분이라고 외치고 있다. 그들에게 나사렛 예수는 메시아였다. 복음서 기자 역시 나사렛 예수를 예루살렘에 오시는 시온의 왕 곧 메시아로 선포하고 있다. 물론 나사렛 예수의 제자들도 그를 메시아로 믿고 있었다. 그러므로 나사렛 예수의 예루살렘 입성은 메시아 입성이다.

그런데 그는 이상한 나라의 온유와 겸손과 평화의 신비로운 왕이었다. 그리고 이 신비로움 속에 그의 비밀이 숨어 있다. 또한 그것은 교회의 비밀이기도 하다.

성전 청소

마태복음 21:12-17

21:12

Καὶ εἰσῆλθεν Ἰησοῦς εἰς τὸ ἱερὸν καὶ ἐξέβαλεν πάντας τοὺς πωλοῦ
ν-τας καὶ ἀγοράζοντας ἐν τῷ ἱερῷ, καὶ τὰς τραπέζας τῶν κολλυβιστῶν
κατέστρεψεν καὶ τὰς καθέδρας τῶν πωλούντων τὰς περιστεράς,

그리고 예수께서 성전에 들어갔다. 그리고 그는 성전에서 팔고 사는 모든
자들을 내쫓았다. 그리고 그는 환전상들의 탁자들과 비둘기들을 파는 자
들의 의자들을 뒤엎어 버렸다.

21:13

καὶ λέγει αὐτοῖς· γέγραπται·
ὁ οἶκός μου οἶκος προσευχῆς κληθήσεται,
ὑμεῖς δὲ αὐτὸν ποιεῖτε σπήλαιον λῃστῶν.

그리고 그들에게 말한다. 기록되기를,
나의 집은 기도의 집이라고 불리워질 것이다.
그런데 너희는 그것을 강도들의 소굴로 만들고 있다.

21:14

καὶ προσῆλθον αὐτῷ τυφλοὶ καὶ χωλοὶ ἐν τῷ ἱερῷ, καὶ ἐθεράπευσεν αὐτούς.

그리고 맹인들과 불구자들이 성전에서 그에게 나아왔다. 그리고 그는 그들을 고쳐주었다.

21:15

ἰδόντες δὲ οἱ ἀρχιερεῖς καὶ οἱ γραμματεῖς τὰ θαυμάσια ἃ ἐποίησεν καὶ τοὺς παῖδας τοὺς κράζοντας ἐν τῷ ἱερῷ καὶ λέγοντας· ὡσαννὰ τῷ υἱῷ Δαυίδ, ἠγανάκτησαν

그런데 대제사장들과 서기관들은 그가 행한 놀라운 일들과 성전에서, 다 윗의 자손에게 '호산나' 하고 외치며 말하는 어린이들을 보고서 분개했다.

21:16

καὶ εἶπαν αὐτῷ· ἀκούεις τί οὗτοι λέγουσιν; ὁ δὲ Ἰησοῦς λέγει αὐτοῖς· ναί. οὐδέποτε ἀνέγνωτε ὅτι ἐκ στόματος νηπίων καὶ θηλαζόντων κατηρ-τίσω αἶνον;

그리고 그들은 그에게 말했다. 당신은 이들이 무엇을 말하고 있는지 듣고 있습니까? 그러자 예수께서 그들에게 말한다. 그렇다. 너희는 아직도 나는 말 못 하는 아이들과 젖 먹는 아이들의 입으로 찬송을 완전케 할 것이라는 것을 읽지 못하였느냐?

21:17

καὶ καταλιπὼν αὐτοὺς ἐξῆλθεν ἔξω τῆς πόλεως εἰς Βηθανίαν καὶ ηὐλίσθη ἐκεῖ.

그리고 그는 그들을 내버려두고 그 도시 밖에 있는 베다니로 나갔다. 그리고 거기서 숙박했다.

나사렛 예수는 예루살렘에 들어갈 때 이미 거기서 전개될 상황을 알고 있었다. 그가 예루살렘에서 해야 할 가장 중요한 일은 성전 청소였다. 왜냐하면 나사렛 예수가 세상에 온 목적은 성전 청소이기 때문이다. 그는 갈릴리에서부터 그 일을 시작했다. 그의 갈릴리 사역의 중심은 귀신 쫓아내는 일과 병 고치는 일이었다. 귀신을 쫓아냄으로 인간의 몸을 성령께서 거하시는 성전으로 회복시켜 주는 것이다. 나사렛 예수는 자신이 깨끗하게 청소하고 정돈한 집이 성령을 모시지 않으면 더 악한 귀신들이 들어올 것이라고 경고했다. 나사렛 예수의 관심은 길 잃은 한 마리 양이었다. 나사렛 예수는 한 사람 한 사람의 몸을 다시 성전으로 회복하기 위해 왔다. 이것이 그가 이 땅에서 전개한 인간해방 운동의 본질이다. 그리고 이것이야말로 역사 속에서 펼쳐진 다른 어떤 혁명 운동들과 구별되는 근본적인 요소다.

그런 점에서 나사렛 예수는 풀뿌리 민주주의 운동을 시작한 인물이다. 그러나 나사렛 예수의 성전회복운동은 사회혁명을 통해 민족의 구원을 기다리고 있던 유대 민중으로부터 차갑게 거절당한다. 그들은 바라바를 선택하고 예수를 버린다. 이 버려진 돌을 하나님 나라의 모퉁잇돌로 만든 것은 그를 보내신 그의 아버지였다. 나사렛 예수는 성전 회복이라는 인간해방 운동을 위해 갈릴리에서 바리새인들과 투쟁했고, 이제 예루살렘에서는 사두개인들과의 투쟁을 시작하고 있다. 갈릴리에서의 그의 활동 거점은 회당이었고, 예루살렘에서의 활동 거점은 성전이었다.

율법을 인간을 질식시키는 지배 도구로 이용하는 바리새인들과 성전을 자본축적의 수단으로 전락시킨 사두개인들은 신학적으로는 원수지간이었으나 나사렛 예수를 제거하는 일에는 완전히 의기투합한다. 나사렛 예수는 예루살렘 성전을 강도들의 소굴이 되었다고 말했다. 그것은 대제사장 가문으로부터 독점적 상권을 받은 자들이 예루살렘 성전에 예배드리러 세계 각처에서 찾아오는 유대인들에게 엄청난 폭리를 취했음을 암시한다. 그들에게 날강도 같은 독점상권을 제공한 대제사장 계급이 나사렛 예수를 그냥 내버려 둘 리가 없다. 그들은 성직자 계급의 화려한 복장을 걸치고 있을 뿐이지 그들의 속은 오로지 돈과 권력과 세상 명예로 가득 찬 무신론자들이었다. 그들은 부활도 안 믿고, 천사의 존재도 부정하는 자들이었다. 기도하는 하나님의 집을 강도들의 소굴로 만든 자들이 바로 이 협잡꾼들이었다. 그들은 나사렛 예수가 자신들의 이권의 텃밭을 건드리자 즉시 반격을 시작한다. 나사렛 예수에게 왜 어린아이들의 메시아 찬양을 내버려 두느냐 하는 것이다. 그것은 나사렛 예수를 결단코 메시아로 인정하지 않겠다는 저들의 강렬한 의지의 표현이다.

그러나 나사렛 예수는 아직 말 못 하는 어린 아이들(νηπιων)과 젖 먹는 아기들(θηλαζοντων)의 입에서 나오는 소리가 하나님께서 기뻐하시는 가장 온전한 찬송이라고 반격한다. 그것은 세상이 썩을 대로 썩었다는 뜻이다. 이 썩을 대로 썩은 세상에서 높은 지위와 명성을 얻은 만큼 하나님 앞에서는 위험하다.

저주받은 무화과나무

마태복음 21:18-22

21:18

Πρωῒ δὲ ἐπανάγων εἰς τὴν πόλιν ἐπείνασεν.

그런데 아침 일찍 그 도시로 돌아올 때 그는 굶주렸다.

21:19

καὶ ἰδὼν συκῆν μίαν ἐπὶ τῆς ὁδοῦ ἦλθεν ἐπ᾽ αὐτὴν καὶ οὐδὲν εὗρεν ἐν αὐτῇ εἰ μὴ φύλλα μόνον, καὶ λέγει αὐτῇ· μηκέτι ἐκ σοῦ καρπὸς γένηται εἰς τὸν αἰῶνα. καὶ ἐξηράνθη παραχρῆμα ἡ συκῆ.

그리고 길가에 있는 무화과나무 하나를 보고 그것에게로 갔다. 그리고 그 안에서 단지 잎사귀들 외에는 아무것도 발견하지 못했다. 그리고 그것에게 말한다. 더 이상 너에게서 영원히 열매는 없을 것이다. 그리고 즉시 그 무화과나무는 말라버렸다.

21:20

Καὶ ἰδόντες οἱ μαθηταὶ ἐθαύμασαν λέγοντες· πῶς παραχρῆμα ἐξηράνθη ἡ συκῆ;

그리고 제자들이 보고 놀라며 말했다. 어떻게 무화과나무가 즉시 말라버렸습니까?

21:21

ἀποκριθεὶς δὲ ὁ Ἰησοῦς εἶπεν αὐτοῖς· ἀμὴν λέγω ὑμῖν, ἐὰν ἔχητε πίστιν καὶ μὴ διακριθῆτε, οὐ μόνον τὸ τῆς συκῆς ποιήσετε, ἀλλὰ κἂν τῷ ὄρει τούτῳ εἴπητε· ἄρθητι καὶ βλήθητι εἰς τὴν θάλασσαν, γενήσεται·

그러자 예수께서 대답하며 그들에게 말했다. 내가 진실로 너희에게 말한다. 만약 너희가 믿음을 가지고 의심을 품지 않으면., 그 무화과나무의 일을 할 뿐 아니라, 이 산에게 들려서 바닷속에 던져져라 하고 말할지라도 (그대로) 될 것이다.

21:22

καὶ πάντα ὅσα ἂν αἰτήσητε ἐν τῇ προσευχῇ πιστεύοντες λήμψεσθε.

그리고 진정 너희가 기도 가운데 믿고 구하는 모든 것을 받을 것이다.

나사렛 예수가 잎사귀들만 무성한 무화과나무를 저주한 것은 의의 열매를 맺지 못하는 유대교에 대한 심판의 표적이었다. 그런 의미에서 죄 없는 무화과나무는 패역한 이스라엘 백성들을 대신해서 저주를 받은 것이다. 그러나 제자들은 이 표적의 의미를 깨닫지 못하고 있다. 그들은 자기들의 스승에게 그 표적의 의미를 물었어야 했다. 그들은 어떻게 이런 일이 일어날 수 있느냐에 대해서만 호기심을 보일 뿐이다. 그런 점에서 그들은 무지한 군중과 다를 바가 없다.

예수 권세의 근거

마태복음 21:23-27

21:23

Καὶ ἐλθόντος αὐτοῦ εἰς τὸ ἱερὸν προσῆλθον αὐτῷ διδάσκοντι οἱ ἀρχιερεῖς καὶ οἱ πρεσβύτεροι τοῦ λαοῦ λέγοντες· ἐν ποίᾳ ἐξουσίᾳ ταῦτα ποιεῖς; καὶ τίς σοι ἔδωκεν τὴν ἐξουσίαν ταύτην;

그리고 그가 성전에 간 후 가르치고 있는 그를 향하여 대제사장들과 백성의 원로들이 와서 말했다. 무슨 권세로 이것들을 행하는 것이냐? 그리고 누가 너에게 이 권세를 주었느냐?

21:24

ἀποκριθεὶς δὲ ὁ Ἰησοῦς εἶπεν αὐτοῖς· ἐρωτήσω ὑμᾶς κἀγὼ λόγον ἕνα, ὃν ἐὰν εἴπητέ μοι κἀγὼ ὑμῖν ἐρῶ ἐν ποίᾳ ἐξουσίᾳ ταῦτα ποιῶ·

그러자 예수께서 그들에게 대답하며 말했다. 나도 너희에게 한마디 묻겠다. 만약 그것을 너희가 나에게 말하면 나도 무슨 권세로 이것들을 행하는지 너희에게 말하겠다.

21:25

τὸ βάπτισμα τὸ Ἰωάννου πόθεν ἦν; ἐξ οὐρανοῦ ἢ ἐξ ἀνθρώπων;

οἱ δὲ διελογίζοντο ἐν ἑαυτοῖς λέγοντες· ἐὰν εἴπωμεν· ἐξ οὐρανοῦ, ἐρεῖ ἡμῖν· διὰ τί οὖν οὐκ ἐπιστεύσατε αὐτῷ;

요한의 세례는 어디로부터냐? 하늘로부터냐 아니면 사람들로부터냐? 그러자 그들이 자기들끼리 토론하며 말했다. 만약 우리가 하늘로부터라고 말하면, 그는 우리에게 그러면 왜 그를 믿지 않았느냐고 말할 것이다.

21:26

ἐὰν δὲ εἴπωμεν· ἐξ ἀνθρώπων, φοβούμεθα τὸν ὄχλον, πάντες γὰρ ὡς προφήτην ἔχουσιν τὸν Ἰωάννην.

그런데 우리가 사람들로부터라고 말하면, 우리는 백성을 두려워하노라. 왜냐하면 모든 사람이 요한을 예언자처럼 여기고 있기 때문이다.

21:27

καὶ ἀποκριθέντες τῷ Ἰησοῦ εἶπαν· οὐκ οἴδαμεν. ἔφη αὐτοῖς καὶ αὐτός· οὐδὲ ἐγὼ λέγω ὑμῖν ἐν ποίᾳ ἐξουσίᾳ ταῦτα ποιῶ.

그리고 그들은 예수에게 대답하며 말했다. 모르겠다. 그러자 그도 그들에게 엄숙히 말했다. 나도 내가 무슨 권세로 이것들을 행하는지 너희에게 말하지 않겠다.

나사렛 예수가 예루살렘 성전을 청소하자 대제사장들은 예수에 대한 적개심을 드러내기 시작했다. 그들은 그를 메시아로 인정하지 않겠다는 정치적 의도를 노골적으로 드러내었다. 그뿐만 아니라 나사렛 예수가 그들의 본거지인 성전을 장악하고 백성들을 가르치자 그들은 견딜 수 없는 분노를 느끼며 그를 파멸시키기 위해 움직인다. 이번에는 백성의 원로들을 데리고 와서 그를 공격한다. 공격의 방향은 예수의 권위에 대한 것이다. 무슨 권세로 성전을 청소하고, 무슨 권세로 병을 고치고, 무슨 권세로 백성을 가르치는 것이냐는 것이다. 그들은 나사렛 예수가 유대종교 최고 권력자들인 그들의 허락 없이 제멋대로 행동하는 이단으로 몰아가고 있다.

그들은 나사렛 예수가 어디서 왔는지 알지 못한다. 그것은 그를 보내신 그의 아버지를 모르기 때문이다. 그들은 이스라엘의 하나님과 아무런 관계가 없는 협잡꾼들에 불과한 존재들이다. 그들뿐 아니라 이스라엘 민족 대부분이 나사렛 예수의 정체를 모르고 있다. 그들은 어둠 속을 헤매고 있다. 그러면 그럴수록 그들은 나사렛 예수에 대한 공포에 사로잡힌다. 그들이 나사렛 예수를 죽인 것은 바로 이 공포심 때문이다. 지금도 이 공포심이 유대 민족 위에 드리워져 있다. 그것은 어린 양의 공포다.

두 아들 비유

마태복음 21:28-32

21:28

Τί δὲ ὑμῖν δοκεῖ; ἄνθρωπος εἶχεν τέκνα δύο. καὶ προσελθὼν τῷ πρώτῳ εἶπεν· τέκνον, ὕπαγε σήμερον ἐργάζου ἐν τῷ ἀμπελῶνι.

그런데 너희에게는 어떻게 생각되느냐. 사람이 두 자녀를 두고 있었다. 그리고 첫째에게 다가가 말했다. 애야, 오늘은 포도원에 가서 일해라.

21:29

ὁ δὲ ἀποκριθεὶς εἶπεν· οὐ θέλω, ὕστερον δὲ μεταμεληθεὶς ἀπῆλθεν.

그러자 그가 대답하며 말했다. 싫어요. 그러나 나중에 뉘우치고 갔다.

21:30

προσελθὼν δὲ τῷ ἑτέρῳ εἶπεν ὡσαύτως. ὁ δὲ ἀποκριθεὶς εἶπεν· ἐγώ, κύριε, καὶ οὐκ ἀπῆλθεν.

그런데 다른 아이에게로 가서 똑같이 말했다. 그러자 그가 대답하며 말했다. 내가 (할게요), 주님. 그러고는 가지 않았다.

21:31

τίς ἐκ τῶν δύο ἐποίησεν τὸ θέλημα τοῦ πατρός; λέγουσιν· ὁ πρῶτος.
λέγει αὐτοῖς ὁ Ἰησοῦς· ἀμὴν λέγω ὑμῖν ὅτι οἱ τελῶναι καὶ αἱ πόρναι
προάγουσιν ὑμᾶς εἰς τὴν βασιλείαν τοῦ θεοῦ.

그 둘 중에 누가 아버지의 뜻을 행하였느냐? 그들이 말했다. 첫째입니다.
예수께서 그들에게 말한다. 내가 진실로 너희에게 말하건대 세리들과 창
녀들이 너희를 앞질러 하나님의 나라에 가고 있다.

21:32

ἦλθεν γὰρ Ἰωάννης πρὸς ὑμᾶς ἐν ὁδῷ δικαιοσύνης, καὶ οὐκ ἐπιστε
ύ-σατε αὐτῷ, οἱ δὲ τελῶναι καὶ αἱ πόρναι ἐπίστευσαν αὐτῷ· ὑμεῖς δὲ
ἰδόντες οὐδὲ μετεμελήθητε ὕστερον τοῦ πιστεῦσαι αὐτῷ.

왜냐하면 요한이 의의 길로 너희를 향하여 왔으나 너희는 그를 믿지 않았
다. 그러나 세리들과 창녀들은 그를 믿었다. 그런데 너희는 보고서도 나중
에라도 뉘우치고 그를 믿지 않았기 때문이다.

이 비유는 마음의 중심이 무엇이냐의 문제다. 첫째는 처음에는 불
순종했으나 나중에는 마음을 돌이켜 아버지의 뜻에 순종했다. 둘째는
겉으로는 아버지의 뜻에 순종하는 척 했으나 그 마음의 중심에는 자기
의 생각과 의지로 가득 차 있었다. 하늘에 계시는 아버지의 뜻은 자신이
보내신 아들을 믿고 영원한 생명을 얻는 것이다. 그러나 자기 의로 가득
찬 자들은 하나님의 의의 길을 거절했다. 대신에 구제불능의 죄인들이
하나님의 은혜를 의지함으로 생명의 나라를 차지했다. 공로주의 세계

관은 하나님 나라를 상속받을 수 없다. 왜냐하면 그 나라는 하나님의 절대주권적인 의지와 은혜의 나라이기 때문이다. 유대인들은 겉으로는 경건한 척 했으나 그들의 속은 자기 의로 가득 차 있었기 때문에 그들은 나중에라도 회개하고 주님께 돌아오지 않았다. 하나님 나라는 의인들의 것이 아니라 회개하고 돌아서는 죄인들의 것이다. 나사렛 예수는 의인들을 부르러 온 것이 아니라 구제불능의 죄인들을 부르러 왔다. 중요한 것은 자기 자신이 하나님 앞에서 구제불능의 죄인임을 깨닫는 것이다. 그렇지 않으면 나사렛 예수와 나는 아무런 상관이 없다.

포도원 소작인들 비유

마태복음 21:33-46

21:33

Ἄλλην παραβολὴν ἀκούσατε. ἄνθρωπος ἦν οἰκοδεσπότης ὅστις ἐφύτευσεν ἀμπελῶνα καὶ φραγμὸν αὐτῷ περιέθηκεν καὶ ὤρυξεν ἐν αὐτῷ ληνὸν καὶ ᾠκοδόμησεν πύργον καὶ ἐξέδετο αὐτὸν γεωργοῖς καὶ ἀπεδήμησεν.

다른 비유를 들으라. 어떤 집주인인 사람이 포도나무들을 심고 그것에 울타리를 둘러치고 그 안에 포도즙 짜는 통을 파고 망대를 세우고 그것을 농부들에게 세를 주고 여행을 떠났다.

21:34

ὅτε δὲ ἤγγισεν ὁ καιρὸς τῶν καρπῶν, ἀπέστειλεν τοὺς δούλους αὐτοῦ πρὸς τοὺς γεωργοὺς λαβεῖν τοὺς καρποὺς αὐτοῦ.

그런데 결실의 때가 다가왔을 때 그는 자기의 열매들을 취하기 위하여 자기의 종들을 농부들에게 보냈다.

21:35

καὶ λαβόντες οἱ γεωργοὶ τοὺς δούλους αὐτοῦ ὃν μὲν ἔδειραν, ὃν δὲ ἀπέκτειναν, ὃν δὲ ἐλιθοβόλησαν.

그리고 농부들은 그의 종들을 잡아서 어떤 종은 두들겨 패고, 어떤 종은 죽이고, 어떤 종은 돌로 쳤다.

21:36

πάλιν ἀπέστειλεν ἄλλους δούλους πλείονας τῶν πρώτων, καὶ ἐποίη
-σαν αὐτοῖς ὡσαύτως.

그는 다시 처음보다 더 많은 종들을 보냈는데 농부들은 그들에게 똑같이 행했다.

21:37

ὕστερον δὲ ἀπέστειλεν πρὸς αὐτοὺς τὸν υἱὸν αὐτοῦ λέγων· ἐντρα-
πήσονται τὸν υἱόν μου.

그러자 나중에는 자기의 아들을 그들에게로 보내면서 말했다. 그들이 내 아들은 존경할 것이다.

21:38

οἱ δὲ γεωργοὶ ἰδόντες τὸν υἱὸν εἶπον ἐν ἑαυτοῖς· οὗτός ἐστιν ὁ
κληρονόμος· δεῦτε ἀποκτείνωμεν αὐτὸν καὶ σχῶμεν τὴν κληρονομίαν
αὐτοῦ,

그런데 농부들은 그 아들을 보자 자기들끼리 말했다. 이 사람은 상속자다. 오라, 우리가 그를 죽이고 그의 유업을 차지하자.

21:39

καὶ λαβόντες αὐτὸν ἐξέβαλον ἔξω τοῦ ἀμπελῶνος καὶ ἀπέκτειναν.

그리고 그를 잡아서 포도원 밖으로 내던지고 죽였다.

21:40

ὅταν οὖν ἔλθῃ ὁ κύριος τοῦ ἀμπελῶνος, τί ποιήσει τοῖς γεωργοῖς ἐκείνοις;

그러므로 포도원 주인이 왔을 때 그가 저 농부들에게 무엇을 하겠느냐?

21:41

λέγουσιν αὐτῷ· κακοὺς κακῶς ἀπολέσει αὐτοὺς καὶ τὸν ἀμπελῶνα ἐκδώσεται ἄλλοις γεωργοῖς, οἵτινες ἀποδώσουσιν αὐτῷ τοὺς καρποὺς ἐν τοῖς καιροῖς αὐτῶν.

그들이 그에게 말한다. 그들을 완전히 멸망시키고 그 포도원을 다른 농부들에게 세를 줄 것입니다. 그러면 그들은 제때에 그에게 열매들을 제공할 것입니다.

21:42

Λέγει αὐτοῖς ὁ Ἰησοῦς· οὐδέποτε ἀνέγνωτε ἐν ταῖς γραφαῖς·

λίθον ὃν ἀπεδοκίμασαν οἱ οἰκοδομοῦντες,

οὗτος ἐγενήθη εἰς κεφαλὴν γωνίας·

παρὰ κυρίου ἐγένετο αὕτη

καὶ ἔστιν θαυμαστὴ ἐν ὀφθαλμοῖς ἡμῶν ;

예수께서 그들에게 말한다. 너희는 성경에서,

집 짓는 자들이 내버린 돌,

이것이 모퉁이의 머릿돌이 되었다.

이것은 주님께로부터 되었고

우리의 눈들에 기이하도다,

라는 말씀을 아직 읽지 못하였느냐?

21:43

διὰ τοῦτο λέγω ὑμῖν ὅτι ἀρθήσεται ἀφ᾽ ὑμῶν ἡ βασιλεία τοῦ θεοῦ

καὶ δοθήσεται ἔθνει ποιοῦντι τοὺς καρποὺς αὐτῆς.

이러므로 내가 너희에게 말하건대 하나님의 나라가 너희에게서 빼앗겨져

서 그 나라의 열매들을 맺는 민족에게 주어질 것이다.

21:44

"καὶ ὁ πεσὼν ἐπὶ τὸν λίθον τοῦτον συνθλασθήσεται· ἐφ᾽ ὃν δ᾽ ἂν

πέσῃ λικμήσει αὐτόν".

[그리고 이 돌 위에 떨어지는 사람은 가루가 될 것이고, 이 돌이 어떤 사람

위에 떨어지면 그 사람을 날려버릴 것이다.]

21:45

Καὶ ἀκούσαντες οἱ ἀρχιερεῖς καὶ οἱ Φαρισαῖοι τὰς παραβολὰς αὐτο

ῦ ἔγνωσαν ὅτι περὶ αὐτῶν λέγει·

그리고 대제사장들과 바리새인들이 그의 비유들을 듣고 그가 자기들에

대해 말하고 있는 것을 알았다.

21:46

καὶ ζητοῦντες αὐτὸν κρατῆσαι ἐφοβήθησαν τοὺς ὄχλους, ἐπεὶ εἰς προφήτην αὐτὸν εἶχον.

그리고 그를 붙잡으려고 시도했으나 그들은 군중을 무서워했다. 왜냐하면 그들이 그를 선지자로 여기고 있었기 때문이다.

이 본문을 통해 대제사장들이 데리고 온 백성의 원로들은 바리새인들이었음이 밝혀졌다. 그러므로 유대인의 최고 권력기관인 산헤드린 공의회가 총동원되었음을 알 수 있다. 나사렛 예수는 대담하게 그들과 맞서 투쟁하고 있다. 나사렛 예수는 유대교 지도자들이 하나님께서 보내신 선지자들을 죽이고 마지막으로는 그분이 보내신 아들을 살해하는 목적은 하나님의 의와 영광과 나라를 탈취하는 데 있음을 비유를 통해 폭로한다.

유대교 지도자들은 예수의 말이 자기들을 향하고 있음을 귀신같이 알아차리고 나사렛 예수를 붙잡으려고 시도한다. 그러나 민중이 그를 선지자로 존경하고 있었기 때문에 역풍을 두려워하고 포기한다. 이제 그들의 전략적 목표는 나사렛 예수와 민중을 분리시키는 것이 되었다. 그들의 전략은 젤롯당 출신의 가룟 유다와 폭력혁명가 바라바를 이용하여 나사렛 예수와 유대 민중을 분리시키는 데 성공한다. 결국 나사렛 예수는 마지막까지 그를 옹위하고 있었던 민중에게 버림받고 비참한 죽음을 맞이한다.

혼인잔치 비유

마태복음 22:1-14

22:1

Καὶ ἀποκριθεὶς ὁ Ἰησοῦς πάλιν εἶπεν ἐν παραβολαῖς αὐτοῖς λέγων·

그리고 예수께서 다시 그들에게 비유들로 대답하며 말했다. 말하기를,

22:2

ὡμοιώθη ἡ βασιλεία τῶν οὐρανῶν ἀνθρώπῳ βασιλεῖ, ὅστις ἐποίησε ν γάμους τῷ υἱῷ αὐτοῦ.

하늘들의 나라는 자기의 아들을 위해 결혼식을 준비한 왕인 사람에게 비유 된다.

22:3

καὶ ἀπέστειλεν τοὺς δούλους αὐτοῦ καλέσαι τοὺς κεκλημένους εἰς τοὺς γάμους, καὶ οὐκ ἤθελον ἐλθεῖν.

그리고 그는 초청받았던 자들을 부르기 위해 자기의 종들을 보냈다. 그런 데 그들은 오기를 원치 않았다.

22:4

πάλιν ἀπέστειλεν ἄλλους δούλους λέγων· εἴπατε τοῖς κεκλημένοις· ἰδοὺ τὸ ἄριστόν μου ἡτοίμακα, οἱ ταῦροί μου καὶ τὰ σιτιστὰ τεθυμένα καὶ πάντα ἕτοιμα· δεῦτε εἰς τοὺς γάμους.

그는 다시 다른 종들을 보내며 말했다. 초청받았던 자들에게 말해라. 보라! 내가 나의 만찬을 이미 준비했다. 나의 소들과 살찐 짐승들이 이미 도살되었고 모든 것이 준비되었다. 결혼식에 오라.

22:5

οἱ δὲ ἀμελήσαντες ἀπῆλθον, ὃς μὲν εἰς τὸν ἴδιον ἀγρόν, ὃς δὲ ἐπὶ τὴν ἐμπορίαν αὐτοῦ·

그런데 그들은 무관심하게 가버렸다. 어떤 사람은 자기의 밭으로, 어떤 사람은 자기의 사업으로.

22:6

οἱ δὲ λοιποὶ κρατήσαντες τοὺς δούλους αὐτοῦ ὕβρισαν καὶ ἀπέκτειναν.

그런데 나머지 사람들은 그의 종들을 붙잡아 폭행하고 죽였다.

22:7

ὁ δὲ βασιλεὺς ὠργίσθη καὶ πέμψας τὰ στρατεύματα αὐτοῦ ἀπώλεσεν τοὺς φονεῖς ἐκείνους καὶ τὴν πόλιν αὐτῶν ἐνέπρησεν.

그러자 왕은 화가 나서 자기의 군사들을 보내어 저 살인자들을 멸하고 그들의 도시를 불질러 버렸다.

22:8

τότε λέγει τοῖς δούλοις αὐτοῦ· ὁ μὲν γάμος ἕτοιμός ἐστιν, οἱ δὲ κεκλημένοι οὐκ ἦσαν ἄξιοι·

그때 그는 자기의 종들에게 말한다. 이미 결혼식은 준비되었는데 초청받았던 자들은 합당치 않았구나.

22:9

πορεύεσθε οὖν ἐπὶ τὰς διεξόδους τῶν ὁδῶν καὶ ὅσους ἐὰν εὕρητε καλέσατε εἰς τοὺς γάμους.

그러므로 길들이 갈라지는 곳으로 가라. 그리고 누구든지 만나는 사람들을 결혼식에 초청하라.

22:10

καὶ ἐξελθόντες οἱ δοῦλοι ἐκεῖνοι εἰς τὰς ὁδοὺς συνήγαγον πάντας οὓς εὗρον, πονηρούς τε καὶ ἀγαθούς· καὶ ἐπλήσθη ὁ γάμος ἀνακειμένων.

그리고 저 종들은 길들로 나가서 악한 자들이든 선한 자들이든지 만나는 모든 사람을 모았다. 그래서 결혼식장은 앉은 자들로 채워졌다.

22:11

Εἰσελθὼν δὲ ὁ βασιλεὺς θεάσασθαι τοὺς ἀνακειμένους εἶδεν ἐκεῖ ἄνθρωπον οὐκ ἐνδεδυμένον ἔνδυμα γάμου,

그런데 왕이 앉아 있는 사람들을 보기 위해 들어왔다가 거기서 결혼예복을 입지 않은 사람을 보았다.

22:12

καὶ λέγει αὐτῷ· ἑταῖρε, πῶς εἰσῆλθες ὧδε μὴ ἔχων ἔνδυμα γάμου;
ὁ δὲ ἐφιμώθη.

그리고 그에게 말한다. 친구여, 그대는 혼인예복이 없이 어떻게 여기에
들어왔는가? 그러자 그 사람은 할 말이 없었다.

22:13

τότε ὁ βασιλεὺς εἶπεν τοῖς διακόνοις· δήσαντες αὐτοῦ πόδας καὶ
χεῖρας ἐκβάλετε αὐτὸν εἰς τὸ σκότος τὸ ἐξώτερον· ἐκεῖ ἔσται ὁ κλαυθ-
μὸς καὶ ὁ βρυγμὸς τῶν ὀδόντων.

그때 왕은 시중드는 자들에게 말했다. 그의 발들과 손들을 묶어서 바깥
어두운 곳으로 내던져라. 거기서 울음과 이를 갊이 있으리라.

22:14

πολλοὶ γάρ εἰσιν κλητοί, ὀλίγοι δὲ ἐκλεκτοί.

왜냐하면 초청받은 자들은 많으나 택함 받은 자들은 적기 때문이다.

천국은 기름진 음식으로 준비된 어린 양 예수 그리스도의 혼인잔치
다. 그 잔치는 하나님께서 죄인들에게 값없이 베푸시는 은혜의 잔치다.
그러나 그 잔치에 초청받았던 이스라엘 백성들은 어린 양 예수 그리스
도의 은혜의 잔치를 외면한다. 대신에 그들은 자기의 의와 공로를 추구
하며 자기 영광의 바벨탑을 건설한다. 그리고 그들은 하나님께서 은혜
의 잔치에 부르라고 보내신 복음의 일꾼들을 폭행하고 죽인다. 그들은

하나님의 은혜와 사랑의 손길을 차갑게 뿌리치고 자기 자신의 노력에 의한 자기만족을 추구한다. 그들은 하나님의 은혜의 나라를 차지할 자격이 없는 반역자들이다.

그 반역의 도시 예루살렘은 하나님께서 보내신 군대에 의해 파괴되고 불살라진다. 그리고 그들이 빼앗긴 기름진 은혜의 잔치는 초청받지 못했던 자들로 가득 채워진다. 그들이 천국 잔치에 들어갈 자격은 오직한 가지 하나님의 부르심의 은혜에 믿음으로 응답하는 것뿐이다.

세금 논쟁

마태복음 22:15-22

22:15

Τότε πορευθέντες οἱ Φαρισαῖοι συμβούλιον ἔλαβον ὅπως αὐτὸν παγιδεύσωσιν ἐν λόγῳ.

그때 바리새인들이 가서 어떻게 하면 그를 말로 올가미를 씌울까를 의논하였다.

22:16

καὶ ἀποστέλλουσιν αὐτῷ τοὺς μαθητὰς αὐτῶν μετὰ τῶν Ἡρῳδιανῶν λέγοντες· διδάσκαλε, οἴδαμεν ὅτι ἀληθὴς εἶ καὶ τὴν ὁδὸν τοῦ θεοῦ ἐν ἀληθείᾳ διδάσκεις καὶ οὐ μέλει σοι περὶ οὐδενός· οὐ γὰρ βλέπεις εἰς πρόσωπον ἀνθρώπων,

그리고 자기들의 제자들을 헤롯당원들과 함께 보내면서 말한다. 선생님, 우리는 당신께서 진실하고 하나님의 도를 참되게 가르치는 것 그리고 당신께서는 아무것에도 얽매이지 않는다는 것을 알고 있습니다. 왜냐하면 당신께서는 사람들의 얼굴을 보지 않기 때문입니다.

22:17

εἰπὲ οὖν ἡμῖν τί σοι δοκεῖ· ἔξεστιν δοῦναι κῆνσον Καίσαρι ἢ οὔ;

그러므로 당신에게는 어떻게 생각되는지 우리에게 말하세요. 카이사르에
게 주민세를 내는 것이 합당합니까? 아니면, 내지 않는 것이 합당합니까?

22:18

γνοὺς δὲ ὁ Ἰησοῦς τὴν πονηρίαν αὐτῶν εἶπεν· τί με πειράζετε, ὑποκ
ριταί;

그러자 예수께서 그들의 사악함을 알고 말했다. 위선자들아, 어찌하여
나를 시험하고 있느냐?

22:19

ἐπιδείξατέ μοι τὸ νόμισμα τοῦ κήνσου. οἱ δὲ προσήνεγκαν αὐτῷ
δηνάριον.

나에게 주민세의 동전을 보여주어라. 그러자 그들은 데나리온을 그에게
가져왔다.

22:20

καὶ λέγει αὐτοῖς· τίνος ἡ εἰκὼν αὕτη καὶ ἡ ἐπιγραφή;

그리고 그는 그들에게 말한다. 이 초상과 글씨는 누구의 것이냐?

22:21

λέγουσιν αὐτῷ· Καίσαρος. τότε λέγει αὐτοῖς· ἀπόδοτε οὖν τὰ Καίσ
αρος Καίσαρι καὶ τὰ τοῦ θεοῦ τῷ θεῷ.

그들이 그에게 말한다. 카이사르의 것입니다. 그때 그가 그들에게 말한다. 카이사르의 것들은 카이사르에게 바치고 하나님의 것들은 하나님께 바쳐라.

22:22

καὶ ἀκούσαντες ἐθαύμασαν, καὶ ἀφέντες αὐτὸν ἀπῆλθαν.

그리고 그들은 듣고 깜짝 놀랐다. 그리고 그를 내버려 두고 떠나갔다.

바리새인들은 나사렛 예수를 제거하기 위해 정적인 사두개인들과 손을 잡는다. 그리고 이번에는 헤롯당까지 끌어들여 연합전선을 펴고 있다. 이제 나사렛 예수를 향한 저들의 포위망은 점점 구체화되고 있다. 바리새인들은 나중에는 젤롯당까지도 나사렛 예수를 제거하는 연합전선에 끌어들인다. 그들은 각각 정치적 이념과 이해관계가 다른 집단이었지만 나사렛 예수를 잡는 데는 의기투합했다.

바리새인들과 헤롯당원들은 사람의 힘으로는 도저히 빠져나갈 수 없는 교묘한 논리로 올가미를 씌워 나사렛 예수를 사냥하려고 시도한다. 그러나 나사렛 예수는 저들의 의도를 간파하고 그것을 지혜롭게 빠져나간다. 이로써 인간의 사악한 꾀는 하나님의 지혜를 이길 수 없다는 것을 보여주고 있다. 우리가 악한 세상을 이기는 길은 하나님의 지혜를 의지하는 것이다.

부활 논쟁

마태복음 22:23-33

22:23

Ἐν ἐκείνῃ τῇ ἡμέρᾳ προσῆλθον αὐτῷ Σαδδουκαῖοι, λέγοντες μὴ εἶναι ἀνάστασιν, καὶ ἐπηρώτησαν αὐτὸν

저 날에 부활이 없다고 말하는 사두개인들이 예수께 나아와 그에게 질문하며

22:24

λέγοντες· διδάσκαλε, Μωϋσῆς εἶπεν· ἐάν τις ἀποθάνῃ μὴ ἔχων τέκνα, ἐπιγαμβρεύσει ὁ ἀδελφὸς αὐτοῦ τὴν γυναῖκα αὐτοῦ καὶ ἀνα- στήσει σπέρμα τῷ ἀδελφῷ αὐτοῦ.

말했다. 선생님, 모세는 만약 어떤 사람이 자식이 없이 죽으면 그의 형제가 그의 아내에게 장가들어 자기의 형제를 위해 씨를 일으켜야 한다고 말했습니다.

22:25

ἦσαν δὲ παρ' ἡμῖν ἑπτὰ ἀδελφοί· καὶ ὁ πρῶτος γήμας ἐτελεύτησεν, καὶ μὴ ἔχων σπέρμα ἀφῆκεν τὴν γυναῖκα αὐτοῦ τῷ ἀδελφῷ αὐτοῦ·

그런데 우리 곁에 일곱 형제가 있었습니다. 그리고 첫째가 장가들었다가

죽었는데 후손이 없이 자기의 아내를 자기의 형제에게 남겨 놓았습니다.

22:26

ὁμοίως καὶ ὁ δεύτερος καὶ ὁ τρίτος ἕως τῶν ἑπτά.

그리고 둘째도 셋째도 일곱째까지 똑같았습니다.

22:27

ὕστερον δὲ πάντων ἀπέθανεν ἡ γυνή.

그런데 모든 사람 후에 그 여자가 죽었습니다.

22:28

ἐν τῇ ἀναστάσει οὖν τίνος τῶν ἑπτὰ ἔσται γυνή; πάντες γὰρ ἔσχον αὐτήν·

그러므로 그는 부활 때 누구의 아내가 되겠습니까? 왜냐하면 모두가 그녀를 소유했기 때문입니다.

22:29

Ἀποκριθεὶς δὲ ὁ Ἰησοῦς εἶπεν αὐτοῖς· πλανᾶσθε μὴ εἰδότες τὰς γραφὰς μηδὲ τὴν δύναμιν τοῦ θεοῦ·

그러자 예수께서 그들에게 대답하며 말했다. 너희는 성경도 하나님의 능력도 모르기 때문에 헤매고 있는 것이다.

22:30

ἐν γὰρ τῇ ἀναστάσει οὔτε γαμοῦσιν οὔτε γαμίζονται, ἀλλ᾽ ὡς ἄγγελο ι ἐν τῷ οὐρανῷ εἰσιν.

왜냐하면 부활에서는 시집가는 일도 장가드는 일도 없고 그 대신에 하늘에

있는 천사들과 같기 때문이다.

22:31

περὶ δὲ τῆς ἀναστάσεως τῶν νεκρῶν οὐκ ἀνέγνωτε τὸ ῥηθὲν ὑμῖν

ὑπὸ τοῦ θεοῦ λέγοντος·

그런데 죽은 자들의 부활에 관해서는 하나님에 의해 말씀된 것을 읽지

못하였느냐? 말씀하시기를,

22:32

ἐγώ εἰμι ὁ θεὸς Ἀβραὰμ καὶ ὁ θεὸς Ἰσαὰκ καὶ ὁ θεὸς Ἰακώβ; οὐκ

ἔστιν ὁ θεὸς νεκρῶν ἀλλὰ ζώντων.

나는 아브라함의 하나님이요 이삭의 하나님이요 야곱의 하나님이다.(라

고 하셨다) 하나님은 죽은 자들의 하나님이 아니라 살아있는 자들의 하나

님이다.

22:33

καὶ ἀκούσαντες οἱ ὄχλοι ἐξεπλήσσοντο ἐπὶ τῇ διδαχῇ αὐτοῦ.

그리고 군중이 듣고 그의 가르침에 충격을 받았다.

부활이란 죽음을 전제로 하고 있다. 그 죽음은 하나님의 죽음이 아

니라 인간의 죽음이다. 왜냐하면 신은 죽을 수 없기 때문이다. 인간의

죽음은 어디서 왔나? 그것은 하나님의 생명으로부터 이탈함으로 왔다. 피조물인 인간이 하나님의 의와 주권과 영광을 거부하고 자기의 의와 주권과 영광을 추구할 때 하나님의 생명으로부터 분리된다. 그 결과 하나님의 은혜와 사랑과 축복 대신에 죄와 저주와 죽음이 들어온다.

이 죄와 저주와 사망이 지배하는 세상에서 인간 스스로 내어놓은 구제책이 종교와 철학이다. 그러나 그것은 인간을 구원할 수 없다. 그것은 인간으로 하여금 자기가 분리되어 나온 근본인 하나님의 생명으로 돌아간 것이 아니기 때문이다. 그런 점에서 종교와 철학은 죽음의 지혜와 지식이다.

이 죽음의 세계로부터 하나님의 약속의 말씀을 통해 하나님의 생명으로 들어간 사람들이 있다. 아브라함과 이삭과 야곱이다. 그들은 하나님의 은혜와 사랑과 축복의 날개 아래로 돌아간 부활의 자녀들이다. 그러나 그들의 후손들은 믿음을 다 까먹고 하나님의 생명과 진리를 죽음의 종교와 철학으로 변질시켰다. 사두개인들과 바리새인들이 그들이다. 그중에서도 사두개인들은 아예 부활도 심판도 내세도 인정하지 않았다.

이 죽음의 종교 권력자들이 세상을 지배하고 있을 때 아브라함의 자손들은 비참했다. 나사렛 예수가 자기 백성들에게 나타났을 때 그 백성은 귀신 들린 자들과 각색 악한 질병에 걸린 자들과 장애인들과 가난한 자들로 가득 차 있었다. 그들은 목자 없는 양 떼처럼 방치되어 있었다. 죽음의 땅에 생명을 주기 위해 온 나사렛 예수를 죽음으로 몰아간 것은 이 세상 죽음의 종교권력이었다.

부활 논쟁은 생명의 주님인 나사렛 예수와 죽음의 종교권력인 사두개인들 사이에 벌어진 논쟁이다. 죽음의 종교권력은 빈틈없는 논리로 나사렛 예수를 공격하지만 그 논리는 이미 죽음의 논리다. 나사렛 예수는 부활은 하늘에 있는 천사들과 같은 하나님의 초월적 능력의 세계임을 가르쳐준다. 성경의 하나님은 죽은 자를 살리는 초월적 전능자로 자신을 계시하신다. 성경은 이 초월적 전능자의 구원의 손길을 통해 부활의 세계를 경험한 자들이 남겨놓은 부활의 증언이다.

그러나 사두개인들은 성경도 하나님의 능력도 믿지 않았다. 그들이 믿은 것은 오직 자기들의 손으로 확실하게 움켜쥘 수 있는 세상 권력뿐이다. 그것을 얻기 위해 그들은 인간의 모략과 술수에 의지하였는데, 그것은 그들 자신과 백성들을 죽음으로 몰아넣는 악마적 지혜였다. 그리고 이 악마적 지혜를 통해 여러 정치세력을 규합하여 생명의 주를 죽였던 것이다.

크고 첫째 되는 계명

마태복음 22:34-40

22:34

Οἱ δὲ Φαρισαῖοι ἀκούσαντες ὅτι ἐφίμωσεν τοὺς Σαδδουκαίους συν ήχθησαν ἐπὶ τὸ αὐτό,

그런데 그가 사두개인들을 침묵시켰다는 것을 듣고서 바리새인들이 함께 모였다.

22:35

καὶ ἐπηρώτησεν εἷς ἐξ αὐτῶν᾽ νομικὸς᾽ πειράζων αὐτόν·

그리고 그들 중의 [율법사] 한 사람이 그를 시험하며 물었다.

22:36

διδάσκαλε, ποία ἐντολὴ μεγάλη ἐν τῷ νόμῳ;

선생님, 율법에서 어떤 계명이 큽니까?

22:37

ὁ δὲ ἔφη αὐτῷ· ἀγαπήσεις κύριον τὸν θεόν σου ἐν ὅλῃ τῇ καρδίᾳ σου καὶ ἐν ὅλῃ τῇ ψυχῇ σου καὶ ἐν ὅλῃ τῇ διανοίᾳ σου·

그러자 그가 그에게 엄숙히 말했다. 주 너의 하나님을 너의 온 마음으로 그리고 너의 온 목숨으로 그리고 너의 온 생각으로 사랑하라.

22:38

αὕτη ἐστὶν ἡ μεγάλη καὶ πρώτη ἐντολή.

이것이 크고 첫째 되는 계명이다.

22:39

δευτέρα δὲ ὁμοία αὐτῇ· ἀγαπήσεις τὸν πλησίον σου ὡς σεαυτόν.

그런데 둘째는 그와 같다. 너의 이웃을 너 자신처럼 사랑하라.

22:40

ἐν ταύταις ταῖς δυσὶν ἐντολαῖς ὅλος ὁ νόμος κρέμαται καὶ οἱ προφῆται.

이 두 계명 속에 율법과 예언자들 전체가 매달려 있다.

.

이제 마태복음에 기록된 여러 가지 이야기를 통해 나사렛 예수의 역사적 실체가 어느 정도 드러났다. 역사적 실체로서의 나사렛 예수는 우리를 흥분시키기에 충분한 역사적 요소들을 남겨놓았다.

첫째, 나사렛 예수는 신비롭고 매력적인 반체제 혁명가였다. 그가 몰고 오는 하나님 나라는 모든 형태의 세상 질서를 부정하는 종말론적 심판의 성격을 가지고 있다. 둘째, 나사렛 예수의 성령 운동은 율법의 지배로부터 인간의 주체성을 해방시키는 인간해방 운동이었다. 그것은 율법으로 인간을 지배하고 질식시키는 율법주의 세력들로부터 강력한 반격을 받는다. 셋째, 나사렛 예수의 하나님 나라 운동은 비폭력 평화운동이었다. 그것은 유대 민족주의 폭력혁명 세력으로부터 배척당한다. 넷째, 나사렛 예수의 하나님 나라 운동은 강력한 민중성을 지니고 있었다. 그리고 그것은 모든 형태의 지배 권력을 긴장시키고 정치적으로 결합시키는 결과를 초래했다.

오늘 나사렛 예수는 사랑의 실천에 대해 말하고 있다. 아가페 사랑은 구체성과 인격성을 가지고 있다. 그 구체성과 인격성 속에 생명이 있다. 빈틈없는 철학적 논리의 시대에 그리고 모든 것을 해체시키는 과학적 이성의 시대에 맞설 수 있는 유일한 기독교의 힘은 바로 이 아가페 인격적 사랑의 능력이다.

목숨 바쳐 하나님을 사랑해야 한다는 것은 그 속에 생명이 있기 때문이다. 그 생명은 우리를 찬란한 하나님의 빛의 세계로 인도할 것이다. 그 빛은 우리를 영원한 신의 세계와 연결시키는 구원의 통로가 된다. 기독교의 힘은 그 빛과 생명이 어떤 신비적 경험이나 지식으로 얻어지는 것이 아니라 구체적이고 인격적인 아가페 사랑의 실천 속에 주어진다는 것이다. 그리고 그것은 이웃사랑 속에서 검증될 것이다.

나사렛 예수는 아가페 사랑을 명령하고 있다. "하나님을 αγαπησεις (아가페세이스) — 사랑할 것이다.", "이웃을 αγαπησεις(아가페세이스) — 사랑할 것이다"라는 직설법 미래형은 명령형보다 더 강력한 표현이다. 그것은 의식적, 의지적 노력을 요구할 뿐만 아니라 어떤 필연성을 품고 있는 표현이다. 그것은 아가페 사랑의 인격성과 구체성 없이는 영원한 생명을 얻을 수 없다는 말이다. 그것은 영원한 생명을 얻으려면 반드시 아가페 사랑의 구체성과 인격성을 거쳐야 한다는 필연성에 대한 언급이다. 그리고 여기에서 모든 신비주의 종교와 관념적 철학의 허구와 위선은 박살 난다.

다윗의 자손 논쟁

마태복음 22:41-46

22:41

Συνηγμένων δὲ τῶν Φαρισαίων ἐπηρώτησεν αὐτοὺς ὁ Ἰησοῦς

그런데 바리새인들이 모였을 때에 예수께서 그들에게 질문하며

22:42

λέγων· τί ὑμῖν δοκεῖ περὶ τοῦ χριστοῦ; τίνος υἱός ἐστιν; λέγουσιν αὐτῷ· τοῦ Δαυίδ.

말했다. 그리스도에 대해 너희에게는 어떻게 생각되느냐? 그는 누구의 아들이냐? 그들이 그에게 말한다. 다윗의 (아들입니다).

22:43

λέγει αὐτοῖς· πῶς οὖν Δαυὶδ ἐν πνεύματι καλεῖ αὐτὸν κύριον λέγων·

그가 그들에게 말한다. 그러면 다윗은 어째서 성령 안에서(성령에 감동되어) 그를 주님이라고 부르고 있느냐? 말하기를

22:44

εἶπεν κύριος τῷ κυρίῳ μου·

κάθου ἐκ δεξιῶν μου,

ἕως ἂν θῶ τοὺς ἐχθρούς σου ὑποκάτω τῶν ποδῶν σου;

주님께서 나의 주님께 말씀하셨다.

너는 나의 오른편에 앉아 있으라,

진정 내가 너의 원수들을 너의 발들 아래에 둘 때까지.

22:45

εἰ οὖν Δαυὶδ καλεῖ αὐτὸν κύριον, πῶς υἱὸς αὐτοῦ ἐστιν;

그러면 다윗이 그를 주님이라고 부르고 있다면, 그(그리스도)가 어떻게 그의 아들이냐?

22:46

καὶ οὐδεὶς ἐδύνατο ἀποκριθῆναι αὐτῷ λόγον οὐδὲ ἐτόλμησέν τις ἀπ᾽ ἐκείνης τῆς ἡμέρας ἐπερωτῆσαι αὐτὸν οὐκέτι.

그리고 그 누구도 그에게 한 마디도 대답할 수 없었고, 저 날부터 누구도 감히 더 이상 그에게 질문하려고 하지 않았다.

바울의 신학이 실존적 주체성의 신학이라면, 요한의 신학은 초월적 보편성의 신학이고, 공관복음서의 신학은 역사적 정치신학이다. 그리스도는 메시아를 헬라어로 번역한 것인데, 그리스도로의 번역 과정에서 메시아의 역사성과 정치성이 사라진다. 그 대신에 그 자리를 초월성과 보편성이 차지하고 있다. 이것은 헬라철학의 영향을 받은 것이라고 할 수 있고, 다른 면에서는 유대인들이 거부했던 기독교 진리의 본질을 헬라철학이 메꿔 주었다고 할 수도 있다. 이것은 기독교 진리가 헬라화 세계화의 과정을 거치고 있다는 역사적 증거다.

유대인들에게 있어서 메시아는 철저히 역사적이고 정치적 인물로서의 다윗의 자손이다. 그러나 메시아의 정체가 태초부터 계시는 전능한 하나님이라는 것은 이사야9:6에 이미 계시되어 있다. 예수 그리스도의 이름은 기이한 자, 모략가, 전능자, 영원한 자, 평화의 왕, 곧 신이다. 그리고 메시아의 죽음은 우리 인간존재의 실존의 문제인 죄를 위한 대속적 죽음이라는 것은 이사야 53:4-6에 계시되어 있다.

그러나 유대인들은 메시아의 역사성과 정치성에 매몰된 나머지 그의 존재의 영원한 초월성과 그의 죽음의 영원한 실존적 의미를 거부하고 있다. 오늘 본문은 메시아의 신성과 초월성에 대한 논쟁이다. 나사렛 예수는 자신의 입으로 자신의 영원한 신성에 대해 증거하고 있는데 이것은 바리새인들과 사두개인들에게 신성모독으로 들렸을 것이다. 그리고 나사렛 예수는 유대인 산헤드린 공의회에 잡혀갔을 때 이 문제에 대하여 대제사장의 심문을 받고 신성모독죄로 사형선고를 받게 된다.

사랑의 하나님

마태복음 23:1-39

23:1

Τότε ὁ Ἰησοῦς ἐλάλησεν τοῖς ὄχλοις καὶ τοῖς μαθηταῖς αὐτοῦ

그때 예수께서 군중과 자기의 제자들에게 이야기하며

23:2

λέγων· ἐπὶ τῆς Μωϋσέως καθέδρας ἐκάθισαν οἱ γραμματεῖς καὶ οἱ Φαρισαῖοι.

말했다. 모세의 자리에 서기관들과 바리새인들은 앉았다.

23:3

πάντα οὖν ὅσα ἐὰν εἴπωσιν ὑμῖν ποιήσατε καὶ τηρεῖτε, κατὰ δὲ τὰ ἔργα αὐτῶν μὴ ποιεῖτε· λέγουσιν γὰρ καὶ οὐ ποιοῦσιν.

그러므로 그들이 너희에게 말하는 것은 행하고 지켜라. 그러나 그들의 행실을 따라서는 행하지 말라. 왜냐하면 그들은 말만 하고 행하지는 않기 때문이다.

23:4

δεσμεύουσιν δὲ φορτία βαρέα [καὶ δυσβάστακτα] καὶ ἐπιτιθέασιν
ἐπὶ τοὺς ὤμους τῶν ἀνθρώπων, αὐτοὶ δὲ τῷ δακτύλῳ αὐτῶν οὐ θέλουσιν
κινῆσαι αὐτά.

그런데 그들은 무겁고 [감당하기 어려운] 짐들을 사람들의 어깨 위에 얹어
놓는다. 그러나 그들 자신들은 자기들의 손가락 하나로도 그것들을 움직
이려고 하지 않는다.

23:5

πάντα δὲ τὰ ἔργα αὐτῶν ποιοῦσιν πρὸς τὸ θεαθῆναι τοῖς ἀνθρώποις·
πλατύνουσιν γὰρ τὰ φυλακτήρια αὐτῶν καὶ μεγαλύνουσιν τὰ κράσπεδα,

그런데 그들은 자기들의 모든 행위들을 사람들에게 보이려는 목적으로
행한다. 왜냐하면 그들은 경갑을 넓게 하고 옷술을 크게 하기 때문이다.

23:6

φιλοῦσιν δὲ τὴν πρωτοκλισίαν ἐν τοῖς δείπνοις καὶ τὰς πρωτοκαθε-
δρίας ἐν ταῖς συναγωγαῖς

그런데 그들은 만찬에서는 상석을 그리고 회당에서는 상좌를 좋아한다.

23:7

καὶ τοὺς ἀσπασμοὺς ἐν ταῖς ἀγοραῖς καὶ καλεῖσθαι ὑπὸ τῶν ἀνθρώ-
πων ῥαββί.

그리고 그들은 시장에서 인사받는 것과 랍비라고 불리는 것을 좋아한다.

23:8

Ὑμεῖς δὲ μὴ κληθῆτε ῥαββί· εἷς γάρ ἐστιν ὑμῶν ὁ διδάσκαλος, πάντ
ες δὲ ὑμεῖς ἀδελφοί ἐστε.

그러나 너희는 랍비라 불리워지지 말라. 왜냐하면 너희의 선생은 하나이
기 때문이다. 그러나 너희는 모두 형제들이다.

23:9

καὶ πατέρα μὴ καλέσητε ὑμῶν ἐπὶ τῆς γῆς, εἷς γάρ ἐστιν ὑμῶν ὁ
πατὴρ ὁ οὐράνιος.

그리고 땅에서 너희의 아버지를 부르지 말라. 왜냐하면 하늘에 계시는
너희의 아버지는 한 분이시기 때문이다.

23:10

μηδὲ κληθῆτε καθηγηταί, ὅτι καθηγητὴς ὑμῶν ἐστιν εἷς ὁ Χριστός.

너희는 지도자라고 불리워지지도 말라. 왜냐하면 지도자는 그리스도 한
분뿐이기 때문이다.

23:11

ὁ δὲ μείζων ὑμῶν ἔσται ὑμῶν διάκονος.

그런데 너희 중에 큰 자는 너희를 섬기는 자일 것이다.

23:12

ὅστις δὲ ὑψώσει ἑαυτὸν ταπεινωθήσεται καὶ ὅστις ταπεινώσει ἑαυτ
ὸν ὑψωθήσεται.

그런데 자기 자신을 높이는 사람은 낮아질 것이고 자기 자신을 낮추는 사람은 높여질 것이다.

23:37

Ἰερουσαλὴμ Ἰερουσαλήμ, ἡ ἀποκτείνουσα τοὺς προφήτας καὶ λιθο
-βολοῦσα τοὺς ἀπεσταλμένους πρὸς αὐτήν, ποσάκις ἠθέλησα ἐπισυν-
αγαγεῖν τὰ τέκνα σου, ὃν τρόπον ὄρνις ἐπισυνάγει τὰ νοσσία αὐτῆς
ὑπὸ τὰς πτέρυγας, καὶ οὐκ ἠθελήσατε.

예루살렘 예루살렘, 예언자들을 죽이고 너를 향하여 보냄을 받은 자들을
돌로 치는 자여, 몇 번이나 암탉이 자기의 새끼들을 날개 아래 모으듯이
나는 너의 자녀들을 모으려고 했다. 그러나 너희는 원치 않았다.

23:38

ἰδοὺ ἀφίεται ὑμῖν ὁ οἶκος ὑμῶν ἔρημος.

보라! 너희의 집이 너희에게 황폐한 채 버려질 것이다.

23:39

λέγω γὰρ ὑμῖν, οὐ μή με ἴδητε ἀπ᾽ ἄρτι ἕως ἂν εἴπητε·
εὐλογημένος ὁ ἐρχόμενος ἐν ὀνόματι κυρίου.

그러므로 내가 너희에게 말하건대 주님의 이름으로 오시는 이여 찬양을
받으소서 하고 너희가 말할 때까지 너희는 나를 결코 보지 못할 것이다.

나사렛 예수는 제자들에게 바리새인들과 사두개인들의 누룩을 조

심하라고 말했다. 누룩은 그들의 신학과 사상이다. 그들의 마음의 중심에 있는 생각의 방향은 하나님을 향하고 있지 않았다. 그들은 하나님의 의의 통치와 은혜의 손길을 거절하고 자신들의 의와 공로와 영광을 추구했다. 그들이 나사렛 예수를 미워한 것은 그가 하나님의 의와 통치의 나라를 가지고 왔기 때문이다. 그들이 그 나라를 환영하기 위해서는 자기들의 의와 영광을 버려야 했다.

그러나 그들은 그것을 버릴 수 없었다. 그들은 하나님보다 자기들의 영광을 더 사랑했던 것이다. 그들은 율법과 경건의 형식으로 위장했기 때문에 그들의 행위는 더욱더 가증스러운 것이 되었다. 아마도 이 세상에서 가장 혐오스러운 것이 있다면 그것은 종교적 위선일 것이다. 나사렛 예수는 그들의 가면을 찢어버리고 그들의 정체를 폭로했다. 그것은 그에게 죽음을 자초하는 일이었다. 그러나 그는 그 일을 중단할 수는 없었다. 왜냐하면 그는 진리의 하나님이시기 때문이다. 그는 십자가 죽음을 향해 직진한 진리의 투사였다.

오늘 본문에서 나사렛 예수는 군중과 제자들에게 공개적으로 바리새인들의 정체를 폭로하고 있다. 그것은 이제 그의 투쟁이 종착점인 십자가 죽음에 가까이 다가왔음을 암시하고 있다. 그는 장차 자기 백성들에게 버림받고 비참한 죽음을 맞게 될 것이다. 그러나 그는 끝까지 자기 백성을 버리지 않고 사랑의 품으로 모으려고 한다. 그는 십자가에 죽기까지 자기 백성을 사랑한 사랑의 하나님이고, 자기를 죽인 그 백성들이 다시 자신의 은혜와 사랑의 품으로 돌아오기를 기다리는 희망의 하나님이다. 그리고 마침내 그의 백성들이 자기들의 죄악을 회개하고 나사렛 예수를 향해 두 팔을 벌리고 환영하는 날 그는 영광 중에 세상에 다시 나타날 것이라는 종말론적 약속을 하고 있다.

성전 파괴와 예수의 죽음

마태복음 24:1-2

24:1

Καὶ ἐξελθὼν ὁ Ἰησοῦς ἀπὸ τοῦ ἱεροῦ ἐπορεύετο, καὶ προσῆλθον οἱ μαθηταὶ αὐτοῦ ἐπιδεῖξαι αὐτῷ τὰς οἰκοδομὰς τοῦ ἱεροῦ.

그리고 예수께서 성전으로부터 나가서 가고 있었다. 그리고 그의 제자들이 다가와 그에게 성전의 건물들을 가리켰다.

24:2

ὁ δὲ ἀποκριθεὶς εἶπεν αὐτοῖς· οὐ βλέπετε ταῦτα πάντα; ἀμὴν λέγω ὑμῖν, οὐ μὴ ἀφεθῇ ὧδε λίθος ἐπὶ λίθον ὃς οὐ καταλυθήσεται.

그러자 예수께서 그들에게 대답하며 말했다. 너희는 이 모든 것을 보고 있지 않느냐? 내가 진실로 너희에게 말하건대 여기에 무너지지 않은 그 어떤 돌도 돌 위에 남겨지지 않고 완전히 파괴될 것이다.

나사렛 예수의 제자들은 예루살렘 성전의 아름다운 건물들을 보고서 크게 감동을 받고 그 감동을 자기들의 스승에게도 전달하고 싶어한다. 그러나 나사렛 예수는 그 모든 것은 무너져 내려 땅바닥에 뒹굴지 않는 돌 하나 없이 완전히 파괴될 것이라고 냉정하게 대답한다. 그것은 나사렛 예수의 몸이 영원한 성전이기 때문이다. 곧 나사렛 예수는 십자가에 매달려 영원한 속죄의 제사를 완성하게 될 것이다.

나사렛 예수의 죽음은 곧 영원한 성전의 파괴다. 그리고 나사렛 예수의 부활은 새 하늘과 새 땅의 시작이다. 이제 지상에 있는 성전은 마땅히 파괴되어야 한다. 그래서 끊임없이 반복되는 무능력한 제사는 멈추어져야 한다. 그러므로 나사렛 예수의 성전 파괴 예언은 자신의 죽음에 대한 예언이 된다. 그리고 그의 예언은 AD 70년 베스파시아누스 황제의 아들인 티투스 장군에 의해 성취된다. 그리고 유대인들은 약속의 땅에서 쫓겨나고 성전 터 위에는 이교도들의 신전이 세워져 있다. 그리하여 더 이상 예루살렘 성전은 재건되지 못하도록 억제되어 있다.

그러나 1900년 후 약속의 땅으로 돌아온 유대인 중에 극단적 시온주의자들은 이슬람 성전을 파괴하고 그 위에 다시 유대교 성전을 세워 제사를 회복하려는 어리석은 생각을 버리지 않고 있다. 나사렛 예수의 제자들도 자기들의 스승이 한 말이 무슨 뜻인지 전혀 이해하지 못했다. 왜냐하면 그들은 스승의 죽음도 부활도 믿지 않았기 때문이다.

파루시아와 종말의 징조

마태복음 24:3-14

24:3

Καθημένου δὲ αὐτοῦ ἐπὶ τοῦ ὄρους τῶν ἐλαιῶν προσῆλθον αὐτῷ οἱ μαθηταὶ κατ᾽ ἰδίαν λέγοντες· εἰπὲ ἡμῖν, πότε ταῦτα ἔσται καὶ τί τὸ σημεῖον τῆς σῆς παρουσίας καὶ συντελείας τοῦ αἰῶνος;

그런데 그가 올리브 나무들의 산 위에 앉아있을 때 제자들이 따로 다가와 말했다. 우리에게 말해주세요. 언제 이런 일들이 있을 것이며 당신의 임재와 세상의 끝의 징조는 무엇입니까?

24:4

Καὶ ἀποκριθεὶς ὁ Ἰησοῦς εἶπεν αὐτοῖς· βλέπετε μή τις ὑμᾶς πλανήσῃ·

그리고 예수께서 그들에게 대답하며 말했다. 누가 너희를 현혹하지 못하도록 조심하라.

24:5

πολλοὶ γὰρ ἐλεύσονται ἐπὶ τῷ ὀνόματί μου λέγοντες· ἐγώ εἰμι ὁ χριστός, καὶ πολλοὺς πλανήσουσιν.

왜냐하면 많은 사람들이 내 이름으로 와서 내가 그리스도다라고 말할 것이고 많은 사람들을 현혹할 것이기 때문이다.

24:6

μελλήσετε δὲ ἀκούειν πολέμους καὶ ἀκοὰς πολέμων· ὁρᾶτε μὴ θροε
ῖσθε· δεῖ γὰρ γενέσθαι, ἀλλ᾽ οὔπω ἐστὶν τὸ τέλος.

그런데 너희는 장차 전쟁 소리와 전쟁의 소문들을 듣게 될 것이다. 겁먹지
않도록 조심하라. 왜냐하면 그 일들은 반드시 일어날 것이기 때문이다.
그러나 아직 종말은 아니다.

24:7

ἐγερθήσεται γὰρ ἔθνος ἐπὶ ἔθνος καὶ βασιλεία ἐπὶ βασιλείαν καὶ
ἔσονται λιμοὶ καὶ σεισμοὶ κατὰ τόπους·

왜냐하면 민족이 민족을 대적하며 나라가 나라를 대적하며 일어날 것이고
곳곳마다 기근들과 지진들이 있을 것이기 때문이다.

24:8

πάντα δὲ ταῦτα ἀρχὴ ὠδίνων.

그런데 이 모든 것은 산고의 시작이다.

24:9

Τότε παραδώσουσιν ὑμᾶς εἰς θλῖψιν καὶ ἀποκτενοῦσιν ὑμᾶς, καὶ
ἔσεσθε μισούμενοι ὑπὸ πάντων τῶν ἐθνῶν διὰ τὸ ὄνομά μου.

그때 사람들이 너희를 고난에 넘길 것이고 너희를 죽일 것이다. 그리고
너희는 내 이름 때문에 모든 민족들로부터 미움받는 자들이 될 것이다.

24:10

καὶ τότε σκανδαλισθήσονται πολλοὶ καὶ ἀλλήλους παραδώσουσιν καὶ μισήσουσιν ἀλλήλους·

그리고 그때 많은 사람들이 걸려 넘어질 것이고 서로를 넘겨줄 것이고 서로를 미워할 것이다.

24:11

καὶ πολλοὶ ψευδοπροφῆται ἐγερθήσονται καὶ πλανήσουσιν πολλούς·

그리고 많은 거짓 예언자들이 일어날 것이고 많은 사람들을 속일 것이다.

24:12

καὶ διὰ τὸ πληθυνθῆναι τὴν ἀνομίαν ψυγήσεται ἡ ἀγάπη τῶν πολλῶν.

그리고 불법이 증가함으로 인해 많은 사람들의 사랑이 차갑게 식을 것이다.

24:13

ὁ δὲ ὑπομείνας εἰς τέλος οὗτος σωθήσεται.

그러나 끝까지 인내하는 이 사람은 구원을 받을 것이다.

24:14

καὶ κηρυχθήσεται τοῦτο τὸ εὐαγγέλιον τῆς βασιλείας ἐν ὅλῃ τῇ οἰκουμένῃ εἰς μαρτύριον πᾶσιν τοῖς ἔθνεσιν, καὶ τότε ἥξει τὸ τέλος.

그리고 모든 민족들에게 증거로 온 세계에 나라(천국)의 이 복음이 전파될 것이다. 그리고 그때 종말이 올 것이다.

나사렛 예수의 제자들이 예수의 파루시아(재림)와 역사의 종말을 이야기하는 것으로 보아 그들은 스승으로부터 종말론에 관한 강의를 들은 것 같다. 그러지 않고서야 그들의 입에서 파루시아(재림)나 역사의 종말 같은 종말론적 언어들이 나올 수 없기 때문이다. 나사렛 예수는 세상 끝날의 징조들에 관해 예고했다. 첫째, 가짜 그리스도와 거짓 예언자들의 출현. 둘째, 곳곳마다 전쟁과 기근과 지진이 일어남. 셋째, 그리스도인들이 나사렛 예수의 이름 때문에 모든 민족들로부터 미움받는 자들이 될 것. 넷째, 죽음의 공포 때문에 믿음을 잃어버리고 서로를 배신하게 될 것. 다섯째, 불법이 만연한 세상이 되어 사랑이 차갑게 식어버리게 될 것. 여섯째, 온 세계에 천국 복음이 전파될 것.

나사렛 예수는 구원받으려면 우리가 이 모든 시련과 역경을 참고 이겨내야 한다고 말한다. 여기에 전능하신 하나님의 은혜와 도우심이 필요하다.

예수의 파루시아

마태복음 24:27-28

24:27

ὥσπερ γὰρ ἡ ἀστραπὴ ἐξέρχεται ἀπὸ ἀνατολῶν καὶ φαίνεται ἕως δυσμῶν, οὕτως ἔσται ἡ παρουσία τοῦ υἱοῦ τοῦ ἀνθρώπου·

왜냐하면 번개가 해 뜨는 곳으로부터 나와서 해지는 곳까지 밝게 비추듯이, 사람의 아들의 파루시아(임재)도 그와 같을 것이기 때문이다.

24:28

ὅπου ἐὰν ᾖ τὸ πτῶμα, ἐκεῖ συναχθήσονται οἱ ἀετοί.

만약 어디에 시체들이 있으면, 거기에 독수리들이 모여들 것이다.

그리스도의 재림은 번개처럼 순간적으로 일어나는 종말론적 사건이기 때문에 '여기에 있다', '저기에 있다'고 떠드는 자들은 모두 가짜들이고 사기꾼들이다. 그리스도의 재림은 그를 믿지 않는 반역자들에 대한 종말론적 심판으로서의 대규모 학살과 더불어 나타난다. 그때 공중을 날아다니는 시체 청소부들인 독수리들은 포식하게 된다.

종말론적 심판자인 그리스도는 자기 존재의 실체를 드러내며 역사의 종말에 나타나는데 그때 그는 온유와 겸손의 섬기는 종의 모습이 아니라, 온 우주를 진동시키며 만물을 복종시키는 무시무시한 절대권력자로 나타난다.

우주의 종말과 심판

마태복음 24:29-31

24:29

Εὐθέως δὲ μετὰ τὴν θλῖψιν τῶν ἡμερῶν ἐκείνων

ὁ ἥλιος σκοτισθήσεται,

καὶ ἡ σελήνη οὐ δώσει τὸ φέγγος αὐτῆς,

καὶ οἱ ἀστέρες πεσοῦνται ἀπὸ τοῦ οὐρανοῦ,

καὶ αἱ δυνάμεις τῶν οὐρανῶν σαλευθήσονται.

그런데 저 날들의 환란 후에 즉시

태양이 어두워질 것이다.

그리고 달은 자기의 빛을 주지 않을 것이다.

그리고 별들이 하늘로부터 쏟아질 것이다.

그리고 하늘들의 권능들이 흔들릴 것이다.

24:30

καὶ τότε φανήσεται τὸ σημεῖον τοῦ υἱοῦ τοῦ ἀνθρώπου ἐν οὐρανῷ,

καὶ τότε κόψονται πᾶσαι αἱ φυλαὶ τῆς γῆς καὶ ὄψονται τὸν υἱὸν τοῦ

ἀνθρώπου ἐρχόμενον ἐπὶ τῶν νεφελῶν τοῦ οὐρανοῦ μετὰ δυνάμεως

καὶ δόξης πολλῆς·

그리고 그때 사람의 아들의 표적이 하늘에 나타날 것이다. 그리고 땅의 모든 족속이 가슴을 치며 사람의 아들이 능력들과 많은 영광과 함께 구름들 위에 오는 것을 볼 것이다.

24:31

καὶ ἀποστελεῖ τοὺς ἀγγέλους αὐτοῦ μετὰ σάλπιγγος μεγάλης, καὶ ἐπισυνάξουσιν τοὺς ἐκλεκτοὺς αὐτοῦ ἐκ τῶν τεσσάρων ἀνέμων ἀπ᾽ ἄκρων οὐρανῶν ἕως τῶν ἄκρων αὐτῶν.

그리고 그는 큰 나팔과 함께 자기의 천사들을 보낼 것이다. 그리고 그들은 하늘 끝에서 하늘 끝까지 사방으로부터 그의 택함을 받은 자들을 한자리에 모을 것이다.

나사렛 예수가 재림할 때 우주 종말의 징조들이 하늘에 나타나고 지구상의 모든 인류가 가슴을 치며 두려워하는 가운데 그가 큰 능력과 영광을 가지고 오는 것을 목격하게 된다. 하나님의 세계에서 무법자로 살아왔던 그들은 그때서야 우주 만물에는 주인이 있다는 것을 알게 된다. 그리고 나사렛 예수는 자신이 택한 자들을 한자리에 불러 모은 후 자기의 영광의 나라로 데리고 간다. 그리고 그 나머지는 버려진다.

종말의 징조

마태복음 24:32-35

24:32

Ἀπὸ δὲ τῆς συκῆς μάθετε τὴν παραβολήν· ὅταν ἤδη ὁ κλάδος αὐτῆς γένηται ἁπαλὸς καὶ τὰ φύλλα ἐκφύῃ, γινώσκετε ὅτι ἐγγὺς τὸ θέρος·

그런데 무화과나무로부터 이 비유를 배우라. 벌써 그것의 가지가 싱싱하고 잎사귀들이 터져나올 때 너희는 여름이 가까운 것을 안다.

24:33

οὕτως καὶ ὑμεῖς, ὅταν ἴδητε πάντα ταῦτα, γινώσκετε ὅτι ἐγγύς ἐστιν ἐπὶ θύραις.

이와 같이 너희도 이 모든 일들을 볼 때 그가 문 앞에 가까이 다가왔음을 알라.

24:34

ἀμὴν λέγω ὑμῖν ὅτι οὐ μὴ παρέλθῃ ἡ γενεὰ αὕτη ἕως ἂν πάντα ταῦτα γένηται.

내가 진실로 너희에게 말하건대 이 모든 일들이 이루어질 때까지 결코 이 세대는 지나가지 않을 것이다.

24:35

Ὁ οὐρανὸς καὶ ἡ γῆ παρελεύσεται, οἱ δὲ λόγοι μου οὐ μὴ παρέλθωσιν.

하늘과 땅은 사라질 것이다. 그러나 나의 말들은 결코 사라지지 않을 것이다.

나사렛 예수의 재림이 가까울 때 종말론적 현상들이 나타난다. 그리스도인들은 세상의 보편적 사상인 과학적 이성의 진화론적 세계관을 따르지 않고 성경적 계시인 종말론적 세계관을 따를 때 모든 사람으로부터 미움을 받게 된다. 과학적 이성은 인격을 해체시키고, 가정을 해체시키고, 사회구성원들을 분절시켜서 차갑고 고립되고 생명 없는 개인주의 세상을 만든다. 과학적 이성은 고도의 물질문명을 발전시키지만 그 대가로 전 지구적인 환경의 재앙을 일으키고 전 인류의 삶에 생태학적 위기를 가져온다.

인간은 스스로를 지혜로운 존재로 생각하지만 실상은 자멸하는 동물에 불과하다. 인간의 이성이 인격과 가정과 사회를 분절시키고 해체시킴과 함께 하나님의 창조질서 역시 파괴되고 우주의 질서는 붕괴된다. 이것이 하나님의 축복의 말씀을 떠나 주체적 이성을 선택한 인간이 맞이하게 될 필연적 운명이다. 환경오염, 기후재앙, 식량난, 팬데믹, 핵전쟁. 이 모든 것은 영원한 로고스이신 그리스도의 재림의 때가 가까이 왔음을 암시하는 종말론적 징조(σημειον, 세메이온)들이다. 나사렛 예수가 말한 이 세대(ἡ γενεα ταυτη, 헤 게네아 타우테)란 인간의 주체적 이성의 세대를 가리키는데, 그 세대는 이미 하나님의 심판 아래 있다.

그날과 그 시간

마태복음 24:36-44

24:36

Περὶ δὲ τῆς ἡμέρας ἐκείνης καὶ ὥρας οὐδεὶς οἶδεν, οὐδὲ οἱ ἄγγελοι τῶν οὐρανῶν οὐδὲ ὁ υἱός, εἰ μὴ ὁ πατὴρ μόνος.

그런데 저 날과 시간에 대하여는 아무도 모른다. 하늘들의 천사들도 아들도, 오직 아버지 외에는.

24:37

Ὥσπερ γὰρ αἱ ἡμέραι τοῦ Νῶε, οὕτως ἔσται ἡ παρουσία τοῦ υἱοῦ τοῦ ἀνθρώπου.

왜냐하면 노아의 날들처럼, 사람의 아들의 임재는 그와 같을 것이다.

24:38

ὡς γὰρ ἦσαν ἐν ταῖς ἡμέραιζ ἐκείναιζ ταῖς πρὸ τοῦ κατακλυσμοῦ τρώγοντες καὶ πίνοντες, γαμοῦντες καὶ γαμίζοντες, ἄχρι ἧς ἡμέρας εἰσῆλθεν Νῶε εἰς τὴν κιβωτόν,

왜냐하면 노아가 방주(상자) 속으로 들어갈 때까지 그들은 홍수 전 저 날들에 먹고 마시고 시집가고 장가가고 있었고,

24:39

καὶ οὐκ ἔγνωσαν ἕως ἦλθεν ὁ κατακλυσμὸς καὶ ἦρεν ἅπαντας, οὕτω
ς ἔσται καὶ ἡ παρουσία τοῦ υἱοῦ τοῦ ἀνθρώπου.

그리고 그들은 홍수가 와서 모든 사람을 잡아갈 때까지 모르고 있었기
때문이다. 사람의 아들의 임재도 그와 같을 것이다.

24:40

Τότε δύο ἔσονται ἐν τῷ ἀγρῷ, εἷς παραλαμβάνεται καὶ εἷς ἀφίεται·

그때 두 남자가 밭에 있을 것인데, 하나는 데려감을 받게 될 것이고 하나는
버려질 것이다.

24:41

δύο ἀλήθουσαι ἐν τῷ μύλῳ, μία παραλαμβάνεται καὶ μία ἀφίεται.

두 여자가 맷돌에서 갈고 있는데, 하나는 데려감을 받게 될 것이고 하나는
버려질 것이다.

24:42

Γρηγορεῖτε οὖν, ὅτι οὐκ οἴδατε ποίᾳ ἡμέρᾳ ὁ κύριος ὑμῶν ἔρχεται.

그러므로 깨어있으라. 왜냐하면 너희의 주인이 어느 날 오는지를 너희는
모르기 때문이다.

24:43

Ἐκεῖνο δὲ γινώσκετε ὅτι εἰ ᾔδει ὁ οἰκοδεσπότης ποίᾳ φυλακῇ ὁ
κλέπτης ἔρχεται, ἐγρηγόρησεν ἂν καὶ οὐκ ἂν εἴασεν διορυχθῆναι τὴν

οἰκίαν αὐτοῦ.

너희는 저것을 알라. 만약 도둑이 어느 경점에 오는지를 집주인이 알았다면, 그는 진정 깨어있었을 것이고 자기의 집이 털리는 것을 허락하지 않았을 것이다.

24:44

διὰ τοῦτο καὶ ὑμεῖς γίνεσθε ἕτοιμοι, ὅτι ᾖ οὐ δοκεῖτε ὥρᾳ ὁ υἱὸς τοῦ ἀνθρώπου ἔρχεται.

이러므로 너희도 준비된 상태로 있어라. 왜냐하면 너희가 생각하지 못하는 시간에 사람의 아들이 올 것이기 때문이다.

나사렛 예수의 재림은 어마어마한 우주적 사건이기 때문에 그 시점은 하나님의 극비의 영역이다. 그러므로 사람이 어떤 추측이나 신비적 경험을 통해 알아내거나 예측하는 것은 불가능하다. 하나님께서는 그 아들에게까지도 비밀을 유지하고 계신다. 교회의 임무는 항상 깨어 준비하고 있는 것이다.

그리스도의 재림은 지구상에 불시에 들이닥치는 종말론적 심판의 사건이며, 우주 만물의 창조만큼 신비롭고 위대한 하나님의 사건이다. 그러기 때문에 한낱 먼지에 불과한 인간이 그 시점을 이야기하는 것 자체가 하나님의 절대주권을 침해하는 불경건하고 망령된 일이다.

우리는 두렵고 떨리는 가운데 그 신비롭고 영광스러운 날을 준비해야 한다. 왜냐하면 그날은 우리가 그리스도의 부활에 참여하는 종말론적 희망의 날이기 때문이다.

검증의 시간

마태복음 24:45-51

24:45

Τίς ἄρα ἐστὶν ὁ πιστὸς δοῦλος καὶ φρόνιμος ὃν κατέστησεν ὁ κύριος ἐπὶ τῆς οἰκετείας αὐτοῦ τοῦ δοῦναι αὐτοῖς τὴν τροφὴν ἐν καιρῷ;

과연 주인이 집안 사람들에게 제때에 양식을 공급하도록 자기의 식구들 위에 세운 충성스럽고 사려 깊은 종은 누구냐?

24:46

μακάριος ὁ δοῦλος ἐκεῖνος ὃν ἐλθὼν ὁ κύριος αὐτοῦ εὑρήσει οὕτως ποιοῦντα·

그의 주인이 와서 이와 같이 행하고 있는 것을 보게 될 저 종은 행복하다.

24:47

ἀμὴν λέγω ὑμῖν ὅτι ἐπὶ πᾶσιν τοῖς ὑπάρχουσιν αὐτοῦ καταστήσει αὐτόν.

내가 진실로 너희에게 말하건대 자기의 모든 소유물 위에 그를 세울 것이다.

24:48

εάν δε ειπη ὁ κακός δοῦλος εκείνος εν τη καρδιά αυτού, Χρονιζει μου ὁ κύριος,

그러나 저 악한 종이 자기의 마음으로, 나의 주인이 늦어질 것이다라고 말하고,

24:49

καὶ ἄρξηται τύπτειν τοὺς συνδούλους αὐτοῦ, ἐσθίῃ δὲ καὶ πίνῃ μετὰ τῶν μεθυόντων,

자기의 동료 종들을 때리기 시작하고, 술 취한 자들과 함께 먹고 마시면,

24:50

ἥξει ὁ κύριος τοῦ δούλου ἐκείνου ἐν ἡμέρᾳ ᾗ οὐ προσδοκᾷ καὶ ἐν ὥρᾳ ᾗ οὐ γινώσκει,

그가 예상치 못한 날과 알지 못하는 시간에 저 종의 주인이 올 것이다.

24:51

καὶ διχοτομήσει αὐτὸν καὶ τὸ μέρος αὐτοῦ μετὰ τῶν ὑποκριτῶν θήσει· ἐκεῖ ἔσται ὁ κλαυθμὸς καὶ ὁ βρυγμὸς τῶν ὀδόντων.

그리고 그를 두 동강낸 후 그의 몫을 위선자들과 함께 둘 것이다. 그리고 거기서 울며 이를 갈이 있을 것이다.

악한 종이 동료들을 때리고 술꾼들과 먹고 마시는 행패를 부리는

것은 주인이 늦게 올 것이라고 생각하기 때문이다. 이 이야기는 나사렛 예수의 재림이 지체되고 있는 교회의 현실을 반영하고 있다. 이것은 마가복음의 임박한 종말론과 대비되는 부분이다. 그것은 마태복음 25 장의 열 처녀 비유, 달란트 비유, 양과 염소의 비유 속에서도 확인된다.

여기에서 나사렛 예수의 부활 승천과 재림 사이의 역사적 간격이 생긴다. 이 간격을 책임지는 것이 교회다. 교회에 주어진 임무는 제때 주님의 양들에게 영혼의 양식을 제공하는 것이다. 교회는 이 임무를 충성스럽고 지혜롭게 감당할 때 주님의 칭찬과 축복을 받는다. 그러나 교회에게는 주님이 오시는 그 날과 그 시간이 알려지지 않는다. 그러므로 교회의 시간은 항상 기다림과 기진함, 확신과 회의, 희망과 좌절, 기대와 포기의 긴장 속에 있다.

그리고 믿음의 견실함은 끊임없이 시험을 받는다. 그것은 이 역사 속에 남겨진 교회에게는 고통스러운 인내의 시간이다. 나사렛 예수의 재림은 아무도 예상치 못하는 시간에 역사 속으로 들이닥치는 하나님의 사건이다. 그 시간은 대부분의 사람들이 재림에 대한 기대와 확신과 희망을 버리고 포기했을 때이다. 교회는 그 고통스러운 인내의 시간 속에서 그리스도를 향한 사랑의 진실성을 검증받는다.

열 처녀 비유

마태복음 25:1-13

25:1

Τότε ὁμοιωθήσεται ἡ βασιλεία τῶν οὐρανῶν δέκα παρθένοις, αἵτινες λαβοῦσαι τὰς λαμπάδας ἑαυτῶν ἐξῆλθον εἰς ὑπάντησιν τοῦ νυμφίου.

그때 하늘들의 나라는 자신들의 등불들을 가지고 신랑을 맞이하러 나간 열 명의 처녀와 같을 것이다.

25:2

πέντε δὲ ἐξ αὐτῶν ἦσαν μωραὶ καὶ πέντε φρόνιμοι.

그런데 그들 중의 다섯은 멍청했고 다섯은 생각이 깊었다.

25:3

αἱ γὰρ μωραὶ λαβοῦσαι τὰς λαμπάδας αὐτῶν οὐκ ἔλαβον μεθ᾽ ἑαυτῶν ἔλαιον.

왜냐하면 멍청한 처녀들은 자기들의 등불들을 가지고 있었지만 자신들과 함께 올리브기름을 가지고 있지 않았기 때문이다.

25:4

αἱ δὲ φρόνιμοι ἔλαβον ἔλαιον ἐν τοῖς ἀγγείοις μετὰ τῶν λαμπάδων

ἑαυτῶν.

그런데 생각이 깊은 처녀들은 자신들의 등불과 함께 그릇에 올리브기름을

가지고 있었다.

25:5

χρονίζοντος δὲ τοῦ νυμφίου ἐνύσταξαν πᾶσαι καὶ ἐκάθευδον.

그런데 신랑이 늦어지자 모두가 꾸벅꾸벅 졸다가 잠이 들었다.

25:6

μέσης δὲ νυκτὸς κραυγὴ γέγονεν· ἰδοὺ ὁ νυμφίος, ἐξέρχεσθε εἰς

ἀπάντησιν᾽ αὐτοῦ.

그런데 한밤중에 외치는 소리가 있었다. 보라! 신랑이다. 그를 마중하러

나가라.

25:7

τότε ἠγέρθησαν πᾶσαι αἱ παρθένοι ἐκεῖναι καὶ ἐκόσμησαν τὰς λαμ

πάδας ἑαυτῶν.

그때 저 처녀들 모두가 일어나 자신들의 등불들을 정돈했다.

25:8

αἱ δὲ μωραὶ ταῖς φρονίμοις εἶπαν· δότε ἡμῖν ἐκ τοῦ ἐλαίου ὑμῶν,

ὅτι αἱ λαμπάδες ἡμῶν σβέννυνται.

그런데 멍청한 처녀들이 생각이 깊은 처녀들에게 말했다. 너희의 올리브 기름에서 우리에게 주라. 왜냐하면 우리의 등불들이 꺼져가고 있기 때문이다.

25:9

ἀπεκρίθησαν δὲ αἱ φρόνιμοι λέγουσαι· μήποτε οὐ μὴ ἀρκέσῃ ἡμῖν καὶ ὑμῖν· πορεύεσθε μᾶλλον πρὸς τοὺς πωλοῦντας καὶ ἀγοράσατε ἑαυτ αῖς.

그러자 생각이 깊은 처녀들이 대답하며 말했다. 우리와 너희에게 충분하지 않을까 한다. 차라리 파는 사람들에게 가서 너희 자신들을 위해 사라.

25:10

ἀπερχομένων δὲ αὐτῶν ἀγοράσαι ἦλθεν ὁ νυμφίος, καὶ αἱ ἕτοιμοι εἰσῆλθον μετ᾽ αὐτοῦ εἰς τοὺς γάμους καὶ ἐκλείσθη ἡ θύρα.

그런데 그들이 사러 떠났을 때 신랑이 왔다. 그리고 준비된 자들은 그와 함께 결혼식장에 들어갔다. 그리고 문이 닫혔다.

25:11

ὕστερον δὲ ἔρχονται καὶ αἱ λοιπαὶ παρθένοι λέγουσαι· κύριε κύριε, ἄνοιξον ἡμῖν.

그런데 나중에 나머지 처녀들도 와서 말했다. 주님, 주님, 우리에게 열어주세요.

25:12

ὁ δὲ ἀποκριθεὶς εἶπεν· ἀμὴν λέγω ὑμῖν, οὐκ οἶδα ὑμᾶς.

그러자 그가 대답하며 말했다. 내가 진실로 너희에게 말하건대 나는 너희
를 모른다.

25:13

Γρηγορεῖτε οὖν, ὅτι οὐκ οἴδατε τὴν ἡμέραν οὐδὲ τὴν ὥραν.

그러므로 깨어있어라. 왜냐하면 그 날과 그 시간을 너희는 모르기 때문이다.

지혜로운 아가씨들과 멍청한 아가씨들의 차이는 그들의 마음과 생
각의 방향에 있었다. 생각이 깊은 아가씨들의 관심의 방향은 등불에
있었다(μετά τῶν λαμπάδων ἑαυτῶν, 자신들의 등불들과 함께). 그래서 그들은
불편하고 맵시가 나지 않았지만 기름 그릇에 올리브기름을 항상 채워
가지고 다녔다. 그들의 관심은 등불이 꺼지지 않는 것이었다.

그들은 자기 자신보다 등불을 더 목숨 걸고 사랑했다. 그 등불은 진
리의 등불이신 예수 그리스도다. 그들은 성령의 기름이 채워졌기 때문
에 항상 예수 그리스도와의 인격적 아가페 사랑의 관계 속에 있었다.
이 사랑의 관계를 통해 그리스도와 아가씨들은 서로를 인격적으로 인
식하는 사랑의 지식을 공유하게 되었다. 그들은 그리스도의 신부로서
의 자격을 얻는 데 성공했다.

그러나 멍청한 아가씨들의 관심의 방향은 자기 자신들에게 있었다
(μεθ' ἑαυτῶν, 자기 자신들과 함께). 멍청한 아가씨들은 멋 부리고 겉모습을
치장하는 데 정신이 팔려서 등불을 돌보는 일을 소홀히 했다. 그들은

예수 그리스도보다 자기 자신들을 더 사랑했다. 그들은 기름 그릇에 올리브기름이 떨어지지 않는 것이 얼마나 중요한 것인지 몰랐다. 그들은 등불에 관심이 없었기 때문이다. 그들은 성령의 기름이 없었기 때문에 그리스도와의 인격적 교제를 통한 사랑의 지식도 없었다. 그래서 그들은 신랑으로부터 모른다는 냉정한 소리를 들어야 했다. 신랑의 판단 기준은 아가씨들의 얼굴과 외모가 아니라 성령의 기름을 통한 인격적 사랑의 교제였다.

생각이 깊은 아가씨들이나 멍청한 아가씨들이나 피곤하고 지쳐서 꾸벅꾸벅 졸다가 잠이 든 것은 똑같다. 인간의 육체적 연약성은 마찬가지다. 문제는 그 육체 속에 들어있는 영이다. 성령의 기름을 소유한 자는 영화로운 천국 결혼식장에 들어가는 영광을 누리지만, 세상의 영으로 가득 찬 자는 실격되어 쫓겨난다. 기름을 준비하지 않은 처녀들은 세상에 눈이 팔려서 그리스도에 대한 성실성을 잃어버린 그리스도인들이다.

이 비유의 이야기는 그리스도의 재림이 지체되어 종말론적 신앙의 긴장이 풀린 교회의 모습을 보여주고 있다.

달란트 비유

마태복음 25:14-30

25:14

Ὥσπερ γὰρ ἄνθρωπος ἀποδημῶν ἐκάλεσεν τοὺς ἰδίους δούλους καὶ παρέδωκεν αὐτοῖς τὰ ὑπάρχοντα αὐτοῦ,

왜냐하면 (천국은) 여행을 떠나면서 자신의 종들을 불러 그들에게 자기의 소유물들을 넘기는 사람과 같기 때문이다.

25:15

καὶ ᾧ μὲν ἔδωκεν πέντε τάλαντα, ᾧ δὲ δύο, ᾧ δὲ ἕν, ἑκάστῳ κατὰ τὴν ἰδίαν δύναμιν, καὶ ἀπεδήμησεν. εὐθέως

그리고 어떤 종에게는 5달란트를, 그런데 어떤 종에게는 2달란트를, 그런데 어떤 종에게는 1달란트를, 각자에게 그 자신의 능력에 따라 주었다. 그리고 즉시 여행을 떠났다.

25:16

πορευθεὶς ὁ τὰ πέντε τάλαντα λαβὼν ἠργάσατο ἐν αὐτοῖς καὶ ἐκέρδησεν ἄλλα πέντε·

5달란트 받은 종은 가서 그것들로 장사를 해서 다른 5달란트를 벌었다.

25:17

ὡσαύτως ὁ τὰ δύο ἐκέρδησεν ἄλλα δύο.

마찬가지로 2달란트 받은 종은 다른 2달란트를 벌었다.

25:18

ὁ δὲ τὸ ἓν λαβὼν ἀπελθὼν ὤρυξεν γῆν καὶ ἔκρυψεν τὸ ἀργύριον
τοῦ κυρίου αὐτοῦ.

그런데 1달란트 받은 종은 가서 땅을 파고 자기 주인의 돈을 감추었다.

25:19

Μετὰ δὲ πολὺν χρόνον ἔρχεται ὁ κύριος τῶν δούλων ἐκείνων καὶ
συναίρει λόγον μετ' αὐτῶν.

그런데 많은 시간 후 저 종들의 주인이 와서 그들과 더불어 결산을 한다.

25:20

καὶ προσελθὼν ὁ τὰ πέντε τάλαντα λαβὼν προσήνεγκεν ἄλλα πέντε
τάλαντα λέγων· κύριε, πέντε τάλαντά μοι παρέδωκας· ἴδε ἄλλα πέντε
τάλαντα ἐκέρδησα.

그리고 5달란트 받은 종이 나아올 때 다른 5달란트를 가져오면서 말했다.
주님, 당신은 나에게 5달란트를 넘겨주셨습니다. 보세요, 다른 5달란트를
내가 벌었습니다.

25:21

ἔφη αὐτῷ ὁ κύριος αὐτοῦ· εὖ, δοῦλε ἀγαθὲ καὶ πιστέ, ἐπὶ ὀλίγα ἧς πιστός, ἐπὶ πολλῶν σε καταστήσω· εἴσελθε εἰς τὴν χαρὰν τοῦ κυρίου σου.

그의 주인이 그에게 엄숙히 말했다. 잘했다. 착하고 충성스러운 종아, 네가 적은 것들에 충성하였으니 내가 많은 것들 위에 너를 세울 것이다. 너의 주인의 기쁨 속으로 들어가라.

25:22

Προσελθὼν δὲ καὶ ὁ τὰ δύο τάλαντα εἶπεν· κύριε, δύο τάλαντά μοι παρέδωκας· ἴδε ἄλλα δύο τάλαντα ἐκέρδησα.

[그러자] 2달란트 받은 종도 나아와 말했다. 주님, 당신은 나에게 2달란트 를 넘겨주셨습니다. 보세요, 내가 다른 2달란트를 벌었습니다.

25:23

ἔφη αὐτῷ ὁ κύριος αὐτοῦ· εὖ, δοῦλε ἀγαθὲ καὶ πιστέ, ἐπὶ ὀλίγα ἧς πιστός, ἐπὶ πολλῶν σε καταστήσω· εἴσελθε εἰς τὴν χαρὰν τοῦ κυρίου σου.

그의 주인이 그에게 엄숙히 말했다. 잘했다, 착하고 충성스러운 종아. 네가 적은 것들에 충성하였으니 내가 많은 것들 위에 너를 세울 것이다.

25:24

Προσελθὼν δὲ καὶ ὁ τὸ ἓν τάλαντον εἰληφὼς εἶπεν· κύριε, ἔγνων σε ὅτι σκληρὸς εἶ ἄνθρωπος, θερίζων ὅπου οὐκ ἔσπειρας καὶ συνάγων ὅθεν οὐ διεσκόρπισας,

그런데 1달란트를 받은 그 종은 나와서 말했다. 주님, 나는 당신이 뿌리지 않은 곳에서 추수하고 흩어놓지 않은 곳에서 모아들이는 완악한 사람이라고 알았습니다.

25:25

καὶ φοβηθεὶς ἀπελθὼν ἔκρυψα τὸ τάλαντόν σου ἐν τῇ γῇ· ἴδε ἔχεις τὸ σόν.

그래서 나는 두려워서 가서 당신의 달란트를 땅속에 감추었습니다. 보세요, 당신은 당신의 것을 가지고 계십니다.

25:26

Ἀποκριθεὶς δὲ ὁ κύριος αὐτοῦ εἶπεν αὐτῷ· πονηρὲ δοῦλε καὶ ὀκνηρέ, ᾔδεις ὅτι θερίζω ὅπου οὐκ ἔσπειρα καὶ συνάγω ὅθεν οὐ διεσκόρπισα;

그러자 그의 주인이 그에게 대답하며 말했다. 악하고 게으른 종아, 너는 내가 뿌리지 않은 데서 추수하고 흩어놓지 않은 데서 모은다고 알았느냐?

25:27

ἔδει σε οὖν βαλεῖν τὰ ἀργύριά μου τοῖς τραπεζίταις, καὶ ἐλθὼν ἐγὼ ἐκομισάμην ἂν τὸ ἐμὸν σὺν τόκῳ.

그러므로 너는 반드시 나의 돈을 대부업자들에게 맡겨야 했다. 그러면 내가 왔을 때 이자와 함께 나의 것을 받았을 것이다.

25:28

ἄρατε οὖν ἀπ᾽ αὐτοῦ τὸ τάλαντον καὶ δότε τῷ ἔχοντι τὰ δέκα τάλαντα·

그러므로 그에게서 그 달란트를 빼앗아서 10달란트 가지고 있는 자에게 주어라.

25:29

Τῷ γὰρ ἔχοντι παντὶ δοθήσεται καὶ περισσευθήσεται, τοῦ δὲ μὴ ἔχοντος καὶ ὃ ἔχει ἀρθήσεται ἀπ᾽ αὐτοῦ.

왜냐하면 가지고 있는 모든 자에게는 주어질 것이고 그는 더욱더 풍부해질 것이기 때문이다. 그러나 없는 자는 그가 가지고 있는 것도 그에게서 빼앗길 것이다.

5달란트 받은 종과 2달란트 받은 종은 주인을 사랑했다. 그들의 목적은 주인의 소유가 불어나고, 주인을 기쁘게 하는 것이다. 그들은 주인의 축복을 받으며 주인의 기쁨에 참여한다. 그러나 1달란트 받은 종은 주인을 미워하고 주인에게 적개심을 품고 있다. 그는 자기의 주인이 종들을 착취하여 재산을 불리는 악랄한 사람으로 생각한다. 그는 그 악랄한 주인이 더 부자가 되는 것을 두려워한다. 그래서 그는 주인의 돈을 땅속에 묻어두었다가 돌려주면서 주인을 조롱한다. '나는 당신이 뿌리지 않은 곳에서 추수하고 흩어놓지 않은 곳에서 모아들이는 고약한 사람이라는 것을 알았다. 나는 당신 같은 착취자의 재산이 불어나는 것이 두려웠다. 그래서 당신이 맡겨 놓은 것을 땅속에 묻어두었다. 여기 당신의 돈이 있으니 돌려받으라.'

이 종은 계급의식을 갖고 있다. 포도원 주인의 아들을 살해하는 소작인들 이야기 속에는 공산주의 혁명가들이 등장한다. '이 사람이 상속자다. 그러니 자, 우리가 그를 죽이고 포도원을 공동 소유하자.' 이미

2,000년 전의 나사렛 예수의 비유 속에도 공산주의자들이 등장하고 있다는 것은 놀라운 일이다. 그들의 불만은 자기가 아무리 열심히 일해 보았자 주인의 재산과 명예와 권력만 늘어갈 뿐이지 자기 것은 하나도 없다는 것이다.

그들은 포도원 소작인 이야기 속에서는 학살을 당하고, 달란트 이야기 속에서는 어두운 곳에 쫓겨나 이를 갈며 끝까지 회개하지 않고 복수의 날을 기다리고 있다. 여기에서 문제가 되는 것은 왜 나사렛 예수의 이야기 속에 적대적 계급의식을 가진 인물들이 등장하고 있느냐라는 것이다. 물론 비유의 소재로 사용되었지만 나사렛 예수의 시대에도 계급 문제가 심각했고, 계급투쟁이 존재했다는 것은 분명한 역사적 사실임을 알 수 있다.

이 비유는 나사렛 예수가 다시 돌아올 때까지의 역사적 간격의 시간 속에서 기독교에 대한 가장 강력한 적대세력은 공산주의자들이라는 것을 암시하고 있는 예언의 말씀인가? 아니면 담대하게 새 역사를 창조해가는 성령 충만한 그리스도인들과 두려움 속에 움추리는 율법적 그리스도인들에 관한 이야기인가?

이 본문에서는 여행을 떠난 주인이 많은 시간 후에 돌아온다. 나사렛 예수의 재림은 한참 후의 일이 되고 교회는 그 길고 긴 역사의 시간 속에서 남겨진다. 5달란트 받은 종과 2달란트 받은 종은 세상을 향한 개방성과 진취성을 가지고 역사 현실에 도전한다. 그들은 실패를 두려워하지 않는다. 그들에게 두려움 없는 창조적 모험정신을 제공하는 원초적 능력은 하나님을 향한 은혜와 사랑의 세계관이다.

그들은 하나님께서 주신 성령의 은사(ταλαντον, 탈란톤)를 사용하여 그리스도의 문화를 창조한다. 여기에는 역사를 향한 교회의 열린 마음이 있다. 역사에 대한 개방성과 적극적 참여의 정신으로 그들은 많은 열매들을 맺어 주님을 영화롭게 한다. 그들은 주님께로부터 칭찬을 받고 주님의 축복에 들어간다. 그러나 폐쇄적이고 부정적인 사고를 가지고 하나님의 자원을 썩힌 자는 저주를 받는다. 그의 퇴행성의 뿌리는 두려움이다. 그리고 그 두려움의 근원은 하나님에 대한 잘못된 인식이다. 그에게 하나님은 아무 일도 안 하고 사사건건 까탈스럽게 트집 잡고 괴롭히는 고약한 존재다.

그의 세계관을 지배하는 것은 율법과 정죄다. 그는 실패와 책망을 두려워한다. 그는 차라리 아무것도 하지 않는 게 낫다고 생각한다. 그에게는 생명의 근원이신 하나님과의 인격적 사랑의 교제가 없다. 그에게 역사하는 것은 두려움의 영이다. 이 두려움의 영이 모든 창조성, 개방성, 진취성, 모험과 도전정신을 파괴하고 퇴행시킨다.

그는 하나님과 함께 살 수 없는 죽음의 영의 소유자다. 그래서 그는 바깥 어두운 곳으로 쫓겨난다. 거기가 그에게 합당한 장소다. 그는 그가 가야 할 곳으로 갔을 뿐이다. 생명의 영 속에 작동하는 것은 사랑이고, 죽음의 영 속에 작동하는 것은 두려움이다.

양과 염소의 비유

마태복음 25:31-46

25:31

Ὅταν δὲ ἔλθῃ ὁ υἱὸς τοῦ ἀνθρώπου ἐν τῇ δόξῃ αὐτοῦ καὶ πάντες οἱ ἄγγελοι μετ᾽ αὐτοῦ, τότε καθίσει ἐπὶ θρόνου δόξης αὐτοῦ·

그런데 사람의 아들과 그의 천사들이 그와 함께 그의 영광 속에 올 때, 그때 그는 자기의 영광의 보좌에 앉을 것이다.

25:32

καὶ συναχθήσονται ἔμπροσθεν αὐτοῦ πάντα τὰ ἔθνη, καὶ ἀφορίσει αὐτοὺς ἀπ᾽ ἀλλήλων, ὥσπερ ὁ ποιμὴν ἀφορίζει τὰ πρόβατα ἀπὸ τῶν ἐρίφων,

그리고 그의 앞에 모든 민족들이 모아질 것이다. 그리고 그는 그들을 서로 에게서 분리시킬 것이다. 마치 목자가 염소들로부터 양들을 분리시키듯이.

25:33

καὶ στήσει τὰ μὲν πρόβατα ἐκ δεξιῶν αὐτοῦ, τὰ δὲ ἐρίφια ἐξ εὐωνύ-μων.

그리고 그는 양들은 자기의 오른쪽에, 그러나 염소들은 왼쪽에 세울 것이다.

25:34

Τότε ἐρεῖ ὁ βασιλεὺς τοῖς ἐκ δεξιῶν αὐτοῦ· δεῦτε οἱ εὐλογημένοι
τοῦ πατρός μου, κληρονομήσατε τὴν ἡτοιμασμένην ὑμῖν βασιλείαν
ἀπὸ καταβολῆς κόσμου.

그때 그는 자기의 오른쪽에 있는 자들에게 말할 것이다. 오라, 나의 아버지
의 축복을 받은 자들아, 창세로부터 너희를 위하여 예비된 나라를 차지하라.

25:35

ἐπείνασα γὰρ καὶ ἐδώκατέ μοι φαγεῖν, ἐδίψησα καὶ ἐποτίσατέ με,
ξένος ἤμην καὶ συνηγάγετέ με,

왜냐하면 내가 굶주렸을 때 너희는 나에게 먹을 것을 주었고 내가 목말랐을
때 나를 마시게 했고 내가 나그네 되었을 때 나를 거두었고

25:36

γυμνὸς καὶ περιεβάλετέ με, ἠσθένησα καὶ ἐπεσκέψασθέ με, ἐν φυλ
ακῇ ἤμην καὶ ἤλθατε πρός με.

내가 벌거벗었을 때 나를 입혔고 내가 병들었을 때 나를 보살폈고 내가
감옥에 있었을 때 나를 찾아왔기 때문이다.

25:37

τότε ἀποκριθήσονται αὐτῷ οἱ δίκαιοι λέγοντες· κύριε, πότε σε εἴδο-
μεν πεινῶντα καὶ ἐθρέψαμεν, ἢ διψῶντα καὶ ἐποτίσαμεν;

그때 의인들이 그에게 대답하며 말할 것이다. 주님, 언제 우리가 당신이
굶주린 것을 보고 먹였으며, 혹은 당신이 목마른 것을 마시게 했습니까?

25:38

πότε δέ σε εἴδομεν ξένον καὶ συνηγάγομεν, ἢ γυμνὸν καὶ περιεβάλο
-μεν;

그런데 언제 당신이 나그네 된 것을 우리가 보고서 거두었으며 혹은 당신이

벌거벗은 것을 우리가 입혔습니까?

25:39

πότε δέ σε εἴδομεν ἀσθενοῦντα ἢ ἐν φυλακῇ καὶ ἤλθομεν πρός
σε;

그런데 우리가 언제 당신이 병든 것이나 감옥에 있는 것을 보고 당신을

찾아갔습니까?

25:40

καὶ ἀποκριθεὶς ὁ βασιλεὺς ἐρεῖ αὐτοῖς· ἀμὴν λέγω ὑμῖν, ἐφ᾽ ὅσον
ἐποιήσατε ἑνὶ τούτων τῶν ἀδελφῶν μου τῶν ἐλαχίστων, ἐμοὶ ἐποιήσατε.

그리고 왕은 그들에게 대답하며 말할 것이다. 내가 진실로 너희에게 말하

건대 너희가 이 작은 나의 형제들 중의 하나에게 행한 것만큼 그만큼 나에게

행한 것이다.

25:41

Τότε ἐρεῖ καὶ τοῖς ἐξ εὐωνύμων· πορεύεσθε ἀπ᾽ ἐμοῦ οἱ κατηρα-μέ
νοι εἰς τὸ πῦρ τὸ αἰώνιον τὸ ἡτοιμασμένον τῷ διαβόλῳ καὶ τοῖς ἀγγέλοι
ς αὐτοῦ.

그때 그는 왼쪽에 있는 자들에게도 말할 것이다. 저주받은 자들아, 나에게

서 떠나서 마귀와 그의 사자들을 위하여 예비된 영원한 불 속으로 가라.

25:42

ἐπείνασα γὰρ καὶ οὐκ ἐδώκατέ μοι φαγεῖν, ἐδίψησα καὶ οὐκ ἐποτί-
σατέ με,

왜냐하면 너희는 내가 굶주렸지만 나에게 먹을 것을 주지 않았고, 내가
목말랐으나 나를 마시게 하지 않았고,

25:43

ξένος ἤμην καὶ οὐ συνηγάγετέ με, γυμνὸς καὶ οὐ περιεβάλετέ με,
ἀσθενὴς καὶ ἐν φυλακῇ καὶ οὐκ ἐπεσκέψασθέ με.

내가 나그네 되었으나 너희는 거두지 않았고, 내가 벌거벗었으나 입혀주
지 않았고, 병들고 감옥에 있었으나 돌보지 않았기 때문이다.

25:44

τότε ἀποκριθήσονται καὶ αὐτοὶ λέγοντες· κύριε, πότε σε εἴδομεν
πεινῶντα ἢ διψῶντα ἢ ξένον ἢ γυμνὸν ἢ ἀσθενῆ ἢ ἐν φυλακῇ καὶ οὐ
διηκονήσαμέν σοι;

그때 그들도 그에게 대답하며 말할 것이다. 언제 우리가 당신이 굶주리거
나 목마르거나 나그네 되었거나 벌거벗었거나 병들었거나 감옥에 있는
것을 보고서 당신을 섬기지 않았다는 것입니까?

25:45

τότε ἀποκριθήσεται αὐτοῖς λέγων· ἀμὴν λέγω ὑμῖν, ἐφ᾽ ὅσον οὐκ ἐποιήσατε ἑνὶ τούτων τῶν ἑλαχίστων, οὐδὲ ἑμοὶ ἑποιήσατε.

그때 그가 그들에게 대답하며 말할 것이다. 내가 진실로 너희에게 말하건대 너희가 이 작은 자들 중의 하나에게 행하지 않은 만큼 그만큼 나에게 행하지 않은 것이다.

25:46

καὶ ἀπελεύσονται οὗτοι εἰς κόλασιν αἰώνιον, οἱ δὲ δίκαιοι εἰς ζωὴν αἰώνιον.

그리고 이들은 영원한 형벌로, 그런데 의인들은 영원한 생명으로 떠나갈 것이다.

나사렛 예수는 자기의 일을 마치고 아버지께로 돌아갔다. 그러나 그는 가난하고 병들고 약하고 외로운 자의 모습으로 우리 곁에 남아있다. 이것은 지상에서의 나사렛 예수의 마지막 설교다. 여기에 나사렛 예수의 강력한 메시지가 숨겨져 있다.

그는 이 세상에서 버려진 자들의 신으로 자기를 계시하고 있다. 세상은 모두 배부르고 좋은 집에 살며 건강하고 아름답고 부유한 자들을 좋아하고 그들에게 아부한다. 이것이 이 세상 사람들이 모두 따라가는 넓은 길이다. 나사렛 예수는 그 길이 멸망으로 가는 길이라고 했다. 이것으로 우리는 나사렛 예수와 얼마나 멀리 떨어져 있는지 알 수 있다.

그는 지금도 세상의 약하고 병들고 외로운 자들을 사랑으로 품고 있는 사랑의 하나님으로 우리 곁에 현존하고 있다(da-sein, 다자인, 거기에 있음). 그는 언제나 신비에 싸인 채 원자핵 주위를 운동하는 전자처럼 그 실체를 완전히 이해하는 것은 불가능하다. 왜냐하면 그는 신이기 때문이다. 그러므로 그는 인간의 어떤 조직적인 신학 체계 속에 포획될 존재가 아니다. 그는 언제나 인간의 신학적 인식의 그물을 빠져나간다. 베들레헴의 나귀의 구유에서 시작하여 십자가에 매달려 죽은 그는 영원한 신비에 싸인 반체제 혁명가로 세상 끝날까지 역사 속에 남아 있을 것이다.

유월절 이틀 전

마태복음 26:1-5

26:1

Καὶ ἐγένετο ὅτε ἐτέλεσεν ὁ Ἰησοῦς πάντας τοὺς λόγους τούτους, εἶπεν τοῖς μαθηταῖς αὐτοῦ·

그리고 예수께서 이 모든 말씀을 끝냈을 때 그는 자기의 제자들에게 말했다.

26:2

οἴδατε ὅτι μετὰ δύο ἡμέρας τὸ πάσχα γίνεται, καὶ ὁ υἱὸς τοῦ ἀνθρώπου παραδίδοται εἰς τὸ σταυρωθῆναι.

너희가 알다시피 이틀 후에 유월절이 된다. 그리고 사람의 아들은 십자가에 달리기 위해 넘겨진다.

26:3

Τότε συνήχθησαν οἱ ἀρχιερεῖς καὶ οἱ πρεσβύτεροι τοῦ λαοῦ εἰς τὴν αὐλὴν τοῦ ἀρχιερέως τοῦ λεγομένου Καϊάφα

그때 대제사장들과 백성의 원로들이 가야바라 불리우는 대제사장의 관저에 모였다.

26:4

καὶ συνεβουλεύσαντο ἵνα τὸν Ἰησοῦν δόλῳ κρατήσωσιν καὶ ἀπο-κτείνωσιν·

그리고 그들은 예수를 계략으로 잡아 죽이기 위해 의논했다.

26:5

ἔλεγον δέ· μὴ ἐν τῇ ἑορτῇ, ἵνα μὴ θόρυβος γένηται ἐν τῷ λαῷ.

그런데 그들은 말하고 있었다. 백성 가운데 소동이 생기지 않도록 축제 동안에는 말자.

나사렛 예수는 세상 죄를 지고 가는 유월절 어린 양으로 영원한 속죄의 제사를 드리기 위해 세상에 온 하나님의 아들이다. 이제 그의 죽음은 이틀 앞으로 다가왔다. 나사렛 예수는 다시 한 번 제자들에게 자신의 죽음을 상기시킨다.

그날 대제사장들과 백성의 원로들은 대제사장의 관저에 모여서 계략으로 나사렛 예수를 제거하려는 계획을 세운다. 그것은 정상적인 방법으로는 나사렛 예수를 제거할 수 있는 명분이 없었기 때문이다. 나사렛 예수는 갈릴리에서는 율법 문제로 바리새인들과 대결했고, 예루살렘에서는 성전 문제로 사두개인들과 대결했다. 나사렛 예수는 율법과 성전을 완성하러 온 영원한 말씀이요 영원한 성전이다.

그러나 유대교 지도자들은 그를 알아보지 못한다. 그들은 눈먼 인도자들이다. 그들은 모든 지배자가 그렇듯이 민중의 폭동을 두려워한다. 그만큼 그들은 권력에 취해 있었다. 그리하여 유월절 축제가 끝나고 나서 나사렛 예수를 제거하기로 결론을 내린다. 그들에게는 나사렛 예수를 군중으로부터 분리시키는 일이 큰 숙제였다. 이 숙제를 해결해 주고 유월절 해방의 날에 나사렛 예수가 십자가에 달리게 될 하나님의 계획을 실현시킬 중요한 인물이 등장하는데 그가 바로 가룟 유다다. 그리하여 모세가 이스라엘 백성들을 노예 생활의 땅에서 탈출시킨 바로 그 해방의 날에, 나사렛 예수는 십자가의 피로 자기의 백성들을 죄로부터 해방시키려는 하나님의 영원한 구원의 섭리를 성취하게 된다.

이름 없는 여제자

마태복음 26:6-13

26:6

Τοῦ δὲ Ἰησοῦ γενομένου ἐν Βηθανίᾳ ἐν οἰκίᾳ Σίμωνος τοῦ λεπροῦ,

그런데 예수께서 베다니에 있는 나병환자 시몬의 집에 있을 때

26:7

προσῆλθεν αὐτῷ γυνὴ ἔχουσα ἀλάβαστρον μύρου βαρυτίμου καὶ κατέχεεν ἐπὶ τῆς κεφαλῆς αὐτοῦ ἀνακειμένου.

매우 가치 있는 향유가 들어있는 석고를 가지고 있는 여자가 그에게 다가와 식탁에 앉아있는 그의 머리에 쏟아부었다.

26:8

ἰδόντες δὲ οἱ μαθηταὶ ἠγανάκτησαν λέγοντες· εἰς τί ἡ ἀπώλεια αὕτη;

그러자 제자들이 분개하며 말했다. 이 낭비는 무슨 목적이냐?

26:9

ἐδύνατο γὰρ τοῦτο πραθῆναι πολλοῦ καὶ δοθῆναι πτωχοῖς.

왜냐하면 이것은 많은 값에 팔려 가난한 자들에게 주어질 수 있었기 때문이다.

26:10

Γνοὺς δὲ ὁ Ἰησοῦς εἶπεν αὐτοῖς· τί κόπους παρέχετε τῇ γυναικί; ἔργον γὰρ καλὸν ἠργάσατο εἰς ἐμέ·

그러자 예수께서 알고 그들에게 말했다. 왜 그 여자에게 괴로움들을 안겨 주느냐? 왜냐하면 그녀는 나를 위하여 아름다운 일을 실천했기 때문이다.

26:11

πάντοτε γὰρ τοὺς πτωχοὺς ἔχετε μεθ᾽ ἑαυτῶν, ἐμὲ δὲ οὐ πάντοτε ἔχετε·

왜냐하면 너희는 언제나 가난한 자들을 너희와 함께 가지고 있지만 나를 항상 가지고 있지는 못하기 때문이다.

26:12

βαλοῦσα γὰρ αὕτη τὸ μύρον τοῦτο ἐπὶ τοῦ σώματός μου πρὸς τὸ ἐνταφιάσαι με ἐποίησεν.

왜냐하면 이 여자가 나의 몸에 향유를 부은 것은 나를 매장할 준비를 하기 위해 한 것이기 때문이다.

26:13

ἀμὴν λέγω ὑμῖν, ὅπου ἐὰν κηρυχθῇ τὸ εὐαγγέλιον τοῦτο ἐν ὅλῳ τῷ κόσμῳ, λαληθήσεται καὶ ὃ ἐποίησεν αὕτη εἰς μνημόσυνον αὐτῆς.

내가 진실로 너희에게 말하건대, 온 세상에 이 복음이 전파되는 곳마다 또한 이 여자가 행한 것이 그녀에 대한 기념으로 이야기될 것이다.

이 본문은 신약성경에서 가장 신비롭고 아름다운 장면 중의 하나이며 계시의 결정판이다. 이 아름다운 이야기 속에는 여성신학적인 표상이 깊이 새겨져 있다. 나사렛 예수의 죽음을 종말론적 메시아의 관점에서 인식한 최초의 사람은 바로 이 이야기에 등장하는 이름 없는 여자다. 그런 점에서 이 여자는 기독교 역사상 최초의 신학자라고 할 수 있다.

나사렛 예수의 이야기들은 여성적인 신비로움으로 가득 차 있다. 그러나 그것은 남성적 영웅주의로는 포착할 수 없는 요소들이다. 나사렛 예수가 제자들과 함께 식사하고 있는 남자들만의 공간에 갑자기 쳐들어와 충격적인 행동을 감행한 이 대담한 여자의 이름은 익명으로 처리되어 있다. 그 익명성은 이 여자가 모든 여성을 대표한다고 생각할 수 있는 개연성을 제공한다. 그리고 오직 이 이름 없는 여자만이 나사렛 예수와 내적으로 교통하고 있다. 물론 이 여자는 나사렛 예수의 제자 무리 중의 한 사람이었을 것이고, 잘 알려진 인물이었을 것이다. 그럼에도 불구하고 이 결정적으로 중요한 계시적 사건의 주인공이 익명으로 처리된 것은 계시 사건의 초점이 나사렛 예수에게서 벗어나 이 여자에게 옮겨지는 것을 경계하기 위함이다.

나사렛 예수의 제자들은 이 사건에 대해 충격을 받는다. 그들은 그 향유 사건의 종말론적 의미를 이해하지 못하고 경제적 가치와 복지의 관점에서만 해석하고 있다. 그것은 평소에 나사렛 예수에게 들어왔던 얼마만큼의 헌금이 구제에 쓰였음을 알려준다. 즉, 복지와 구제는 세상 끝날까지 교회에 주어진 사명 중의 하나다. 그러나 나사렛 예수는 이 사건이 가지고 있는 우주적이고 종말론적인 성격에 대해 언급한다. 그것은 하나님의 기름 부음을 받은 왕인 메시아는 이 죄 많은 세상에 와서 반드시 죽어야 한다는 것이다.

그의 죽음과 함께 옛 세상도 함께 죽고, 그의 부활과 함께 새 하늘과 새 땅이 시작된다. 나사렛 예수는 이 계시적 사건의 중요성을 온 세상에 복음이 전파되는 곳마다 이 이름 없는 한 여자의 행위가 이야기되며 그녀의 아름다운 믿음과 사랑이 기념될 것이라고 예언함으로써 이를 뒷받침해 준다.

나사렛 예수가 아버지께서 명하신 모든 일들을 마치고 아버지께로 돌아간 후 그가 세상에 남겨놓은 교회는 그가 불러 세운 남자 제자들에 의해 이끌려져 왔다. 그리고 그 교회를 위해 기도하며 헌신했던 수많은 여제자들은 오늘 본문에 등장하는 여자처럼 익명으로 처리되고 있다. 그러나 그 익명성 속에 사랑의 신비로움과 진실성이 있고 하나님 나라에서의 영원한 보상이라는 종말론적 희망이 있다.

가룟 유다의 배신

마태복음 26:14-16

26:14

Τότε πορευθεὶς εἷς τῶν δώδεκα, ὁ λεγόμενος Ἰούδας Ἰσκαριώτης, πρὸς τοὺς ἀρχιερεῖς

그때 열둘 중의 하나인 가룟 유다라 불리우는 자가 대제사장들을 향하여 가서

26:15

εἶπεν· τί θέλετέ μοι δοῦναι, κἀγὼ ὑμῖν παραδώσω αὐτόν οἱ δὲ ἔστησαν αὐτῷ τριάκοντα ἀργύρια.

말했다. 나에게 무엇을 주시렵니까? 그러면 내가 그를 당신들에게 넘기겠습니다. 그러자 그들이 그에게 은 30개를 세웠다.

26:16

καὶ ἀπὸ τότε ἐζήτει εὐκαιρίαν ἵνα αὐτὸν παραδῷ.

그리고 그때부터 그는 그를 넘겨줄 기회를 찾고 있었다.

나사렛 예수의 제자 중에 그의 죽음을 피할 수 없는 임박한 현실로 인식한 사람이 둘이 있었다. 하나는 나사렛 예수에게 향유를 부은 여자이고, 다른 하나는 가룟 유다다. 향유를 부은 여자는 나사렛 예수의 죽음을 하나님 나라를 열어주는 종말론적 희망의 시작으로 인식했다. 그러나 가룟 유다에게는 혁명에 대한 배신이었다. 그는 나사렛 예수를 포기하는 대신 폭력혁명가인 바라바를 구출하는 것이 민족 해방운동에 유익이라고 생각한다. 이미 나사렛 예수에 대한 기대를 접고 있던 가룟 유다는 향유 사건을 통해 나사렛 예수의 죽음이 피할 수 없는 현실임을 알고 나사렛 예수의 죽음을 정치적으로 이용하기로 결심한다.

그는 제 발로 대제사장들을 찾아간다. 그는 나사렛 예수를 넘겨주는 대신 폭력혁명가 바라바를 석방시켜달라고 요구한다. 대제사장들은 가룟 유다에게 정치 공작에 대한 수고비로 은 서른 개를 달아준다. 이 흥정은 나사렛 예수의 적대자들에게는 묘수 중의 묘수였다. 그들은 이미 나사렛 예수를 제거하는 것에 대해서는 결론이 난 상태였으나 군중이 나사렛 예수와 밀착되어 있는 것이 문제였다. 여기에 이 난관을 한 방에 해결할 수 있는 묘수를 찾아냈으니 그것은 나사렛 예수의 목숨과 바라바의 목숨을 교환하는 것이었다. 이 기기묘묘한 수를 찾아낸 인물이 바로 가룟 유다다. 그러므로 가룟 유다는 나사렛 예수의 죽음에 대해 가장 책임이 큰 사람이다.

그 당시 유대 총독부 외에 유대의 모든 정치세력은 나사렛 예수를 제거하는 데 합의를 끝낸 상태였다. 그 중심에는 바리새인들이 있었다. 갈릴리에서부터 나사렛 예수와 충돌하고 있었던 그들에게 예수의 하나님 나라 운동은 자신들의 존립을 뿌리부터 뒤흔드는 강력한 반체제 운동이었다. 지역 회당을 장악하고 있었던 그들은 예루살렘 성전을 장악하고 있는 사두개파와 손을 잡는다. 바리새인들은 타락한 성직자 계급이었던 사두개인들을 경멸하였고 개혁의 대상으로 생각하고 있었지만 나사렛 예수라는 적을 제거하는 전략적 목표를 위해서는 물불을 가리지 않는다. 반면 전통적 종교귀족인 사두개인들 역시 계급적 우월 의식을 가지고 바리새인들을 경멸했다. 그러나 원수지간이었던 그들에게는 나사렛 예수의 하나님 나라 운동에 대해서는 연합전선을 구축해야 할 절박한 현실적 필요가 있었다. 왜냐하면 나사렛 예수의 하나님 나라 운동은 근본적이고도 영원한 반체제적 성격을 가지고 있었기 때문이다. 이제 그들에게 남아있는 것은 나사렛 예수를 군중으로부터 떼어내어 고립시키는 것이었다. 그들은 폭력혁명 세력의 지도자인 바라바를 이용해서 그 일을 성취한다.

운동권적 시각에서 보면 나사렛 예수의 목숨은 유대민족의 해방운동을 위해 바쳐진 대속의 제물이다. 그러나 이들의 정치적 계략에 의해 버려진 갈릴리 나사렛 목수를 하나님 나라의 기초석으로 삼아 새 하늘과 새 땅을 열어주신 분은 그를 세상에 보내신 그의 아버지다. 그분은 나사렛 예수의 모든 적대자들을 이용하여 당신의 영원한 구원의 계획을 완성하신 지혜의 하나님이시요 타의 추종을 불허하는 모략가이시다. 그러므로 이 인간의 역사란 하나님의 신묘막측한 지혜가 펼쳐지는 계시의 장인 것이다.

선생과 제자

마태복음 26:17-25

26:17

Τῇ δὲ πρώτῃ τῶν ἀζύμων προσῆλθον οἱ μαθηταὶ τῷ Ἰησοῦ λέγοντε
ς· ποῦ θέλεις ἑτοιμάσωμέν σοι φαγεῖν τὸ πάσχα;

그런데 무교절의 첫째 날 제자들이 예수에게 나아와 말했다. 당신은 우리
가 어디에서 당신을 위해 유월절 양을 먹도록 준비하기를 원하십니까?

26:18

ὁ δὲ εἶπεν· ὑπάγετε εἰς τὴν πόλιν πρὸς τὸν δεῖνα καὶ εἴπατε αὐτῷ·
ὁ διδάσκαλος λέγει· ὁ καιρός μου ἐγγύς ἐστιν, πρὸς σὲ ποιῶ τὸ πάσχα
μετὰ τῶν μαθητῶν μου.

그러자 그가 말했다. 성 안으로 어떤 사람에게 가라. 그리고 그에게 말해라.
선생님이 말씀하신다. 나의 때가 가까웠다. 너에게로 가서 나의 제자들과
함께 유월절을 지키겠다.

26:19

καὶ ἐποίησαν οἱ μαθηταὶ ὡς συνέταξεν αὐτοῖς ὁ Ἰησοῦς καὶ ἡτοίμα
- σαν τὸ πάσχα.

그리고 제자들은 예수께서 그들에게 지시한 대로 행하여 유월절을 준비했다.

26:20

Ὀψίας δὲ γενομένης ἀνέκειτο μετὰ τῶν δώδεκα.

그런데 저녁이 되었을 때 그는 열둘과 함께 식탁에 앉아 있었다.

26:21

καὶ ἐσθιόντων αὐτῶν εἶπεν· ἀμὴν λέγω ὑμῖν ὅτι εἷς ἐξ ὑμῶν παρα-
δώσει με.

그리고 그들이 먹고 있을 때 그가 말했다. 내가 진실로 너희에게 말하건대
너희 중의 하나가 나를 넘길 것이다.

26:22

καὶ λυπούμενοι σφόδρα ἤρξαντο λέγειν αὐτῷ εἷς ἕκαστος· μήτι
ἐγώ εἰμι, κύριε;

그리고 그들은 굉장히 슬퍼하며 그에게 말하기 시작했다. 나는 아니지요,
주님?

26:23

ὁ δὲ ἀποκριθεὶς εἶπεν· ὁ ἐμβάψας μετ᾽ ἐμοῦ τὴν χεῖρα ἐν τῷ τρυ-
βλίῳ οὗτός με παραδώσει.

그러자 그가 대답하며 말했다. 나와 함께 대접에 손을 담그는 이 사람이
나를 넘길 것이다.

26:24

ὁ μὲν υἱὸς τοῦ ἀνθρώπου ὑπάγει καθὼς γέγραπται περὶ αὐτοῦ, οὐαὶ δὲ τῷ ἀνθρώπῳ ἐκείνῳ δι' οὗ ὁ υἱὸς τοῦ ἀνθρώπου παραδίδοται· καλὸν ἦν αὐτῷ εἰ οὐκ ἐγεννήθη ὁ ἄνθρωπος ἐκεῖνος.

진정 사람의 아들은 자기에 대하여 기록된 대로 간다. 그러나 그를 통하여 사람의 아들이 넘겨지는 저 사람에게는 화가 있으리라. 저 사람은 태어나지 않았다면 그에게 좋았을 것이다.

26:25

ἀποκριθεὶς δὲ Ἰούδας ὁ παραδιδοὺς αὐτὸν εἶπεν· μήτι ἐγώ εἰμι, ῥαββί; λέγει αὐτῷ· σὺ εἶπας.

그러자 그를 넘기는 자인 유다가 대답하며 말했다. 나는 아니지요? 랍비여. (예수께서) 그에게 말한다. 네가 말했다.

나사렛 예수와 가룟 유다는 선생과 제자 사이다. 그러나 그들의 관계는 비극적으로 끝났다. 스승을 팔아넘긴 가룟 유다의 실체는 과연 무엇일까? 본문에서 가룟 유다는 스승이 빵을 찢어 포도주에 적시고 있을 때 포도주 그릇에 밀고 들어가 자기도 빵을 적신다. 그것은 스승의 신성한 공간을 침범한 것이다. 그에게는 스승과의 관계에 있어서 경외함이 없었다. 그러므로 그는 스승의 축복을 받지 못했다.

그는 예수께서 제자 중의 하나가 자기를 배신할 것이라고 말했을 때 그것이 자기를 향한 말씀이라는 것을 즉시 알아차렸을 것이다. 그러나 그는 뻔뻔스럽게 나사렛 예수에게 말한다. "나는 아니지요, 선생님!" 그는 스승을 희롱하고 있다. 세상에는 부모나 선생이나 선배를 가지고 노는 사악하고 교만한 자들이 있다. 그들은 하나님이 그에게 주신 은혜와 사랑의 관계에서 아무것도 배우지 못한다. 가룟 유다가 그런 사람이었다.

더 큰 문제는 그가 희롱하고 있는 대상이 만왕의 왕이시요 만주의 주이신 하나님이라는 것이다. 하나님을 희롱하고 대적하는 원수는 마귀 사탄이다. 요한복음 6:70-71은 가룟 유다의 정체를 폭로하고 있다. "내가 너희를, 너희 열둘을 택하지 아니하였느냐? 그런데 너희 중의 하나는 마귀다. 그런데 그는 가룟 시몬의 아들 유다를 말하고 있었다."

영원한 계시의 비밀

마태복음 26:26-30

26:26

Ἐσθιόντων δὲ αὐτῶν λαβὼν ὁ Ἰησοῦς ἄρτον καὶ εὐλογήσας ἔκλασε
ν καὶ δοὺς τοῖς μαθηταῖς εἶπεν· λάβετε φάγετε, τοῦτό ἐστιν τὸ σῶμά
μου.

그런데 그들이 먹고 있을 때 예수께서 빵을 들고 축복한 후에 찢어서 제자들
에게 주며 말했다. 받아 먹으라. 이것은 나의 몸이다.

26:27

καὶ λαβὼν ποτήριον καὶ εὐχαριστήσας ἔδωκεν αὐτοῖς λέγων· πίετε
ἐξ αὐτοῦ πάντες,

그리고 잔을 들고 감사한 후 그들에게 주며 말했다. 모두 그것을 마셔라.

26:28

τοῦτο γάρ ἐστιν τὸ αἷμά μου τῆς διαθήκης τὸ περὶ πολλῶν ἐκχυννό-
μενον εἰς ἄφεσιν ἁμαρτιῶν.

이것은 많은 사람들에 대한 죄의 용서를 위하여 흘리는 나의 계약의 피이기
때문이다.

26:29

λέγω δὲ ὑμῖν, οὐ μὴ πίω ἀπ᾽ ἄρτι ἐκ τούτου τοῦ γενήματος τῆς ἀμπέλου ἕως τῆς ἡμέρας ἐκείνης ὅταν αὐτὸ πίνω μεθ᾽ ὑμῶν καινὸν ἐν τῇ βασιλείᾳ τοῦ πατρός μου.

그런데 내가 너희에게 말한다. 지금부터 나는 나의 아버지의 나라에서 너희와 함께 새것으로 그것을 마시는 저 날까지 나는 이 포도나무의 소산의 이것을 결코 마시지 않을 것이다.

26:30

Καὶ ὑμνήσαντες ἐξῆλθον εἰς τὸ ὄρος τῶν ἐλαιῶν.

그리고 그들은 찬송을 부르며 올리브 나무들의 산으로 나갔다.

이것으로 창세 전부터 아버지께서 숨겨두었던 영원한 계시의 비밀이 드러났다. 그것은 이 세상의 구원을 위해 제공된 아들의 몸과 피다. 이 초월적 계시는 이 죄 많은 세상 속에서 역사적 사건으로 실현되었다. 역사와 계시가 만난 것이다. 이 계시의 위대성은 살과 피를 가진 역사성에 있다. 그것은 우주의 창조보다 더 위대한 사건이다.

나사렛 예수는 잡히기 직전 제자들과의 마지막 만남인 유월절 식사 시간에 자신의 죽음의 신학적 의미를 성찬식을 통해 드러낸다. 귀신들을 쫓아내고 병든 자들을 고치고 폭풍을 잠재우고 오병이어의 기적을 일으키고 바닷물 위를 걸어갔던 갈릴리의 나사렛 예수는 이제 성찬식이라는 신비로운 예식을 통해 세상 끝날까지 우리 곁에 현존한다. 이 신비로운 예식은 새 하늘과 새 땅에서의 나사렛 예수와의 재회라는 종말론적 희망을 약속하고 있다.

그는 지금도 영원한 신비에 싸인 채 죄 많은 세상을 사랑으로 품고 있는 영원한 반체제 혁명가다. 그러기 때문에 그는 모든 것과 화해하고 있다. 하늘에 계시는 그의 아버지는 그를 나의 사랑하는 아들(ὁ υἱος αγαπητός)이라고 말씀하셨다. 그는 아버지의 뜻에 죽기까지 순종했던 유일한 아들(ὁ υἱος μονογενης)이다. 전능하신 아버지는 자신의 사랑하는 아들에게 하늘과 땅의 모든 권세를 주신다. 이제 그는 아버지께로부터 넘겨받은 아버지의 권세를 가지고 아버지의 영광 가운데 그가 육신을 입고 많은 고난을 당했던 이 역사를 다시 찾아올 것이다.

갈릴리 사랑

마태복음 26:31-35

26:31

Τότε λέγει αὐτοῖς ὁ Ἰησοῦς· πάντες ὑμεῖς σκανδαλισθήσεσθε ἐν ἐμοὶ ἐν τῇ νυκτὶ ταύτῃ, γέγραπται γάρ·

πατάξω τὸν ποιμένα,

καὶ διασκορπισθήσονται τὰ πρόβατα τῆς ποίμνης.

그때 예수께서 그들에게 말한다. 너희 모두 이 밤에 나로 인해 걸려 넘어지게 될 것이다. 왜냐하면 (이렇게) 기록되었기 때문이다.

내가 목자를 칠 것이다.

그러면 양 떼의 양들이 뿔뿔이 흩어질 것이다.

26:32

μετὰ δὲ τὸ ἐγερθῆναί με προάξω ὑμᾶς εἰς τὴν Γαλιλαίαν.

그런데 내가 일으켜진 후에 나는 너희보다 먼저 갈릴리로 갈 것이다.

26:33

ἀποκριθεὶς δὲ ὁ Πέτρος εἶπεν αὐτῷ· εἰ πάντες σκανδαλισθήσονται ἐν σοί, ἐγὼ οὐδέποτε σκανδαλισθήσομαι.

그러자 베드로가 대답하며 그에게 말했다. 모든 사람이 당신으로 인해 걸려 넘어질지라도 나는 결코 넘어지지 않을 것입니다.

26:34

ἔφη αὐτῷ ὁ Ἰησοῦς· ἀμὴν λέγω σοι ὅτι ἐν ταύτῃ τῇ νυκτὶ πρὶν ἀλέκτ ορα φωνῆσαι τρὶς ἀπαρνήσῃ με.

예수께서 그에게 엄숙히 말했다. 내가 너에게 말하건대 이 밤에 닭이 울기 전에 너는 나를 세 번 부인할 것이다.

26:35

λέγει αὐτῷ ὁ Πέτρος· κἂν δέῃ με σὺν σοὶ ἀποθανεῖν, οὐ μή σε ἀπαρν ήσομαι. ὁμοίως καὶ πάντες οἱ μαθηταὶ εἶπαν.

베드로가 그에게 말한다. 비록 내가 죽을지언정 결단코 나는 당신을 부인 하지 않겠습니다. 모든 제자들도 똑같이 말했다.

나사렛 예수는 부활 후 갈릴리에서 제자들과 다시 만나기로 약속한 다. 그는 자신이 제자들보다 먼저 갈릴리로 갈 것이라고 말한다. 이 말 속에 나사렛 예수의 갈릴리 사랑이 계시되고 있다. 십자가에 죽고 부활 한 예수는 다른 예수가 아니다. 그는 갈릴리의 예수다. 십자가 대속의 제물이 된 거룩한 자는 갈릴리에서 활동했던 그 역사적 예수다.

이것은 교회로 하여금 역사에서 이탈하지 말 것에 대한 경고이기도 하다. 역사를 이탈한 초월성이나 실존은 죽은 것이다. 나사렛 예수의 초월성이 계시된 장소는 갈릴리다. 그는 병들고 가난하고 외로운 실존의 문제들을 가지고 있는 자들의 친구가 되어주는 행동과 삶을 통해 자신의 초월성을 계시했다. 계시는 역사와 분리될 수 없다. 역사 그 자체가 하나님이 자신의 의와 영광의 진실성을 계시하는 장이다.

베드로와 나머지 제자들은 나사렛 예수를 목숨 바쳐 사랑한다고 고백한다. 그러나 그들의 사랑의 고백은 한방에 비참하게 무너진다. 그들은 아직까지 나사렛 예수 안으로 들어오지 않았다. 그들은 나사렛 예수를 자신들의 주체적 사랑의 대상으로 생각한다. 그러나 그 주체성이라는 것은 단지 인간의 연약성일 뿐이다. 그러므로 우리는 인간의 주체성의 허구를 신뢰하면 안 된다.

우리의 신뢰의 대상은 자기 자신이 아니라 하나님이다. 자기 자신을 신뢰하는 자는 어리석은 자다. 참된 능력과 지혜의 원천은 하나님 사랑에서 나온다. 나사렛 예수의 제자들은 죽음의 공포 속에 혼비백산 도망치는 부끄러움 속에서 자신들의 실체를 인식하게 된다. 이는 그들이 나사렛 예수의 참 제자가 되는 과정이다.

겟세마네

마태복음 26:36-46

26:36

Τότε ἔρχεται μετ᾽ αὐτῶν ὁ Ἰησοῦς εἰς χωρίον λεγόμενον Γεθσημανὶ καὶ λέγει τοῖς μαθηταῖς· καθίσατε αὐτοῦ ἕως οὗ ἀπελθὼν ἐκεῖ προσεύ ξωμαι.

그때 예수께서 그들과 함께 겟세마네라 불리우는 장소로 간다. 그리고 제자들에게 말한다. 내가 저기에 가서 기도할 때까지 여기에 앉아 있어라.

26:37

καὶ παραλαβὼν τὸν Πέτρον καὶ τοὺς δύο υἱοὺς Ζεβεδαίου ἤρξατο λυπεῖσθαι καὶ ἀδημονεῖν.

그리고 베드로와 세베대의 두 아들을 데리고 슬퍼하며 괴로워하기 시 작했다.

26:38

τότε λέγει αὐτοῖς· περίλυπός ἐστιν ἡ ψυχή μου ἕως θανάτου· μείνα τε ὧδε καὶ γρηγορεῖτε μετ᾽ ἐμοῦ.

그때 그는 그들에게 말한다. 나의 영혼이 죽기까지 심히 슬프다. 여기에 머물러 있어라. 그리고 나와 함께 깨어 있어라.

26:39

Καὶ προελθὼν μικρὸν ἔπεσεν ἐπὶ πρόσωπον αὐτοῦ προσευχόμενος καὶ λέγων· πάτερ μου, εἰ δυνατόν ἐστιν, παρελθάτω ἀπ᾽ ἐμοῦ τὸ ποτήρι ον τοῦτο· πλὴν οὐχ ὡς ἐγὼ θέλω ἀλλ᾽ ὡς σύ.

그리고 조금 앞으로 나아가 자기의 얼굴을 땅에 대시고 기도하며 말했다. 나의 아버지, 가능하다면, 이 잔이 나에게서 떠나게 하소서. 그러나 내가 원하는 대로가 아니라 당신이 (원하시는 대로 하소서).

26:40

καὶ ἔρχεται πρὸς τοὺς μαθητὰς καὶ εὑρίσκει αὐτοὺς καθεύδοντας, καὶ λέγει τῷ Πέτρῳ· οὕτως οὐκ ἰσχύσατε μίαν ὥραν γρηγορῆσαι μετ᾽ ἐμοῦ;

그리고 그는 제자들을 향하여 온다. 그리고 그들이 잠들어 있는 것을 발견 한다. 그리고 베드로에게 말한다. 이처럼 너는 나와 함께 한 시간을 깨어 있을 수 없느냐?

26:41

γρηγορεῖτε καὶ προσεύχεσθε, ἵνα μὴ εἰσέλθητε εἰς πειρασμόν· τὸ μὲν πνεῦμα πρόθυμον ἡ δὲ σὰρξ ἀσθενής.

너희는 깨어 있으라. 그리고 시험에 들어가지 않도록 기도하라. 진정 영은 간절하지만 육체가 약하도다.

26:42

Πάλιν ἐκ δευτέρου ἀπελθὼν προσηύξατο λέγων· πάτερ μου, εἰ οὐ
δύναται τοῦτο παρελθεῖν ἐὰν μὴ αὐτὸ πίω, γενηθήτω τὸ θέλημά σου.

다시 두 번째 가서 기도하며 말했다. 나의 아버지, 만약 내가 그것을 마시지
않고서는 이것이 지나갈 수 없다면, 당신의 뜻이 이루어지게 하소서.

26:43

καὶ ἐλθὼν πάλιν εὗρεν αὐτοὺς καθεύδοντας, ἦσαν γὰρ αὐτῶν οἱ
ὀφθαλμοὶ βεβαρημένοι.

그리고 그는 다시 와서 그들이 잠들어 있는 것을 발견했다. 왜냐하면 그들
의 눈들이 짓눌려 있었기 때문이다.

26:44

Καὶ ἀφεὶς αὐτοὺς πάλιν ἀπελθὼν προσηύξατο ἐκ τρίτου τὸν αὐτὸν
λόγον εἰπὼν πάλιν

그리고 다시 그들을 내버려두고 가서 똑같은 말로 세 번째 기도하며 다시
말했다.

26:45

τότε ἔρχεται πρὸς τοὺς μαθητὰς καὶ λέγει αὐτοῖς· καθεύδετε τὸ
λοιπὸν καὶ ἀναπαύεσθε· ἰδοὺ ἤγγικεν ἡ ὥρα καὶ ὁ υἱὸς τοῦ ἀνθρώπου
παραδίδοται εἰς χεῖρας ἁμαρτωλῶν.

그때 그는 제자들을 향하여 온다. 그리고 그들에게 말한다. 이제는 자고
푹 쉬어라. 보라! 시간이 가까이 다가왔다. 그리고 사람의 아들은 죄인들의

손들에 넘겨진다.

26:46
ἐγείρεσθε ἄγωμεν· ἰδοὺ ἤγγικεν ὁ παραδιδούς με.
일어나라. 가자. 보라! 나를 넘겨주는 자가 가까이 다가왔도다.

겟세마네(Γεθσημανει)는 기름틀이라는 뜻이다. 올리브 열매를 압착
헤 올리브기름을 짜내는 작업장이었던 것으로 보인다. 나사렛 예수의
몸은 올리브 열매처럼 깨어지고 부서져야 성령의 기름이 흘러나와 온
세상을 치료한다. 그런 점에서 겟세마네라는 장소는 계시적 의미를 가
지고 있다. 그것이 그에게 주어진 운명의 길이다. 그러나 그것은 강요된
것이 아니라, 아버지의 거룩한 뜻에 순종하는 아들의 인격적 사랑의
결단 과정을 거쳐 성취된다.

나사렛 예수는 아버지의 뜻에 순종하는 결단 속에서 담대함을 얻어
자신에게 주어진 죽음을 향해 제자들과 함께 용감하게 나아간다. 그의
제자들은 육신의 연약함 때문에 지금은 나사렛 예수를 끝까지 따라가
지 못한다. 그러나 나중에는 그들도 나사렛 예수가 걸어간 그 길을 따라
그의 영광 속으로 들어가게 될 것이다.

배신의 키스

마태복음 26:47-56

26:47

Καὶ ἔτι αὐτοῦ λαλοῦντος ἰδοὺ Ἰούδας εἷς τῶν δώδεκα ἦλθεν καὶ μετ᾽ αὐτοῦ ὄχλος πολὺς μετὰ μαχαιρῶν καὶ ξύλων ἀπὸ τῶν ἀρχιερέων καὶ πρεσβυτέρων τοῦ λαοῦ.

그리고 아직 그가 이야기하고 있을 때 보라, 열둘 중의 하나인 유다가 왔다. 그리고 그와 함께 많은 군중이 칼들과 몽둥이들을 들고 대제사장들과 백성의 원로들로부터 (왔다).

26:48

ὁ δὲ παραδιδοὺς αὐτὸν ἔδωκεν αὐτοῖς σημεῖον λέγων· ὃν ἂν φιλήσω αὐτός ἐστιν, κρατήσατε αὐτόν.

그런데 그를 넘겨주는 자는 그들에게 암호를 주며 말했다. 내가 키스할 사람이 바로 그이니 그를 잡으라.

26:49

καὶ εὐθέως προσελθὼν τῷ Ἰησοῦ εἶπεν· χαῖρε, ῥαββί, καὶ κατεφίλη -σεν αὐτόν.

그리고 그는 즉시 예수를 향하여 와서 말했다. 안녕하세요, 선생님. 그리고
그에게 열렬히 키스했다.

26:50

ὁ δὲ Ἰησοῦς εἶπεν αὐτῷ· ἑταῖρε, ἐφ᾽ ὃ πάρει. τότε προσελθόντες
ἐπέβαλον τὰς χεῖρας ἐπὶ τὸν Ἰησοῦν καὶ ἐκράτησαν αὐτόν.

그러자 예수께서 그에게 말했다. 친구여, 왔구나. 그때 그들이 다가와 예수
에게 손을 얹었다. 그리고 그를 붙잡았다.

26:51

Καὶ ἰδοὺ εἷς τῶν μετὰ Ἰησοῦ ἐκτείνας τὴν χεῖρα ἀπέσπασεν τὴν
μάχαιραν αὐτοῦ καὶ πατάξας τὸν δοῦλον τοῦ ἀρχιερέως ἀφεῖλεν αὐτοῦ
τὸ ὠτίον.

그리고 보라, 예수와 함께 있던 사람 중의 하나가 손을 내밀어 자기의 칼을
빼내어 대제사장의 종을 쳐서 그의 귀를 잘라버렸다.

26:52

τότε λέγει αὐτῷ ὁ Ἰησοῦς· ἀπόστρεψον τὴν μάχαιράν σου εἰς τὸν
τόπον αὐτῆς· πάντες γὰρ οἱ λαβόντες μάχαιραν ἐν μαχαίρῃ ἀπολοῦνται.

그때 예수께서 그에게 말한다. 너의 칼을 그것의 자리로 돌려보내라. 왜냐
하면 칼을 가진 자들은 칼로 망하기 때문이다.

26:53

ἢ δοκεῖς ὅτι οὐ δύναμαι παρακαλέσαι τὸν πατέρα μου, καὶ παραστή σει μοι ἄρτι πλείω δώδεκα λεγιῶνας ἀγγέλων;

혹은 내가 나의 아버지에게 부탁할 수 없다고 너는 생각하느냐? 그러면
그가 나에게 12군단(72,000)보다 많은 천사들을 제공할 것이다.

26:54

πῶς οὖν πληρωθῶσιν αἱ γραφαὶ ὅτι οὕτως δεῖ γενέσθαι;

그러므로 반드시 이와 같이 될 것이라는 기록들이 어떻게 성취되겠느냐?

26:55

Ἐν ἐκείνῃ τῇ ὥρᾳ εἶπεν ὁ Ἰησοῦς τοῖς ὄχλοις· ὡς ἐπὶ λῃστὴν ἐξήλ-θ
ατε μετὰ μαχαιρῶν καὶ ξύλων συλλαβεῖν με; καθ᾽ ἡμέραν ἐν τῷ ἱερῷ
ἐκαθεζόμην διδάσκων καὶ οὐκ ἐκρατήσατέ με.

저 시간에 예수께서 군중에게 말했다. 강도에게 하는 것처럼 너희는 칼들
과 몽둥이들을 가지고 나를 붙잡으러 왔느냐? 나는 날마다 성전에 앉아서
가르치고 있었지만 너희는 나를 잡지 않았다.

26:56

τοῦτο δὲ ὅλον γέγονεν ἵνα πληρωθῶσιν αἱ γραφαὶ τῶν προφητῶν.
Τότε οἱ μαθηταὶ πάντες ἀφέντες αὐτὸν ἔφυγον.

그런데 이 모든 것은 예언자들의 기록들이 성취되기 위하여 일어났다.
그때 모든 제자들은 그를 내버리고 도망쳤다.

가룟 유다는 자기의 스승을 팔아넘기는 신호로 키스를 선택한다.

배신의 사인으로 키스를 선택한 것은 아직도 그가 스승에 대한 사랑을 품고 있다는 뜻일까? 아니면 모든 키스의 진실성을 짓밟아 버리고 싶은 것일까? 스승과의 영원한 작별로 키스를 이용하기로 결정한 그의 심리 상태가 기묘하다.

키스를 배신의 사인으로 삼은 것은 가룟 유다의 배신을 더욱더 섬뜩하고 잔인한 것으로 만들고 있다. 이것은 모든 배신은 다정한 키스 속에 숨어있다는 경고다. 사실 극히 가까운 사이가 아니라면 배신이라고 할 수도 없다. 배신은 항상 가까운 곳에서 일어나고 있다. 가룟 유다의 키스는 배신의 미학이다. 이보다 더 비극적이고 예술성을 가진 배신은 없을 것이다.

나사렛 예수는 자신을 배신하는 제자에게 "친구여"라고 말한다. 이것은 사랑의 표현이 아니다. 그것은 상대방을 차갑게 밀쳐내고 대상화시키는 적대적 관계의 표현이다. '내 친구'라는 말과 '이 친구'라는 말은 전혀 다른 말이다. '내 친구'가 '그 친구'로 바뀐다면 그들의 관계는 이미 종말을 고한 것이다. 이제 나사렛 예수와 가룟 유다는 사제지간이 아니라 싸늘한 적대적 관계가 되었다.

이것은 인간관계의 무상함과 비정함을 보여준다. 아! 우리는 얼마나 많은 배신을 자행하며 또 당하고 있는가? 그러니 그것이 가까이 다가올지라도 너무 이상하게 생각하지 말 것이다. 이것이 φιλεω(필레오, 좋아하다) ― 사랑의 한계다. 헬라어 본문에서는 φιλεω(필레오)가 키스하다는 의미로 사용되었다. 그런데 가룟 유다는 단순한 φιλεω(필레오, 키스하다)가 아니라 καταφιλεω(카타필레오, 뜨겁게 키스하다)로 나사렛 예수를 죽음에 넘겨준다.

그런데 나사렛 예수를 붙잡으러 온 군중(ὄχλος, 오클로스)의 정체는 무엇인가? 군중(ὄχλος, 오클로스)은 갈릴리에서부터 나사렛 예수를 따라다니며 보호했던 우호세력이었다.

그러나 여기서는 칼과 몽둥이를 들고 나사렛 예수를 잡으러 온 적대세력으로 등장하고 있다. 이들은 원래 대제사장들과 원로들의 부하들인가, 아니면 나사렛 예수를 배신한 군중인가?

나사렛 예수는 날마다 성전에 앉아서 군중을 가르쳤다. 군중은 나사렛 예수를 예언자로 존경하고 있었다. 그러나 나사렛 예수가 붙잡혀서 십자가에 달릴 때까지 군중의 소요는 없었다. 또한 부활 후에 나사렛 예수가 그들에게 나타났다는 이야기도 없다. 나사렛 예수와 군중과의 관계는 여기서 끝난다. 나사렛 예수는 군중에게 버림받은 것이 확실하다.

그러나 그가 부활 후 다시 갈릴리에서 제자들과 만나자고 약속한 것은 무슨 의미일까? 목회 현장에서 군중의 배신은 언제 어디서나 존재하는 실체다. 그럼에도 불구하고 나사렛 예수는 다시 가난하고 병들고 약하고 외로운 군중 속으로 돌아가고 있다. 여기서 군중은 변덕스럽고 신뢰할 수 없는 그러나 나사렛 예수의 한없는 사랑의 대상이다.

유대교 공의회

마태복음 26:57-68

26:57

Οἱ δὲ κρατήσαντες τὸν Ἰησοῦν ἀπήγαγον πρὸς Καϊάφαν τὸν ἀρχιερ
έα, ὅπου οἱ γραμματεῖς καὶ οἱ πρεσβύτεροι συνήχθησαν.

그러자 그들은 예수를 붙잡아 대제사장 가야바에게로 데려갔는데, 거기
에 대제사장들과 원로들이 모였다.

26:58

ὁ δὲ Πέτρος ἠκολούθει αὐτῷ ἀπὸ μακρόθεν ἕως τῆς αὐλῆς τοῦ ἀρχιε
ρέως καὶ εἰσελθὼν ἔσω ἐκάθητο μετὰ τῶν ὑπηρετῶν ἰδεῖν τὸ τέλος.

그런데 베드로는 대제사장의 관저까지 멀리서 그를 따라가고 있었다. 그
리고 결말을 보기 위해 안으로 들어가 하인들과 함께 앉았다.

26:59

Οἱ δὲ ἀρχιερεῖς καὶ τὸ συνέδριον ὅλον ἐζήτουν ψευδομαρτυρίαν
κατὰ τοῦ Ἰησοῦ ὅπως αὐτὸν θανατώσωσιν,

그런데 대제사장과 온 공의회는 그를 죽이기 위해 예수에 대한 거짓 증언을
찾고 있었다.

26:60

καὶ οὐχ εὗρον πολλῶν προσελθόντων ψευδομαρτύρων. ὕστερον δὲ προσελθόντες δύο

그러나 많은 거짓 증인들이 나왔지만 그들은 찾지 못했다. 그런데 나중에 두 사람이 나아와

26:61

εἶπαν· οὗτος ἔφη· δύναμαι καταλῦσαι τὸν ναὸν τοῦ θεοῦ καὶ διὰ τριῶν ἡμερῶν οἰκοδομῆσαι.

말했다. 이 사람은, 나는 하나님의 성전을 허물어뜨리고 3일 동안 건축할 수 있다고 엄숙히 말했습니다.

26:62

καὶ ἀναστὰς ὁ ἀρχιερεὺς εἶπεν αὐτῷ· οὐδὲν ἀποκρίνῃ τί οὗτοί σου καταμαρτυροῦσιν;

그러자 대제사장이 일어나서 그에게 말했다. 이 사람들이 너에 대해 불리한 증언을 하고 있는데 너는 왜 아무런 대답을 하지 않느냐?

26:63

ὁ δὲ Ἰησοῦς ἐσιώπα. καὶ ὁ ἀρχιερεὺς εἶπεν αὐτῷ· ἐξορκίζω σε κατὰ τοῦ θεοῦ τοῦ ζῶντος ἵνα ἡμῖν εἴπῃς εἰ σὺ εἶ ὁ χριστὸς ὁ υἱὸς τοῦ θεοῦ.

그러나 예수는 침묵하고 있었다. 그러자 대제사장은 그에게 말했다. 나는 살아 계시는 하나님의 이름으로 네가 하나님의 아들 그리스도인지 우리에

게 말할 것을 간청한다.

26:64

λέγει αὐτῷ ὁ Ἰησοῦς· σὺ εἶπας. πλὴν λέγω ὑμῖν· ἀπ᾽ ἄρτι ὄψεσθε
τὸν υἱὸν τοῦ ἀνθρώπου καθήμενον ἐκ δεξιῶν τῆς δυνάμεως καὶ ἐρχό-μ
ενον ἐπὶ τῶν νεφελῶν τοῦ οὐρανοῦ.

예수께서 그에게 말한다. 네가 말했다. 그러나 나는 너희에게 말한다. 지금
부터 너희는 사람의 아들이 능력의 우편에 앉아있는 것과 하늘의 구름들
위에 오는 것을 볼 것이다.

26:65

Τότε ὁ ἀρχιερεὺς διέρρηξεν τὰ ἱμάτια αὐτοῦ λέγων· ἐβλασφήμησε
ν· τί ἔτι χρείαν ἔχομεν μαρτύρων; ἴδε νῦν ἠκούσατε τὴν βλασφημίαν·

그때 대제사장은 자기의 옷을 갈갈이 찢으며 말한다. 그가 모독하는 말을
했다. 우리가 더 이상 무슨 증인들이 필요하겠는가? 보라, 지금 당신들은
모독하는 말을 들었도다.

26:66

τί ὑμῖν δοκεῖ; οἱ δὲ ἀποκριθέντες εἶπαν· ἔνοχος θανάτου ἐστίν.

당신들에게는 어떻게 생각되느냐? 그러자 그들이 대답하며 말했다. 그는
죽어 마땅하다.

26:67

Τότε ἐνέπτυσαν εἰς τὸ πρόσωπον αὐτοῦ καὶ ἐκολάφισαν αὐτόν,

οἱ δὲ ἐράπισαν

그때 그들은 그의 얼굴에 침을 뱉고 주먹으로 그를 때렸다. 그런데 어떤
사람들은 뺨을 때리며

26:68

λέγοντες· προφήτευσον ἡμῖν, χριστέ, τίς ἐστιν ὁ παίσας σε;
말했다. 그리스도야, 누가 너를 때렸는지 우리에게 예언해라.

나사렛 예수는 유대교 종교재판에서 사형선고를 받는다. 산헤드린
공의회 의장인 대제사장은 나사렛 예수에게, 네가 살아계시는 하나님
의 아들 그리스도냐고 질문한다. 나사렛 예수는 거기에 대해 자신이
하나님의 보좌 우편에 앉을 것과 장차 구름 타고 올 것을 예언함으로써
자신의 신성에 대해 증언한다. 이것으로 산헤드린 공의회는 그가 신을
참칭한 자로서 죽어 마땅하다고 만장일치 판결을 내린다.

나사렛 예수의 실체는 영원한 신비에 싸인 비밀의 영역이다. 유대
교 신학의 입장에서는 여자의 몸에서 육체로 태어난 인간이 스스로 자
신을 초월적 신으로 증언하는 것은 용납할 수 없는 신성모독이며 저주
받을 이단이다. 그들에게 나사렛 예수의 실체는 감추어져 있다. 그들에
게 감추어진 나사렛 예수의 비밀이 그리스도인들에게는 계시되어
있다.

이 계시는 하나님의 절대주권적인 의지의 영역이다. 그리스도인들
은 유대교 이단의 괴수로 저주받고 십자가에 달린 나사렛 예수를 하나
님의 아들로서 그의 영원한 신성과 초월성을 믿는 자들이다. 이 믿음은

오직 하나님의 택하심을 받은 자들에게 계시를 통해 은혜로 주어지는 구원의 선물이다.

그리스도인은 나사렛 예수와 함께 세상 밖으로 쫓겨난 자다. 그리스도인의 실존의 장소는 탈세계화되고 종말론적인 그곳인데, 그곳은 나사렛 예수가 성령을 통하여 역사 속에서 자신을 계시하는 현존의 장소이다. 또한 그곳은 그리스도와 그의 신부가 아름다운 사랑을 나누는 신비스럽고 은밀한 장소다.

무너진 영웅주의

마태복음 26:69-75

26:69

Ὁ δὲ Πέτρος ἐκάθητο ἔξω ἐν τῇ αὐλῇ· καὶ προσῆλθεν αὐτῷ μία παιδίσκη λέγουσα· καὶ σὺ ἦσθα μετὰ Ἰησοῦ τοῦ Γαλιλαίου.

그런데 베드로는 관저 밖에 앉아 있었다. 그리고 여종 하나가 그에게 다가 와 말했다. 너도 갈릴리 사람 예수와 함께 있었다.

26:70

ὁ δὲ ἠρνήσατο ἔμπροσθεν πάντων λέγων· οὐκ οἶδα τί λέγεις.

그러자 베드로는 모든 사람 앞에서 부인하며 말했다. 나는 네가 무엇을 말하는지 모르겠다.

26:71

Ἐξελθόντα δὲ εἰς τὸν πυλῶνα εἶδεν αὐτὸν ἄλλη καὶ λέγει τοῖς ἐκεῖ· οὗτος ἦν μετὰ Ἰησοῦ τοῦ Ναζωραίου.

그런데 대문을 향하여 나가고 있는 그를 다른 여종이 보고서 거기에 있는 사람들에게 말한다. 이 사람은 나사렛 예수와 함께 있었어요.

26:72

καὶ πάλιν ἠρνήσατο μετὰ ὅρκου ὅτι οὐκ οἶδα τὸν ἄνθρωπον.

그러자 그는 다시 맹세와 함께 나는 그 사람을 모른다고 부인했다.

26:73

Μετὰ μικρὸν δὲ προσελθόντες οἱ ἑστῶτες εἶπον τῷ Πέτρῳ· ἀληθῶς καὶ σὺ ἐξ αὐτῶν εἶ, καὶ γὰρ ἡ λαλιά σου δῆλόν σε ποιεῖ.

그리고 잠시 후 서 있던 사람들이 베드로에게 다가와 말했다. 진짜로 너도 그들과 한패다. 왜냐하면 너의 말씨도 너를 분명하게 드러내기 때문이다.

26:74

τότε ἤρξατο καταθεματίζειν καὶ ὀμνύειν ὅτι οὐκ οἶδα τὸν ἄνθρωπον. καὶ εὐθέως ἀλέκτωρ ἐφώνησεν.

그때 그는 격렬하게 저주하며 나는 그 사람을 모른다고 맹세하기 시작했다. 그리고 즉시 수탉이 울었다.

26:75

καὶ ἐμνήσθη ὁ Πέτρος τοῦ ῥήματος Ἰησοῦ εἰρηκότος ὅτι πρὶν ἀλέκτορα φωνῆσαι τρὶς ἀπαρνήσῃ με· καὶ ἐξελθὼν ἔξω ἔκλαυσεν πικρῶς.

그리고 베드로는 수탉이 울기 전에 너는 나를 세 번 부인할 것이다라고 말한 예수의 말씀이 기억났다. 그리고 밖으로 나가서 비통하게 울었다.

베드로는 용감하고 의리 있는 사람이었다. 그는 대담하게도 군중

틈에 섞여 대제사장의 관저 뜰까지 나사렛 예수를 따라 들어가 하인들 속에 앉아서 사태의 진행 과정을 지켜보고 있었다. 그는 우락부락한 남자들이 다가와 시비를 걸면 사나이답게 한판 붙고 스승과 함께 죽을 준비가 되어 있었다. 그러나 스승을 위해 목숨까지도 내어놓겠다는 그의 호기 어린 맹세를 무력화시킨 것은 보잘것없는 여종의 앙칼진 목소리였다.

베드로의 영웅주의는 사탄의 기습 공격으로 한 방에 무너진다. 남자답게 한판 붙어서 깨진 것도 아니고 연약한 여자의 한마디에 나가떨어진 것이 그의 자존심에 엄청난 상처를 입힌다. 죽음의 공포 속에 중심을 잃은 그는 정신없이 흔들리다가 끝내는 맹렬히 저주를 퍼붓고 맹세하며 스승을 부인하는 비참한 처지에까지 몰린다. 이보다 더 비참하고 쪽팔리는 일은 없을 것이다. 그러나 그것이 인간존재의 실체다. 인간은 강한 존재가 아니다. 인간은 하나님의 도움이 필요한 연약한 육체일 뿐이다.

베드로 이야기는 우리에게 자기 자신을 의지해서는 안 된다는 교훈을 남긴다. 지혜로운 사람은 하나님을 의지하는 사람이다. 인간적이고 세상적인 영웅주의는 하나님 나라를 상속받을 수 없다. 왜냐하면 그것은 자기의 의와 공로를 주장하기 때문이다.

가룟 유다의 죽음

마태복음 27:1-10

27:1

Πρωΐας δὲ γενομένης συμβούλιον ἔλαβον πάντες οἱ ἀρχιερεῖς καὶ οἱ πρεσβύτεροι τοῦ λαοῦ κατὰ τοῦ Ἰησοῦ ὥστε θανατῶσαι αὐτόν·

그런데 아침이 되었을 때 모든 제사장들과 백성의 원로들은 예수를 죽이기 위해 그에 대하여 의논하였다.

27:2

καὶ δήσαντες αὐτὸν ἀπήγαγον καὶ παρέδωκαν Πιλάτῳ τῷ ἡγεμόνι.

그리고 그를 묶은 후 끌고 가서 총독 빌라도에게 넘겼다.

27:3

Τότε ἰδὼν Ἰούδας ὁ παραδιδοὺς αὐτὸν ὅτι κατεκρίθη, μεταμεληθεὶς ἔστρεψεν τὰ τριάκοντα ἀργύρια τοῖς ἀρχιερεῦσιν καὶ πρεσβυτέροις

그때 그를 넘겨준 유다는 그가 정죄 받은 것을 보고 나서 후회하고 은 30개를 대제사장들과 원로들에게 돌려주면서

27:4

λέγων· ἥμαρτον παραδοὺς αἷμα ἀθῶον. οἱ δὲ εἶπαν· τί πρὸς ἡμᾶς; σὺ ὄψῃ.

말했다. 내가 죄 없는 피를 넘겨줌으로 죄를 지었다. 그러자 그들이 말했다. 그게 우리에게 무슨 상관이냐? 네가 (그것을) 볼 것이다.

27:5

καὶ ῥίψας τὰ ἀργύρια εἰς τὸν ναὸν ἀνεχώρησεν, καὶ ἀπελθὼν ἀπήγξατο.

그리고 그는 은들을 성전 안으로 던지고 물러났다. 그리고 가서 자기 자신을 질식시켰다.

27:6

Οἱ δὲ ἀρχιερεῖς λαβόντες τὰ ἀργύρια εἶπαν· οὐκ ἔξεστιν βαλεῖν αὐτὰ εἰς τὸν κορβανᾶν, ἐπεὶ τιμὴ αἵματός ἐστιν.

그러자 대제사장들은 그 은들을 취한 다음 말했다. 그것들을 예물로 헌금함에 던지는 것은 합당치 않다. 왜냐하면 그것은 피 값이기 때문이다.

27:7

συμβούλιον δὲ λαβόντες ἠγόρασαν ἐξ αὐτῶν τὸν ἀγρὸν τοῦ κεραμέως εἰς ταφὴν τοῖς ξένοις.

그런데 그들은 의논한 후 그것들로 외국인들을 위한 무덤으로 토기장이의 밭을 샀다.

27:8

διὸ ἐκλήθη ὁ ἀγρὸς ἐκεῖνος ἀγρὸς αἵματος ἕως τῆς σήμερον.

그러므로 저 밭은 오늘까지 피밭이라고 불린다.

27:9

τότε ἐπληρώθη τὸ ῥηθὲν διὰ Ἰερεμίου τοῦ προφήτου λέγοντος· καὶ ἔλαβον τὰ τριάκοντα ἀργύρια, τὴν τιμὴν τοῦ τετιμημένου ὃν ἐτιμήσαντο ἀπὸ υἱῶν Ἰσραήλ,

그때 예언자 예레미야를 통하여 말씀된 것이 성취되었다. (그가) 말하기를 그리고 나는 이스라엘 자손들로부터 책정된 가격인 은 서른 개를 취하여,

27:10

καὶ ἔδωκαν αὐτὰ εἰς τὸν ἀγρὸν τοῦ κεραμέως, καθὰ συνέταξέν μοι κύριος.

주님께서 나에게 명하신 대로 그것들을 토기장이의 밭값으로 주었다.

성경은 하나님 나라 운동권 이야기다. 하나님 나라 운동은 창조질서 회복운동이다. 하나님 나라 운동은 아벨에게서 시작되어 에노스, 에녹, 노아, 아브라함, 이삭, 야곱, 모세, 여호수아, 사무엘, 다윗, 엘리야, 엘리사, 예언자들의 전통 속에 계승된 역사적 운동이다. 그 운동의 본질은 하나님과의 인격적 사랑의 관계 회복이다. 그것은 성령께서 다시 돌아오셔서 사람의 몸을 하나님의 성전으로 만드심으로 완성된다.

나사렛 예수는 노동계급 출신으로서 하나님 나라 운동을 계승하여

이 역사적 운동을 완성시킨 종말론적 메시아다. 그는 인간의 존엄성과 주체성을 회복시킨 민중의 치료자로서 이스라엘 역사 속에 자신을 계시한 초월적 전능자다. 그에게 주어진 사명은 대속적 죽음을 통해 인간을 죄의 속박으로부터 해방시키고 사람의 몸을 성령께서 거하시는 성전으로 회복시키는 데 있었다.

나사렛 예수의 위대한 대속적 죽음의 길을 가는 통로가 된 인물이 가룟 유다다. 그는 대제사장들을 찾아가 나사렛 예수를 넘겨주는 데 합의한다. 그것은 나사렛 예수가 시킨 일이 아니라 순전히 자기 자신의 정치적 신념과 결단으로 실행한 것이었다. 가룟 유다는 나사렛 예수가 비폭력 평화주의자였고 그 어떤 범법 행위가 없었기 때문에 나사렛 예수를 넘겨주어도 죽이지는 않을 것이라고 판단했던 것 같다. 그러나 유대교 권력자들에게 나사렛 예수는 반드시 제거되어야 할 가장 위험한 존재였다. 그들은 나사렛 예수의 하나님 나라 운동이 근본적으로 반체제적 성격을 가진 혁명운동이라는 것을 인식하고 있었다.

가룟 유다는 나사렛 예수가 유대교 공의회에서 사형 판결을 받고 빌라도에게 넘겨지자 후회하고 은 서른 개를 돌려주며 말한다. "내가 죄 없는 피를 넘겨줌으로 죄를 지었다." 그 후 그는 양심의 가책을 이기지 못하고 스스로 목매어 자살한다. 이것을 보면 대제사장들은 가룟 유다에게 은 서른 개를 주면서 나사렛 예수를 넘겨주면 죽이지는 않겠다고 약속했던 것처럼 보인다. 가룟 유다는 결국 그의 머리 꼭대기에 앉아있던 유대교 상층부에게 철저하게 이용당하고 배신당한 것이다. 가룟 유다가 나사렛 예수의 문제를 정치적 거래의 관점에서 보았다면, 유대교 상층부는 그 문제를 보다 더 근본적인 신학과 이념의 차원에서 보았던 것이다.

가룟 유다의 비상한 머리와 계산 능력은 그 자신을 파멸로 몰고 간다. 구원은 인간의 지혜와 사상에 있는 것이 아니라 하나님의 말씀 안에 있다. 나사렛 예수가 팔려나간 대가로 거래된 은 서른 개는 예루살렘을 방문한 외로운 나그네들을 위한 묘지를 구입하는 데 사용된다. 나사렛 예수는 삶의 마지막 순간까지 선한 일을 위해 자신을 내어놓은 세상의 구원자였다.

빌라도와 나사렛 예수

마태복음 27:11-26

27:11

Ὁ δὲ Ἰησοῦς ἐστάθη ἔμπροσθεν τοῦ ἡγεμόνος· καὶ ἐπηρώτησεν αὐτὸν ὁ ἡγεμὼν λέγων· σὺ εἶ ὁ βασιλεὺς τῶν Ἰουδαίων; ὁ δὲ Ἰησοῦς ἔφη· σὺ λέγεις.

그런데 예수는 총독 앞에 세워졌다. 그리고 총독은 그에게 질문하며 말했다. 네가 유대인들의 왕이냐? 그러자 예수께서 엄숙히 말했다. 네가 말하고 있다.

27:12

καὶ ἐν τῷ κατηγορεῖσθαι αὐτὸν ὑπὸ τῶν ἀρχιερέων καὶ πρεσβυτέρων οὐδὲν ἀπεκρίνατο.

그리고 그가 대제사장들과 원로들에 의해 고발당하는 중에 그는 아무런 반박을 하지 않았다.

27:13

τότε λέγει αὐτῷ ὁ Πιλᾶτος· οὐκ ἀκούεις πόσα σου καταμαρτυροῦσιν;

그때 빌라도가 그에게 말한다. 너는 그들이 너를 대적하여 얼마나 많은 것을 증언하고 있는지 듣고 있지 않느냐?

27:14

καὶ οὐκ ἀπεκρίθη αὐτῷ πρὸς οὐδὲ ἓν ῥῆμα, ὥστε θαυμάζειν τὸν ἡγεμόνα λίαν.

그러나 예수는 그에게 한마디의 말로도 대답하지 않았다. 그래서 총독은 매우 이상하게 생각했다.

빌라도와 나사렛 예수의 만남은 현재의 권력과 미래의 권력, 지상의 권력과 천상의 권력의 만남이다. 빌라도는 로마제국을 대표하는 인물이고 나사렛 예수는 하나님 나라를 대표하는 인물이다. 나사렛 예수에게 빌라도는 상대할 가치가 없는 존재다. 또한 토론이나 대화를 통해 설득할 대상도 아니다. 그러니 무슨 할 말이 있겠는가? 그러나 빌라도는 나사렛 예수에게 사형 판결을 내릴 수 있는 지상의 권력자다. 빌라도는 지상의 권력자로서 우주적 권력자를 심문하고 있는데 이것은 거꾸로 뒤집혀진 우주의 진실을 말하고 있다.

로마당국이 제국의 점령지에 총독으로 파송하는 자들은 노련한 정치가이며 군대 경험을 가진 원로원 출신의 지식인들이었다. 빌라도 역시 그들 중의 하나다. 그는 요한복음을 보면 언어에도 능통한 인물이었다. 나사렛 예수의 십자가 위에는 죄목이 적힌 죄패가 붙어 있었는데, 그것은 빌라도가 헬라어, 히브리어, 라틴어로 직접 쓴 것이었다. 빌라도는 특히 유대인들의 종교 문제 중에 종말론적 메시아에 대해 깊은 관심을 가졌던 것으로 보인다. 그러기 때문에 나사렛 예수를 만나자마

자 당신이 유대인들의 왕이냐고 질문했던 것이다. 그리고 나사렛 예수는 그의 질문에 대해 자신이 유대인들의 희망인 종말론적 메시아라고 엄숙히 증언한다. 빌라도는 어쩌면 나사렛 예수야말로 유대인들에게 가장 잘 어울리는 왕으로 생각했는지도 모른다. 빌라도는 여러 가지 정보를 통해 나사렛 예수가 초월적 하나님 나라를 선포한 민중의 치료자라는 것을 잘 알고 있었다. 빌라도는 나사렛 예수가 로마의 법 체계 안에서 무죄한 존재라는 것도 알고 있었다. 그러나 그는 나사렛 예수의 하나님 나라가 갖고 있는 반체제적 혁명성에 대해서는 무지했다. 왜냐하면 그것은 영적인 문제였기 때문이다.

그것을 간파한 것은 유대교 권력자들이었다. 그런 점에서 그들은 하나님께서 위탁하신 진리의 청지기들이었다. 그런데 참되고 영원한 진리의 실체가 그들 앞에 도달했을 때 그들은 자신들의 기득권을 지키기 위해 저항한다. 이 진리의 반역자들이 빌라도에게 나사렛 예수를 끌고 와서 사형 판결을 요구하고 있는 것이다.

불의한 정치재판

마태복음 27:15-26

27:15

Κατὰ δὲ ἑορτὴν εἰώθει ὁ ἡγεμὼν ἀπολύειν ἕνα τῷ ὄχλῳ δέσμιον ὃν ἤθελον.

그런데 축제 때마다 총독은 그들이 원하고 있던 죄수 하나를 군중에게 석방하는 관례가 있었다.

27:16

εἶχον δὲ τότε δέσμιον ἐπίσημον λεγόμενον Ἰησοῦν Βαραββᾶν.

그런데 그때 [예수] 바라바라 불리우는 유명한 죄수가 있었다.

27:17

συνηγμένων οὖν αὐτῶν εἶπεν αὐτοῖς ὁ Πιλᾶτος· τίνα θέλετε ἀπολύσω ὑμῖν, Ἰησοῦν τὸν Βαραββᾶν ἢ Ἰησοῦν τὸν λεγόμενον χριστόν;

그러므로 그들이 모였을 때 빌라도가 그들에게 말했다. 너희는 내가 너희에게 누구를 석방시켜주기를 원하느냐? 바라바인 [예수]냐 아니면 그리스도라 불리는 예수냐?

27:18

ἤδει γὰρ ὅτι διὰ φθόνον παρέδωκαν αὐτόν.

왜냐하면 그는 질투심 때문에 그들이 그를 넘겨주었다는 것을 알고 있었기
때문이다.

27:19

Καθημένου δὲ αὐτοῦ ἐπὶ τοῦ βήματος ἀπέστειλεν πρὸς αὐτὸν ἡ
γυνὴ αὐτοῦ λέγουσα· μηδὲν σοὶ καὶ τῷ δικαίῳ ἐκείνῳ· πολλὰ γὰρ ἔπαθ
ον σήμερον κατ᾽ ὄναρ δι᾽ αὐτόν.

그런데 그가 재판석에 앉아 있을 때에 그의 아내가 그에게 사람을 보내어
말했다. 당신은 저 의로운 사람과 아무런 관계를 갖지 마세요. 왜냐하면
오늘 꿈속에서 그 사람 때문에 내가 많이 시달렸기 때문입니다.

27:20

Οἱ δὲ ἀρχιερεῖς καὶ οἱ πρεσβύτεροι ἔπεισαν τοὺς ὄχλους ἵνα αἰτήσ
ων-ται τὸν Βαραββᾶν, τὸν δὲ Ἰησοῦν ἀπολέσωσιν.

그런데 대제사장들과 원로들은 바라바를 요구하고 예수를 죽이라고 군중
을 설득했다.

27:21

ἀποκριθεὶς δὲ ὁ ἡγεμὼν εἶπεν αὐτοῖς· τίνα θέλετε ἀπὸ τῶν δύο
ἀπολύσω ὑμῖν; οἱ δὲ εἶπαν· τὸν Βαραββᾶν.

그러자 빌라도는 그들에게 대답하며 말했다. 너희는 둘 중에 누구를 너희
에게 석방시켜 주기를 원하느냐? 그러자 그들은 말했다, 바라바.

27:22

λέγει αὐτοῖς ὁ Πιλᾶτος· τί οὖν ποιήσω Ἰησοῦν τὸν λεγόμενον χριστ
όν; λέγουσιν πάντες· σταυρωθήτω.

빌라도가 그들에게 말한다. 그러면 나는 그리스도라 불리는 예수를 어떻
게 해야 하느냐? 모든 사람이 말한다. 십자가에 달리게 하소서.

27:23

ὁ δὲ ἔφη· τί γὰρ κακὸν ἐποίησεν; οἱ δὲ περισσῶς ἔκραζον λέγοντες·
σταυρωθήτω.

그러자 그가 엄숙하게 말했다. 그러면 도대체 그가 무슨 악한 일을 했느냐?
그러자 그들은 더욱더 외치며 말하고 있었다. 십자가에 달리게 하소서.

27:24

Ἰδὼν δὲ ὁ Πιλᾶτος ὅτι οὐδὲν ὠφελεῖ ἀλλὰ μᾶλλον θόρυβος γίνεται,
λαβὼν ὕδωρ ἀπενίψατο τὰς χεῖρας ἀπέναντι τοῦ ὄχλου λέγων· ἀθῷός
εἰμι ἀπὸ τοῦ αἵματος τούτου· ὑμεῖς ὄψεσθε.

그러자 빌라도는 아무런 소용이 없고 오히려 소동이 일어나는 것을 보고서
군중 앞에서 자기의 손들을 깨끗이 씻으며 말했다. 나는 이 피에 대해 무죄
하다. 너희가 볼 것이다(대가를 치를 것이다).

27:25

καὶ ἀποκριθεὶς πᾶς ὁ λαὸς εἶπεν· τὸ αἷμα αὐτοῦ ἐφ᾽ ἡμᾶς καὶ ἐπὶ
τὰ τέκνα ἡμῶν.

그리고 모든 군중이 대답하며 말했다. 그 사람의 피를 우리 위에와 우리의

자녀들에게 (돌리소서).

27:26

τότε ἀπέλυσεν αὐτοῖς τὸν Βαραββᾶν, τὸν δὲ Ἰησοῦν φραγελλώσας
παρέδωκεν ἵνα σταυρωθῇ.

그때 그는 그들에게 바라바를 석방시켰다. 그런데 그는 예수를 채찍질한
후에 십자가형에 처하도록 내어주었다.

빌라도는 군중 폭동이 일어날 것을 두려워하여 죄 없는 자를 죽음에
넘기고 죄인을 풀어준다. 그는 군중의 협박 앞에서 자기의 손을 깨끗이
씻음으로써 자신의 결백을 주장하지만, 그것은 무책임하고 비겁한 행
동이다. 이것은 배울 만큼 배우고, 출세할 만큼 출세한 로마 지식인이
제국의 안정과 자신의 권력을 지키기 위해 저지른 수치스러운 역사적
범죄다. 나사렛 예수는 이 죄 많은 역사 속에서 자행되고 있는 무수한
불의한 재판과 억울한 희생자들의 자리에 서 있다.

그는 생의 마지막 시간까지 대속의 길을 가고 있다. 나사렛 예수는
폭력혁명가 바라바를 대신하여 십자가에 달리고, 운동권 두목 바라바
는 나사렛 예수의 은혜를 입는다.

정치의 꽃은 민주주의라고 한다. 민주주의는 데모스(δημος 군중) +
크라티아(κρατια 권력)이다. 갈릴리에서 나사렛 예수를 따라다닌 것도
군중이고, 예루살렘에서 나사렛 예수를 십자가형에 처하라고 외치고
있는 것도 군중이다. 나사렛 예수의 재판에서 과연 민주주의는 무엇인
가? 나사렛 예수의 재판에서는 이 세상의 불의한 정치재판과 군중 권력

으로서의 민주주의가 심판받고 있다. 종말론적 심판의 날에는 정치도 민주주의도 다 영원한 불 속에 던져질 것이다.

가짜 면류관

마태복음 27:27-31

27:27

Τότε οἱ στρατιῶται τοῦ ἡγεμόνος παραλαβόντες τὸν Ἰησοῦν εἰς τὸ πραιτώριον συνήγαγον ἐπ᾽ αὐτὸν ὅλην τὴν σπεῖραν.

그때 총독의 군사들은 예수를 사령부로 데리고 가서 보병대 전체를 그에게로 모았다.

27:28

καὶ ἐκδύσαντες αὐτὸν χλαμύδα κοκκίνην περιέθηκαν αὐτῷ,

그리고 그를 벗기고 빨간 망토를 그에게 입혔다.

27:29

καὶ πλέξαντες στέφανον ἐξ ἀκανθῶν ἐπέθηκαν ἐπὶ τῆς κεφαλῆς αὐτοῦ καὶ κάλαμον ἐν τῇ δεξιᾷ αὐτοῦ, καὶ γονυπετήσαντες ἔμπροσθεν αὐτοῦ ἐνέπαιξαν αὐτῷ λέγοντες· χαῖρε, βασιλεῦ τῶν Ἰουδαίων,

그리고 가시로 면류관을 엮어서 그의 머리 위에 얹었다. 그리고 그의 오른손에는 갈대를 (쥐어 주었다). 그리고 그의 앞에 무릎을 꿇고 그를 조롱하며 말했다. 안녕하쇼, 유대인들의 왕이여.

27:30

καὶ ἐμπτύσαντες εἰς αὐτὸν ἔλαβον τὸν κάλαμον καὶ ἔτυπτον εἰς τὴν κεφαλὴν αὐτοῦ.

그리고 그에게 침을 뱉고 갈대를 빼앗아서 그의 머리를 때렸다.

27:31

Καὶ ὅτε ἐνέπαιξαν αὐτῷ, ἐξέδυσαν αὐτὸν τὴν χλαμύδα καὶ ἐνέδυσαν αὐτὸν τὰ ἱμάτια αὐτοῦ καὶ ἀπήγαγον αὐτὸν εἰς τὸ σταυρῶσαι.

그리고 그를 조롱한 후 그에게서 망토를 벗기고 그의 옷을 입혔다. 그리고 십자가에 매달기 위해 그를 데리고 나갔다.

빌라도는 자신을 지키기 위해 예루살렘에 주둔하고 있던 로마군에게 나사렛 예수의 사형 집행을 맡긴다. 총독에게서 나사렛 예수를 넘겨받은 군인들은 그를 로마군 사령부로 데리고 들어간다. 그곳은 세계를 무력으로 굴복시키는 제국 권력의 원천이 되는 장소다.

우주의 왕인 그리스도는 소꿉장난 같은 그곳으로 죄인으로 끌려간다. 그리고 우주의 왕 주변에는 그를 조롱하기 위해 모여든 군인들이 에워싸고 있다. 제국의 군인들에게 둘러싸여 빨간 망토를 입고 가시면류관을 쓰고 갈대를 들고 서 있는 우주의 왕은 무능력하다. 그는 그에게 주어진 힘을 자신을 위해 사용하지 않는다. 그는 온전히 아버지의 뜻에 자신을 복종시키기 위해 자신에게 주어진 권력을 버린다. 그의 실체는 영광스러운 초월적 전능자이지만 죄로 인해 조롱과 수치와 모욕을 당해야 하는 인간을 위해 자기의 영광을 버린다.

나사렛 예수의 빨간 망토와 가시면류관과 갈대 지팡이는 거짓과 위선과 허영심으로 가득 찬 우리 자신의 실체다. 그는 생의 마지막 시간까지 대속적 고난의 길을 간다. 가짜 면류관을 쓰고 조롱과 모욕과 구타를 당하는 죄 없는 나사렛 예수 안에 우리의 구원의 길이 있다.

사형 집행

마태복음 27:32-44

27:32

Ἐξερχόμενοι δὲ εὗρον ἄνθρωπον Κυρηναῖον ὀνόματι Σίμωνα, τοῦ τον ἠγγάρευσαν ἵνα ἄρῃ τὸν σταυρὸν αὐτοῦ.

그런데 그들이 나갈 때 이름이 시몬인 쿼레네 사람을 만났는데, 그들은 그로 하여금 그의 십자가를 지도록 강요했다.

27:33

Καὶ ἐλθόντες εἰς τόπον λεγόμενον Γολγοθᾶ, ὅ ἐστιν Κρανίου Τόπο ς λεγόμενος,

그리고 그들은 골고다라고 불리는 장소로 갔는데, 그것은 해골의 장소라고 불리고 있다.

27:34

ἔδωκαν αὐτῷ πιεῖν οἶνον μετὰ χολῆς μεμιγμένον· καὶ γευσάμενος οὐκ ἠθέλησεν πιεῖν.

그들은 그에게 쓸개가 섞인 포도주를 마시도록 주었다. 그리고 그는 맛을 본 후에 마시려 하지 않았다.

27:35

Σταυρώσαντες δὲ αὐτὸν διεμερίσαντο τὰ ἱμάτια αὐτοῦ βάλλοντες κλῆρον,

그런데 그들은 그를 십자가에 못 박은 후 제비를 던져 그의 옷을 나누어 가졌다.

27:36

καὶ καθήμενοι ἐτήρουν αὐτὸν ἐκεῖ.

그리고 그들은 앉아서 그를 지키고 있었다.

27:37

Καὶ ἐπέθηκαν ἐπάνω τῆς κεφαλῆς αὐτοῦ τὴν αἰτίαν αὐτοῦ γεγραμμένην· οὗτός ἐστιν Ἰησοῦς ὁ βασιλεὺς τῶν Ἰουδαίων.

그리고 그들은 그의 머리 위에, 이 사람은 유대인들의 왕이다라고 기록된 그의 죄목을 붙여놓았다.

27:38

Τότε σταυροῦνται σὺν αὐτῷ δύο λῃσταί, εἷς ἐκ δεξιῶν καὶ εἷς ἐξ εὐωνύμων.

그때 그와 함께 강도 둘이 십자가에 달린다. 하나는 오른쪽에 하나는 왼쪽에.

27:39

Οἱ δὲ παραπορευόμενοι ἐβλασφήμουν αὐτὸν κινοῦντες τὰς κεφαλὰς αὐτῶν

그런데 사람들이 지나가면서 자기들의 머리를 흔들고 그를 비방하며

27:40

καὶ λέγοντες· ὁ καταλύων τὸν ναὸν καὶ ἐν τρισὶν ἡμέραις οἰκοδομῶ
ν, σῶσον σεαυτόν, εἰ υἱὸς εἶ τοῦ θεοῦ, καὶ κατάβηθι ἀπὸ τοῦ σταυροῦ.

말했다. 성전을 허물고 3일 안에 짓는 자여, 너 자신을 구원하라. 만약 네가
하나님의 아들이라면 십자가에서 내려오라.

27:41

ὁμοίως καὶ οἱ ἀρχιερεῖς ἐμπαίζοντες μετὰ τῶν γραμματέων καὶ
πρεσβυτέρων ἔλεγον·

마찬가지로 대제사장들도 서기관들과 원로들과 함께 말하고 있었다.

27:42

ἄλλους ἔσωσεν, ἑαυτὸν οὐ δύναται σῶσαι· βασιλεὺς Ἰσραήλ ἐστιν,
καταβάτω νῦν ἀπὸ τοῦ σταυροῦ καὶ πιστεύσομεν ἐπ᾽ αὐτόν.

그가 다른 사람들은 구원했으나 자기 자신은 구원할 수 없구나. 그는 이스
라엘의 왕이니 지금 십자가에서 내려오라. 그러면 우리가 그를 믿을 것이다.

27:43

πέποιθεν ἐπὶ τὸν θεόν, ῥυσάσθω νῦν εἰ θέλει αὐτόν· εἶπεν γὰρ ὅτι
θεοῦ εἰμι υἱός.

그가 하나님을 신뢰했으니 만약 그가 원하신다면 그를 건지게 하라. 왜냐
하면 '나는 하나님의 아들이다'라고 그가 말했기 때문이다.

27:44

Τὸ δ᾽ αὐτὸ καὶ οἱ λῃσταὶ οἱ συσταυρωθέντες σὺν αὐτῷ ὠνείδιζον αὐτόν.

그런데 그와 함께 십자가에 달린 강도들도 똑같이 그를 욕하고 있었다.

사형 판결을 받은 나사렛 예수는 사형장으로 끌려간다. 사형장의 이름은 '골고다'다. 골고다는 나사렛 예수 외에도 수많은 죄수가 사형 당했던 장소다. 그래서 그 뜻이 '해골의 장소'이다. 죽음의 장소라는 의미다. 한 인간으로 태어나 그곳에서 생을 마감하는 불행한 인생들이 있었다. 나사렛 예수는 생의 마지막까지 불쌍한 인생들이 비참하게 죽어갔던 그 장소에 그들과 함께 있다. 그것은 그가 아버지의 뜻에 복종하여 그 자신이 스스로 선택하고 결단한 대속의 장소다.

나사렛 예수의 사형 집행은 교수형이나 참수형이 아닌 십자가형이었다. 교수형은 죽음의 고통이 약 3분, 참수형은 순간에 끝난다. 그러나 십자가형은 그 고통의 시간이 길다. 살이 찢어지고 마지막 피 한 방울까지 죽음의 고통을 지속시키는 효과를 가지고 있다. 그것은 제국의 권위에 도전하는 자들을 향한 국가권력의 무자비한 응징의 표시다. 나사렛 예수보다 100년 전에 사형당한 검투사 출신의 노예해방 투사 스파르타쿠스는 무려 6,000명의 동지와 함께 대로변에서 공개적으로 십자가에 매달려 있었다고 한다. 제국은 이 끔찍하고 잔인한 방법으로 자신의 제도와 권력을 유지하고 있었다.

십자가는 국가권력의 본질을 보여주는 폭력성의 상징이다. 그것으로 제국의 통치 기반은 폭력에 대한 공포와 복종이라는 것을 공개적으로 드러내고 있다. 그 국가의 폭력성을 실현하는 도구가 군대, 경찰, 검찰, 법원, 교도소 같은 것들이다. 나사렛 예수의 사형을 집행한 것은 예루살렘에 주둔하고 있던 로마 군인들이다. 군인들이 사형을 집행했다는 것은 나사렛 예수의 재판이 군사재판의 성격을 가지고 있었다는 증거다. 또한 이것은 그 당시 유대인들이 로마의 군정하에 있었음을 의미한다. 지나가는 사람을 붙잡아 강제로 나사렛 예수의 십자가를 사형장까지 지고 가게 하는 것은 군대의 폭력성을 잘 보여준다.

군인들은 나사렛 예수를 십자가에 못 박아 매달아 놓은 다음 그의 옷을 제비뽑아 나누어 가졌는데 이것으로 그들이 사형 집행 전에 나사렛 예수의 옷을 벗겼음을 알 수 있다. 사형수의 신체 일부나 남긴 유품을 간직하고 있으면 재앙을 막아주는 부적의 효과가 있다는 미신 때문에 그들은 나사렛 예수의 옷을 나누어 가졌다.

나사렛 예수는 그날 두 명의 강도와 함께 사형을 당했다. 거룩하고 의로운 자가 죄인들 틈에서 죄인으로 죽은 것이다. 그것은 강도 같은 세상에서 강도처럼 살아가는 우리의 죄를 대속하려 함이다. 그러나 그의 대속적 죽음의 의미를 아는 자는 아무도 없다. 거룩하고 의로운 자는 조롱과 비방과 욕설 속에 철저히 버림받은 자로 십자가에 매달려 있다. 그는 하나님의 아들이고 이스라엘의 메시아라면 당장 십자가에서 내려와서 그것을 증명하라는 요구를 받는다. 그러나 그는 그것을 거부하고 죽음의 길을 선택한다. 나사렛 예수의 죽음은 초월적 전능자의 무능력한 죽음이다.

여기에 신비에 싸인 그의 죽음의 유일성과 구원의 능력이 숨겨져 있다. 십자가에 매달려 있는 나사렛 예수는 이 세상을 지배하고 있는 폭력성에 저항하고 있는 하나님의 아가페 사랑의 표적(σημειον, 세메이

온)이다. 이로써 나사렛 예수의 십자가는 구원의 상징이 된다. 십자가에서 심판받은 것은 하나님의 아들이 아니라 하나님의 아들을 죽인 세상의 거짓과 폭력성이다. 거짓과 폭력성은 마귀 사탄이 세상을 지배하는 강력한 수단인데 나사렛 예수는 십자가 한복판에서 그것을 해체시키고 있다. 이것으로 거짓과 폭력으로 유지되었던 마귀 사탄의 나라는 붕괴되었다.

죽음

마태복음 27:45-56

27:45

Ἀπὸ δὲ ἕκτης ὥρας σκότος ἐγένετο ἐπὶ πᾶσαν τὴν γῆν ἕως ὥρας ἐνάτης.

그런데 제6시(오후 12시)부터 어둠이 온 땅 위에 제9시(오후 3시)까지 있었다.

27:46

περὶ δὲ τὴν ἐνάτην ὥραν ἀνεβόησεν ὁ Ἰησοῦς φωνῇ μεγάλῃ λέγων· ηλι ηλι λεμα σαβαχθανι; τοῦτ᾽ ἔστιν· θεέ μου θεέ μου, ἱνατί με ἐγκατέλιπες;

그런데 제9시(오후 3시)쯤 예수는 큰 소리로 부르짖으며 말했다. "엘리 엘리 레마 사바크타니?" 이것은 '나의 하나님 나의 하나님 어찌하여 나를 내버리셨나이까?'이다.

27:47

τινὲς δὲ τῶν ἐκεῖ ἑστηκότων ἀκούσαντες ἔλεγον ὅτι Ἠλίαν φωνεῖ οὗτος.

그러자 거기에 서 있던 어떤 사람들이 듣고서 이 사람이 엘리야를 부른다고 말하고 있었다.

27:48

καὶ εὐθέως δραμὼν εἷς ἐξ αὐτῶν καὶ λαβὼν σπόγγον πλήσας τε ὄξους καὶ περιθεὶς καλάμῳ ἐπότιζεν αὐτόν.

그리고 즉시 그들 중의 하나가 달려가 신포도주를 적신 스폰지를 취하여 갈대에 매달아 그에게 마시게 했다.

27:49

οἱ δὲ λοιποὶ ἔλεγον· ἄφες ἴδωμεν εἰ ἔρχεται Ἠλίας σώσων αὐτόν.

그러자 나머지 사람들은 말하고 있었다. 내버려두라. 엘리야가 그를 구원하러 오는지 보자.

27:50

ὁ δὲ Ἰησοῦς πάλιν κράξας φωνῇ μεγάλῃ ἀφῆκεν τὸ πνεῦμα.

그런데 예수는 다시 큰 소리로 외친 후 숨을 거두었다.

27:51

Καὶ ἰδοὺ τὸ καταπέτασμα τοῦ ναοῦ ἐσχίσθη ἀπ᾽ ἄνωθεν ἕως κάτω εἰς δύο καὶ ἡ γῆ ἐσείσθη καὶ αἱ πέτραι ἐσχίσθησαν,

그리고 보라, 성전의 휘장이 위에서부터 아래까지 둘로 찢어졌다. 그리고 땅이 흔들리고 바위들이 갈라졌다.

27:52

καὶ τὰ μνημεῖα ἀνεῴχθησαν καὶ πολλὰ σώματα τῶν κεκοιμημένων ἁγίων ἠγέρθησαν,

그리고 무덤들이 열리고 잠자고 있던 많은 성도들의 몸들이 일으켜졌다.

27:53

καὶ ἐξελθόντες ἐκ τῶν μνημείων μετὰ τὴν ἔγερσιν αὐτοῦ εἰσῆλθον εἰς τὴν ἁγίαν πόλιν καὶ ἐνεφανίσθησαν πολλοῖς.

그리고 그들은 그의 부활 후에 무덤에서 나와서 거룩한 도시로 들어가서 많은 사람들에게 나타났다.

27:54

Ὁ δὲ ἑκατόνταρχος καὶ οἱ μετ᾽ αὐτοῦ τηροῦντες τὸν Ἰησοῦν ἰδόντες τὸν σεισμὸν καὶ τὰ γενόμενα ἐφοβήθησαν σφόδρα, λέγοντες· ἀληθῶς θεοῦ υἱὸς ἦν οὗτος.

그러자 백인대장과 그와 함께 예수를 지키고 있던 사람들이 지진과 일어난 일들을 보고서 굉장히 무서워하며 말했다. 진실로 이 사람은 하나님의 아들이었구나.

27:55

Ἦσαν δὲ ἐκεῖ γυναῖκες πολλαὶ ἀπὸ μακρόθεν θεωροῦσαι, αἵτινες ἠκολούθησαν τῷ Ἰησοῦ ἀπὸ τῆς Γαλιλαίας διακονοῦσαι αὐτῷ·

그런데 거기에 멀리서 지켜보고 있는 많은 여자들이 있었는데, 그들은 그를 섬기기 위해 갈릴리에서부터 그를 따랐다.

27:56

ἐν αἷς ἦν Μαρία ἡ Μαγδαληνὴ καὶ Μαρία ἡ τοῦ Ἰακώβου καὶ Ἰωσὴ φ μήτηρ καὶ ἡ μήτηρ τῶν υἱῶν Ζεβεδαίου.

그들 중에는 막달라 마리아와 야고보와 요셉의 어머니 마리아와 세베대의 아들들의 어머니도 있었다.

나사렛 예수는 순수한 역사적 관점에서 본다면 노동계급 출신의 반체제 혁명가다. 그러나 그의 계시적 실체는 이 세상을 구원하러 온 하나님의 아들이다. 나사렛 예수는 이 세상에 하나님의 사랑을 가지고 온 사랑의 아들이다. 그러나 욕망으로 가득 찬 세상은 나사렛 예수를 감당하지 못하고 잔인하게 살해한다.

나사렛 예수가 매달려 있는 십자가는 하나님의 사랑에 대한 세상 욕망의 저항이다. 나사렛 예수가 사람들에게 버림받은 채 죽어가고 있을 때 온 땅이 어둠에 잠겨 그의 고통과 슬픔에 참여한다. 피조 세계는 나사렛 예수와 영원한 아가페 사랑의 교제 속에 있다. 그는 하늘에 계시는 아버지로부터도 버림을 받는다.

나사렛 예수의 울부짖음 속에는 세상을 구원하기 위해 사랑하는 아들을 보내신 아버지의 고통과 슬픔도 들어 있다. 나사렛 예수의 숨이 끊어질 때 성소의 휘장이 찢어짐으로 지성소에 있는 은혜의 보좌로 나아가는 길이 열린다. 그 순간 땅이 흔들리고 바위들이 깨지면서 그의 대속적 죽음의 위대성을 찬양한다.

나사렛 예수는 어린이들의 찬송을 막으면 돌들이 소리칠 것이라고 말했다. 로마군대 장교와 병사들은 어둠과 땅과 바위들이 나사렛 예수의 고난에 동참하는 것을 보고 그가 진정 하나님의 아들이었음을 고백한다. 그들은 장차 하나님 나라 운동 역사에서 중대한 위치를 점하게 될 것이다. 이로써 하나님의 본 백성 이스라엘이 내어버린 하나님 나라의 축복은 이방인들에게 넘어간다. 이스라엘이 그 위대한 기업을 빼앗긴 것은 하나님 나라보다 세상을 더 사랑했기 때문이다.

사형장까지 나사렛 예수를 따라가 그의 고난과 죽음의 증인이 된 것은 여자들이다. 로마 군인들과 여인들이 나사렛 예수의 고난의 증인이 되었다는 것은 비주류 인생들의 승리인데, 이것이 바로 예수 혁명의 본질이다.

아리마대 요셉

마태복음 27:57-61

27:57

Ὀψίας δὲ γενομένης ἦλθεν ἄνθρωπος πλούσιος ἀπὸ Ἀριμαθαίας, τοὔνομα Ἰωσήφ, ὃς καὶ αὐτὸς ἐμαθητεύθη τῷ Ἰησοῦ·

그런데 저녁이 되었을 때 아리마대 출신의 부자가 왔는데, 그의 이름은 요셉으로서 예수의 제자가 된 사람이었다.

27:58

οὗτος προσελθὼν τῷ Πιλάτῳ ἠτήσατο τὸ σῶμα τοῦ Ἰησοῦ. τότε ὁ Πιλᾶτος ἐκέλευσεν ἀποδοθῆναι.

이 사람은 빌라도에게 나아가 예수의 몸을 요구했다. 그때 빌라도는 내주어지도록 명령했다.

27:59

Καὶ λαβὼν τὸ σῶμα ὁ Ἰωσὴφ ἐνετύλιξεν αὐτὸ ἐν σινδόνι καθαρᾷ

그리고 요셉은 시신을 취한 후 그것을 깨끗한 고운 삼베로 감쌌다.

27:60

καὶ ἔθηκεν αὐτὸ ἐν τῷ καινῷ αὐτοῦ μνημείῳ ὃ ἐλατόμησεν ἐν τῇ πέτρᾳ καὶ προσκυλίσας λίθον μέγαν τῇ θύρᾳ τοῦ μνημείου ἀπῆλθεν.

그리고 그것을 바위 속에 쪼아낸 그의 새 무덤 속에 안치했다. 그리고 무덤의 입구에 큰 돌을 굴려놓은 후 떠나갔다.

27:61

Ἦν δὲ ἐκεῖ Μαριὰμ ἡ Μαγδαληνὴ καὶ ἡ ἄλλη Μαρία καθήμεναι ἀπέναντι τοῦ τάφου.

그런데 거기에 막달라 마리아와 다른 마리아가 무덤 맞은편에 앉아 있었다.

나사렛 예수의 시신은 그의 숨은 제자 아리마대 요셉에 의해 수습된다. 아리마대 요셉은 대담하게도 빌라도를 찾아가 나사렛 예수의 시체를 요구한다. 그의 이 행동은 엄청난 결단이 요구되는 것이었다. 그는 이 행동 하나로 유대인 사회에서 추방되는 사회적 죽음을 당하게 될 것이다. 우리는 여기서 그리스도와 함께 십자가의 길을 가는 참된 제자의 길을 본다.

하나님께서는 자신의 아들의 시신이 골고다 시체 처리장에 내버려지지 않고 소중하게 다루어지도록 의인을 숨겨두셨다. 나사렛 예수는 오후 3시쯤 숨을 거두었고 아리마대 요셉에 의해 황급히 수습이 되어 오후 6시 이전에 무덤에 안치되었다. 왜냐하면 유대인들의 안식일이 시작되었기 때문이다.

거기에 고관대작들의 장엄하고도 화려한 장례식은 없었다. 나사렛 예수의 제자들은 스승을 버리고 모두 도망쳤고 누구도 십자가에 처형당한 자의 시신을 수습하려고 나서는 자 없었다. 그러므로 나사렛 예수의 장례식은 극소수의 사람들에 의해 지극히 짧은 시간에 처리된 것이었다.

나사렛 예수의 지상에서의 고단한 삶은 이것으로 종말을 고했다. 이제 남은 것은 그를 보내신 아버지께서 십자가에 죽기까지 순종한 자신의 아들을 위해 준비해 놓으신 영광스러운 희망의 미래뿐이다. 그리고 이 부활의 영광은 나사렛 예수와 함께 십자가 죽음의 길을 걸어가는 자들에게 주어질 것이다.

갈릴리에서부터 따라온 여인들은 나사렛 예수의 무덤까지 따라와 그의 무덤 맞은편에 앉아 있다. 이것으로써 나사렛 예수를 향한 그들의 사랑은 검증되었다. 참된 사랑은 반드시 검증되어야 한다.

영원한 성전

마태복음 27:62-66

27:62

Τῆ δὲ ἐπαύριον, ἥτις ἐστὶν μετὰ τὴν παρασκευήν, συνήχθησαν οἱ ἀρχιερεῖς καὶ οἱ Φαρισαῖοι πρὸς Πιλᾶτον

그런데 다음 날, 그날은 예비일 후였는데 대제사장들과 바리새인들이 빌라도를 향해 모여들어서

27:63

λέγοντες· κύριε, ἐμνήσθημεν ὅτι ἐκεῖνος ὁ πλάνος εἶπεν ἔτι ζῶν· μετὰ τρεῖς ἡμέρας ἐγείρομαι.

말했다. 주여, 우리는 저 사기꾼이 아직 살아있을 때, 3일 후에 내가 일으켜질 것이다라고 말한 것이 기억납니다.

27:64

κέλευσον οὖν ἀσφαλισθῆναι τὸν τάφον ἕως τῆς τρίτης ἡμέρας, μήποτε ἐλθόντες οἱ μαθηταὶ αὐτοῦ κλέψωσιν αὐτὸν καὶ εἴπωσιν τῷ λαῷ· ἠγέρθη ἀπὸ τῶν νεκρῶν, καὶ ἔσται ἡ ἐσχάτη πλάνη χείρων τῆς πρώτης.

그러므로 그의 제자들이 와서 그를 훔치고 백성에게, 그가 죽은 자들 가운

데서 일으켜졌다고 말하지 못하도록 제삼일까지 무덤이 견고히 지켜지도록 명령하십시오. 그렇지 않으면 마지막 속임이 처음 것보다 더 나쁠 것입니다.

27:65

ἔφη αὐτοῖς ὁ Πιλᾶτος· ἔχετε κουστωδίαν· ὑπάγετε ἀσφαλίσασθε ὡς οἴδατε.

빌라도가 엄숙히 말했다. 너희는 경비대를 가지고 있다. 가서 너희가 아는 대로 견고히 지켜라.

27:66

οἱ δὲ πορευθέντες ἠσφαλίσαντο τὸν τάφον σφραγίσαντες τὸν λίθον μετὰ τῆς κουστωδίας.

그러자 그들은 가서 경비대와 함께 돌을 인봉한 후 무덤을 단단히 지켰다.

십자가에 매달려 죽고 무덤에 안치된 나사렛 예수의 몸은 영원한 성전이다. 그 영원한 성전을 성전경비대가 지키고 있다. 성전경비대원들은 자기의 임무를 잘 수행하고 있다. 그러나 그들은 자기들이 지키고 있는 나사렛 예수의 몸이 영원한 성전이라는 것을 전혀 모르고 있다. 그들은 오히려 예수의 부활 예언을 이스라엘 민족을 속이는 사기행각이라고 생각했다. 그들은 예수 제자들의 시신 탈취와 거짓 선동을 막기 위해 예수의 무덤을 지키고 있다.

그럼으로 인해 역설적으로 나사렛 예수의 부활은 부인할 수 없는 역사적 사실이 되었다. 그렇게 된 것은 유대교 지도자들의 불신앙 때문이었다. 성전경비대원들은 나사렛 예수 부활의 첫째 증인이 되는 기회를 얻었지만 그 영광은 누리지 못한다. 그것은 대제사장들이 나사렛 예수를 죽이면서 유월절 어린 양의 영원한 대속의 제사가 성취되고 있는 것을 전혀 모르고 있었던 것과 같다.

부활의 아침

마태복음 28:1-10

28:1

Ὀψὲ δὲ σαββάτων τῇ ἐπιφωσκούσῃ εἰς μίαν σαββάτων ἦλθεν Μαρι
ὰμ ἡ Μαγδαληνὴ καὶ ἡ ἄλλη Μαρία θεωρῆσαι τὸν τάφον.

그런데 안식일이 저물고, 안식 후 첫날이 밝아올 때 막달라 마리아와 다른
마리아는 무덤을 살펴보기 위해 갔다.

28:2

καὶ ἰδοὺ σεισμὸς ἐγένετο μέγας· ἄγγελος γὰρ κυρίου καταβὰς ἐξ
οὐρανοῦ καὶ προσελθὼν ἀπεκύλισεν τὸν λίθον καὶ ἐκάθητο ἐπάνω
αὐτοῦ.

그리고 보라, 큰 지진이 일어났다. 왜냐하면 주님의 천사가 하늘로부터
내려와 나아가서 돌을 굴리고 그 위에 앉아있었기 때문이다.

28:3

ἦν δὲ ἡ εἰδέα αὐτοῦ ὡς ἀστραπὴ καὶ τὸ ἔνδυμα αὐτοῦ λευκὸν ὡς
χιών.

그런데 그의 모습은 번개와 같았고 그의 옷은 눈같이 희었다.

28:4

ἀπὸ δὲ τοῦ φόβου αὐτοῦ ἐσείσθησαν οἱ τηροῦντες καὶ ἐγενήθησαν ὡς νεκροί.

그런데 그에 대한 두려움으로 인해 지키고 있는 자들은 덜덜 떨면서 죽은 사람들처럼 되었다.

28:5

Ἀποκριθεὶς δὲ ὁ ἄγγελος εἶπεν ταῖς γυναιξίν· μὴ φοβεῖσθε ὑμεῖς, οἶδα γὰρ ὅτι Ἰησοῦν τὸν ἐσταυρωμένον ζητεῖτε·

그러자 천사가 여자들에게 대답하며 말했다. 너희는 무서워하지 말라. 왜냐하면 나는 너희가 십자가에 못 박힌 예수를 찾고 있다는 것을 알고 있기 때문이다.

28:6

οὐκ ἔστιν ὧδε, ἠγέρθη γὰρ καθὼς εἶπεν· δεῦτε ἴδετε τὸν τόπον ὅπου ἔκειτο.

그는 여기에 없다. 왜냐하면 그가 말한 대로 그가 일으켜졌기 때문이다. 와서 그가 놓여있던 곳을 보라.

28:7

καὶ ταχὺ πορευθεῖσαι εἴπατε τοῖς μαθηταῖς αὐτοῦ ὅτι ἠγέρθη ἀπὸ τῶν νεκρῶν, καὶ ἰδοὺ προάγει ὑμᾶς εἰς τὴν Γαλιλαίαν, ἐκεῖ αὐτὸν ὄψεσθε· ἰδοὺ εἶπον ὑμῖν.

그리고 빨리 가서 그의 제자들에게, '그가 죽은 자들로부터 일으켜졌다.

그리고 보라 그가 너희를 앞질러 갈릴리로 간다. 거기서 너희는 그를 볼 것이다'라고 말하라. 보라 나는 너희에게 말했다.

28:8
Καὶ ἀπελθοῦσαι ταχὺ ἀπὸ τοῦ μνημείου μετὰ φόβου καὶ χαρᾶς μεγάλης ἔδραμον ἀπαγγεῖλαι τοῖς μαθηταῖς αὐτοῦ.
그리고 여자들은 두려움과 큰 기쁨을 가지고 무덤을 떠나 그의 제자들에게 알리기 위해 달려갔다.

28:9
καὶ ἰδοὺ Ἰησοῦς ὑπήντησεν αὐταῖς λέγων· χαίρετε. αἱ δὲ προσελθοῦσαι ἐκράτησαν αὐτοῦ τοὺς πόδας καὶ προσεκύνησαν αὐτῷ.
그리고 보라, 예수께서 그 여자들에게 마중 나와서 말했다. 기뻐하라. 그러자 여자들은 나아가 그의 발들을 붙잡고 그에게 경배했다.

28:10
τότε λέγει αὐταῖς ὁ Ἰησοῦς· μὴ φοβεῖσθε· ὑπάγετε ἀπαγγείλατε τοῖς ἀδελφοῖς μου ἵνα ἀπέλθωσιν εἰς τὴν Γαλιλαίαν, κἀκεῖ με ὄψονται.
그때 예수께서 그 여자들에게 말한다. 무서워하지 말라. 가서 나의 형제들에게 갈릴리로 가라고 알려라. 그리고 그들은 거기서 나를 볼 것이다.

주님의 천사가 내려와 나사렛 예수의 무덤을 열었을 때 무덤은 비어 있었다. 성전경비대가 철통같이 지키고 있었으나 나사렛 예수의 몸은 무덤을 빠져나간 것이다. 이것이 예수 부활의 신비다. 그의 몸은 더 이상 물질세계의 법칙에 지배를 받는 연약한 육체가 아니다. 그는 다시 신의 세계로 돌아간 것이다. 부활한 예수의 관심은 자신의 제자들에게 있었다. 나사렛 예수는 자신의 부활 사실과 갈릴리에서의 재회를 천사와 여인들을 통해 간접적으로 제자들에게 알린다. 이것은 부활 사건의 미스터리다.

이제 나사렛 예수와 그의 제자들은 더 이상 과거의 관계가 아니다. 그들은 스승과 제자의 관계가 아니라 신과 인간의 관계로 멀어진다. 이것으로 나사렛 예수는 자신의 실체가 신이라는 것을 드러내고 있다. 이제 나사렛 예수는 두려움과 경배의 대상이다. 나사렛 예수의 부활은 이 물질세계가 전부가 아니라 그 너머에 영원하고 초월적인 신의 세계가 있음을 증거하는 계시적 사건이다. 나사렛 예수는 그 영원한 초월적 세계로 우리를 데려가기 위해 죄 많은 세상에 오신 하나님의 아들이다. 우리는 그를 부활의 세계 곧 하나님 나라에서 초월적 전능자로 만나게 될 것이다.

매수된 증인들

마태복음 28:11-15

28:11

Πορευομένων δὲ αὐτῶν ἰδού τινες τῆς κουστωδίας ἐλθόντες εἰς τὴν πόλιν ἀπήγγειλαν τοῖς ἀρχιερεῦσιν ἅπαντα τὰ γενόμενα.

그런데 여자들이 간 후에 성전경비대의 어떤 사람들이 그 도시로 가서 대제사장들에게 일어난 모든 일을 알렸다.

28:12

καὶ συναχθέντες μετὰ τῶν πρεσβυτέρων συμβούλιόν τε λαβόντες ἀργύρια ἱκανὰ ἔδωκαν τοῖς στρατιώταις

그리고 원로들과 함께 의논한 후 경비대원들에게 상당한 돈을 주며

28:13

λέγοντες· εἴπατε ὅτι οἱ μαθηταὶ αὐτοῦ νυκτὸς ἐλθόντες ἔκλεψαν αὐτὸν ἡμῶν κοιμωμένων.

말했다. 너희는, '우리가 잠자고 있을 때 그의 제자들이 와서 그를 훔쳐갔다' 고 말해라.

28:14

καὶ ἐὰν ἀκουσθῇ τοῦτο ἐπὶ τοῦ ἡγεμόνος, ἡμεῖς πείσομεν αὐτὸν καὶ ὑμᾶς ἀμερίμνους ποιήσομεν.

그리고 만약 이것이 총독에게 들리면 우리가 그를 설득하여 너희를 걱정 없게 만들 것이다.

28:15

οἱ δὲ λαβόντες τὰ ἀργύρια ἐποίησαν ὡς ἐδιδάχθησαν. καὶ διεφημίσθη ὁ λόγος οὗτος παρὰ Ἰουδαίοις μέχρι τῆς σήμερον ἡμέρας.

그러자 그들은 돈을 받고 가르침을 받은 대로 행했다. 그리고 이 말이 오늘 [날]까지 유대인들 사이에 널리 퍼졌다.

대제사장의 부하들인 성전경비대 간부들은 나사렛 예수의 부활 사건을 은폐하기 위한 정치 공작을 시도한다. 그들은 이스라엘 백성의 원로들과 함께 의논한 후 성전경비대원들을 돈으로 매수하여 사건을 조작하기로 한다. 성전경비대원들은 돈을 받아먹고 그들이 시키는 대로 한다. 그들은 나사렛 예수의 부활이라는 우주적 구원의 사건을 왜곡하고 거짓말을 퍼뜨림으로써 진리의 적이 된다. 그들은 하나님의 일을 방해하는 사탄의 앞잡이가 되었다. 그들은 돈 몇 푼에 하나님 나라의 영광스러운 기업을 팔아먹은 어리석은 자들의 본보기가 되었다.

성경에는 그들과 같은 망령된 자들의 계보가 있으니 에서, 아간, 발람, 게하시, 가룟 유다 등이 그들이다. 그들은 예수 부활의 첫째 증인의 위치에 있었으나 그것의 실체를 알아보지 못함으로써 그 영광스러운

축복을 갈릴리 여자들에게 빼앗긴다. 그들이 그렇게 된 것은 진리의
하나님을 사랑하는 마음이 없었기 때문이다.

영원한 현존의 약속

마태복음 28:16-20

28:16

Οἱ δὲ ἔνδεκα μαθηταὶ ἐπορεύθησαν εἰς τὴν Γαλιλαίαν εἰς τὸ ὄρος οὗ ἐτάξατο αὐτοῖς ὁ Ἰησοῦς,

그런데 열한 제자는 갈릴리로 예수께서 지시한 산으로 갔다.

28:17

καὶ ἰδόντες αὐτὸν προσεκύνησαν, οἱ δὲ ἐδίστασαν.

그리고 그를 보고서 경배했다. 그런데 몇몇 사람은 의심했다.

28:18

καὶ προσελθὼν ὁ Ἰησοῦς ἐλάλησεν αὐτοῖς λέγων· ἐδόθη μοι πᾶσα ἐξουσία ἐν οὐρανῷ καὶ ἐπὶ τῆς γῆς.

그리고 예수께서 나아와 그들에게 이야기하며 말했다. 나에게 하늘에서 와 땅 위에서 모든 권세가 주어졌다.

28:19

πορευθέντες οὖν μαθητεύσατε πάντα τὰ ἔθνη, βαπτίζοντες αὐτοὺς εἰς τὸ ὄνομα τοῦ πατρὸς καὶ τοῦ υἱοῦ καὶ τοῦ ἁγίου πνεύματος,

그러므로 너희는 가서 모든 민족을 제자 삼으라. 아버지와 아들과 성령의
이름으로 세례를 주고,

28:20

διδάσκοντες αὐτοὺς τηρεῖν πάντα ὅσα ἐνετειλάμην ὑμῖν· καὶ ἰδοὺ
ἐγὼ μεθ᾽ ὑμῶν εἰμι πάσας τὰς ἡμέρας ἕως τῆς συντελείας τοῦ αἰῶνος.

내가 너희에게 명령했던 모든 것을 지키도록 그들을 가르침으로써. 그리
고 보라, 나는 시대의 끝까지 모든 날을 너희와 함께 있다.

마태복음에서 부활하신 예수는 단 한 번도 예루살렘에서 제자들을
만나지 않는다. 그가 부활 후 제자들과 재회한 장소는 갈릴리에 있는
어느 산이다. 아마도 그 산은 세 명의 제자만 따로 데리고 올라갔던 바로
그 변화산인지도 모른다. 그 산은 나사렛 예수가 자신의 영광의 실체를
드러냈던 곳이다.
부활한 예수는 지상의 육체가 아니라 모든 물질세계의 법칙을 초월
한 신으로 나머지 제자들에게도 자신을 계시한다. 이제 나사렛 예수와
제자들의 관계는 신과 인간의 관계다. 그런데 그들 중에는 의심하는
사람들도 있었다. 그들은 왜 의심했을까? 그것은 그들이 아직 예수의
신성과 부활의 세계를 믿지 않기 때문이다.
우리가 나사렛 예수를 믿는다는 것은 그의 영원한 신성과 함께 부활
의 세계를 인정한다는 뜻이다. 그러므로 부활의 세계를 인정하지 않는
사람은 예수의 부활도 인정할 수 없는 것이다. 이것을 정확하게 인식했

던 사람이 바로 바울이다. 문제는 의심하고 있는 사람들이 이 세상 최고의 예수 신학대학을 졸업한 사람들이라는 점이다. 오늘날도 신학생이나 목회자 중에는 예수의 영원한 신성과 부활의 세계를 인정하지 않는 사람들이 있다.

부활한 나사렛 예수는 제자들에게 세상 끝날까지 모든 날을 그들과 함께 있겠다는 영원한 현존의 약속을 준다. 이 약속이 그들의 능력의 원천이며 사도적 권위의 근거다.